四柱推命万年暦

梅岡大圓

はじめに

東洋運命学の粋は陰陽五行にあります。
日月・夏冬・昼夜・男女等、天地間に存在する森羅万象は全て陰陽でとらえることができます。四柱推命は中国数千年の歴史から確立された運命学で、その根本義は陰陽五行です。生年・月・日・時間と、十干十二支に基づき、各人の持って生まれた出世の運勢・性格・適業他、運勢の成り行きを観る上において、四柱推命は最も的中率が高く、最も信頼度の高い運命学とされています。

本書は元号が平成から令和へと移ったことを機に、生年月日時に基づいてより正確に四柱命式を割り出すための資料として編集し、前回発行の四柱推命万年暦の干支表を令和三十一年まで広げ、再出版に至りました。

東洋で生まれた占いの一つに易占いがあります。易占いは古代中国の長い歴史の中で、多くの聖人によって創られ受け継がれて発達しました。時間と空間の中に存在する森羅万象において、易神に問い判断を下していきます。その的中率の高さから、四柱推命と易占いは東洋占いの二本の柱と言われるようになりました。四柱推命で運命の実相を認識し、易占いで出処進退・是非・吉凶を占うのです。この二つがあれば、人生のあらゆる問題に対応できます。

本書は四柱推命万年暦を主意とし、易占い・姓名学の略意を加筆しました。具体的に学びたい方は別の講義書もありますのでお問い合わせ下さい。

梅岡大圓

目次

四柱推命の基礎知識

四柱推命は中国三千年の昔から伝わる干支（十干・十二支）を、人間の出生年・月・日・時の四柱に配して運勢を判ずる最も信頼性の高い運命学です。

判断の要諦は陰陽五行が基になりますが、日干（生日の干）を自己とし四柱五行の相生・相剋・比和の三種の作用と五行の盛衰消長、大過不及の意からその人の性格・家族運・健康・適業・結婚・財運等、運勢の吉凶や生涯の運勢の成り行きを見ます。

宇宙の森羅万象は五行の範囲に帰納されます。また陰陽五行とは天地間を循環推移し、絶えることのない春夏秋冬の気候をも指します。この五行が四季の変化と共に盛衰消長する変化そのものをも意味します。

水を陰とし、冬季水の陰気極旺から陰極まって微陽を生じ、春季木気旺盛となり、火を陽とし夏季火の陽気極旺となれば微陰を生じ、秋の金気旺盛となり、また冬の陰気に移行します。その間四季の気候を調整するのに土気の旺ずる土用が年に四回あります。

十干…甲・乙・丙・丁・戊・己・庚・辛・壬・癸、を言います。

十二支…子・丑・寅・卯・辰・巳・午・未・申・酉・戌・亥を言います。

六十干支表

	1 甲子	11 甲戌	21 甲申	31 甲午	41 甲辰	51 甲寅
	2 乙丑	12 乙亥	22 乙酉	32 乙未	42 乙巳	52 乙卯
	3 丙寅	13 丙子	23 丙戌	33 丙申	43 丙午	53 丙辰
	4 丁卯	14 丁丑	24 丁亥	34 丁酉	44 丁未	54 丁巳
	5 戊辰	15 戊寅	25 戊子	35 戊戌	45 戊申	55 戊午
	6 己巳	16 己卯	26 己丑	36 己亥	46 己酉	56 己未
	7 庚午	17 庚辰	27 庚寅	37 庚子	47 庚戌	57 庚申
	8 辛未	18 辛巳	28 辛卯	38 辛丑	48 辛亥	58 辛酉
	9 壬申	19 壬午	29 壬辰	39 壬寅	49 壬子	59 壬戌
	10 癸酉	20 癸未	30 癸巳	40 癸卯	50 癸丑	60 癸亥
空亡	戌亥	申酉	午未	辰巳	寅卯	子丑

六十干支表は、各自の生年・月・日・時の干支を表出する基となります。年の干支は六十年に一回、月は六十ヶ月、日は六十ヶ日、時は六十刻に一回同じ干支が巡ります。

この万年暦は各自の生年月日に該当するページを見れば、年・月・日の干支まで表出できます。（生時干支のみ生時干支表に基づいて表出します。）

四柱干支と命式の出し方

四柱推命は前頁の六十干支表を基に、その人の生年・月・日・時の四柱に配当して干支を表出し、変通星（十干の相互関係を見るために附された名称）や十二運（生日干と四柱の十二支を見て附された名称）を出して後運勢を判じます。

例として、平成元年二月二三日午後十時生まれの人の四柱干支を出していきます。本書の万年暦で昭和64年・平成元年のページを開き、年・月・日の干支を求めます。

続いて生時の干支を求めます。下にある「生時干支早見表」から、日干（生日天干）甲己の午後十時は、午後九時から十一時の間ですから乙亥であるとわかります。

平成元年二月二三日午後十時生まれ四柱命式

平元年	己 正財	巳 食神	（戊庚丙）	病	用神	食神 (火)
2月	丙 食神	寅 比肩	（戊丙甲）	建禄	喜神	正財 (土)
23日	甲	寅 比肩	（戊丙甲）	建禄	忌神	比肩・劫財 (木)
午後10時	乙 劫財	亥 偏印	（戊甲壬）	長生	（食神生財格）	

＊年度の変わり目は二月の節入り（立春）から新年度です。月の変わり目は毎月の節入日から新しい月となります。

生時干支早見表

時間＼日干	甲己	乙庚	丙辛	丁壬	戊癸
前0～1	甲子	丙子	戊子	庚子	壬子
前1～3	乙丑	丁丑	己丑	辛丑	癸丑
前3～5	丙寅	戊寅	庚寅	壬寅	甲寅
前5～7	丁卯	己卯	辛卯	癸卯	乙卯
前7～9	戊辰	庚辰	壬辰	甲辰	丙辰
前9～11	己巳	辛巳	癸巳	乙巳	丁巳
前11～後1	庚午	壬午	甲午	丙午	戊午
後1～3	辛未	癸未	乙未	丁未	己未
後3～5	壬申	甲申	丙申	戊申	庚申
後5～7	癸酉	乙酉	丁酉	己酉	辛酉
後7～9	甲戌	丙戌	戊戌	庚戌	壬戌
後9～11	乙亥	丁亥	己亥	辛亥	癸亥
後11～12	丙子	戊子	庚子	壬子	甲子

地支蔵干早見表

地支＼蔵干	余気	中気	正気
子			癸
丑	癸	辛	己
寅	戊	丙	甲
卯			乙
辰	乙	癸	戊
巳	戊	庚	丙
午	丙	己	丁
未	丁	乙	己
申	戊	壬	庚
酉			辛
戌	辛	丁	戊
亥	戊	甲	壬

変通星の出し方

左表の変通星早見表の日干甲から日干以外の各干に引いて表出します。例えば甲から己を見れば正財です。（十二支は蔵干正気を見て表出します。故に甲から巳の正気は丙ですから食神となります。）

変通星早見表

変通星＼日干	甲	乙	丙	丁	戊	己	庚	辛	壬	癸
比肩	甲	乙	丙	丁	戊	己	庚	辛	壬	癸
劫財	乙	甲	丁	丙	己	戊	辛	庚	癸	壬
食神	丙	丁	戊	己	庚	辛	壬	癸	甲	乙
傷官	丁	丙	己	戊	辛	庚	癸	壬	乙	甲
偏財	戊	己	庚	辛	壬	癸	甲	乙	丙	丁
正財	己	戊	辛	庚	癸	壬	乙	甲	丁	丙
偏官	庚	辛	壬	癸	甲	乙	丙	丁	戊	己
正官	辛	庚	癸	壬	乙	甲	丁	丙	己	戊
偏印	壬	癸	甲	乙	丙	丁	戊	己	庚	辛
印綬	癸	壬	乙	甲	丁	丙	己	戊	辛	庚

十二運の出し方

左の十二運早見表で日干甲から各地支に引いて表出します。
例えば日干甲から丙を見て食神となります。

十二運早見表

十二運＼日干	甲	乙	丙	丁	戊	己	庚	辛	壬	癸
長生	亥	午	寅	酉	寅	酉	巳	子	申	卯
沐浴	子	巳	卯	申	卯	申	午	亥	酉	寅
冠帯	丑	辰	辰	未	辰	未	未	戌	戌	丑
建禄	寅	卯	巳	午	巳	午	申	酉	亥	子
帝旺	卯	寅	午	巳	午	巳	酉	申	子	亥
衰	辰	丑	未	辰	未	辰	戌	未	丑	戌
病	巳	子	申	卯	申	卯	亥	午	寅	酉
死	午	亥	酉	寅	酉	寅	子	巳	卯	申
墓	未	戌	戌	丑	戌	丑	丑	辰	辰	未
絶	申	酉	亥	子	亥	子	寅	卯	巳	午
胎	酉	申	子	亥	子	亥	卯	寅	午	巳
養	戌	未	丑	戌	丑	戌	辰	丑	未	辰

＊従来の「陽生陰死」（陽干の長生は陰干の死、陰干の長生は陽干の死）は不合理です。

＊陽干と陰干は「同生同死」とするのが陰陽五行の正理です。故に陰干の十二運も陽干の十二運に準じてみればよいと推理します。

男女大運順逆表

逆運		順運	
女命陽干	男命陰干	女命陰干	男命陽干
節入日	一年運	十年運	節入日
一日			一日
二日			二日
三日		九年運	三日
四日	二年運		四日
五日			五日
六日		八年運	六日
七日	三年運		七日
八日			八日
九日		七年運	九日
十日	四年運		十日
十一日			十一日
十二日		六年運	十二日
十三日	五年運		十三日
十四日			十四日
十五日		五年運	十五日
十六日	六年運		十六日
十七日			十七日
十八日		四年運	十八日
十九日	七年運		十九日
二十日			二十日
廿一日		三年運	廿一日
廿二日	八年運		廿二日
廿三日			廿三日
廿四日		二年運	廿四日
廿五日	九年運		廿五日
廿六日			廿六日
廿七日		一年運	廿七日
廿八日	十年運		廿八日
廿九日			廿九日
三十日			三十日

順逆は年干の陰陽で定めます。
男命陽干・女命陰干は順運
男命陰干・女命陽干は逆運

※男女共、順運は月柱から干支を順に起こします。
男女共、逆運は月柱から干支を逆に起こします。

月干支早見表

月 ＼ 年干	甲己	乙庚	丙辛	丁壬	戊癸
二月（寅）	丙寅	戊寅	庚寅	壬寅	甲寅
三月（卯）	丁卯	己卯	辛卯	癸卯	乙卯
四月（辰）	戊辰	庚辰	壬辰	甲辰	丙辰
五月（巳）	己巳	辛巳	癸巳	乙巳	丁巳
六月（午）	庚午	壬午	甲午	丙午	戊午
七月（未）	辛未	癸未	乙未	丁未	己未
八月（申）	壬申	甲申	丙申	戊申	庚申
九月（酉）	癸酉	乙酉	丁酉	己酉	辛酉
十月（戌）	甲戌	丙戌	戊戌	庚戌	壬戌
十一月（亥）	乙亥	丁亥	己亥	辛亥	癸亥
十二月（子）	丙子	戊子	庚子	壬子	甲子
一月（丑）	丁丑	己丑	辛丑	癸丑	乙丑

※見ようとする年の年の天干から右の表によって月干支を出します。

例　令和三年なら辛丑年で年干は辛ですから、その年の二月の干支は庚寅であり、三月の干支は辛卯となります。

格局表

◎内格・建禄・月刃

※月支正気が透干（日干以外に）は正気が格となる。正気透干なきは余気・中気の中で透干するものが格となる。

※正気・中気・余気共に透干なきは、三者の内気勢強きが格。（正気の場合多し）

※月支比肩又は劫財は内格にとらず。（禄・刃のつく場合、建禄格・月刃格にとる）

日干	月支	格
甲	寅	禄
甲	卯	刃
甲	辰	（乙 癸印 戊才）
甲	巳	（戊才 庚七 丙食）
甲	午	（丙 己財 丁傷）
甲	未	（丁傷 乙 己財）
甲	申	（戊才 壬梟 庚七）
甲	酉	（辛官）
甲	戌	（辛官 丁傷 戊才）
甲	亥	（戊 甲 壬梟）
甲	子	（癸印）
甲	丑	（癸印 辛官 己財）
乙	寅	（戊財 丙傷 甲）
乙	卯	（乙禄）
乙	辰	（乙 癸梟 戊財）
乙	巳	（戊財 庚官 丙傷）
乙	午	（丙 己才 丁食）
乙	未	（丁食 乙 己才）
乙	申	（戊財 壬印 庚官）
乙	酉	（辛七）
乙	戌	（辛七 丁食 戊財）
乙	亥	（戊 甲 壬印）
乙	子	（癸梟）
乙	丑	（癸梟 辛七 己才）
丙	寅	（戊食 丙 甲梟）
丙	卯	（乙印）
丙	辰	（乙印 癸官 戊食）
丙	巳	（戊 庚 丙禄）
丙	午	（丙 己傷 丁）
丙	未	（丁 乙印 己傷）
丙	申	（戊食 壬七 庚才）
丙	酉	（辛財）
丙	戌	（辛財 丁 戊食）
丙	亥	（戊 甲梟 壬七）
丙	子	（癸官）
丙	丑	（癸官 辛財 己傷）
丁	寅	（戊傷 丙 甲印）
丁	卯	（乙梟）
丁	辰	（乙梟 癸七 戊傷）
丁	巳	（戊傷 庚財 丙）
丁	午	（丙 己 丁禄）
丁	未	（丁 乙梟 己食）
丁	申	（戊傷 壬官 庚財）
丁	酉	（辛才）
丁	戌	（辛才 丁 戊傷）
丁	亥	（戊 甲印 壬官）
丁	子	（癸七）
丁	丑	（癸七 辛才 己食）
戊	寅	（戊 丙梟 甲七）
戊	卯	（乙官）
戊	辰	（乙官 癸財 戊）
戊	巳	（戊 庚 丙禄）
戊	午	（丙 己 丁印）
戊	未	（丁印 乙官 己）

日干	月支	格
戊	申	(戊 壬才 庚食)
戊	酉	(辛傷)
戊	戌	(辛傷 丁印 戊)
戊	亥	(戊 甲七 壬才)
戊	子	(癸財)
戊	丑	(癸財 辛傷 己)
己	寅	(戊 丙印 甲官)
己	卯	(乙七)
己	辰	(乙七 癸才 戊)
己	巳	(戊 庚傷 丙印)
己	午	(丙 己 丁禄)
己	未	(丁梟 乙七 己)
己	申	(戊 壬財 庚傷)
己	酉	(辛食)
己	戌	(辛食 丁梟 戊)
己	亥	(戊 甲官 壬財)
己	子	(癸才)
己	丑	(癸才 辛食 己)
庚	寅	(戊梟 丙七 甲才)
庚	卯	(乙財)
庚	辰	(乙財 癸傷 戊梟)
庚	巳	(戊梟 庚 丙七)
庚	午	(丙 己印 丁官)
庚	未	(丁官 乙財 己印)
庚	申	(戊 壬 庚禄)
庚	酉	(辛刃)
庚	戌	(辛 丁官 戊梟)
庚	亥	(戊 甲才 壬食)
庚	子	(癸傷)
庚	丑	(癸傷 辛 己印)
辛	寅	(戊印 丙官 甲財)
辛	卯	(乙才)
辛	辰	(乙才 癸食 戊印)
辛	巳	(戊印 庚 丙官)
辛	午	(丙 己梟 丁七)
辛	未	(丁七 乙才 己梟)
辛	申	(戊印 壬傷 庚)
辛	酉	(辛禄)
辛	戌	(辛 丁七 戊印)
辛	亥	(戊 甲財 壬傷)
辛	子	(癸食)
辛	丑	(癸食 辛 己梟)
壬	寅	(戊七 丙才 甲食)
壬	卯	(乙傷)
壬	辰	(乙傷 癸 戊七)
壬	巳	(戊七 庚梟 丙才)
壬	午	(丙 己官 丁財)
壬	未	(丁財 乙傷 己官)
壬	申	(戊七 壬 庚梟)
壬	酉	(辛印)
壬	戌	(辛印 丁財 戊七)
壬	亥	(戊 甲 壬禄)
壬	子	(癸刃)
壬	丑	(癸 辛印 己官)
癸	寅	(戊官 丙財 甲傷)
癸	卯	(乙食)
癸	辰	(乙食 癸 戊官)
癸	巳	(戊官 庚印 丙財)
癸	午	(丙 己七 丁才)
癸	未	(丁才 乙食 己七)
癸	申	(戊官 壬 庚印)
癸	酉	(辛梟)
癸	戌	(辛梟 丁才 戊官)
癸	亥	(戊 甲傷 壬)
癸	子	(癸禄)
癸	丑	(癸 辛梟 己七)

※**食**＝食神格、**傷**＝傷官格、**財**＝正財格、**才**＝偏財格、**官**＝正官格、**七**＝七殺格、**印**＝印綬格、**梟**＝偏印格、**禄**＝建禄格、**刃**＝月刃格

◎外格

▽一行得気格

曲直格　木日の春生まれで地支が寅卯辰の方、又は亥卯未の局となり、木を剋する金を見ないもの。
（半方、半局は不成立）

例
癸亥
乙卯　三合木局
乙卯
癸未

用神　水　木　火
※火を見れば土も可
忌神　金

炎上格　火日の夏生まれで火の方、又は局を見て配中水なき命。

例
丁巳
丙午　南方方合
丙寅
乙未

用神　木　火　土
※土を見れば金も可
忌神　水

稼穡格　土日の四季土用月（丑辰未戌）生まれで地支が四土全備し、木なき命。

例
辛丑
戊戌
戊辰
己未

用神　火　土　金
※金を見れば水も可
忌神　木

従革格　金日の秋生まれで、金の方、又は局を見て火なき命。

例
戊戌
辛酉　三合金局
辛巳
辛丑

用神　土　金　水
※水を見れば木も可
忌神　火

潤下格　水日の冬生まれで、水の方、又は局を見て土なき命。

例
丙子
辛丑　北方方合
癸亥
乙卯

用神　金　水　木
※木を見れば火も可
忌神　土
※但し、丑月は下格（不純）となる

▽従旺格

日干が月令を得て、配中印星・比劫のみで、官星なき命。

例
癸卯
乙卯
甲寅
乙亥

用神　木
喜神　水
※水軽ければ火も可
忌神　土　金

▽従強格

印星・比劫で一派し、配中印星多きか、印星月令に逢うもの。

例
壬子
癸卯
甲子
甲子

用神　水　木
忌神　火　土　金

▽**建禄格**　月支に建禄を見る命。

例　月　巳　建禄
　　日　丙　用神　水　金　土の何れか
　　　　　　※身弱は木火が喜用

▽**月刃格**　陽日が月支に帝旺を見たもの。（戊日は除く）

例　月　酉　帝旺
　　日　庚　用神　水　木　火の何れか
　　　　　　※身弱は土金が喜用

▽**従格**

従児格　日干衰弱し、印星なく、食傷が方又は局をなし、天干が食傷を扶けている命。

例　丁卯
　　壬寅
　　癸卯
　　丙辰　東方方合
　　用神　水　木　火
　　忌神　土　金

従財格　印星比劫なく、財星が月令で地支が財地か、財が方又は局を成すもの。

例　庚戌
　　乙酉
　　丙申
　　己丑　西方方合
　　用神　土　金
　　忌神　木　火

従殺格　日干衰弱し、官殺が月令又は旺じて多く、印星や食傷のないもの。

例1　戊戌
　　辛酉
　　乙酉
　　乙酉
　　用神　金
　　喜神　土
　　忌神　水　木　火
　　※土多ければ火は忌まず

例2　辛巳
　　辛丑
　　乙酉　三合金局
　　乙酉
　　用神　金
　　喜神　土
　　忌神　水　木

従象格（**従勢格**）　日主に根がなく、配中印星比劫もなく、食傷、財、官が並旺し、一神に従うこと不能の時、三者の内、旺じて気勢強きに従うの格とする。

例　癸亥
　　丁巳
　　辛卯
　　甲午
　　用神　木　火
　　忌神　土　金

▽**母慈子滅格**　配中印星多過か、印星が方又は局をなし、官殺を一、二見するもの。

例　癸卯
　　甲寅
　　丁卯
　　甲辰　東方方合
　　用神　火
　　忌神　金

▽**化気格**　日干が月干又は時干と干合し、化気が月令を得て化気を剋する干支を見ないこと。
※剋神あるも、剋神が制又は合化すれば成格
※妬争の合（例　一甲二己、二己二甲）あれば破格

▲化木格　化火格　化土格　化金格　化水格の五種。

（化木格）乙卯　丁卯　壬午　癸卯
（化火格）戊戌　戊午　癸未　丁巳
（化土格）丁未　甲辰　己酉　戊辰
（化金格）辛酉　丙申　乙酉　庚辰
（化水格）癸酉　癸亥　辛亥　丙申

	喜用	忌神
化土格（甲己）生月辰戌丑未月で配中木無し	火土	水木
化木格（壬丁）生月寅卯で金無し	水木	土金
化火格（戊癸）生月巳午で水無し	木火	金水
化金格（庚乙）生月申酉で火無し	土金	木火
化水格（丙辛）生月亥子で土無し	金水	火土

〔附記〕
化気格で日干が干合して、日干の五行が化すとの論は一疑です。特に陽日は不化です。陰日も化気に近い性情に化すと見ても、日干の本質まで五行変化は一疑です。

用神の用い方（略意）

1 身強の命式

①身強で比劫多きは官星を用神とし財星を喜神とします。官星なきは食傷か財星の何れかを用神とし、比劫を忌み、比劫を生ずる印星も嫌います。
②身強で印星多きは財星を用神とし、食傷を喜神とし、印星を忌み、比劫も喜びません。
③身強で食傷多きは財星を用神とし、食傷を忌み、比劫も喜びません。
④身強で財星多きは官星を用神とし、身を更に強くする印星や比劫を嫌います。財星の再加も嫌います。
⑤身強で官星多きは食傷を用神とし、身を更に強くする印星や比劫を嫌い、官星の再加も嫌います。
⑥身強で官星軽きは財星を用神とし、印星や比劫を忌みます。
⑦身強で財星軽きは食傷を用神とし、比劫や印星を忌みます。
⑧身強で食傷軽く印星多きは財星を用神とし、食傷を喜び、印星を忌み、比劫も喜びません。

2 身弱の命式

①身弱で食傷多きは印星を用神とし、（配合によって官星か比劫を喜ぶ）食傷や財星を忌みます。
②身弱で財星多きは比劫を用神とし、印星を喜び、財星を忌み食傷も喜びとしません。また、比劫無きは印星を用神とします。
③身弱で官星多きは印星を用神とし、比劫も喜び（印星無きは比劫を用神とす）官星を忌み、財星を嫌います。また、やや身弱なら食傷を用神とします。
④印星が多過し、日干が弱ければ比劫を用神とし、食傷が喜神で、印星を忌み官星を喜びません。

調候用神表

調候用神は春夏秋冬、四季の運行によって起こる寒暖を調和する取用法です。

この寒暖を調和する機能は水火に有り、冬季水旺寒冷の季に於いては火（丙丁）の暖を調候用神とし、夏季火旺暑熱の季に於いては水（壬癸）の冷を以て調候用神とする。これが基本概念です。

※調候用神は補助的な用神の観法であり飽くまでも命式の用神を以て主とします。

※調は調候用神、補は補神。

生日 ＼ 生月		寅（二月）	卯（三月）	辰（四月）	巳（五月）	午（六月）	未（七月）	申（八月）	酉（九月）	戌（十月）	亥（十一月）	子（十二月）	丑（一月）
甲日	調	丙	庚	庚	癸	癸	癸	庚	庚	庚	庚	丁	丁
	補	癸	丙丁戊己	丁壬	丁庚	丁庚	丁庚	丁壬	丁丙	甲丁壬癸	丁丙戊	庚丙	庚丙
乙日	調	丙	丙	癸	癸	癸	癸	丙	癸	癸	丙	丙	丙
	補	癸	癸	丙戊		丙	丙	癸己	丙丁	辛	戊		
丙日	調	壬	壬	壬	壬	壬	壬	壬	壬	甲	甲	壬	壬
	補	庚	己	甲	庚癸	庚	庚	戊	癸	壬	戊庚壬	戊己	甲
丁日	調	庚	庚	甲	甲	壬	甲	甲	甲	甲	甲	甲	甲
	補	甲	甲	庚	庚	庚癸	庚壬	庚丙戊	庚丙戊	庚戊	庚	庚	庚
戊日	調	丙	丙	甲	甲	壬	癸	丙	丙	甲	甲	丙	丙
	補	甲癸	甲癸	丙癸	丙癸	甲丙	甲丙	甲癸	癸	丙癸	丙	甲	甲
己日	調	丙	甲	丙	癸	癸	癸	丙	丙	甲	丙	丙	丙
	補	甲庚	丙癸	甲癸	丙	丙	丙	癸	癸	丙癸	甲戊	甲戊	甲戊
庚日	調	戊	丁	甲	壬	壬	丁	丁	丁	甲	丙	丁	丙
	補	甲丙丁壬	甲丙庚	丁壬癸	丙戊丁	癸	甲	甲	甲丙	壬	丁甲	甲丙	甲丁
辛日	調	己	壬	壬	壬	壬	壬	壬	壬	壬	壬	丙	丙
	補	庚壬	甲丙	甲	甲癸	己癸	甲庚	甲戊	甲丁	甲	丙	甲戊壬	戊己壬
壬日	調	庚	戊	甲	壬	癸	辛	戊	甲	甲	戊	戊	丙
	補	丙戊	庚辛	庚	庚	庚辛	甲	丁	庚	丙	丙庚	丙	甲丁
癸日	調	丙	庚	丙	庚	庚	庚	丁	辛	辛	庚	丙	丙
	補	庚辛	辛	甲辛	壬辛	辛壬癸	辛壬癸		丙	甲辛癸	辛戊丁	辛	丁

地支蔵干の力量

正気＝その地支に本来賦された五行であり、月令当旺の五行故最も強力です。

中気＝三合会局の生気か墓気に当る五行。

余気＝前月月令当旺の五行が残存するもの。

各月毎の力量

寅―戊土（余気）　透干すれば用として力量を参酌するが地支蔵干だけでは殆ど見ません。

丙火（中気）　支中にあって透干しなくても力量強力と見る。

甲木（正気）　干に透干しなくても最も強力と見る。（但し四柱配合に火神有れば力量弱く亥が近貼すれば強力となります）

卯―乙木（正気）　乙木正気だけを取用します。仲春当令の気であり純粋な木神の五行です。

辰―乙木（余気）　※寅月の甲木を余気として用いません。支中の蔵干だけでは力量は軽いが透干すれば当令の気であり勿論使用します。

癸（中気）　支中の蔵干だけでも取用します。

戊土（正気）　透否を問わず湿土として取用しますが透干すれば尚強力です。（但し申子が近貼すれば水の気勢が強力となる）

巳―戊土（余気）　地支蔵干だけでは取用しないが、透干すれば強力です。

庚金（中気）　透干すれば取用しますが地支蔵干だけでは気勢は弱い。（但し酉か丑が近貼すれば取用します）

丙火（正気）　地支蔵干だけでも作用は強力ですが透干すれば月令当旺の気であり更に強力です。

午―丙火（余気）　余気として用いません。

己土（中気）　支中の蔵干だけでは力量は弱いが透干すれば取用します。

丁火（正気）　透否を問わず気勢は強力と見ます。

未―丁火（余気）　地支中の蔵干だけでも或る程度取用しますが透干すれば強力と見ます。

乙木（中気）　透干すれば取用するが、地支蔵干だけでは作用は軽い。（但し亥か卯が近貼すれば取用する）

己土（正気）　透干の是非を問わず夏季司令の燥土として相当強力です。

申―戊土（余気）　透干の有無を問わず五行の気勢は弱勢と見ます。

壬水（中気）　壬水長生の支であり地支蔵干だけでも強力ですが透干すれば更に気勢は強力です。

庚金（正気）　透干の有無を問わず正気司令の五行で

あり取用します。（但し子か辰が近貼する場合は水の気勢に相当部分化します）

酉—辛金（正気）
仲秋西方司令、庚金の旺支であり、辛金正気だけを取用します。（庚金は余気として用いません）

戌—辛金（余気）
透出すれば強力、支中の蔵干だけでも用と見ます。

丁火（中気）
透出すれば強力、支中の蔵干だけでも用と見ます。

戊土（正気）
透否を問わず燥土として強力です。

亥—戊土（余気）
余気として採用しません。

甲木（中気）
地支蔵干でも取用しますが、透干すれば強力です。

壬水（正気）
透否を問わず強力、但し寅か卯か未が近貼すれば木気が働きます。

子—癸水（正気）
仲冬司令当旺の癸水だけを正気として取用します。（壬水は余気として採用しません）

丑—癸水（余気）
地支の蔵干だけでも取用しますが、透干すれば強力と見ます。

辛金（中気）
地支中の蔵干だけでも取用しますが、透干すれば強力となります。

己土（正気）
透干の是非を問わず湿土として気勢は強力です。

合と剋と冲

方合

東方 寅卯辰
南方 巳午未
西方 申酉戌
北方 亥子丑

三合

木局 亥卯未　　火局 寅午戌
金局 巳酉丑　　水局 申子辰

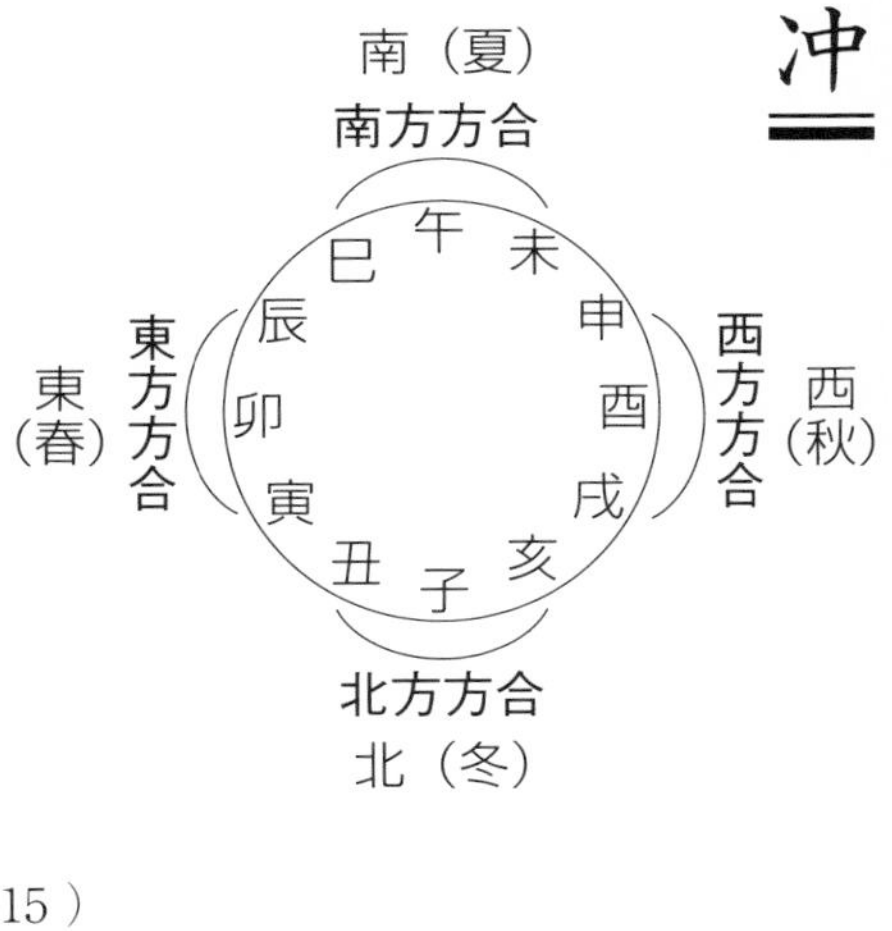

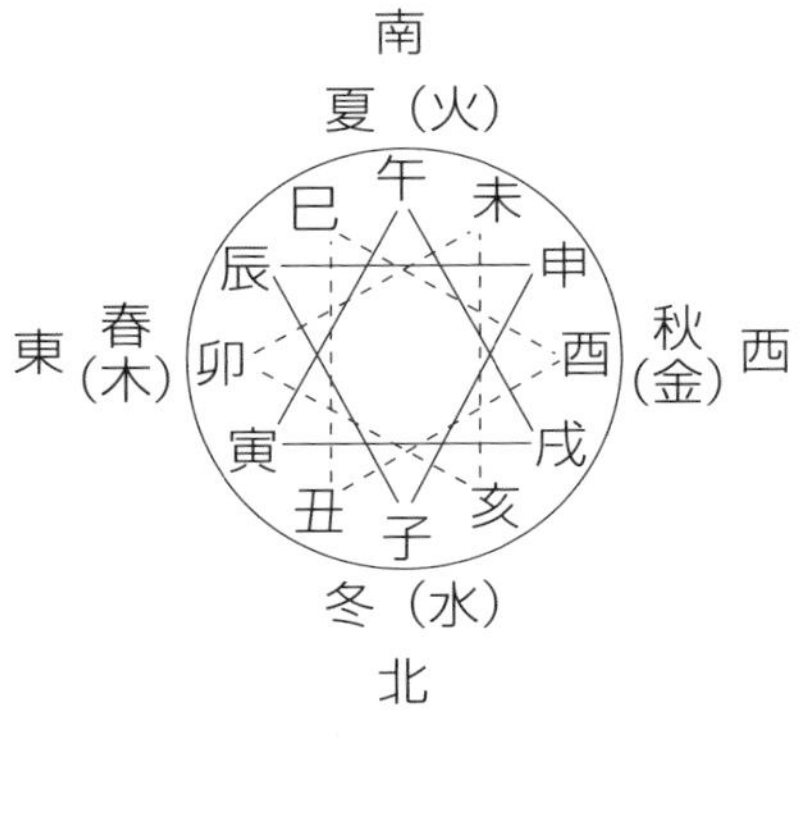

支合（地支六合）

支合	支合	支合
寅　亥	辰　酉	午　未
木	金	土

支合	支合	支合
丑　子	卯　戌	巳　申
土	火	水

※合化は採らず。

干合

干合	干合
壬 九　丁 四	己 六　甲 一
化木	化土

干合	干合
癸 十　戊 五	庚 七　乙 二
化火	化金

干合
辛 八　丙 三
化水

干剋（七殺の関係）

陰干	陽干
辛—乙	庚—甲
癸—丁	壬—丙
乙—己	甲—戊
丁—辛	丙—庚
己—癸	戊—壬

冲（支冲）

戌—冲—辰　申—冲—寅　午—冲—子

亥—冲—巳　酉—冲—卯　未—冲—丑

害（地支六害）

戌	害	酉
亥	害	申
子	害	未
丑	害	午
寅	害	巳
卯	害	辰

※各々の地支の合支を冲する地支を害と見ます。

例　戌は合支卯を冲する酉が害であり、酉は辰の合支を冲する戌を仇害と見ます。

（あまり重視しません）

※害・刑・破は根拠薄弱であり採用しません。

陰陽五行と生剋制化

陰陽五行

五行	木	火	土	金	水
陽	甲寅	丙午	戊戌辰	庚申	壬子
陰	乙卯	丁巳	己未丑	辛酉	癸亥
方位	東	南	中央	西	北
四季	春	夏	土用	秋	冬

干支の陰陽と五行配当（第一図）

十干（干）陽干	十干（干）陰干	五行	十二支（支）陽支	十二支（支）陰支
甲	乙	木	寅	卯
丙	丁	火	午	巳
戊	己	土	戌辰	未丑
庚	辛	金	申	酉
壬	癸	水	子	亥

※五行とは「木火土金水」を指し五行には陰陽があります。
十干も十二支も五行に分類し陰陽に分けられます。

干支の五行配当と相生・相剋・比和の関係（第二図）

相生

水が木を生じ木が火を生じ火が土を生ずるように、順に生ずる関係です。生ぜられる木は水から生気を受けて強力となり、生ずる水は木に洩気して弱くなります。六親は木が自己なら水は親で、木から生じた火を子供と見ます。

相剋

水が火を剋し火が金を剋す等の関係で、剋される火は損傷を受けますが剋す水も火を制するために力を分散します。六親は男子は我から剋す火を妻と見ますから、女子は剋される火を自己と見れば剋す水を夫と見る意となります。

比和

木と木、火と火等同気の五行です。四柱で同気が少なく、弱ければ助け合い多ければ競争となります。六親は兄弟・姉妹にとります。

干支と五行の四季による盛衰の関係（第三図）

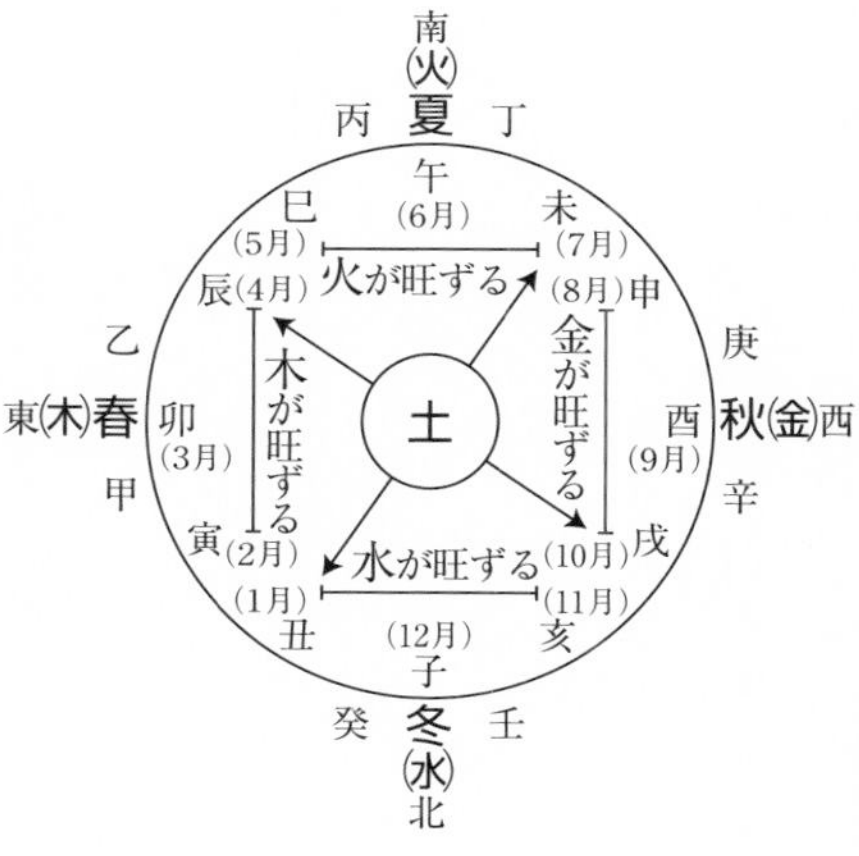

木は陽気の始めで春に旺じ。

火は陽物で夏に極旺となり。

土は中央に位して四季の土用に旺じ。

金は陰気の始めで秋に旺じ。

水は陰物で冬に極旺となります。

生剋制化（五行の相生・相剋）

※上図は木（甲乙）を日干と見た場合、変通星は火が食神、傷官。土が正財、偏財。金が正官、偏官。水が印綬、偏印となります。

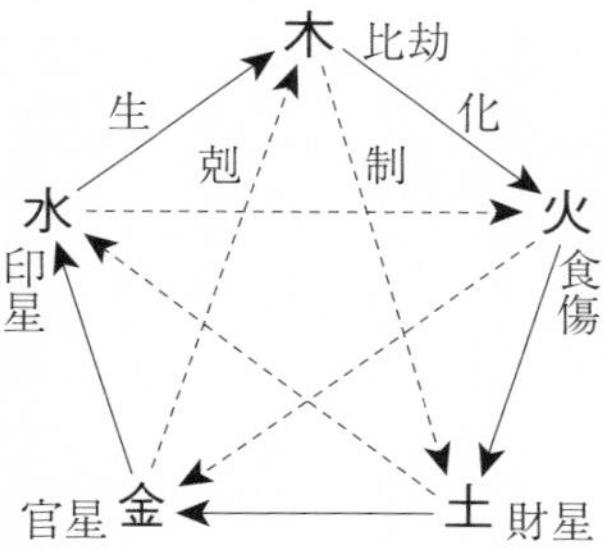

―→ 相生　木火土金水　退気―→生気

- - -→ 相剋　木土水火金　制- - -→剋（制＝剋す。剋＝剋される）

四季による五行の盛衰関係（第四図）

旺衰／四季	旺	相	死	囚	休
春	木	火	土	金	水
夏	火	土	金	水	木
秋	金	水	木	火	土
冬	水	木	火	土	金
土用	土	金	水	木	火

※旺＝最強　月令（月支）当旺の五行。
相＝次強　月支当旺の五行から生ぜられる位置（月支印星）に有る。
死＝最弱　季を得ず、月令当旺の五行から剋される関係にある。
囚＝次弱　月令当旺の五行を剋して自ら弱くなる。
休＝次弱　月令当旺の五行を生じ退気して弱くなる。

春＝木が旺、火は相で、木火の二つは強力と見ます。
　土金水は死囚休で弱勢と見ます。
夏＝火土が旺相し、金水木は弱勢と見ます。
秋＝金水が旺相し、木火土は弱勢と見ます。
冬＝水木が旺相し、火土金は弱勢と見ます。
土用＝土金が旺相し水木火は弱勢と見ます。
※「旺相」は身強、「休囚死」は身弱と見ます。

四柱の名称　並びに意味（第五図）

年	（年柱）	丙（年干）	寅（年支）	（戊丙甲）（年支蔵干）	初年
月	（月柱）	庚（月干）	寅（月支）	（戊丙甲）（月支蔵干）	青年
日	（日柱）	辛（日干）	巳（日支）	（戊庚丙）（日支蔵干）	壮年
時	（時柱）	癸（時干）	巳（時支）	（戊庚丙）（時支蔵干）	晩年

※**年柱**は祖先または親の運を判じ、特に年支を母と見ます。この柱は**初年**の運の吉凶を判じます。
※**月柱**は親または兄弟の運を判じ、年干・月干を父または兄とも見ます。
この柱は**青年期**の吉凶を判じます。
※**日干**を**自己**とし、日支を**妻**や**夫**等配偶者運の吉凶を判じます。この柱は**壮年期**の運の吉凶を判じます。
※**時柱**は**子女運**の吉凶を判じ、この柱は**晩年運**を判じます。
＊右四柱の変通星や十二運、各柱の意味に加え、用神や忌神（四柱を調和する五行を用神と言う）を見て運の吉凶を見ます。

十二運の性情

胎　幼時病弱の傾向あり、自由業を好み職や住居が変り易い。
養　性情温和で交際上手だが保守的で積極性に乏しい。
長生　性情柔和で融和性あり、反面個性弱く補佐役向き。
沐浴　心境が変り易く永続性がない。職や住居が変り易い。
冠帯　積極的で自我心が強い、人から頭を押さえられるを嫌う。
建禄　自主独立の気概あり、積極的で気力充実の意あり。
帝旺　自尊心強く頭領的性情。独立心強く、妥協性には乏しい。
衰　保守的で自制心あり慎重な性格、女性は良妻となる。
病　風流心あるも体力・気力に乏しく消極的な性格。

死　外柔内剛型。学問・技術に優れるも取越苦労が多い。
墓　仕事熱心、祖因との関り深く、蓄財心を有する人。
絶　飽き性で熱し易く冷め易い、淋しがり屋で浮沈多い。

用神の出し方

用神とは四柱八字を調和し吉作用をする五行で、用神を助ける干支を**喜神**と呼び、四柱八字に凶作用となる害神を**忌神**と言います。これが判れば運勢の大半は判ります。

第一に日干が**身強**か**身弱**かを次の三種の方法で調べ、然る後に用神や忌神を出します。

①日干が月令を得れば身強であり、月令を得なければ身弱の条件となります。

第一図で自身の日干が五行の何に当たるかを見て後、第三図で生月が春か夏か等を調べ、然る後に第四図で日干が「旺相死囚休」のいずれに当たるかを調べます。（第四図を見るためには予め第二図で十干十二支が五行の何に当たるかを明記しておく）

第四図で日干が旺となる関係は月令となります。また「旺相」迄は身強の範囲であり「休囚死」は身弱の範囲となります。

例えば丙火の日干が午月（六月）に生まれれば火の夏月生まれで旺となり身強ですが、丙が子月（十二月）に生まれれば火の冬月生まれで囚となり身弱となります。

②日干を助ける干支が多ければ身強、少なければ身弱の条件になります。

例えば第二図で日干が甲（木）の人ならば「甲乙寅卯」の干支は、五行は木で変通星は比肩や劫財となり、日干を助ける干支と見ます。また「壬癸亥子」の干支は、五行は水であり変通星は印綬や偏印となりますが、水生木と日干を生ずる意からこれも日干を助ける干支と見ます。

以上のように四柱に水や木が多ければ身強であり、少なければ身弱の条件となります。水と木以外の「火土金」は身弱の条件となります。水が火を見れば剋して衰え、水が土を見れば土剋水と剋されて衰え、木も土を見れば土を制して力を分力して弱り、水が金を見れば生ぜられて強くなります。

③十二運が気勢を得ていれば身強の条件となります。十二運が長生・沐浴・冠帯・建禄・帝旺を見た場合です。十二運が衰・病・死・墓・絶・胎・養は身弱の条件です。（右いずれも月支の十二運が強弱共に作用が強力です）

※以上の三つの条件を統合して日干の強弱を見ますが、中でも①の日干が月令に合うか否かが最も重要な条件となります。

身強の命式は、前記の命式のように日干甲木生まれの人ならば金の干支（正官・偏官）で金剋木と日干を制するか、火の干支（食神・傷官）で木生火と日干の旺気を洩らすか、土の干支（正財・偏財）で木剋土と土を制して日干の旺気を分力して調和を図るかいずれかが用神となりますが、以上の三つのうち気勢の強力なものが用神となり、用神を助ける干支が喜神となります。

四柱の命式中に用神や喜神の干支があれば、その干支の変通星の意味は吉作用となりその干支の廻った大運や年月日はその星の意味が吉作用となり、運勢もよい年月となります。

運勢の見方

運勢の見方その一（身強の命式の例）

前記（3ページ記載）の平成元年二月二三日午後十時生まれの身強・身弱を出し、用神・喜神・忌神を出し運勢を見てみましょう。（前記命式参照）

まず日干は甲木（陽木）でありこれを自己と見ます。

①甲木の寅月生まれ（木の春生まれ）で月令を得ており身強の条件となります。

②甲や寅等木性（日干と同性）の干支が四つと木を助け生ずる亥の水があり、これも身強の条件になります。

③十二運も月支を始め二つの建禄と長生があります。

以上の三つを統合すれば相当の身強の生まれの人となります。

四柱の構造　身強で比肩や劫財が強く気力も充実し、自主独立の気概を有する人です。

月干の丙火食神が年支巳火に通根（同性の五行を地支に見る意）して日干甲木始め木神（甲乙寅）の旺気を洩らし、更に火神は年干己土正財を順生しております。

故に食神を用神に取り、食神から順生する己土正財を喜神に取ります。それに対し乙や寅の劫財や比肩は忌神であり、不要の五行となります。（※用神・忌神は前記平成元年二月二三日生まれ四柱命式に書いてあります）

適業　食神が用神となる意は表現力があり、良い意味で個性や才能を自由に活かすのがよくサラリーマンより自由業向きの人です。また食神正財と順生し食神正財格となりますので、商工業等自営業に向けても成功する人です。適業は、本書の「適業」のページを参照し、火と土の項目が適業となります。

性格　先記の如く身強で比肩が強いので積極性があり自主独立の性情です。食神・傷官を表現の星と見れば、表現力があり技芸に優れる反面、自由性を好み束縛を嫌う性情と見られます。

家族運　木の比肩、劫財を兄弟とし、木を生ずる水は印綬・偏印で共に忌神であり、兄弟或いは親は助け合わないか兄弟或いは同業者間に不和や競争を招きがちな意があります。また食神や正財・偏財を子女や事業と見れば、親兄弟より妻子との関係で運気を開く運命の人です。また女は金の正官・偏官が四柱になく概して夫よりも子女やお金或いは事業方面に運気が赴く人です。また年柱に己土・巳火の用神があり、第五図で年を祖先または親と見れば祖先の陰の恩恵を受ける人と見られます。男女共自身健旺にして子も孫も栄える運気と見られます。

健康　日干甲木で水が忌神であり、肝臓・神経系・分泌系・頭痛・肩こり・骨格系も注意を要します。

相性　結婚や対人関係の相性は相手の四柱に火性の干支（丙丁巳午）と土性の干支（戊己丑辰未戌）を多く持った人ならば、自分の能力を引き出してくれる良い相手です。それに対し木性の干支（甲乙寅卯）を多く持った相手は相互に自我を主張して融和を欠き、財の争い等競争を招き易く相性はよくありません。

歳運・月運　毎歳或いは毎月々の運勢も火や土の干支の

廻った年月は諸事順調で成功運もありますが、木の干支の廻った年月は良好な運勢ではなく、兄弟朋友間の不和、或いは財の争いや事業上に支障を招いたり、親や目上等の運勢もよくありません。

用神と相性

毎年月の運勢の吉凶は用神の干支が廻った時が良好と見ますが、相性も相手の四柱に自身の用神の干支を適度に持った人がよくまた相手の用神を自身の四柱に持ち、双方の五行が調和するのがよい。

例えば自身の用神が火なら、相手の四柱命式に火の干支（丙丁巳午）を適当に持った人は相性がよいことになります。それに対し用神の火を剋し損傷する水の干支（壬癸亥子）を多く持った人は相性がよくありません。

※相性の見方は用神の外に干合・支合・冲や五行の相生・相剋等も見ます。

運勢の見方その二（身弱の例）

平成四年十二月十六日　午後二時生まれの場合

平成4年	壬偏官(七殺)	申偏財	（戊壬庚）	病	用神	偏印・印綬(木)
12月	壬偏官(七殺)	子正官	（　癸）	胎	喜神	比肩・劫財(火)
16日	丙	寅偏印	（戊丙甲）	長生	忌神	偏官・正官(水)
午後2時	乙印綬	未傷官	（丁乙己）	衰	（殺重用印格）	

右の命式の身強・身弱を見て用神・忌神を出しましょう。

①丙火日干の子月生まれで子は五行は水で季節は冬であり、火の冬月生まれで月令を得ず身弱の条件です。（第二・第三図参照）

②日干を助ける寅や乙の二木以外の未土・申金・壬子の水の干支は日干を弱くする干支です。（第二図参照）

③十二運は長生以外は病・胎・衰で身弱の条件です。

これらを統合すれば身弱の命式であり身弱は印綬や偏印・比肩や劫財を用神や喜神に使用します。故に甲乙寅卯の木を用神とし、丙丁巳午の火の干支を喜神に使用します。反面壬癸亥子等、日干を剋す水の干支や庚辛申酉の金の干支、また戊己丑辰未戌の干支は日干を弱くする故忌神です。

性格　身弱で水の偏官や正官が旺じて忌神の気勢が強く、そのため消極的で決断力なく気難しい一面あれど、寅木偏印を介して日干を順生する故凶を化して平和の気もあります。

家族運　年月に用神がないので年月の柱を祖先または親と見る意から、父祖の恩恵は薄く、若年期苦労の多い人で、反面日柱や時柱に用神や喜神があり、自身、或いは配偶者や子女との協力関係で運勢を開き、第五図で見れば中年以後は概して良好な運勢となります。時支未土はよく旺水を埋めて日干の丙火を救出します。反面この命式が男命ならば年支申金偏財（変通星偏財参照）は忌神の壬や子の水の正官・偏官を助生する凶神であり、妻は夫に背いて凶を行う意があります。また女は正官・偏官の夫星が忌神でしかも年月の柱にあり、年月を初年、青年の期とするところから、早年の結婚は失敗しがちか晩婚で、時に強い夫に嫁して苦労する傾向があります。また日支に寅の陽木を見て旺水を引化し日干を順生する意は、夫は強く妻を剋する反面寅木を介して日干と有情の気勢を有する意もあり、妻に対する思いやりもあり努力次第で夫婦は円満に行きます。

親兄弟は木の印星や火の比肩・劫財は喜神であり、火は冬の寒冷を解く協力者で兄弟助け合いますが、水の剋が強力故、兄弟病弱か死別する意もあります。

時支未の傷官を子女と見れば南方の火を含む燥土で、旺水を埋めて日干丙火を水の剋から救出する故子女は良子と見ます。

健康　水多く寒冷の配星であり水の病気、つまり耳・肝臓・生殖器・冷え症と水が剋する火の病気、眼・心臓・循環器に注意を要します。以上の諸病は秋から冬の金水旺相の季に注意です。

適業　身弱であり、消極的で自主独立の気概がなく自営よりも勤人向きですが、正官偏官を職場或いは上司と見れば旺じて日干丙火を剋しており、若年期職場を転々と変わるか目上で苦労する。

用神　木と火であり、木の仕事・木工建築・衣料品関係や火の仕事、つまり電気や燃料・新聞・教職・理美容・文章業等。

相性　概して春から夏月生まれで木火の旺ずる季節に生まれて、相手の四柱に木や火の干支を多く保有する人がよく、また概して秋冬生まれで金水の陰気進行の月生まれで四柱に金や水の干支の多い人は良好な相性ではありません。

運勢の成り行き　木（甲乙寅卯）や火（丙丁巳午）等、用神の干支の廻った年月や日は良好で、水（壬癸亥子）や水を生ずる金（庚辛申酉）の干支の廻った年月の運勢は良好ではありません。大運は東方木地、南方火地が吉。

六親配当表

日干／六親	男命 陽日生	男命 陰日生	女命 陽日生	女命 陰日生
父	偏印	印綬	偏印	印綬
母	印綬	偏印	印綬	偏印
息子	食神	傷官	食神	傷官
娘	傷官	食神	傷官	食神
妻	正財	偏財		
異婦	偏財	正財		
兄弟	比肩	劫財	比肩	劫財
姉妹	劫財	比肩	劫財	比肩
夫			七殺	正官
異夫			正官	七殺

※男命女命共何れの変通星でも陽干を男、陰干を女にとるのが原則です。

従って生日が陽干日生まれか陰干日生まれかで、六親のとり方も異なるのが原則です。

※男命女命共陽干の財星を父と見る観法もあります。

※男命は原則として陽干の官星を息子、陰干の官星を娘と見る観法もあります。

これは配星中の用神が官星の場合特にこれを重視します。

性格判断

性格判断は、日干を始め五行と陰陽・身の強弱・格局等を総合的に観て判じます。大変至難ですが、参考事項として記します。

日干（生日干）と性格

※陽日＝陽性・活動的・積極性・独立心・進取・前向き
※陰日＝陰性・不活発・消極的・従属性・保守・現状維持

甲　八卦＝震

甲木は、四季は春、刻限は朝で、冬の寒気が過ぎて樹木が春の気を受けて新たに伸びんとする意です。

甲の性格は陽気・活発で、発展向上心と慈悲心あり、理性的で明朗です。進取・漸進・着実・忍耐努力する人で頭領的な性情ですが、やや神経質で財を好みます。

乙　八卦＝巽

乙木は四季は春季、刻限は朝で、草花が春の陽気を受けて屈曲しながら地表に伸びる象。八卦は巽です。

乙の性格は如才なく、人当たりも良く柔順で交際上手ですが、やや小心で神経質、不決断で従属依存の資質を持ちます。進退に迷い取り越し苦労しがちですが、忍耐力はあり細心で、理財心のある人。

丙　八卦＝離

丙火は陽火で日輪、自力発光の火で、乾燥の力は大、万物を炳然として照射し、育成します。

丙の性格は陽気で活発な人で、明智と公明性を持ち、派手ですが礼儀を重んじます。自主独立の独自性を有しますが、虚栄・性急・移り気な一面もあります。

丁　八卦＝離

丁火は陰火で炉火・灯火で、丙の太陽に対し、太陽の余光で輝く太陰（月光）で物に反射して光を放ちます。

丁の性格は明智があり丁寧で、用意周到に改革できる人。陽気ですが虚栄を張ったり移り気で自己顕示欲や依存心があり、放従・躁急な性格。

戊　八卦＝艮

戊土は、自然界は山岳の土で城壕とし、堤防とし、水を整流する力は大で、また物が成長極まり、体が変わる意もあります。

戊の性格は温厚で雅量あり、保守的で信義に厚い人です。篤実で感謝の念と信仰心に溢れ理財心もありますが、頑固で自尊心が強い性があり、孤独となり、孤立しがちです。心の中庸を旨に。

己　八卦＝坤

己土は平地の土で、母なる大地であり、万物を載せ屈曲しながらも草木を育成し、育養します。

己の性格は柔順で順応性があり、人に先んじるよりも受け身で補佐役向きであり、出処進退に迷いがちです。消極的で人に従う性情ですが利欲もあります。

庚　八卦＝乾

庚金は陽の金で剛金とし粗鋼とし、斧。徳は義とし、剛毅の質、用は粗にして暴、粛殺・収斂の気とします。

庚の性格は剛毅果断で義侠心があり、直情径行の人です。威厳を備え頭領的で人を統率しますが、剛強で人に服従せず、専横で粗暴な一面もあります。信念を基に勇気と実行力のある性格です。

辛　八卦＝兌

辛金は陰の金で四季は秋とし、成器とし、鋏とし鎌としナイフとし、万物粛然と更改し五穀を収穫します。

辛の性格は弁才があり、社交的で悦び楽しむ性情がありますが、口論不和にも注意が肝要です。陰気で苦労性ですが、自己本位なため言動の中和を旨とすべきです。

壬　八卦＝坎

壬水は陽の水で河川・湖沼・海の水で質量洪大で流動性があり、灌漑の用大で、壬を妊とし育養の徳あり。

壬の性格は、外柔ですが内面は剛にして忍耐強く、才智に長け方円に随う性です。苦労性で吝嗇の傾向もあります。正しい心で明るく人に尽くし、異性関係は慎重に。

癸　八卦＝坎

癸水は至陰の水で雨露とし、天恵の雨です。

癸の性格はやや陰性で苦労性、秘密性を持ちやすく、不決断で憂鬱な傾向の人です。しかし、物を慈育善導し育養の徳を有しますから、草木を潤すように穏の力となって人を育成します。

十二支と性格

※生月の支を性格判断の第一とし、生日地支を第二とします。

子　八卦＝坎

子は至陰の水で、四季は厳冬、刻限は夜です。自然界は万物を育養し、人体は血気の流行です。

子の性格は陰性で苦労性の一面もあり地味な性格ですが、内面は智に明るく質素で理財心もあります。吝嗇の傾向があり、智を活かし信義を重んじ人に尽くす心が大事。

丑

八卦＝坤

丑は、四季は冬の土用で大寒節の陰土、八卦は坤の平地の土で、万物を受け育養の徳を有します。

丑の性格は陰性で不活発、保守的で従順ですが、内面は忍耐強く責任感のある外柔内剛の性格です。質素倹約し蓄財心もあり義理堅く正直で、感謝の心を持てる人です。

寅

八卦＝震

寅は、四季は初春で方位は東方、五行は陽木です。一日なら朝で、夜が明け太陽が東方から昇らんとする時です。

寅の性格は陽気で活動的、進取の気概に溢れ、独創的で独立独歩の性です。勇気と決断力を備え、猛気・威気があり清廉潔白ですが、継続性と推進力を養うことが大事です。

卯

八卦＝巽

卯は仲春で陽気が盛んとなり、草木が地を冒して開花し、万物は叢生。八卦は巽で巽を風とし進退とします。

卯の性格は明朗・温和・柔順で如才なく、愛嬌もあり人当たりも良いですが、神経質で不決断、進取の気に乏しいため進退に迷いがちです。不安動揺から心意定まらぬ一面もあります。

辰

八卦＝震・艮

辰は震（ふる）う意で、震動奮迅して物がその故体を去り、震動して成長するとされます。

辰の性格は積極進取の性で、物事の拡張・新規改革の精神を持ちます。しかし憤怒激発して争論・闘争を起こしやすく、気の荒い豪爽快活な人です。

巳

八卦＝離

巳は已（や）める意で、故体を去り新たに起こるとされます。

巳の性格は丁寧・器用で用意周到に調え、思慮深い外柔内剛の人です。忍耐強く、明智ある怜悧な一面と、人の好き嫌いがあり疑念を持ちやすい面があり、広い心で公平・平等を旨とすること。

午

八卦＝離

午は、季節は真夏、陽の極で易象は離（火）です。

午の性格は陽気で派手で活発、明智と決断力に溢れ、直感力と先見性を持つ頭領的な開拓精神の持ち主です。直情径行の性ですが、外飾華美で心変わりをしやすく、虚栄・移り気で永続性に不足しがちです。

未

八卦＝坤

未は、晩夏土用の土で陰土であり、易象は坤です。

未の性格は温和で保守的、思慮深く慈悲心あり、細やかで丁寧な慎重派です。理財心や忍耐力がありますが、不活発で臆病、小心で利欲に迷うこともあり進取の気概が不足しがちです。

申

八卦＝乾

申は、初秋で陽支で、易の八卦は乾です。

申の性格は機敏で器用、才智もあり進取の気に富んでいます。多弁で物まね上手ですが、虚言や軽率で移り気の一面や、利己的で自己中心的な傾向があり、始めあって終り全きを得ない性格です。

酉

八卦＝兌

酉は、仲秋で金が旺相し、易の八卦は兌です。

酉の性格は器用で弁才と才智に富み、社交的で明朗活発な、美を好む人です。お洒落で愛嬌があり、貞淑・上品で音感にも優れます。万事に通じやすい一方で、高慢と堕落に注意。

戌

八卦＝艮

戌は、四季は晩秋で草木衰え滅と殺、易象は艮です。

戌の性格は頑固で保守的ですが、正義感・責任感があり誠実で物事に忠実、義理人情に厚く感謝の心と信仰心があります。剛気ですが恩義を忘れません。怒気争論・孤立不和に注意。

亥

八卦＝坎

亥は、初冬の亥月、五行は水で至陰、万物閉蔵し八卦は坎。

亥の性格は無口で穏やか、外柔内剛であり、外面は柔ですが、内面は剛健で独断短慮、直情的な猪突猛進型です。財欲が強く遠謀深慮の性情があります。周りとの協調性を心がけるべし。

格局と性格（日支の変通も若干併せ見ます）

印綬格

印綬は日干と陰陽配偶で、思慮深い知性を持ちます。

印綬の性格は保守的で、何事も漸進着実で物事発想しても急進的に行動はしません。自己保身の心が強く、倹約家で忍耐力もありますが、引っ込み思案で物事に慎重な実行力に乏しい性格です。しかし宗教心があり、聡明博学で智恵があり、誠実温和で慈愛と慈善の心を持ちます。

偏印格

偏印は印綬の陰陽配偶の知性に対し、偏は陽対陽・陰対陰の不配偶で、無情で偏奇な知性です。

偏印の性格は聡明にして学芸・文才に優れ、臨機応変の才能と偏奇な知性、創造力・独創性・鋭敏で機知機略に富み、特殊技能に秀でます。やや性急で心境が変わりやすく、一意専心を旨とすること。

比肩　（月支比肩）

比肩は日干と同気の五行で陽対陽・陰対陰の関係で兄弟・姉妹・盟友・同業者・仲間等にとります。

比肩の性格は独立心旺盛で自我心・意志力や気力、積極性と主体性があり頑固、自尊の念が激しい負けず嫌いです。依存心は少なく競争心は強く、何事も強引に自ら企画し、自ら行動する性格です。

劫財　（月支劫財）

劫財は日干と同気異性の五行で、陰陽配偶の関係です。六親は異性の兄弟（姉妹）にとります。

劫財の性格は剛毅果断で積極進取ですが、自己中心で無情冷酷な酷薄の人。物事強引で反発心・競争心もあり、利己的で負けず嫌いな剛にして暴の性格。頑固者で自我心強く、他人を容れない一面あり。

食神格

食神は日干の気勢を陽対陽・陰対陰で、陰陽不配偶、無情に洩らす星で傷官よりも気勢の消耗は少ないです。

食神の性格は聡明博学で学術技芸に優れ、多能多才で表現力もあります。また度量寛大で資性温厚、明朗で淡泊、目下や子供に対し面倒見の良い温和な性格ですが、保守的で自己保身の強い人も多く、また吝嗇の傾向あり。

傷官格

傷官は食神と同じく日干の気勢を洩らす星ですが陽対陰・陰対陽、陰陽配偶の関係で日干の消耗大です。

傷官の性格は食神と同様、聡明博学で多能多才・学術や技芸・才能に優れ、企画力・先見性もあり目下を思いやります。しかし身の束縛を好まず独断的で自己趣向性も強いため、独立自営の道に就く人が多い傾向あり。

正財格

正財は日干から剋する五行で陽対陰・陰陽で陰陽配偶の財星であり、観方によっては個人保有の財です。

正財の性格は安全確実な質素倹約家で、誠実な人柄です。真面目に一歩一歩、根気と努力で財を得る性格で理財心があります。財に対する執着心もあり、慎重な姿勢でやや融通性に乏しく、吝嗇の傾向があります。

偏財格

偏財は正財と同じで日干から剋する五行ですが、陽対陽・陰対陰で陰陽不配偶、無情の相剋関係です。

偏財の性格は、理財心は正財と同じですが、活動的で社交性もあり、駆け引き上手です。多情多欲で世話好きで臨機応変の商才に秀でますが、資性淡泊で財を軽んじ、移り気で心境が変わりやすい性格です。

正官格

正官は日干を剋する五行で、陰陽配偶有情の剋神です。目上・職場・住居、女性は夫または異性にとります。

正官の性格は誠実で名誉心があり、規律や品位・人格を重んじ、礼儀と道徳心を大切にします。質素な倹約家で保守的な一面があるも、統率力と仁徳の志があり、忍耐努力して社会的地位は向上します。

偏官格

偏官は正官と同じ五行で日干を剋しますが、陽対陽・陰対陰で不配偶無情に日干を剋する五行です。

偏官の性格は、自尊心の強い勝ち気な果断の人です。頑固で抗争心・権勢欲・義侠心があり、性急で偏屈な直情径行の一面があります。負けず嫌いで権謀術策を用い、不和争論を起こしやすいですが、勇敢な性格です。

五行と性格

木	仁慈、惻隠、柔順、漸進、不屈、執拗、神経質、利他
火	礼儀、陽気、明智、活発、躁急、果断、移り気、虚栄
土	信仰心、誠実、穏順、中庸、育養、稼穡、保守、蓄財
金	信義、義侠心、剛健、正義感、決断力、従革、意志力
水	智力、聡明、奸智、陰性、苦労性、忍耐、陰険、任養

身強身弱と性格

身強＝陽気、活動性、積極、意志強、自主、進取、決断力
身弱＝陰性、不活発、消極、意志弱、従属、保守、不決断

五行と疾病

※日干の五行を主とし四柱五行共多過、不及、相剋して病象となるが多くは剋される五行の疾病となります。

五行	五臓	五味	疾病	八卦
木	肝臓	酸《すっぱい》	肝臓、筋、分泌系、神経系、胆嚢、精神病、風邪、中風	震、巽
火	心臓	苦《にがい》	心臓、眼、熱病、血管、逆上、小腸、高血圧、循環器系統	離
土	脾臓	甘《あまい》	脾、胃、消化器系、鼻、手、足、肩、関節、腰、癌、皮膚	艮、坤
金	肺臓	辛《からい》	肺臓、呼吸器系、頭、首、骨、口、歯、咽喉、胸部	乾、兌
水	腎臓	鹹《しおからい》	腎臓、膀胱、排泄器系、血液、脊髄、生殖器、耳、肛門、痔	坎

適　業

用神の五行と適業

木が用神の人
（東方・震、巽）

木工・建築・木材業・林業・造園業・彫刻家・繊維・衣料品関係・製紙業・畳職人・果実商・八百屋・運送業・船舶業・交通関係・牧場関係・理美容業・広告関係・貿易関係・郵便関係・香料関係・運転手・放送局・アナウンサー・通信・電話局・電気関係・音楽関係・舞踊家・乗物関係・スポーツ関係・商店・商社・営業関係・農業

火が用神の人
（南方・離）

燃料関係・ガソリンスタンド・火力発電所・消防士・書籍関係・出版関係・印刷業・図書館・文房具店・博物館・百貨店・美術家・書家・画家・新聞記者・発明家・鑑定士・著述業・看板店・眼鏡店・理美容業・化粧品・装身具店・芸能関係・電気関係・通信関係・放送局・アナウンサー・音楽家・レコード店・教職・事務職・郵便局・銀行・保険関係・証券関係・営業関係・弁護士・税理士・知的な仕事・警察官・警備員・検査員・消防局・神社関係・易者・税務署・航空関係・眼科医・鍼灸師・裁判官

土が用神の人
（四隅・艮、坤）

土木関係・農業・陶器業・不動産関係・石材業・造園関係・鉱石関係・倉庫業・廃物業・葬儀社・古物商・雑貨商・旅館業・ホテル関係・マンション経営・飲食店・食肉加工業・菓子店・産科医・胃腸科医・獣医・接骨医・皮膚科医・守衛・駅員・銀行員・看守・僧侶・神職・彫刻家・警備員・警察官・時計店・工員・労働者・牧場経営

金が用神の人
（西方・乾、兌）

鉄工関係・機械関係・自動車関係・金属関係・貴金属、時計関係・神社仏閣・軍人・官庁勤め・歯科医・外科医・運動具店・仏具店・高級品を扱う職業・米穀商・交通関係・教職・講師・営業・音楽関係・銀行員・飲食関係・娯楽に関する仕事・権力或は支配的立場の職・料理屋・弁護士・金融業・アナウンサー・評論家

水が用神の人
（北方・坎）

牛乳屋・酒屋・飲料水関係・水産関係・海産物関係・料理屋・喫茶店・スナック・水商売・魚屋・旅館業・銭湯・温泉場・水族館・水道局・水道工事業・消防署・船舶関係・クリーニング店・染物業・その他水関連の仕事・宗教家・哲学者・学者・教育者・思想家・法律関係・僧職・

医師・葬儀屋・福祉関係・警察関連の仕事・検事・刑務官・鍼灸師・マッサージ業・薬剤師・質屋・一般労働者

※以上は、用神と喜神の五行を併せて推理します。

格局と適業

印綬格 学者・教育家・文化関係・文学者・研究者・諸芸師匠・コンサルタント・技術者・公務員・芸術家・裁判官・宗教家・慈善事業・医師・薬剤師・事業の経営者・管理職・事務職

偏印格 医師・医療関係・看護師・福祉関係・学者・宗教家・僧職・芸術家・文筆業・占い・芸能人・技術職・文化関係・評論家・諸芸師匠・理美容業・水商売・各種仲介業・リース関係・出版関係・企画宣伝

食神格 学術方面・技術関係・技芸方面（音楽関係・歌手・書家・画家・作曲家・舞踊家）・作家・デザイナー・理美容業・衣料品関係・ブティック・営業関係・放送関係・コンサルタント・教育関係・記者・写真店・税理士・会計事務・飲食関係・料理店・栄養士

傷官格 学者・文学者・文化関係・教職・芸術家・画家・宗教家・芸能人・放送関係・作曲家・技術開発・発明家・研究者・福祉関係・医師・医療関係・コンピューター関連・書籍販売・出版業・理美容業・機械整備・デザイナー・設計士・記者・弁護士・裁判官

正財格 卸売業・小売業・金融機関・税理士・会計事務所・保険関係・経理・証券関係・事務職・百貨店・スーパー・商業関係・製造業

偏財格 商業・商社・営業・税理士・会計士・保険代理店・デパート・スーパー・証券・金融機関・運輸関係・広告関係・貿易関係・不動産業

正官格 公務員・勤人・会社経営者・政治家・警察官・自衛官・行政書士・司法書士・宗教家・哲学者・教職

七殺格 自衛官・警察官・司法・法職・検事・裁判官・弁護士・警備・司法書士・行政書士・機械修理・生産管理・技術開発・運転士・監督・土木建設業・政治家・公務員・勤人・肉体労働者

比　肩 独立的業務・自由業・事務職・技術開発・建築関連業・コンピューター関係・理美容業・医療関連・自衛官・交通関係・運送業

劫　財 警察官・自衛官・議員・警備員・技術職・建築関連・土木工事・交通関係・出版業・新聞社・自動車関連

※適業は身の強弱と格局の成敗（成格・破格）により成功・不成功、或いは適否が異なります。

※比肩・劫財は主に月支の比肩・劫財を主とし、日支にある場合も参考にします。

二十四節気

太陽と地球の運行により春夏秋冬の季節の変化が起きますが、太陽は一年掛かって元の位置に戻ります。この天球上の太陽の位置を二十四等分し、各季節を知る上の暦法上の呼び名が二十四節気です。

立春、立夏、立秋、立冬の四立に当る日時が春夏秋冬の四季の転換日となります。

太陽が赤道を南から北に移る時を春分とし、赤道を北から南に移る時を秋分とし、何れも昼間と夜の長さが等分となります。

太陽が最も北に寄り昼間が最長になった日を夏至とし、太陽が最も南に寄り昼間が最も短くなった日が冬至です。

節気	月日	気象
立春	二月四日頃	春のはじめ、万物生成の始め。
雨水	二月十九日頃	氷雪解け雨水暖かく草木萌芽の兆。
啓蟄	三月六日頃	陽気漸次盛んとなり虫も始動する。
春分	三月二一日頃	昼夜等分で彼岸の中日に当る。
清明	四月五日頃	草木一斉に新芽を出し万物清新の気満つ。
穀雨	四月二十日頃	百穀春雨に潤い成長する気節。

立夏	五月六日頃	夏の始め、初夏にして新緑の気候。
小満	五月二一日頃	火気ようやく盛んで純陽の気満つる。
芒種	六月六日頃	麦を始め春物の穀類の収穫の時。
夏至	六月二一日頃	火気極旺陽の極、昼間最長夜間最短。
小暑	七月七日頃	暑気日を追って烈しい、七夕の日。
大暑	七月二三日頃	暑気最も激しい、夏の土用の入り。
立秋	八月八日頃	秋の始め、残暑の厳しい気候。
処暑	八月二三日頃	残暑盛んなるも暑気退き秋の陰気増す。
白露	九月八日頃	秋の気が進み、草木に白露が降りる候。
秋分	九月二三日頃	昼夜等分で夜が長くなる。彼岸の中日。
寒露	十月九日頃	陰気浸長し寒気が増す。穀物収穫の時。
霜降	十月二四日頃	陰気が更に浸み露も霜となり紅葉の季。
立冬	十一月八日頃	冬のはじめ、水の陰気が盛んとなる。
小雪	十一月二二日頃	冬の寒気が増し枝葉落ち初雪を見る。
大雪	十二月七日頃	寒気厳しく天地閉塞し大雪を見る。
冬至	十二月二二日頃	冬の陰気極まり昼間の最も短い日。
小寒	一月六日頃	寒気益々強く降雪多く寒気厳しい。
大寒	一月二一日頃	厳冬極寒寒気甚だしく降雪も多い。

易占い

八卦の成立図

※繫辞伝「易に太極有り、太極両義を生じ、両義は四象を生じ、四象は八卦を生ず。八卦は吉凶を定め、吉凶大業を生ず。」

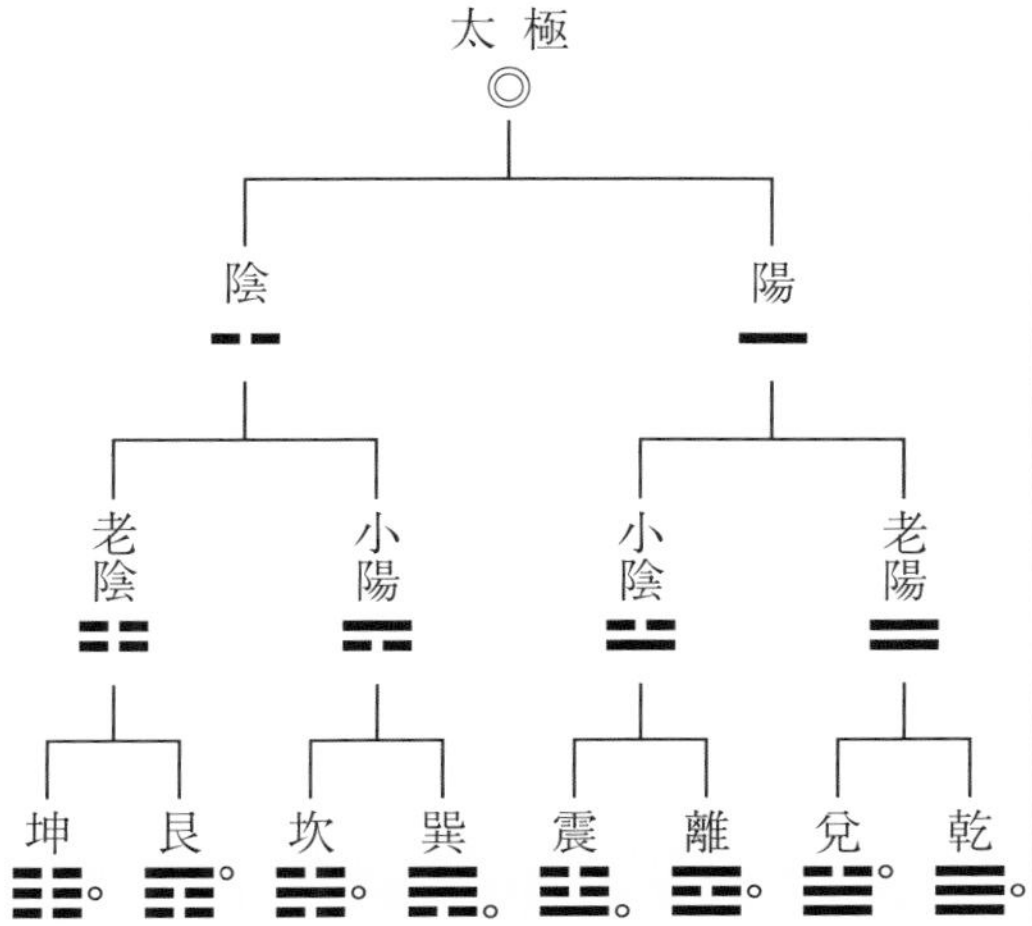

	乾	兌	離	震	巽	坎	艮	坤
正象（自然）	天	澤	火	雷	風	水	山	地
卦徳	剛健	愉悦（説）	明智（麗）	奮動	伏入	陥険	静止	柔順
易数	1	2	3	4	5	6	7	8
人象	父（老父）	小女	中女	長男	長女	中男	小男	母（老婆）
季節	立冬	秋分	夏至	春分	立夏	冬至	立春	立秋
方位	西北	西	南	東	東南	北	東北	西南
五行	金	金	火	木	木	水	土	土
十干	庚	辛	丙丁	甲	乙	壬癸	戊	己

※太極とは宇宙（宇は空間、宙は時間）に於ける根本実在であり、森羅万象の根元です。
この太極から陰陽両義（天地、日月、昼夜、男女等）の相対的な関係が成立します。

陰陽両義は易理の根底を成すものです。陰陽両義から四象が成り、四象から八卦が成立します。

八卦略象

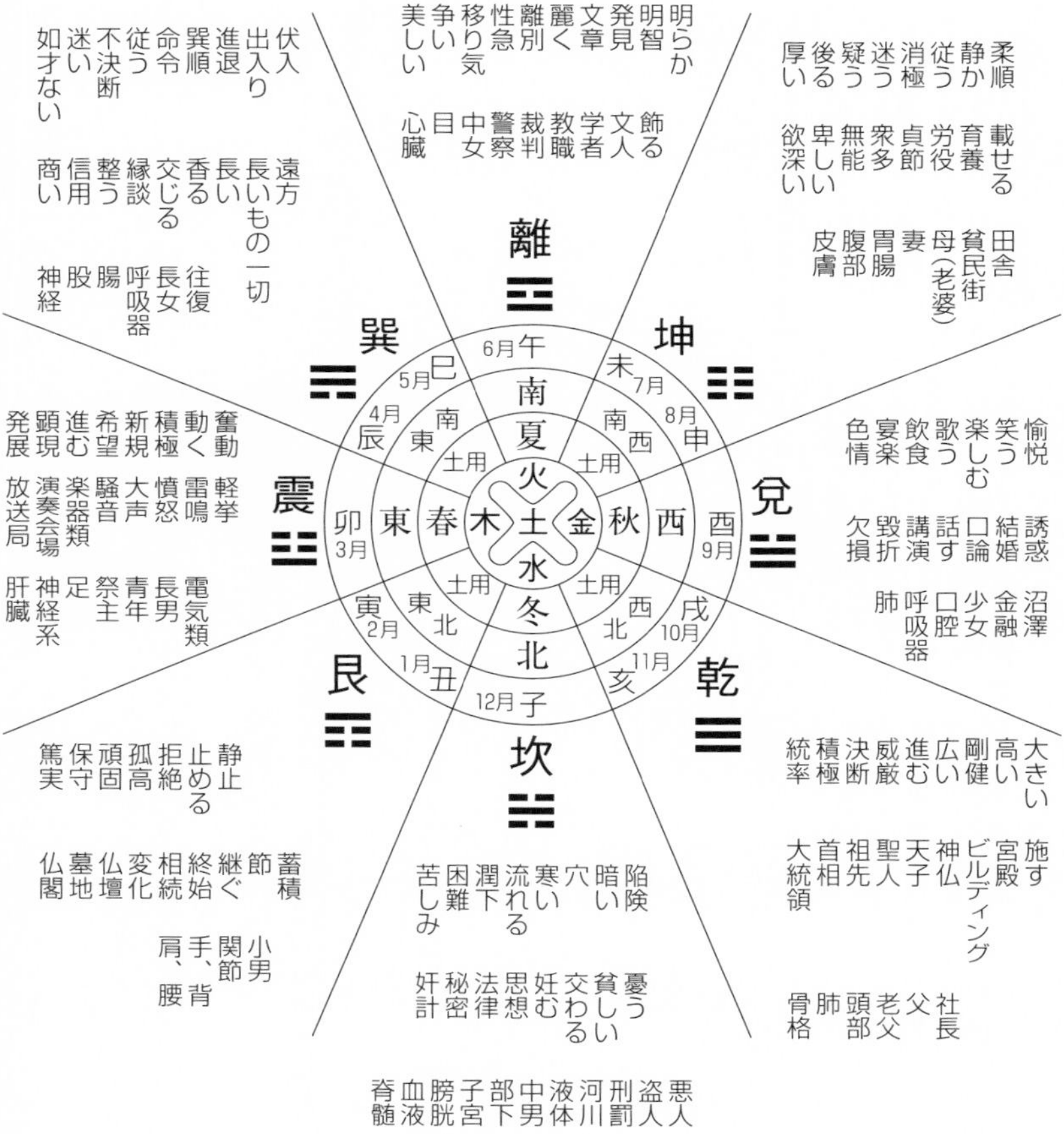
離
明らか
明智
発見
文章
麗く
離別
性急
移り気
争い
美しい
飾る
文人
学者
教職
裁判
警察
中女
目
心臓
坤
柔順
静か
従う
消極
迷う
疑う
後る
厚い
載せる
育養
労役
貞節
衆多
無能
卑しい
欲深い
田舎
貧民街
母(老婆)
妻
胃腸
腹部
皮膚
兌
愉悦
笑う
楽しむ
歌う
飲食
宴楽
色情
誘惑
結婚
口論
話す
講演
毀折
欠損
沼澤
金融
少女
口腔
呼吸器
肺
乾
大きい
高い
剛健
広い
進む
威厳
決断
積極
統率
施す
宮殿
ビルディング
神仏
天子
聖人
祖先
首相
大統領
社長
父
老父
頭部
肺
骨格
坎
陥険
暗い
穴
寒い
流れる
潤下
困難
苦しみ
憂う
貧しい
交わる
妊む
思想
法律
秘密
奸計
悪人
盗人
刑罰
河川
液体
中男
部下
子宮
膀胱
血液
脊髄
艮
静止
止める
拒絶
孤高
頑固
保守
篤実
蓄積
節
継ぐ
終始
相続
変化
仏壇
墓地
仏閣
小男
関節
手、背
肩、腰
震
奮動
動く
積極
新規
希望
進む
顕現
発展
軽挙
雷鳴
憤怒
大声
騒音
楽器類
演奏会場
放送局
電気類
長男
青年
祭主
足
神経系
肝臓
巽
伏入
出入り
進退
巽順
命令
従う
不決断
迷い
如才ない
遠方
長いもの一切
長い
香る
交じる
縁談
整う
信用
商い
往復
長女
呼吸器
腸
股
神経
6月 午
南
夏
7月 未
南西
8月 申
土用
西
秋
9月 酉
10月 戌
西北
11月 亥
土用
12月 子
北
冬
1月 丑
2月 寅
東北
土用
3月 卯
東
春
4月 辰
5月 巳
東南
土用
火
木
土
金
水

六十四卦進退表

※この表は出処進退の是非吉凶（進むか、退いて止まるか）だけを見たものです。

◎進んで大吉　○進んで吉　◗警戒したら徐々に進むは可　△進むは不可　×絶対に進むは不可

乾（天）	上	5	4	3	2	初
乾	×	○	○	○	○	△
夬	×	◗	△	△	◗	△
大有	◎	○	○	◗	◎	△
大壮	×	△	○	△	△	△
小畜	△	○	○	△	△	△
需	○	○	△	△	△	△
大畜	◎	○	○	◗	△	×
泰	△	◗	◗	◗	○	◎

震（雷）	上	5	4	3	2	初
无妄	△	○	△	△	○	○
随	◗	◎	◗	○	△	○
噬嗑	×	○	○	△	△	△
震	△	◗	△	◗	△	○
益	×	◎	○	△	◎	◎
屯	×	○	○	△	△	△
頤	○	△	○	△	△	△
復	×	○	○	△	○	◗

艮（山）	上	5	4	3	2	初
遯	△	△	△	△	△	△
咸	△	△	△	△	△	△
旅	×	○	△	△	◗	△
小過	×	△	△	△	◗	△
漸	◎	○	◗	△	○	◗
蹇	◗	△	△	△	△	△
艮	△	△	△	△	△	△
謙	◗	○	◗	○	○	◗

兌（沢）	上	5	4	3	2	初
履	◗	◗	○	△	△	◗
兌	△	△	△	△	○	○
睽	◗	○	◗	△	○	◗
帰妹	×	○	△	△	△	◗
中孚	△	○	○	△	◎	○
節	△	○	○	△	◗	△
損	◎	◎	◗	○	△	○
臨	○	◎	○	△	◎	○

巽（風）	上	5	4	3	2	初
姤	△	◗	△	△	△	△
大過	△	◗	○	×	◗	◗
鼎	◎	○	×	△	○	○
恒	△	◗	△	△	◗	△
巽	△	○	○	△	◗	◗
井	◎	◎	○	◗	△	△
蠱	◗	○	×	◗	◗	○
升	△	◎	◗	△	○	○

坤（地）	上	5	4	3	2	初
否	○	○	○	△	△	△
萃	△	○	◗	◗	○	○
晋	◗	○	△	○	◗	△
予	×	△	○	△	△	△
観	◗	◗	○	◗	△	△
比	×	◎	○	△	◎	○
剥	◗	○	△	◗	△	△
坤	×	○	△	△	◎	△

離（火）	上	5	4	3	2	初
同人	△	○	△	△	△	○
革	△	◎	○	△	◗	△
離	○	○	×	△	◎	◗
豊	◗	○	△	◗	△	◗
家人	×	○	△	△	△	◗
既済	×	◗	△	△	◗	△
賁	△	○	◗	△	◗	○
明夷	×	△	△	○	△	△

坎（水）	上	5	4	3	2	初
訟	△	○	△	△	△	△
困	◗	○	◗	△	△	△
未済	◗	○	○	◗	◗	△
解	◗	◗	◗	△	◎	◗
渙	△	○	○	◗	○	◗
坎	×	○	◗	×	△	×
蒙	△	○	△	×	○	◗
師	△	○	△	×	○	◗

六十四卦　成卦主・定卦主表

※易を占う上にその卦のあらわす中心的な意味を成す成卦主とその卦を主る定卦主（主卦の主爻とも言い主に5爻が定卦主）を見ることは判断の重要なポイントとなります。

①乾—九五（成卦主・定卦主）
②坤—六二（成卦主）六五（定卦主）
③屯—初九（成卦主）九五（定卦主）
④蒙—九二（定卦主）六五（成卦主）
⑤需—九五（成卦主・定卦主）
⑥訟—九二（成卦主）九五（定卦主）
⑦師—九二（成卦主）六五（定卦主）
⑧比—九五（成卦主・定卦主）
⑨小畜—六四（成卦主）九五（定卦主）
⑩履—六三（成卦主）九五（定卦主）
⑪泰—九二（成卦主）六五（定卦主）
⑫否—六二（成卦主）九五（定卦主）
⑬同人—六二（成卦主）九五（定卦主）
⑭大有—六五（成卦主・定卦主）
⑮謙—九三（成卦主）六五（定卦主）
⑯予—九四（成卦主）六五（定卦主）
⑰随—初九（成卦主）九五（定卦主）
⑱蠱—六五（成卦主・定卦主）

⑲臨—九二（成卦主）六五（定卦主）
⑳観—六四（成卦主）九五（定卦主）
㉑噬嗑—六四（成卦主・定卦主）
㉒賁—六二（成卦主）六五（定卦主）
㉓剝—上九（成卦主）六五（定卦主）
㉔復—初九（成卦主）六五（定卦主）
㉕无妄—初九（成卦主）九五（定卦主）
㉖大畜—上九（成卦主）六五（定卦主）
㉗頤—上九（成卦主）六五（定卦主）
㉘大過—九二・九四（成卦主）
㉙坎—九二（成卦主）九五（定卦主）
㉚離—六二（成卦主）六五（定卦主）
㉛咸—九四（成卦主）九五（定卦主）
㉜恒—九二（成卦主）
㉝遯—六二（成卦主）九五（定卦主）
㉞大壮—九四（成卦主）六五（定卦主）
㉟晋—六五（成卦主・定卦主）
㊱明夷—上六（成卦主）六二・六五（主卦の主爻）
㊲家人—六二（成卦主）九五（定卦主）
㊳睽—六五（成卦主・定卦主）
㊴蹇—九五（成卦主・定卦主）
㊵解—九四（成卦主）六五（定卦主）
㊶損—六三・上九（成卦主）六五（定卦主）
㊷益—初九・六四（成卦主）九五（定卦主）
㊸夬—上六（成卦主）九五・九二（定卦主）

㊹姤―初六（成卦主）九五・九二（主卦の主爻）
㊺萃―九五（成卦主・定卦主）
㊻升―初六（成卦主）六五（定卦主）
㊼困―九二（成卦主）九五（定卦主）
㊽井―九五（成卦主・定卦主）
㊾革―九五（成卦主・定卦主）
㊿鼎―六五（成卦主・定卦主）
51震―初九（成卦主）六五（定卦主）
52艮―上九（成卦主）六五（定卦主）
53漸―六二・六四（成卦主）九五（定卦主）
54帰妹―六三・上六（成卦主）六五（定卦主）
55豊―六五（成卦主・定卦主）
56旅―六五（成卦主・定卦主）
57巽―初六（成卦主）九五（定卦主）
58兌―上六（成卦主）九五（定卦主）
59渙―六四（成卦主）九五（定卦主）
60節―九五（成卦主・定卦主）
61中孚―六三・六四（成卦主）九五（定卦主）
62小過―六二・六五（成卦主）
63既済―六二（成卦主）
64未済―六五（成卦主・定卦主）

八卦の象意

乾 ☰

正象―天
卦徳―剛健
象意―上・大きい・高い・空・広い・長い・円い・満ちる・健全・真善・美聖・元・亨る・利・貞し・仁義礼智・純粋・正しい・行う・進む・活動・壮い盛ん・激しい・強い・暴・老成・決断・積極・威厳・施す・統率・従える・専横・回転する・運転する・堅い・乾く・上品・創始・滑る・向上・富む
人物―君・天子・聖人・王・神官・僧侶・賢人・名望家・有識者・専門家・実力者・有名人
大統領・首相・大臣・社長・会長・団長・管長・主宰者・校長・家長
支配者・権力者・独裁者・英雄・老父・父・夫・代議士・資本家・富者・元老・師匠・主人公・頭主・教師・医師・先輩・親分・法律家・銀行員・管理職・交通業者・理想主義者・上司・上長
武人・闘士・軍人・自衛官
頑固者・独善者・狂暴者・自己過信者・傲慢な人・米穀業者・強欲者
人体―頭・首・高い部分・ゴツゴツした部分・丸い部分・

男性器・睾丸・胸・肺・骨・肋骨・心臓

病気―頭・肺・骨・熱性の病気一切・精神疾患・うつ病・心臓・脳病・発狂・腫れ物・癌・睾丸・神経病・伝染病・便秘・気管・食道・交通事故等

動物―竜・馬（良馬、老馬、種馬、気のたった馬）・虎・獅子・猛獣・象・大蛇・鳳凰・キリン・かば・恐竜・鯨・豹・大きく強くめでたい動物一切

食品―米・麦・大豆等の穀類・栗・飴玉等・みかん・りんご・梨・桃・メロン・スイカ・じゃがいも・オレンジ・饅頭・巻き寿司・柏餅・おはぎ・乾物・高級食品・高級菓子・冷たい食品

物品（事物）―金・銀・宝石・貴金属・ダイヤモンド・高級品・貨幣・宝物（国宝、文化財）・珠玉・宝刀・仏像・株券・債券・小切手・手形・ネックレス・イヤリング・腕輪・真珠・指輪・骨董品・大型車・自動車・汽車・電車・オートバイ・モーター・原動機・自転車・時計・タイマー・水車・風車・荷車・乳母車・ダイヤル・円盤・三輪車・コート・手袋・足袋・靴下・羽織・上衣・鎧・兜・傘・帽子・寝袋・テント・ポケット・ズボン・航空機・ミサイル・飛行船・人工衛星・アドバルーン・スペースシャトル・ボール・ピンポン玉・ベアリング・玉・神棚・仏壇・お守り・お札・神仏具

軍艦・大型船・エアバス・広壮な建築・大山・大河・戦艦・戦車・大砲・小銃・槍・なぎなた・刀剣類・銃剣・階段・タンス・算木・ガラス・鏡・水・磨かれたもの

場所（建物）―神社・仏閣・宮殿・教会・聖地・皇居・国会議事堂・裁判所・官庁・兵舎・首都・大都会・中心地・集会場・運動競技場・広い所・遠い場所・天空・海・大河・賑やかな場所・劇場・博覧会場・市場・高速道路・博物館・美術館・公共建築物・学校・銀行・高層建築物・ビルディング・倉庫・名所旧跡・高台・高級地・繁華街

物価―高い・勢いが強い

天象―晴天なれど夏は猛暑または夕立、秋は晴れ、冬は厳冬、春は冷気とする。四季により暴風雨のことあり。夜は満月とみる。

四季―晩秋から初冬（戌月・亥月）

方位―北西方（戌亥の方位）＊先天図では南方

時間―午後七時から午後十一時まで（戌・亥の刻）

数象―易数一／五行の数四・九

味・色―味は辛味／色は白または黄金色

五行・十干―五行は金／十干は庚

気学―六白金星

兌 ☱

正象―沢
卦徳―愉悦
象意―悦ぶ・笑う・楽しむ・歌う・踊る・飲食する・趣味・享楽・色情・艶・嘆く・誘惑・口論・虚言・柔弱・狭量・武人・口・話す・説得する・弁論・講演会・告げる・答える・教える・命令する・恵む・潤う・現れる・見える・欠損・毀折・傷・附決・偏固
人物―芸者・ホステス・妾・水商売の人・ダンサー・女優・俳優・芸人・役者・歌手・遊女・コンパニオン・ストリッパー・酌婦・舞子・女給・美人・麗人・ユーモアのある人・巫女
先生・講師・講演者・説明者・アナウンサー・交換手・評論家・セールスマン・声優・弁士・弁護士・口先のうまい人・勧誘員・詐欺師・歯科医・飲食関係の人・如才ない人・親切な人
銀行員・金融業者・証券マン・金属加工業者・鍛冶屋・金物屋・刀剣業者
少女・三女・湖沼の人・渓谷の人
身体障害者・非処女・外科医・軍人・低能な人
人体―口・歯・舌・咽喉・女性器
肺・呼吸器・胸部・頬骨、膀胱
病気―口腔内疾患・舌、歯の病気、咽喉・消化器系・言語障害・性病・婦人病・痔・鼻・耳・目・怪我・外傷
肺病（胸部疾患）・膀胱疾患・腎臓・尿道・月経不順
動物―小動物・小鳥・小犬・小猫・昆虫・沼沢地の動物・川魚・水鳥・羊・虎・豹
食品―飲物一切・酒・ビール・焼酎・ウイスキー・ワイン・ジュース・お茶・ウーロン茶・紅茶・牛乳・お湯・コーヒー・おしるこ・アイスクリーム・吸い物・味噌汁・ソース・醤油・酢・胡椒・七味唐辛子
りんご・梨・スイカ・メロン・トマト・水羊かん・プリン・トコロテン
小魚・チリメンジャコ・川魚・羊肉・鳥肉・佃煮・子供の好きな菓子・いちご・小梅・ぶどう・サクランボ
物品（事物）―飲食用品（鍋、釜、湯呑み、コップ、どんぶり、小皿、小鉢、冷蔵庫等）・水を入れる容器（壺、瓶、花瓶、バケツ等）
刃物類（小刀、ナイフ、なた、包丁、カッター、鎌、剃刀等）・刀剣類（脇差し、短剣、銃剣、なぎなた）・スプーン・フォーク・フライパン・釣鐘・半鐘・かんな・鋸・釘・錐・金槌等の工具類・金・貨幣（金貨、銀貨、銅貨、アルミ貨、ニッケル貨）・メダル・ペンダント・各種コイン・イヤリング・ネックレス
楽器類（笛、太鼓、ギター、ピアノ、バイオリン、アコーディオン、ハーモニカ等）・テレビ・ラジオ・ステレオ・娯楽用品・ゲーム用品

水・雨・泥・液体の全て（アルコール、ペンキ等）
小さいもの・子供の好きなもの・おもちゃ類
破損品（壊れたもの）・欠損品（欠陥品）

場所(建物)ー沼・沢・谷・低い場所・湖・池・井戸端・凹地・湿地帯・海洋・浴場・サウナ風呂・温泉地
劇場・娯楽街・遊園地・行楽地・バー・キャバレー・遊戯場・パチンコ店・ボウリング場・ダンスホール・花街・遊廓
食堂・台所・飲食店・小料理店・レストラン・講演会場・集会場・鳥小屋
欠けたところ・崩れた場所・断崖・塹壕

物価ー安い（安値保合い）
天象ー雨、または曇り
四季ー中秋（酉月）
方位ー西方（酉の方位）＊先天図では南東方
時間ー午後五時から七時の間（酉の刻）
数象ー易数二／五行の数は四・九
味・色ー味は辛味／色は白または黄金色
五行・十干ー五行は金／十干は辛
気学ー七赤金星

離 ☲

正象ー火
卦徳ー明智
象意ーつく・離れる・美麗・明るい・光る・輝く・照らす・発見する・明瞭・日輪・熱・燃える・温かい・熱い・移る・暴露する・性急・情熱的・短気・移り気・争い・競う・虚栄・嘘・孚・飾る・化粧・表現・文学・学問・文章・易・名声・上・囲・目・虚ろ・火災・離別

人物ー知者・有識者・学者・文化人・文官・医者・先生・易者・神官・僧侶・裁判官・試験官・捜査官・警察官・指導者・眼科医・聖人・記者・証明係・薬剤師・鑑定士・作家・ジャーナリスト・経理士・明朗快活な人
中女・女優・俳優・芸者・ホステス・美女・美人・ダンサー・客室乗務員・マネキン・芸術家・美術家・美容師・理容師・庭師・清掃員・女主人・派手な人・虚栄心の強い人
浮気な人・移り気な人・社交的な人・浮浪者・流浪の人
パイロット・ジャンパー
電気関係の人・電気工事士
花火師・消防士・火夫・斎場職員・神経質な人・逆上する人・狂人・精神病者

人体ー眼、心臓、乳房、腹、耳・血管・神経
病気ー火傷・熱病、眼病、乳房、腹部の病気、負傷、熱中症、高血圧・心臓病・逆上・神経病・流行病・便秘
動物ー美しい羽根のある鳥・孔雀・キジ・七面鳥・オウム・鳳凰・インコ・美しい羽根のある虫・蝶・蛍・美し

い動物
蟹・海老・貝類・亀・かたつむり・甲虫・スッポン・タニシ・蛤・サザエ・固い表皮で覆われた動物全て

食品—美しい果実全て・りんご・ぶどう・いちご・サクランボ・桃等・綺麗な和洋菓子・デコレーションケーキ・和洋料理全て
蟹・スッポン・タニシ・蛤・海老・亀・貝類
焼いたもの・煮たもの・熱い食品
干もの・焼き海苔

物品(事物)—文書類・新聞・雑誌・書籍・帳簿・手紙・名刺・免状・株券・債権・手形・小切手・紙幣・カード類・切符・不動産等の権利書・公正証書・契約書・パスポート・身分証明書・印鑑・証明書・各種免許証・許可証・願書・推薦状・委任状・領収書・地図・文具・印章・PR印刷物・案内書・設計図・お札・写真・旗・国旗・巻物・記録・コピー・ワープロ・テレビ・映画・広告・証拠品・遺品・電気器具一切・照明器具一切・電灯・蛍光灯・ネオンサイン・カメラ・映写機・眼鏡・時計・鏡・拡大鏡・望遠鏡・顕微鏡・綱類
鉄砲・ピストル・手榴弾・刀剣類
武具一切・鎧・兜
火気類一切・マッチ・ライター・ガスレンジ・電子レンジ・汽車
化粧品・美術品・装身具一切・ネックレス・イヤリング・指輪・高級品・礼服・勲章・花・花輪・貴金属・コイン

場所(建物)—日当たりの良い場所・ガラス戸の中・窓際・サイドボードの中・盛り場・華やかな場所・著名な土地・話題の地・学校・図書館・裁判所・警察署・映画館・写真館・スタジオ・諸官庁・見張所・管制塔・交番・検査所・保健所・監獄・展望台・広告塔・灯台・派手な建物・国会議事堂・博物館・神社・仏閣・教会・祈祷所
火山・噴火口・火事場・火葬場・乾いたところ・乾燥場・暖かい場所・南国・ゴミ焼却場
空家・公会堂・展示場・劇場・トラック・エアバス
発電所・変電所・電器店・電気部品や器具のある場所
戦場・喧嘩場

物価—上がる(突飛高、持続性がない)
天象—晴天・虹・干魃・暑気
四季—中夏(午月)
方位—南方　＊先天図では東方
時間—午前十一時から午後一時まで(午の刻)
数象—易数三/五行の数二・七
味・色—味は苦味/色は赤・紫・紅・朱色
五行・十干—五行は火/十干は丙丁
気学—九紫火星

震 ☳

正象―雷

卦徳―奮動

象意―動く・疾い・電気・雷鳴・足・行動・進む・積極・起る・伸長・はしゃぐ・驚く・上がる・立つ・凝らす・元気・大声・どなる・激しい・勇気がある・軽挙・行き過ぎる・即決・空・飛ぶ・ほとばしる・喧しい・憤怒・激発・成功・新規・発展・顕現・声・道・師（統率）・従（長子が父に従い家を継ぐ意）・往来・迫る・逐う・二途になる・評判・脅す・若い・内容がない

人物―音楽家・声楽家・舞踊家・漫才師・チンドン屋・アナウンサー・花火師・機械を扱う人・運転手

通信技術者・電話関係者・電話交換手・電力関係者・電車に関わる人

スポーツマン・運動家・ボクサー・レスラー・力士・レーサー・競輪選手・騎士・ゴルファー・野球選手・乗物関係者・パイロット・客室乗務員・グライダーに乗る人・飛行船に乗る人

長男・青年・成人・活動家・著名な人・帝（上帝）・造物主・祭主（祭祀人）・皇太子・候・精力家・後継者・発起人・有望な人・多忙な人・活発な人・丈夫・声の大きい人・激情家・騒がしい人・虚言者・早口な人・一徹な人

人体―咽喉・声帯、足、手、肝臓・神経系・分泌系・筋

病気―肝臓病・神経病・神経衰弱・喉の病気・声帯・精神病（逆上、発狂、てんかん、ヒステリー、うつ病等）・頭痛・胆嚢病・分泌系の病気・外傷（事故等）・歩行困難・足の疾患・脚気

動物―龍・馬（速い馬）・足の速い動物全て・飛ぶ鳥・ダチョウ・鹿

よく鳴く鳥全て・雲雀・目白・鶯・雄鳥・カナリヤ・高い声を出す動物全て・鈴虫・松虫・蝉・蛙

百足・蛇・キリン

食品―野菜・山菜・稲・穀類・種・海藻類・果実類一切

桜の花・菊の花・食用花・色の鮮やかな野菜類・落花生

酢・梅・梅干・みかん・夏みかん・檸檬・柑橘類・寿司・酢のもの

物品（事物）―ピアノ・バイオリン・ギター・オルガン・クラリネット・三味線・尺八等・和洋楽器全て

テレビ・ラジオ・ステレオ・テープレコーダー

ピストル・銃・機関銃・大砲・ミサイル・手榴弾・花火・火薬類・爆発物・爆弾・原水爆

電信用品・電話・電気製品の全て・電灯・半導体・エレクトロニクス・電車

車・自動車・自転車・オートバイ・乗物全て・飛行機・宇宙船・ＵＦＯ

青々とした草木全て・藩・垣・樹木・若木・生木・竹・

花・青物・蕾・木工品・竹製品・箱類・祭壇・新製品・時計・運動用具

場所（建物）ー演奏会場・音楽会場・射撃場・製缶工場・機械工場等騒がしい工場・騒々しい場所・演芸場・パチンコ店・楽器店

テレビ局・放送局・通信会社・発電所・変電所・電気店

震源地・電車・汽車・バス・飛行場・基地・船の発着所

運動競技場・闘技場・野球場・競輪場・競馬場・ボートレース場・ゴルフ場・ボクシング場・戦場

大きい道路・高速道路・国道・県道等

森林・林・春の野・竹藪・庭園・花壇・植物園・果樹園・八百屋・寿司屋

物価ー上昇する（下から動いて上がる変動相場）

天象ー晴天・雷雨・雷鳴・地震・噴火・地滑り

四季ー四季は春月

方位ー東方　＊先天図では北東方

時間ー午前五時から午前七時の間（卯の刻）

易数ー易数四／五行の数三・八

味・色ー味は酸味／色は緑色

五行・十干ー五行は木／十干は甲

気学ー三碧木星

巽 ☴

正象ー風

卦徳ー伏入

象意ー従う・巽順・進退・不決断・伏す・潜む・出入り、舞う・飛ぶ・散る・撫でる・遠い・長い・運ぶ・臭う・香る・欺す・儲ける・商い・行き違い・迷う・考え違い・逡巡・躊躇・静か・しとやか・如才ない・応対・交じる・斉（整う）・整理・信用・縁談・命令する・教える・話す・反目・巧・工（巧、工共に風の斉う意から技巧の意）・土台不安定・伝達・失念（物忘れの意）

人物ー長女・尼僧・年増女・処女・妾

商売人・行商人・セールスマン・案内人・浮浪者・船舶業者・決断力の無い人・噂を流す人・物忘れする人・気軽な人・軽率な人、チンドン屋・旅行者・交通関係の人・道に迷っている人・集配人・会社員・遊牧民

大工・建具屋・職人・彫刻家・材木商・各種技術者・技能者・板金職人・瓦職・理美容業・エンジニア

ジャーナリスト・広告業者・著述家・情報屋・如才ない人・社交家

裁判官・指揮官・上官・上司

魚屋・臭い人・香料を扱う人

そば屋・糸屋・髪の少ない人・白目の多い人・足の

弱い人・額の広い人
人体—呼吸器、大腸・小腸・食道・気管、肛門・女陰・股・脇、神経・筋・頭髪、肝臓
病気—風邪・呼吸器疾患・伝染病・遺毒・性病・中風・小児麻痺・肝臓病・胆嚢病・神経痛・腸の病気・痔・子宮病・胆石・股の病気・うつ病・ヒステリー・婦人病・陰萎・髪の病気
動物—蛇・鰻・長虫・キリン・太刀魚・海蛇
モグラ・地虫・寄生虫・ミミズ・ドジョウ・蟹・鶏・貝類
臭い家畜・豚・猫・魚類
トンボ・蝶・蜂等飛ぶ虫の類・小鳥類・鶴
食品—麺類（うどん、そば、中華ソバ等）
人参・ごぼう・大根・しょうが・葱・さつまいも・長いも・じゃがいも・蓮根他
鰻丼・カレーライス等香りの良い食品
物品(事物)—縄・紐・巻尺・ロープ・糸類・針金・バンド・帯・テープ・フィルム・長い木（成長した木）・鉄塔・電柱・電線
扇風機・通風機・換気扇・扇子・エアコン・うちわ・飛行機・気球・飛行船・風船・グライダー・空気袋・凧・救命袋・煙・空気・風にそよぐ物・広告物
細工された木・木製品一切・材木・丸太・板・碁盤・将棋盤・文箱・机・タンス・戸棚・テーブル
香料・香水・石鹸・クリーム・ポマード・線香・屁・ガス
布団・毛布・繊維製品・織物等布類一切・紙類・ビニール袋・郵便物
場所(建物)—発着所（飛行場、波止場、魚市場、貿易商社、電車、汽車、バス、車等の発着所）・郵便局・道路・線路・軌道・出入口・洞穴・風洞・通風孔・路地・空家
高層建築・細長い建物・鉄塔・高圧線のある場所・アンテナ・そば屋・うどん屋
製材所・材木置場・木工所・木製品置場・貯木場・木造建築物・田園・草原・植込み・林・ゴルフ場・花壇
裁判所・官公庁
商店・商社・営業所・利益に関わる事業所一切
テレビ局・放送局・通信会社
物価—物価は不安定（弱含みの浮動）
天象—風・曇り・秋は大風、冬は吹雪
四季—四季は晩春から初夏（辰月・巳月）
方位—南東方　＊先天図では南西方
時間—午前七時から午前十一時までの四時間（辰・巳の刻）
数象—易数は五／五行の数は三・八
味・色—味は酸味／色は緑色（青色）
五行・十干—五行は木／十干は乙木
気学—四緑木星

坎 ☵

正象—水

卦徳—陥険

象意—流れる・下る・低い・交わる・乱れる・止まらない・冷たい・寒い・溺れる・清い・汚れ・陥る・穴・暗い・隠れる・濡れる・悩む・苦しむ・困難・憂う・悲しみ・貧しい・災い・交際・誘惑・色情・妊む・情交・奸計・秘密・陰険・策謀・盗む・悪・心・思想・法律・従う・刑罰・研究・志す・たわめる・輪・まげる

人物—中男

病人・身体障害者・中毒者・敗残者・苦労人・貧困者・受刑者・囚人・被害者・難民・罹災者・医者

宗教家・哲学者・思想家・学者・教育者・知者・参謀・救世主

警察官・法律家・検事・刑務官

浮浪者・家出人・冷厳な人・非情な人・クリーニング店・行脚僧・旅役者

外科医・情交している人・鍼灸師

部下・手下・底辺の人・潜行者・陰気な人・誘惑者・黒幕的な人

盗賊・強盗・悪人・盗人・容疑者

飲酒家・酔っ払い・飲酒業者・水商売の人

労務者・労働者・淫婦・妾・愛人・夜勤の人・夜警・盲人・死者・溺死者

人体—腎臓・膀胱・尿道・血液・体液・涙・耳・肛門・陰部・生殖器・鼻孔・脊髄

病気—腎臓病・膀胱等泌尿器科・生殖器の病気・性病・出血・下血・生理不順・血液病・下痢・食中毒・薬物中毒・痔・肛門・鼻病・耳病・眼病・熱病・心臓病・背骨・脊髄

精神病・うつ病・神経痛

動物—モグラ・蛇・蛙・ミミズ・狐・狸・熊等の土に潜る動物全て

イカ・蛸・水中の虫類・貝類・魚類の全て・水鳥の全て・なめくじ等の湿った虫類

夜行性動物・コウモリ・鼠・ゴキブリ・ふくろう・やもり

羽根のある鳥や動物全て

四足の動物全て・犬・猫・豚・猪・猿・鼠・馬（労役馬）等

食品—水物・飲料水の全て・氷・ジュース・コーラ・サイダー・ウーロン茶・牛乳・カルピス・ヨーグルト・酒類一切・飲物一切・味噌汁・吸い物・醤油・魚類一切・油類

塩辛い食品全て・塩・漬物・佃煮

物品（事物）—水・氷・飲料水の全て・酒類の全て・油類の全て・液体の品物一切・インク・塗料・墨汁・脂肪・染料・水でっぽう・万年筆・ボールペン・雲・雨・川・

血液・液体薬品・毒液
ガラス・眼鏡・レンズ類・水晶並びに水晶加工品
銚子・徳利・瓶類の全て・器類・毒物・かじ・水道
車輪のあるもの一切・自転車・四輪車・オートバイ・荷車・手押し車・乳母車等・車・弓・矢
バラ等の刺のある草木全て・釣り針等の刺のある品物全て
手かせ・足かせ・桎・手錠・捕り縄

場所(建物)—川・河川・井戸・湖・沼・池・泉・水中・海中・泥濘地・水源地・堀割・漁場・魚市場・浴場・下水・温泉場・サウナ風呂・洗面所・水族館・プール・消防署・ガソリンスタンド・水・酒・油に関する所全て・油店・豆腐屋・スナック・料亭・酒場・ビヤホール・キャバレー・飲食店・飲食街・牛乳屋・酒屋
地下室・穴倉・地下道・下水道・便所・溝・水槽・マンホール・洞穴・トンネル・暗い場所・墓地・葬儀場
寒冷地・北国・北極
遊廓・ラブホテル・花柳街・歓楽街・社交場・宴会場・待合・売春宿・バー・キャバレー
警察署・抑留所・貧困街・医院・質屋

物価—下る(下落して止まらない)

天象—雨・雪・寒冷・みぞれ・あられ・霧・霜・露・暗夜・月・水害

四季—四季は冬(中冬子月)
方位—方位は北方　＊先天図では西方
時間—午後十一時から午前一時まで(子の刻)
数象—易数六／五行の数一・六
味・色—味は塩辛味／色は黒または水色
五行・十干—五行は水／十干は壬癸水
気学—一白水星

艮 ☶

正象—山
卦徳—静止
象意—止める(抑止、制止、停止、中止等の意)・拒む・防ぐ・断る(断絶の意もある)・固める・厚い・高い・孤高・退く・頑固・保守・篤実・節(季節、関節等)・始終・蓄える・懲らす・孤立・固執・継ぐ(継承、継続、後継等)・再起・変化・改革・曲がり角・捨てる・宿る・不動

人物—少男・幼児・童・小柄な人・徒弟・次男以下
山に関係する人・山小屋の住人・山で働く人・山男・ビルの住人・高尚な人・孤立した人・蓄財者・強欲な人
門番・守衛・管理人・留守番・駅員・看守・倉庫番・踏切番・銀行員・獄吏・囚人・警察官・僧侶・寺男・尼・山伏・神職・観念的な人
相続人・後継者・養子・養女・信号士・時計屋

親類縁者・兄弟・姉妹・再婚者
接骨院・彫刻家・印刻家
頑固な人・頭の固い人・保守的な人・篤実な人・無
愛想な人
背の高い人・大きい人・肥満した人・指導者・独裁
者・勇気のある人・足の悪い人

人体―関節・骨格・頭・肩・鼻・いぼ・こぶ・背、手・指・
胃・腸、骨、男性器

病気―関節疾患・鼻・手・足・肩等の病気・打撲・腫瘍・
腫れ物・消化器系（胃、腸）・膵臓・不食・食滞・
腰の病気・便秘・血行障害・高血圧（動脈硬化）・癌・
中風・リウマチ

動物―象・鯨・背の高い馬・キリン・爬虫類・かば・ロバ
犬・猫・家畜類、昆虫等小さな動物・鼠
ライオン・虎・狼・猪・竜・角のある動物・牛・サ
イ・鹿・トナカイ

食品―山で採れる果実類一切・柿・栗・山いちご・あけび・
山菜類の全て・わらび・ゼンマイ・山ごぼう・山い
も・筍
甘い菓子一切・甘い食品一切
牛肉・団子・高級菓子・さつま揚げ・数の子・たら
こ・筋子

物品（事物）―神棚・仏壇・廟・墓石・位牌・机・椅子・タ
ンス・門・玄関・塔・ドア・へい・サッシ・戸・雨
戸・障子・文箱・戸棚・ロッカー・金庫・貯金・倉
庫・納屋・屋根・からかみ・屏風・壁・垣根・柵・
信号機・通行止め表示物・容器・壺・鎧・盾・竜頭・
マスト・高架線・かなづち・堅い木
重箱・梯子・重ね戸棚・積木・チェーン
石・砂・鉱石・鉱物類
イヤリング・ネックレス・時計・指輪・腕輪・帽子・
手袋・肌着・靴・下駄・草履

場所（建物）―家屋・ビルディング・マンション・アパート・
ホテル・モーテル・デパート・スーパー・神社・仏
閣・墓地・倉庫・土蔵・物置・休憩所・宿泊所・旅
館・警察署・牢獄・銀行・質屋
山・土手・崖・高い所・岩山・山路・堤防・石段・
石垣・築山・城壁・絶壁・橋・リフト・ロープウエー・
ケーブルカー
中継所・駅・停車場・駐車場・曲がり角・境界
門・玄関・出入り口・山門・木戸

物価―高い（高値保合い）

天象―曇り・天候の変わり目、気候の変わり目

四季―晩冬から初春（丑月・寅月）

方位―北東方　＊先天図では北西方

時間―午前一時から午前五時まで（丑・寅の刻）

数象―易数七／五行の数五・十

味・色―味は甘い／色は土色（黄色）

五行・十干―五行は土／十干は戊土

気学―八白土星

坤 ☷

正象—地

卦徳—柔順

象意—静か・従う・承る・細い・暗い・迷う・疑う・乱れる・後れる・慈育・謙譲・丁寧・包む・常道・貞節・営む・労・低い・小さい・狭い・消極・基・蔵する・富まず・卑しい・怯える・醜い・優柔不断・虚しい・無能・黙する・有終・勤倹・厚い・載せる・養う・欲深い・けち・数が多い・文章・四角い・失う・真・無限・柔らか

人物—母・妻・老婆・后・産婆・妊婦・婦人・産婦人科医・臣・副大統領・副社長・次長・代理・脇役・部下・社員・工員・労働者・庶民・大衆・貧困者・雑用係・無能な人・召使・小人・凡人・下積みの人・陰気な人・柔順な人・消極的な人・臆病な人・苦労人・家庭的な人・忠実な人・奉仕的な人・世話好きな人・肥った人（肉質の人）・農夫・田舎の人・地方人・死体・葬儀社

人体—胃・腸等消化器・腹部・脾臓・皮膚・血・肉・臀部

病気—血液の病気・胃腸・胃潰瘍・脾臓等消化器系の病気・臀部の病気・下痢・腹痛・皮膚病・ニキビ・ソバカス・シミ・あざ・ほくろ・倦怠感・無気力・精気虚損・過労・黄疸

動物—牝馬・牝牛・牝犬・牝猫・牝鶏等柔和な動物・モグラ・ミミズ・蟻・おけら・蛇・地中の虫全て・蚊・蠅・イナゴ・家畜・飛べない動物一切・パンダ・魚・小魚類・鳥・カンガルー

食品—農産物一切・米・麦・豆類・キビ・粟・じゃがいも・さつまいも・人参・ごぼう・いも類・穀類・甘いもの全て

物品（事物）—土で作ったもの全て（瀬戸物類、土瓶、土釜、急須、土器類、陶磁器類）・土・砂・石灰・セメント・砂利・瓦・煉瓦・布製品・布団・毛布・座布団・ズボン・袋・衣類・肌着・スカート・袴・タオル・敷物・倉庫・物置・倉・貯蔵室・納戸・押入・金庫・冷蔵庫・畳・床・机・テーブル・本箱・タンス・戸棚・ロッカー・ゴザ・雨戸・ドア・障子・襖・サッシ・将棋盤・碁盤・四角いもの全て・家財道具・日用品・台所用品・婦人用品・低廉な品・大衆的な品物・書類・文書類・新聞・雑誌・下駄・靴等履物の全て・空箱・空戸棚・空タンス・中身の無いもの・どんぶり・小鉢・瓶等の空容器類

場所（建物）—田・畑・平野・平地・平原・野原・牧場・宅地・平屋・運動場・床・埋め立て地・寄合所・集会所・集団住宅・映画館・劇場・球場・

公会堂・健康ランド・事務所・市場・仕事場・工場・道路
倉庫・物置・押入・小屋・金庫・ロッカー・畜舎・土蔵・墓
田舎・農村・村・農家・郊外・辺鄙な場所・故郷・未開地・場末・貧民街・裏通り・暗い場所・墓地・日当たりの悪い家・掘っ立て小屋・母屋・古跡・空き地

物価—安い（弱含みの保合）
天象—曇り・ぐずついた天気、時に霧・霜・雪ともみる。雪多い生暖かい日。低気圧
四季—四季は晩夏から初秋（未月・申月）
方位—南西方　＊先天図では北方
時間—午後一時から午後五時までの四時間（未・申の刻）
数象—易数八／五行の数五・十
味・色—味は甘味／色は土色（黄）
五行・十干—五行は土／十干は己土
気学—二黒土星

姓名判断

東洋運命学の根本義は「陰陽五行」です。現代においても最も信頼性の高い四柱推命学（生年月日時の運勢）や易学も、その根底は陰陽五行です。四柱推命での十干も一から十までの数が基本です。姓名判断でも、それぞれの文字には字の画数があり､数の持つ霊動力はその人の一生の運勢を大きく左右します。姓名判断は、画数の吉凶を第一とし、天人地の三才の配列、発声音の霊意も姓名学と四柱推命をあわせみることが大切です。

名前は一生涯にわたり寝ても覚めてもその人自体を表し、終生ついて回るものです。故に、赤ちゃんの名付けや人生の中途で改名する場合、姓名判断上吉名をつけることが理想である事は言うまでもありません。一般にはほとんどの考え方が姓名判断の条件に合えば吉名なりとされていますが、それだけでは本当の吉名にはなりません。四柱推命（生年月日時の運勢）に基づき先天運命を推理し、陰陽五行の調和をはかった名前が最良の吉名です。したがって赤ちゃんの名付けも出生後に考えるのが本当です。四柱推命は大変奥が深く、一般の人に理解してもらうのは至難ですので､ここでは姓名判断の要点のみ記します。

姓名五格と分類

五格とは天格、人格、地格（これを天、人、地の三才という）、外格、総格をもって五格とします。

一、**天格**（姓の画数）　先祖代々家族全体のもので、これだけで吉凶は問いません。

二、**人格**（主運）　姓の下と名の上の合計画数で、一生涯の性格や運勢の中心を成し、主に中年以後の主運を司ります。

三、**地格**（初年運）　名前の合計画数で前運といい三十歳前後迄の若い頃に強く影響し､吉数なら若年期の吉運を司ります。

四、**外格**（副運）　人格部の二字を引いた残りの画数で、人格部の自分自身に対し外格は周囲、対人関係、仕事運をみます。

五、**総格**（後運）　姓名合わせた画数で、中年以後、主に晩年の運を司り、ここに吉数があれば晩年は吉運となります。

五格の分類

一字姓､又は一字名の場合は外格に仮数一画を加えて計算し、総画には仮数は加えません。天、人、地の三才の配列をみる場合も仮数一を加えてみます。

二字姓二字名
天格23　人格14　地格17
織 18　田 5　信 9　長 8
外格26
総格40

二字姓三字名
天格15　人格23　地格33
石 5　原 10　裕 13　次 6　郎 14
外格25
総格48

二字姓一字名
天格10　人格11　地格9
江 7　川 3　卓 8　(仮) 1
外格8
総格18

一字姓一字名
天格8　人格15　地格9
(仮) 1　伴 7　始 8　(仮) 1
外格2
総格15

一字姓二字名

	(仮)岡	晴	夫
画数	1 8	12	4

天格9　人格20　地格16　外格5　総格24

三字姓二字名

	長	谷	川	一	夫
画数	8	7	3	1	4

天格18　人格4　地格5　外格19　総格23

三才（天人地）の配列

画数に次いで大切なのは天、人、地の三才の配列です。これは天格、人格、地格の各画数の一の位を「木火土金水」の五行に置き換え、三者の関係で吉凶をみるもので、天格と人格の関係が吉ならば成功順調にして発展向上します。また、人格と地格との関係が吉なら基礎運安定し、心身調和して境遇安泰とみます。また、三才が宜しければ健康、人事関係、運勢共に宜しきとみます。

数と五行の関係

五行…	木	火	土	金	水
	＝	＝	＝	＝	＝
数…	1	3	5	7	9
	2	4	6	8	10

例

	石	原	裕	次	郎
画数	5	10	13	6	14

	天格	人格	地格
1の位→	15(土)	23(火)	33(火)

「成功運」「基礎運」

※右の数字は天格、人格、地格とも一の位でみます。

※上の石原裕次郎の場合も一の位でみるので、成功運は5と3の関係、基礎運は3と3の関係で三才の吉凶をみます。

音霊

姓名判断においては、五格の文字の画数の吉凶を第一とし、三才の配列に次いで発声音の霊意です。

発声音の音感やリズムは聴覚を通じて脳細胞を刺激し、精神性や性格、行動面や運勢をも左右する要因となります。

音には五十音の分類があり、この五十音を「木火土金水」の五行に配分して性格や運勢を判じますが、主に名前の頭文字の初音で判断します。

また、五行には相生と相剋（そうこく）があります。相生とは水が木を生じ木が火を生ずるように五行が順生する関係をいい、相剋とは水が火を剋し、火は金を剋制する如き関係です。このことから、姓の末尾の発声音と名の頭文字の発声音（初音）の五行の関係をみて相生は吉とし、相剋は凶とみるのです。

赤ちゃんの名付けや改名の際、五格の画数や発声音の用い方は、「四柱推命」つまり生年月日の運勢からみて吉となるものと、避けたいものの区別がありますので注意を要しますが、ここではその説明をすることは不可能ですので省略します。

五十音と五行の配列

◎木性音（牙〔ガ〕音）…カキクケコ
◎火性音（舌〔ゼツ〕音）…タチツテト、ラリルレロ、ナニヌネノ
◎土性音（喉〔コウ〕音）…アイウエオ、ヤイユエヨ、ワヰウヱヲ
◎金性音（歯〔シ〕音）…サシスセソ
◎水性音（唇〔シン〕音）…ハヒフヘホ、マミムメモ

五行の相生と相剋

相生　木→火→土→金→水　吉

相剋　木→土→水→火→金　凶

姓の下と名の上でみます。

相生……吉配列

　　木　火
　　‖　‖
スズ　キ　タ　ロウ
鈴　木　太　郎

五十音と性格・運勢

発声音で性格や運勢をみる場合、名前の頭文字の初音を第一とし、次音以下は参考程度にみます。

名前の初音「シ」→
イシ　ハラ　シン　タ　ロウ
石　原　慎　太　郎
※初音「シ」でみます。

名前の初音「タ」→
スズ　キ　タ　ロウ
鈴　木　太　郎
※初音「タ」でみます。

あ　行（土性音）

あ　明朗陽気で実行力があり、人の上位に立つ頭領運を有す。
い　温和で衆望を得る。急進不可、用意周到漸進を旨とすべし。
う　温和誠実なれど不決断で迷い多し。心の動揺を抑えて吉。
え　忍耐努力し、育養の徳あり。金銭感覚あれど自己中心的。
お　意志強固だが頑固で保守的。警戒心を戒め、人和に注意。

か　行（木性音）

か　智力と先見の明あり、地位、名誉、金運あるも盲進は不可。
き　個性強く威厳を好む。雅量を養い人の忠言を容れるべし。
く　才能豊かで忠誠心あり社交的で議論好き。上位の愛顧あり。
け　人の信頼と衆望を得て発展向上する。短気を慎むべし。
こ　細心で注意深く社交的だが、小心で動揺多く大事は成せず。

さ　行（金性音）

さ　活動発展の性。実力もあり衆望を得る。盲進を慎むべし。
し　実力あり沈着なれど不活発で内心頑固、情に乏しく不遇。
す　世話好きで熱心な努力家。漸進発展の性、薄弱、孤愁の象。
せ　活動的で情熱家。権威高く明敏だが人を容れる雅量に乏し。
そ　温和で従順。愛情深く随従の性だが、資財に恵まれ成功す。

た　行（火性音）

た　温厚で実直、平安を好み几帳面。進歩発展の気概に乏しい。
ち　勤勉で忍耐強く不屈の精神あり、技術力に優れる。蓄財家。
つ　自我心強く剛気で万難を排す性、他言を容れ独断を戒む。
て　活気旺盛で進取の気概と万難突破の性あるも盲進を戒む。
と　消極的で用心深く臆病、中途災厄支障多し。勇気を失うな。

な　行（火性音）

な　明朗で物の表面に立ち勇気と実行力あり。疑心深きが難。
に　忠実で責任感あり、人を立て目上の引立等陰の力で成功。
ぬ　気力乏しく不安動揺多し。孤独、不遇、病弱、薄命に陥る。
ね　無気力で陰性、発達力乏しく保守的、家族縁薄く憂患多し。
の　温和で雅量あり、頭領運を有し発展成功。人の面倒見よし。

は　行（水性音）

は　才智あり、活動的で意志強く積極的。資財より名誉縁多し。
ひ　明知、活発、行動的で功名栄達財福多し、頑固で我意強し。
ふ　理想高く技芸才能豊か。決断力あるも実行力乏しく打算的。
へ　消極的で慎重、固守持久の堅実型。実業向きで晩年は吉運。
ほ　冷静沈着博識、技芸才能に富む。財運名誉運吉、疑い深し。

ま　行（水性音）

ま　知謀機略あり、資性潔白雅量あり。人心服する徳望を有す。
み　美的感覚あり温和で華やかな性。技能技芸豊か、疑い深し。

む　温和で慎重、独立心弱く不活発で消極的。財福もやや薄し。
め　外見良く内実不安定、虚栄心強く不実。不節操に傾きがち。
も　交際上手で社交的、情は深いが異性関係で身を誤らぬこと。

や　行（土性音）

や　才能智略あれど頑固で不和を招きやすし、虚栄色情に注意。
ゆ　順応性あり、女子は人に愛される。苦労の後に幸運となる。
よ　親切心あり世話好き、愛情豊かで努力家。強情慢心を戒む。

ら　行（火性音）

ら　外交的手腕あり財運も吉。表裏の心を慎み清浄な心を持て。
り　思い切り良いが強情一徹、慎まざれば不和波乱憂苦あり。
る　温情心、従順で我意なく心寛大、因循姑息に傾かざるべし。
れ　知謀才能あり交渉巧みなれど心狭し。偏屈、自我を慎め。
ろ　心寛大で知識豊富、協力者あり人の上位に立ち尊敬を受く。

わ　行（土性音）

わ　先見性あり財運吉で頭領運あり、自我の念強く慎むべし。

人名用漢字表

赤ちゃんの名前は常用漢字・人名用漢字が定められています。前項でも記しましたが、命名は姓名判断上の吉数に合わせるのは当然ですが、生年月日の運勢（四柱推命）からみたラッキー数（数の五行）が何か、また生年月日の運勢からみたラッキーな発生音（音の五行）も併せみることが大事です。

【一画】一乙　【二画】二刀丁乃入人又力了卜

【三画】三千丸久弓口下己工山士子巳丈上女小刃寸川千夕大凡亡土万也巾已叉乞

【四画】四引允円王介刈化火今凶及斤牛区欠元幻月犬互公午孔戸才冗升少心手支止氏之水井切尺双丹太中弔丑天斗内仁日巴反匹比不分夫文父仏片方友木毛与予厄屯牙勾匂云尤廿壬爪勿収

【五画】五圧以永央加可外甘丘去刊叫叶巨玉旧句兄玄穴功古巧甲弘号広冊左札且主仕充出召史囚失市申矢石示只写処司世占正生仙旦他代斥台田冬奴丙末付未乏民令用幼尼母由皮布右庁白立弁包必目氷北半平本矛卯皿乎禾瓦凧戊疋仔瓜叱丼尻

【六画】六安印因衣伊羽宇亦回各灰亥会仮伎企休共危吉曲机匡旭気件刑血圭交仰光合后向好伍考行再在西冴匠字守寺式旨旬朱次死耳臣自至舟色丞庄糸尽州先全舌存早争壮多打宅団仲兆地竹虫汀伝同吐当灯凪任如肉弐年伏伐列名劣吏妃帆有朽百米犯羊老礼両払缶朴亘妄汁臼曳夷而此尖弛牟瓦収汜

【七画】七位医囲壱役汚応何含完我伽戒改汗角吟吸均局忌岐希君究杏却形系見言克呉告困坑孝攻更江谷亨吾宏佐作材災杉伸住似伺初助巡床序志秀私足辛車身辰寿条吹豆成汐赤声束村走即但妥男対池町呈延弟廷体低努杜図妊尿忍伯伴兵別卵利否免坂判坊妙妨尾冶伶忘李忙甫歩良毎貝冷売里呂酉佑余励来乱労邑児状亜麦戻灸串劫佃兎呑妖灼坐宋孜杖庇吻牡托汝汎歩毎佛些求弄巫

【八画】八依委雨炎易旺往欧殴佳劾巻侃官届快岩果岸学岳価画享京供協奇季玖宜居技尭汽狂糾金欣扱具屈空券弦

決径刻呼固孤幸抗昂虎国劾刷采妻沙参事使侍刺卸取受叔
周姉始所承抄昇松枝社舎尚昌実垂炊枢姓征折政昔析青斉
卒宗卓汰択沢宙忠沖直知長典定底店的到投東毒乳念奈卑
坪奉彼府扶批放服杯板孟武没版物非朋弥宝並併例制味命
和夜於侑妹房抑明林枚沈牧盲門炉抜昆把肌岬枠者突岡函
杭其忽庚昏祁昊沓枕帖宕坦宛奄或杵竺刹枇阜斧杷肋汲沌
臥亞侮來兒卷爭狀社弧沃妬呪穹

【九画】九哀姻威為芋映沿泳疫栄屋押音冠怪架河界皆看
科肝革拡姫客急拒況泣赳祈紀虐軌拠係型契建勁奎計研県
侯厚後拘故枯胡虹皇紅込香削昨査砂砕哉侵俊信咲姿室思
招施春昭沼柊盾祉秋肖重食首叙乗甚前宣性拙星是染泉牲
省窃専促俗則奏帥相待怠拓段泰炭耐担単勅抽柱治注昼帝
泥抵訂貞点峠怒南侮便保勇厘勉品奔封幽律度宥昂抱拍拝
柄某柔柳沸泌波油泊法畑盆秒約美表負要赴軍面飛辺風怖
変発怜亮彦柚柾眉峡臭抹拐垣泡亭披竿頁祇廻俄柑巷侶栃
殆姪俐娃畏柵柘柿穿籾盃柏勃毘昧姥俣侠辻肘玩沫柴突抜
拂侮卽拜既祈祉者冒狙拉怨咽訃

【十画】十案晏員育宴益恩桜夏害家括核格活栞耕耗花芽
恐恭衿芹級記起鬼挙帰宮矩訓兼原肩拳軒倹剣恵桂個候剛
娯庫恒恨拷俸校根倖肯航洞貢骨高晃挑栓紘洸唆宰差座栽
殺挟酌索朔財蚕桟残宵肢紗修借准娠射師弱峡洪辱徐拾持
時洲書殉峻殊津秦狩疾症祝神恕笑純紙芝辱針迅酒浄将従
真洵称晋隼衰粋城席扇洗隻浅剤倉孫桑祖素託帯値恥朕株
珍畜秩衷哲展庭倒凍唐島徒桃特討独党桐俳倍俵倣倫剖埋
娘容峰息旅指料洋流派烈病留畝畔秘疲破砲眠紛紋納粉肥
肪紡肺般芳蚊翁倭凌唄配馬芸恋竜芙祐玲栗桁倦桔峨笈桧
倶晄酎砧耽套哩紐釘凉烏俺砥窄晒哨閃凄訊秤屑栖冥娩畠
峯豹釜圃砦迄芦辿迂芯芭芥肴恰珂恢珈洛祢按拭珊捞珀祐
乘恆氣眞祝神祖祕租臭致狹脊恣剝哺股

【十一画】胃移域胤悦涙崎偉亀條崇堀挿盗釣瓶眺殻曹喝
蛇英蛍苑寅乾勘患械海悔貨貫茄袈基寄強御教救毬規許迎
近魚飢虚偽苦健堅絃眼啓圏経茎浩黄返梧紺悟康婚彩産祭
細斎笹梢梓剰釈粛執唱商邪赦訟笙常振章習若終紹紳紫祥
珠消渉浸晨偲斜庶寂宿酔雪責船設旋晟彗巣族率窓組粗爽
那断胆袋第啄張彫窒帳紬鳥悌転偵頂笛停偏副側動偶務匿
堂婆婦密庸得敏敗晩朗望彪梅浪浴浦浮欲班票粒粘累翌胎
背胞舶苗崩捕略阜符茂術被訪豚販貧軟邦閉野麻唯問培茅
彬眸茉悩捜浜鹿梨悠尉訣埼頃晦舷梗牽崖雫堆桶梯舵梁兜
笠徠椰羚庵埜凰戚悉釧埴雀畢梶冨絆曽苔苺浬挺狼挨袖捉
挽犀黒訳梅異祥從悪敍敏晝晩朗將崚巣帯專國圏卿海渉悔
痕羞斬貪唾苛挫捗

【十二画】最異捷舜軽覚雲診筆涼排凱掌善傍循渚絢雄距
胴猪傘塁間絡畳媛竣勤暁結帽富惨斐掲涯硬無深推報稀弾
貿晴寒塀棟荒嵐絵貸朝傑煮集策現幅防貯敦暑渓痢棒惜探
理迪扉巽幾就雰棚尋備翔据皓尊惟媒惇婿荘場堕堪歯堤焼
渇捺買然普筋茜順証脈植創喜詞閑街程淑採短裂悼掃椋検
喬須欽蛮営惣椎淳智属博猟迭量清喫割迫開勝喪喚悲渋軸
着能晶情替酢景散済詔答視脂痛敢焦番疎措接掘球給装邸

雅雇項廃述鈍脅痘茶期棋裁衆硫税混猛胸超費貴絞添控等
童液欺森棄草賀象詐訴評掛授登惑棺款絶淡殖硝盛捨統粧
復琉硯筈堺喧寓雁戟堯堵貼註喋厨筑椀椅堰淵釉焰曾斯粟
貰棲粥喰甥閏斑焚阪迦茨茸脇袴捲惚捻淋掠淀捧椛疏掬淨
琢單剩惡惠奧盜爲筒虛虜視越黑黃惧淫喉喩瘦祷

【十三画】暉琳鳩楠阻嵩辞迷傾握路鼓郁飲湧煕睦詳湯想
催提痴資頒雷詢頌慨頑嘆脩莞椿楼逆極塊働絹艇鉛虞話数
暖廉愉補戦愚裟猫碑概鉢靴嵯椰載禁献塚継寝試港愛稜脳
稔猶楊傷渡送莉嫌僧楓渦湿揺続農鉱義勢殿渥債援微跡電
附塗嗣逃誉揮鉄換揚靖塩稚跳飯満湾群暇愁募園業裏酪践
塑酬勧追新廊睡幹賃退較禄煩詰触阿楽裕奨郊鈴豊雌温預
零賊賄琴描督詠暗塔聖荷解詩該誇盟照測歳敬減湖煙感惰
意嫁碁窟塙詣幌跨禽煌詫楕牒頓馳煉鼎碓填稟碗傭圓馴詮
煎楯楢塞楚羨竪煤蜂陀荻莫琥裡湛揄湊惹湘惺琵琶僅祿琢
渚猪荘掲耶脚脱渴傳勤奧廊暑煮碎装署厩楷毀傲彙嗅嫉賂

【十四画】碩菖瑶爾降認夢滉綸逓菌僚増稲連旗魁舞搾駄
滝褐翠禎萌銀慈寡監銘碧著鳳菫緋歴種精幕榛肇鳴途緊損
飽需透瑚槙飾賓綿猿寛暢摂説網搭歌腕禅綜銭郡逸菜滅獄
酷綺誘逝製飼彰塾速置滑境嫡禍閣通颯像墓奪察寧様暦銃
誓算態携読鼻溶造漢緒閥滋聞瑞層滞輔綾熊嘉慌搬慎源疑
福構端逐箇維罪緑管綱魂豪練領限銅静徳駆誠駅総聡華関
誤雑菓郎踊菊腐酸酵誌誕語裸準閤箕榎綴嶋槌斡鳶窪榮裳
槍榊嘗賑實槇箔鞄貌蜜頗獅這菅萄菱萊逞逢菩萠逗腔腎裾
嘩溜溢禎瑛齊署緣賓與盡禍粹福僞僧僕團壽奬寢徵搖溫溝
嘆愼搜郎墨萎慄溺綻瘍箋辣

【十五画】槽凜墜賛賜褒舗審槻磁嘱駐盤履請瑳稼影震撃
慣窯賢調慕賠都慰歓諄憂質複熟陣摩節諸線黎漫毅漬葬嬉
慢陛敷落諒踏醇漏鋭縁漂誼儀暴腸慧滴緩漱郭劇罰葵輩駒
標墳進陥縄慮徹鋳穂漸勲趣論幣憎賦締漁霊魅慶寮横週箱
暫郷輪演蝶熱瑠衝漆輝戯閲窮器萩謁逮部郵院除賞談養興
模敵稿課確葉暮範腰摘編緯億駈蝦稽畿糊駕劉箸魯樋歎凛
鞍誰噌噂諏樟鋒篇餅磐廟幡瘦萱葛董葺葦葡萬摑漣摺漕著
逸漠腹漢滞衛價儉劍增墨層廣幣彈徵德樂權樣穀稻節緣緒
練賣醉髮噴默摯餌嘲踪罵腫腺

【十六画】過鮎凝澄違蓉潮錦墾運錬叡燈機壊樹録橘樺築
遇壇嬢憧謡整錠輪導獣糖撮潜罷蒼謀頭憲陪諮潔陶親璃燎
陳蒔蓄龍縦儒陵道縛穏達憩遍餓燃橋鋼遂磨壁険篤遊錯奮
隆積陰撲陸曇遅蒸撤諭頼衡諾融遥窺諺縞鋸醐頰蹄醍諦橙
謂燕鴨醒鞘樽錫錐輯錆蓋遁蒐蓑蒲蒙膏樫憐撞撰撒播撫篠
瓢陷隷都憎憤澁潤壞頻勳器戰曉曆橫歷燒縣謁諸賴錄靜黛
默渴憬潰賭諧骸錮麺緻

【十七画】償駿齢遠謹濡隅憾瞳遺購蓮謝醜臨霞鴻操蔵陽
膚階繊館縮聴激懐燦覧礁療檀彌轄蔦懇矯鞠優厳謙犠擁憶
遮鮮磯瞬繁嶺鍛講膜隊燥随濁霜縫績嚇檎鍵鍋韓壕徽檜螺
輿闇曖鍬燭瞥謎隈蔭遙遜遡蔣蓬蔓應戲擊檢濃瞭禪穗縱繁
謄謠錬蔑膝

【十八画】濯適糧雛擦鎌礎鎮覆闘曜類職題験環翻燿翼顔
濫曙難爵織騒遭蕉贈鎖擬膨鯉隔獲繕騎癖穣簡顕額観麿鎧

鵜儲櫂簞禮蹟叢蟬醬鞭隙蔽蕎蕨蕪蕃膳摺濡繡遮蕗戴濕壘
癒懲謹轉鎮雑壁顎

【十九画】　障隠簿韻遼璽鏡薫選覇鯨爆鯛繭麗鶏穫遵艶薦
薄髄際繰願遷薪襟薬遺離識霧鵬蟹麒繋櫓麓禰寵簾禱顛櫛
蹴曝鄭薙蕾薗臆襖壊懲獣贈類譜難

【二十画】　鐘藍響羅巌耀競醸露議艦瀬欄懸警譲籍還馨騰
避隣纂藁薩瀧薫藏懷瀨瀕嚴孃騷

【二十一画】　藩護躍顧魔藤鶴臟轟纏蠟鰯險藝藥櫻欄飜鷄

【二十二画】　襲鑑饗驍鷗讃蘇穰藻蘭攝覽疊鑄響聽籠

【二十三画】　驚麟鱗鱒鷲灘巖纖顯驗

【二十四画】　鷹鷺臟讓釀　【二十五画】　廳

【二十九画】　鬱

字画数の計算

姓名学では字源を原則とするので辞書と異なる字があります。

一～十は数意をとり、一は一画、五は五画、十は十画に数える。

艹（くさかんむり）艸…六画　礻（しめすへん）　示…五画
忄（りっしんべん）心…四画　扌（てへん）　手…四画
衤（ころもへん）衣…六画　阝（おおざと　右）　邑…七画
辶（しんにゅう）辵…七画　阝（こざとへん　左）阜…八画
犭（けものへん）犬…四画　氵（さんずい）　水…四画
王（たまへん）玉…五画　※染、酒のみ氵は三画にとる。

平がな画数表

あ（3）	い（2）	う（2）	え（3）	お（4）	か（3）
き（4）	く（1）	け（3）	こ（2）	さ（3）	し（1）
す（3）	せ（3）	そ（3）	た（4）	ち（3）	つ（1）
て（2）	と（2）	な（5）	に（3）	ぬ（4）	ね（4）
の（1）	は（4）	ひ（2）	ふ（4）	へ（1）	ほ（5）
ま（4）	み（3）	む（4）	め（2）	も（3）	や（3）
ゆ（3）	よ（3）	ら（3）	り（2）	る（2）	れ（3）
ろ（2）	わ（3）	ゐ（3）	ゑ（5）	を（4）	ん（2）

片カナ画数表

ア（2）	イ（2）	ウ（3）	エ（3）	オ（3）	カ（2）
キ（3）	ク（2）	ケ（3）	コ（2）	サ（3）	シ（3）
ス（2）	セ（2）	ソ（2）	タ（3）	チ（3）	ツ（3）
テ（3）	ト（2）	ナ（2）	ニ（2）	ヌ（2）	ネ（4）
ノ（1）	ハ（2）	ヒ（2）	フ（1）	ヘ（1）	ホ（4）
マ（2）	ミ（3）	ム（2）	メ（2）	モ（3）	ヤ（2）
ユ（2）	ヨ（3）	ラ（2）	リ（2）	ル（2）	レ（1）
ロ（3）	ワ（2）	ヰ（4）	ヱ（3）	ヲ（3）	ン（2）

※近年画数の算定を、筆勢によって定めたものを多く見かけます。画数の意味をなくした略字は、新規につける命名では略字の画数を用いますが、姓名学では原則として「字源」に基づいて算定するため、当会でも採用しております。

画数は人格を主とし、外格・地格・総格をみます。

81数 字画数の吉凶数意

1　森羅万象の基数、健全、富貴、名誉幸運の最大吉祥数　吉
2　独立進歩の気力無く、不安動揺内外波瀾の苦労困難数　凶
3　智達能才名利向上福祉あり、大事大業を成し成功発達　吉
4　意志薄弱独立心なく進退果たさず辛苦困難逆難に遭う　凶

5	心身健全、福禄長寿、富貴尊栄功名顕達成功吉祥あり	吉
6	生来天徳地祥慶福福祉あり、若干波乱あるも終生安穏	吉
7	自我独立権威の象、過剛不和多きも万難突破の成功数	吉
8	意志強固忍耐克己進取の気概あり、努力発達志望成就	吉
9	孤独不如意、病弱遭難逆境貧苦多く、薄幸不遇の凶数	凶
10	無気力不如意、病災貧困逆境あり、家産を破り夭折す	凶
11	漸進着実次第に名利向上富貴繁栄し、家運隆盛に至る	吉
12	意志薄弱無力、不如意逆境孤独困難あり、中途挫折運	凶
13	知能明達学術技芸才能あり、活気に満ち、富貴繁栄す	吉
14	孤独不和不如意厄難多く、浮沈定まらず急変凶禍あり	凶
15	温良和順雅量に富み、徳望高く上位の愛顧あり繁栄す	吉
16	重厚雅量を有す頭領運。衆望を担い難を排して成功す	吉
17	意志堅固権威あり万難突破で目的達成す。過剛を戒む	吉
18	権力智謀あり意志強固で発展向上す。自我強きを戒む	吉
19	智能活動力あれど障害多難。孤独不和困難挫折に至る	凶
20	災厄障害不如意逆境破滅の凶数。病弱孤独短命を招く	凶
21	独立権威尊敬富栄、漸次発展の頭領運。女性は後家運	吉
22	意志薄弱で進退果たさず不如意孤独逆境、中途挫折相	凶
23	隆昌盛大功名顕達富栄の発達運。頭領運だが女は凶数	吉
24	才略智謀衆望あり、資財豊厚吉祥幸運、晩景安泰なり	吉
25	才能英俊敏腕で成功発達す。但し偏屈過剛驕慢を戒む	吉
26	侠情波乱変動多し、稀に大功成るも家産を破り亡身す	凶
27	自我心強く他より非難不和あり、努力すれども不成功	凶
28	剛気なれど他より非難攻撃あり、波乱不和遭難刑傷す	凶
29	智謀才略活動力あり、大事を成す頭領運。女は後家相	吉
30	投機山師的で浮沈定め難く、吉凶相半運。僥倖を戒む	中
31	意志強固不屈の資質、衆望を得て名誉富貴幸福を得る	吉
32	意外僥倖の運。上位の愛顧があり、成功繁栄財運多し	吉
33	剛毅果断権威智謀あり盛運隆昌の発達運。女は後家相	吉
34	破壊波乱諸事齟齬、困難失敗多く、破家病災不遇の運	凶
35	温和順良智達能才学芸才能に富む。保守不徹底を戒む	吉
36	侠気に富む英雄運。浮沈波乱変動、辛苦困難失敗多し	凶
37	独立権威忠実有徳で慈祥あり、大業成就富栄の英雄運	吉
38	意志弱く、大志大業を成す志なきも、学問技芸に長ず	吉
39	権威智謀あり富貴繁栄衆人統御の頭領運。婦人は凶数	吉
40	智謀胆力あるも不遜で徳望なく不和波乱浮沈定まらず	凶
41	健全有徳和順胆力あり、大業成就し名望利益共に全し	吉
42	多芸多才なれど薄弱不如意失敗あり、一意専念すべし	凶
43	意志薄弱因循で意志不定、遂行力なく不遇失意散財運	凶
44	破家亡身、悲運病災あり、孤独失意離散等家族縁薄し	凶
45	順風満帆経綸深く、意志堅確万難突破成功富貴繁栄す	吉
46	意志薄弱気力なく病身波乱あり、運命急変家産を破る	凶
47	天恵と努力で開花結実、大事を成して、吉祥恵福あり	吉
48	才智徳望あり、権威と指導力備わり、名利栄達の吉数	吉
49	善悪吉凶表裏一紙の変転運。総じて、災厄凶禍に陥る	凶
50	成敗盈虚波乱多し、一時成功するも晩年破家亡身の運	凶
51	浮沈盛衰波乱失敗多し、一時盛運でも晩年失敗し衰運	中
52	先見の明あり勢力強大、大業を成し名利向上成功富栄	吉
53	外見吉祥に見え内実障害凶禍、前半福禄なら後半不運	中
54	小才あるも不和損失憂苦あり、破家亡身刑傷逆難多し	凶
55	極盛極まって極衰あり薄志弱行者は病災孤独失敗多し	中
56	意志薄弱進取の気概なし、消極的で齟齬失敗晩年衰運	凶

57	天恵あり資性剛毅で遭難あるも一転吉祥富栄名利成る	吉
58	運命の浮沈波乱多し、凶運に遭って努力の後晩年吉運	中
59	意志薄弱無力で難に耐えず災厄失意逆境失敗破財あり	凶
60	苦労性不安動揺多く心意定まらず失敗困難病災に遭う	凶
61	富貴共全く身を修め積徳勇気発達万難突破吉祥繁栄す	吉
62	心身不調和志願成らず、内外共不和漸次衰退災厄あり	凶
63	天恵を享受し運気発栄志願成り、家運安泰子孫繁栄す	吉
64	浮沈波乱変動凶兆あり病難災厄困苦離散生涯不安あり	凶
65	運気盛大吉祥志願成り、無事平穏安泰福寿富貴繁栄す	吉
66	意志薄弱進退不如意不和困苦、志望未達病難災厄多し	凶
67	意志強固万事通達志願成就家運繁栄富栄す過剛を戒む	吉
68	智慮明敏達識あり意志強固名利向上志成る言語に注意	吉
69	障害多難困苦逆境病災あり、不安動揺多く境遇不安定	凶
70	刑傷憂苦不安不和孤独寂莫あり、坎険障災中途挫折す	凶
71	漸進的気運あるも気力実行力弱し進取の気概あれば吉	中
72	意志弱く進退果さず考慮多く実行力乏し晩年凶夭の運	凶
73	消極的で実行力に不足志高く志行成らざるも天徳あり	中
74	才知能力乏しく座食不過不如意逆境あり不安不幸多し	凶
75	天徳地祥温和良順富栄の象軽躁なれば齟齬破敗を招く	中
76	破家離祖不和逆境七身悲運あり妻子を刑し病弱短命数	凶
77	意志強固困難障害あるも上位の愛護引立あり後半良運	中
78	才力知謀あり成功発達力あるも非難不和多く晩年衰兆	中
79	心意不定窮地逆運方針定まらず言動誤り批難不和あり	凶
80	薄弱不如意辛苦波乱障害あり、失意厭世病難夭折の運	凶
81	漸進着実健全発展の幸運数名利共全く晩年至福安泰す	吉

四柱推命万年暦の見方

四柱推命を用いて占断するにあたり、各人の四柱干支と命式の表出に欠かすことのできないのが万年暦です。次頁より、生年・月・日の干支を簡明に調べることができる万年暦を掲載致しました。なお、生まれ時間は本書三頁の「生時干支早見表」にて割り出して下さい。

＊年度の変わり目は、立春を起点として一年が始まるので、二月の節入日までは前年の年干支となります。

＊月の変わり目は節入日で区切ります。各月の太字の日が節入日ですから、その日より前の生まれの人は前月の月干支となります。

＊節入の時間は、令和三年までは国立天文台の発表に基づいていますが、それ以降の節入時間は計算値によるものです。

大正11年（西暦1922年）壬戌年　六白金星

大正12年 1月	12月	11月	10月	9月	8月	7月	6月	5月	4月	3月	2月	月
癸丑	壬子	辛亥	庚戌	己酉	戊申	丁未	丙午	乙巳	甲辰	癸卯	壬寅	月の干支
6日 17:14	8日 6:11	8日 13:46	9日 11:10	8日 20:06	8日 17:37	8日 7:58	6日 21:30	6日 16:53	5日 22:58	6日 17:34	4日 23:06	節入
甲戌	癸卯	癸酉	壬寅	壬申	辛丑	庚午	庚子	己巳	己亥	戊辰	庚子	1日
乙亥	甲辰	甲戌	癸卯	癸酉	壬寅	辛未	辛丑	庚午	庚子	己巳	辛丑	2日
丙子	乙巳	乙亥	甲辰	甲戌	癸卯	壬申	壬寅	辛未	辛丑	庚午	壬寅	3日
丁丑	丙午	丙子	乙巳	乙亥	甲辰	癸酉	癸卯	壬申	壬寅	辛未	**癸卯**	4日
戊寅	丁未	丁丑	丙午	丙子	乙巳	甲戌	甲辰	癸酉	**癸卯**	壬申	甲辰	5日
己卯	戊申	戊寅	丁未	丁丑	丙午	乙亥	**乙巳**	**甲戌**	甲辰	**癸酉**	乙巳	6日
庚辰	己酉	己卯	戊申	戊寅	丁未	丙子	丙午	乙亥	乙巳	甲戌	丙午	7日
辛巳	**庚戌**	**庚辰**	己酉	**己卯**	**戊申**	**丁丑**	丁未	丙子	丙午	乙亥	丁未	8日
壬午	辛亥	辛巳	**庚戌**	庚辰	己酉	戊寅	戊申	丁丑	丁未	丙子	戊申	9日
癸未	壬子	壬午	辛亥	辛巳	庚戌	己卯	己酉	戊寅	戊申	丁丑	己酉	10日
甲申	癸丑	癸未	壬子	壬午	辛亥	庚辰	庚戌	己卯	己酉	戊寅	庚戌	11日
乙酉	甲寅	甲申	癸丑	癸未	壬子	辛巳	辛亥	庚辰	庚戌	己卯	辛亥	12日
丙戌	乙卯	乙酉	甲寅	甲申	癸丑	壬午	壬子	辛巳	辛亥	庚辰	壬子	13日
丁亥	丙辰	丙戌	乙卯	乙酉	甲寅	癸未	癸丑	壬午	壬子	辛巳	癸丑	14日
戊子	丁巳	丁亥	丙辰	丙戌	乙卯	甲申	甲寅	癸未	癸丑	壬午	甲寅	15日
己丑	戊午	戊子	丁巳	丁亥	丙辰	乙酉	乙卯	甲申	甲寅	癸未	乙卯	16日
庚寅	己未	己丑	戊午	戊子	丁巳	丙戌	丙辰	乙酉	乙卯	甲申	丙辰	17日
辛卯	庚申	庚寅	己未	己丑	戊午	丁亥	丁巳	丙戌	丙辰	乙酉	丁巳	18日
壬辰	辛酉	辛卯	庚申	庚寅	己未	戊子	戊午	丁亥	丁巳	丙戌	戊午	19日
癸巳	壬戌	壬辰	辛酉	辛卯	庚申	己丑	己未	戊子	戊午	丁亥	己未	20日
甲午	癸亥	癸巳	壬戌	壬辰	辛酉	庚寅	庚申	己丑	己未	戊子	庚申	21日
乙未	甲子	甲午	癸亥	癸巳	壬戌	辛卯	辛酉	庚寅	庚申	己丑	辛酉	22日
丙申	乙丑	乙未	甲子	甲午	癸亥	壬辰	壬戌	辛卯	辛酉	庚寅	壬戌	23日
丁酉	丙寅	丙申	乙丑	乙未	甲子	癸巳	癸亥	壬辰	壬戌	辛卯	癸亥	24日
戊戌	丁卯	丁酉	丙寅	丙申	乙丑	甲午	甲子	癸巳	癸亥	壬辰	甲子	25日
己亥	戊辰	戊戌	丁卯	丁酉	丙寅	乙未	乙丑	甲午	甲子	癸巳	乙丑	26日
庚子	己巳	己亥	戊辰	戊戌	丁卯	丙申	丙寅	乙未	乙丑	甲午	丙寅	27日
辛丑	庚午	庚子	己巳	己亥	戊辰	丁酉	丁卯	丙申	丙寅	乙未	丁卯	28日
壬寅	辛未	辛丑	庚午	庚子	己巳	戊戌	戊辰	丁酉	丁卯	丙申		29日
癸卯	壬申	壬寅	辛未	辛丑	庚午	己亥	己巳	戊戌	戊辰	丁酉		30日
甲辰	癸酉		壬申		辛未	庚子		己亥		戊戌		31日

大正12年（西暦1923年）癸亥年　五黄土星

大正13年 1月	12月	11月	10月	9月	8月	7月	6月	5月	4月	3月	2月	月
乙丑	甲子	癸亥	壬戌	辛酉	庚申	己未	戊午	丁巳	丙辰	乙卯	甲寅	月の干支
6日 23:06	8日 12:05	8日 19:40	9日 17:04	9日 1:58	8日 23:25	8日 13:42	7日 3:14	6日 22:38	6日 4:46	6日 23:25	5日 5:00	節入
己卯	戊申	戊寅	丁未	丁丑	丙午	乙亥	乙巳	甲戌	甲辰	癸酉	乙巳	1日
庚辰	己酉	己卯	戊申	戊寅	丁未	丙子	丙午	乙亥	乙巳	甲戌	丙午	2日
辛巳	庚戌	庚辰	己酉	己卯	戊申	丁丑	丁未	丙子	丙午	乙亥	丁未	3日
壬午	辛亥	辛巳	庚戌	庚辰	己酉	戊寅	戊申	丁丑	丁未	丙子	戊申	4日
癸未	壬子	壬午	辛亥	辛巳	庚戌	己卯	己酉	戊寅	戊申	丁丑	**己酉**	5日
甲申	癸丑	癸未	壬子	壬午	辛亥	庚辰	庚戌	**己卯**	**己酉**	**戊寅**	庚戌	6日
乙酉	甲寅	甲申	癸丑	癸未	壬子	辛巳	**辛亥**	庚辰	庚戌	己卯	辛亥	7日
丙戌	**乙卯**	**乙酉**	甲寅	甲申	**癸丑**	**壬午**	壬子	辛巳	辛亥	庚辰	壬子	8日
丁亥	丙辰	丙戌	**乙卯**	**乙酉**	甲寅	癸未	癸丑	壬午	壬子	辛巳	癸丑	9日
戊子	丁巳	丁亥	丙辰	丙戌	乙卯	甲申	甲寅	癸未	癸丑	壬午	甲寅	10日
己丑	戊午	戊子	丁巳	丁亥	丙辰	乙酉	乙卯	甲申	甲寅	癸未	乙卯	11日
庚寅	己未	己丑	戊午	戊子	丁巳	丙戌	丙辰	乙酉	乙卯	甲申	丙辰	12日
辛卯	庚申	庚寅	己未	己丑	戊午	丁亥	丁巳	丙戌	丙辰	乙酉	丁巳	13日
壬辰	辛酉	辛卯	庚申	庚寅	己未	戊子	戊午	丁亥	丁巳	丙戌	戊午	14日
癸巳	壬戌	壬辰	辛酉	辛卯	庚申	己丑	己未	戊子	戊午	丁亥	己未	15日
甲午	癸亥	癸巳	壬戌	壬辰	辛酉	庚寅	庚申	己丑	己未	戊子	庚申	16日
乙未	甲子	甲午	癸亥	癸巳	壬戌	辛卯	辛酉	庚寅	庚申	己丑	辛酉	17日
丙申	乙丑	乙未	甲子	甲午	癸亥	壬辰	壬戌	辛卯	辛酉	庚寅	壬戌	18日
丁酉	丙寅	丙申	乙丑	乙未	甲子	癸巳	癸亥	壬辰	壬戌	辛卯	癸亥	19日
戊戌	丁卯	丁酉	丙寅	丙申	乙丑	甲午	甲子	癸巳	癸亥	壬辰	甲子	20日
己亥	戊辰	戊戌	丁卯	丁酉	丙寅	乙未	乙丑	甲午	甲子	癸巳	乙丑	21日
庚子	己巳	己亥	戊辰	戊戌	丁卯	丙申	丙寅	乙未	乙丑	甲午	丙寅	22日
辛丑	庚午	庚子	己巳	己亥	戊辰	丁酉	丁卯	丙申	丙寅	乙未	丁卯	23日
壬寅	辛未	辛丑	庚午	庚子	己巳	戊戌	戊辰	丁酉	丁卯	丙申	戊辰	24日
癸卯	壬申	壬寅	辛未	辛丑	庚午	己亥	己巳	戊戌	戊辰	丁酉	己巳	25日
甲辰	癸酉	癸卯	壬申	壬寅	辛未	庚子	庚午	己亥	己巳	戊戌	庚午	26日
乙巳	甲戌	甲辰	癸酉	癸卯	壬申	辛丑	辛未	庚子	庚午	己亥	辛未	27日
丙午	乙亥	乙巳	甲戌	甲辰	癸酉	壬寅	壬申	辛丑	辛未	庚子	壬申	28日
丁未	丙子	丙午	乙亥	乙巳	甲戌	癸卯	癸酉	壬寅	壬申	辛丑		29日
戊申	丁丑	丁未	丙子	丙午	乙亥	甲辰	甲戌	癸卯	癸酉	壬寅		30日
己酉	戊寅		丁丑		丙子	乙巳		甲辰		癸卯		31日

大正13年（西暦1924年）甲子年　四緑木星

大正14年 1月	12月	11月	10月	9月	8月	7月	6月	5月	4月	3月	2月	月
丁丑	丙子	乙亥	甲戌	癸酉	壬申	辛未	庚午	己巳	戊辰	丁卯	丙寅	月の干支
6日 4:54	7日 17:54	8日 1:30	8日 22:52	8日 7:46	8日 5:12	7日 19:30	6日 9:01	6日 4:26	5日 10:33	6日 5:12	5日 10:50	節入
乙酉	甲寅	甲申	癸丑	癸未	壬子	辛巳	辛亥	庚辰	庚戌	己卯	庚戌	1日
丙戌	乙卯	乙酉	甲寅	甲申	癸丑	壬午	壬子	辛巳	辛亥	庚辰	辛亥	2日
丁亥	丙辰	丙戌	乙卯	乙酉	甲寅	癸未	癸丑	壬午	壬子	辛巳	壬子	3日
戊子	丁巳	丁亥	丙辰	丙戌	乙卯	甲申	甲寅	癸未	癸丑	壬午	癸丑	4日
己丑	戊午	戊子	丁巳	丁亥	丙辰	乙酉	乙卯	甲申	**甲寅**	癸未	**甲寅**	5日
庚寅	己未	己丑	戊午	戊子	丁巳	丙戌	**丙辰**	**乙酉**	乙卯	**甲申**	乙卯	6日
辛卯	**庚申**	庚寅	己未	己丑	戊午	**丁亥**	丁巳	丙戌	丙辰	乙酉	丙辰	7日
壬辰	辛酉	**辛卯**	**庚申**	**庚寅**	**己未**	戊子	戊午	丁亥	丁巳	丙戌	丁巳	8日
癸巳	壬戌	壬辰	辛酉	辛卯	庚申	己丑	己未	戊子	戊午	丁亥	戊午	9日
甲午	癸亥	癸巳	壬戌	壬辰	辛酉	庚寅	庚申	己丑	己未	戊子	己未	10日
乙未	甲子	甲午	癸亥	癸巳	壬戌	辛卯	辛酉	庚寅	庚申	己丑	庚申	11日
丙申	乙丑	乙未	甲子	甲午	癸亥	壬辰	壬戌	辛卯	辛酉	庚寅	辛酉	12日
丁酉	丙寅	丙申	乙丑	乙未	甲子	癸巳	癸亥	壬辰	壬戌	辛卯	壬戌	13日
戊戌	丁卯	丁酉	丙寅	丙申	乙丑	甲午	甲子	癸巳	癸亥	壬辰	癸亥	14日
己亥	戊辰	戊戌	丁卯	丁酉	丙寅	乙未	乙丑	甲午	甲子	癸巳	甲子	15日
庚子	己巳	己亥	戊辰	戊戌	丁卯	丙申	丙寅	乙未	乙丑	甲午	乙丑	16日
辛丑	庚午	庚子	己巳	己亥	戊辰	丁酉	丁卯	丙申	丙寅	乙未	丙寅	17日
壬寅	辛未	辛丑	庚午	庚子	己巳	戊戌	戊辰	丁酉	丁卯	丙申	丁卯	18日
癸卯	壬申	壬寅	辛未	辛丑	庚午	己亥	己巳	戊戌	戊辰	丁酉	戊辰	19日
甲辰	癸酉	癸卯	壬申	壬寅	辛未	庚子	庚午	己亥	己巳	戊戌	己巳	20日
乙巳	甲戌	甲辰	癸酉	癸卯	壬申	辛丑	辛未	庚子	庚午	己亥	庚午	21日
丙午	乙亥	乙巳	甲戌	甲辰	癸酉	壬寅	壬申	辛丑	辛未	庚子	辛未	22日
丁未	丙子	丙午	乙亥	乙巳	甲戌	癸卯	癸酉	壬寅	壬申	辛丑	壬申	23日
戊申	丁丑	丁未	丙子	丙午	乙亥	甲辰	甲戌	癸卯	癸酉	壬寅	癸酉	24日
己酉	戊寅	戊申	丁丑	丁未	丙子	乙巳	乙亥	甲辰	甲戌	癸卯	甲戌	25日
庚戌	己卯	己酉	戊寅	戊申	丁丑	丙午	丙子	乙巳	乙亥	甲辰	乙亥	26日
辛亥	庚辰	庚戌	己卯	己酉	戊寅	丁未	丁丑	丙午	丙子	乙巳	丙子	27日
壬子	辛巳	辛亥	庚辰	庚戌	己卯	戊申	戊寅	丁未	丁丑	丙午	丁丑	28日
癸丑	壬午	壬子	辛巳	辛亥	庚辰	己酉	己卯	戊申	戊寅	丁未	戊寅	29日
甲寅	癸未	癸丑	壬午	壬子	辛巳	庚戌	庚辰	己酉	己卯	戊申		30日
乙卯	甲申		癸未		壬午	辛亥		庚戌		己酉		31日

大正14年（西暦1925年）乙丑年　三碧木星

大正15年 昭和元年 1月	12月	11月	10月	9月	8月	7月	6月	5月	4月	3月	2月	月
己丑	**戊子**	**丁亥**	**丙戌**	**乙酉**	**甲申**	**癸未**	**壬午**	**辛巳**	**庚辰**	**己卯**	**戊寅**	**月の干支**
6日 10:54	7日 23:53	8日 7:27	9日 4:47	8日 13:41	8日 11:07	8日 1:25	6日 14:57	6日 10:18	5日 16:22	6日 11:00	4日 16:37	**節入**
庚寅	己未	己丑	戊午	戊子	丁巳	丙戌	丙辰	乙酉	乙卯	甲申	丙辰	**1日**
辛卯	庚申	庚寅	己未	己丑	戊午	丁亥	丁巳	丙戌	丙辰	乙酉	丁巳	**2日**
壬辰	辛酉	辛卯	庚申	庚寅	己未	戊子	戊午	丁亥	丁巳	丙戌	戊午	**3日**
癸巳	壬戌	壬辰	辛酉	辛卯	庚申	己丑	己未	戊子	戊午	丁亥	**己未**	**4日**
甲午	癸亥	癸巳	壬戌	壬辰	辛酉	庚寅	庚申	己丑	**己未**	戊子	庚申	**5日**
乙未	甲子	甲午	癸亥	癸巳	壬戌	辛卯	**辛酉**	**庚寅**	庚申	**己丑**	辛酉	**6日**
丙申	**乙丑**	乙未	甲子	甲午	癸亥	壬辰	壬戌	辛卯	辛酉	庚寅	壬戌	**7日**
丁酉	丙寅	**丙申**	乙丑	**乙未**	**甲子**	**癸巳**	癸亥	壬辰	壬戌	辛卯	癸亥	**8日**
戊戌	丁卯	丁酉	**丙寅**	丙申	乙丑	甲午	甲子	癸巳	癸亥	壬辰	甲子	**9日**
己亥	戊辰	戊戌	丁卯	丁酉	丙寅	乙未	乙丑	甲午	甲子	癸巳	乙丑	**10日**
庚子	己巳	己亥	戊辰	戊戌	丁卯	丙申	丙寅	乙未	乙丑	甲午	丙寅	**11日**
辛丑	庚午	庚子	己巳	己亥	戊辰	丁酉	丁卯	丙申	丙寅	乙未	丁卯	**12日**
壬寅	辛未	辛丑	庚午	庚子	己巳	戊戌	戊辰	丁酉	丁卯	丙申	戊辰	**13日**
癸卯	壬申	壬寅	辛未	辛丑	庚午	己亥	己巳	戊戌	戊辰	丁酉	己巳	**14日**
甲辰	癸酉	癸卯	壬申	壬寅	辛未	庚子	庚午	己亥	己巳	戊戌	庚午	**15日**
乙巳	甲戌	甲辰	癸酉	癸卯	壬申	辛丑	辛未	庚子	庚午	己亥	辛未	**16日**
丙午	乙亥	乙巳	甲戌	甲辰	癸酉	壬寅	壬申	辛丑	辛未	庚子	壬申	**17日**
丁未	丙子	丙午	乙亥	乙巳	甲戌	癸卯	癸酉	壬寅	壬申	辛丑	癸酉	**18日**
戊申	丁丑	丁未	丙子	丙午	乙亥	甲辰	甲戌	癸卯	癸酉	壬寅	甲戌	**19日**
己酉	戊寅	戊申	丁丑	丁未	丙子	乙巳	乙亥	甲辰	甲戌	癸卯	乙亥	**20日**
庚戌	己卯	己酉	戊寅	戊申	丁丑	丙午	丙子	乙巳	乙亥	甲辰	丙子	**21日**
辛亥	庚辰	庚戌	己卯	己酉	戊寅	丁未	丁丑	丙午	丙子	乙巳	丁丑	**22日**
壬子	辛巳	辛亥	庚辰	庚戌	己卯	戊申	戊寅	丁未	丁丑	丙午	戊寅	**23日**
癸丑	壬午	壬子	辛巳	辛亥	庚辰	己酉	己卯	戊申	戊寅	丁未	己卯	**24日**
甲寅	癸未	癸丑	壬午	壬子	辛巳	庚戌	庚辰	己酉	己卯	戊申	庚辰	**25日**
乙卯	甲申	甲寅	癸未	癸丑	壬午	辛亥	辛巳	庚戌	庚辰	己酉	辛巳	**26日**
丙辰	乙酉	乙卯	甲申	甲寅	癸未	壬子	壬午	辛亥	辛巳	庚戌	壬午	**27日**
丁巳	丙戌	丙辰	乙酉	乙卯	甲申	癸丑	癸未	壬子	壬午	辛亥	癸未	**28日**
戊午	丁亥	丁巳	丙戌	丙辰	乙酉	甲寅	甲申	癸丑	癸未	壬子		**29日**
己未	戊子	戊午	丁亥	丁巳	丙戌	乙卯	乙酉	甲寅	甲申	癸丑		**30日**
庚申	己丑		戊子		丁亥	丙辰		乙卯		甲寅		**31日**

大正15年 昭和元年（西暦1926年）丙寅年　二黒土星

昭和2年 1月	12月	11月	10月	9月	8月	7月	6月	5月	4月	3月	2月	月
辛丑	庚子	己亥	戊戌	丁酉	丙申	乙未	甲午	癸巳	壬辰	辛卯	庚寅	月の干支
6日 16:45	8日 5:39	8日 13:08	9日 10:25	8日 19:16	8日 16:45	8日 7:06	6日 20:42	6日 16:08	5日 22:18	6日 17:00	4日 22:39	節入
乙未	甲子	甲午	癸亥	癸巳	壬戌	辛卯	辛酉	庚寅	庚申	己丑	辛酉	1日
丙申	乙丑	乙未	甲子	甲午	癸亥	壬辰	壬戌	辛卯	辛酉	庚寅	壬戌	2日
丁酉	丙寅	丙申	乙丑	乙未	甲子	癸巳	癸亥	壬辰	壬戌	辛卯	癸亥	3日
戊戌	丁卯	丁酉	丙寅	丙申	乙丑	甲午	甲子	癸巳	癸亥	壬辰	**甲子**	4日
己亥	戊辰	戊戌	丁卯	丁酉	丙寅	乙未	乙丑	甲午	**甲子**	癸巳	乙丑	5日
庚子	己巳	己亥	戊辰	戊戌	丁卯	丙申	**丙寅**	**乙未**	乙丑	**甲午**	丙寅	6日
辛丑	庚午	庚子	己巳	己亥	戊辰	丁酉	丁卯	丙申	丙寅	乙未	丁卯	7日
壬寅	**辛未**	**辛丑**	庚午	**庚子**	**己巳**	**戊戌**	戊辰	丁酉	丁卯	丙申	戊辰	8日
癸卯	壬申	壬寅	**辛未**	辛丑	庚午	己亥	己巳	戊戌	戊辰	丁酉	己巳	9日
甲辰	癸酉	癸卯	壬申	壬寅	辛未	庚子	庚午	己亥	己巳	戊戌	庚午	10日
乙巳	甲戌	甲辰	癸酉	癸卯	壬申	辛丑	辛未	庚子	庚午	己亥	辛未	11日
丙午	乙亥	乙巳	甲戌	甲辰	癸酉	壬寅	壬申	辛丑	辛未	庚子	壬申	12日
丁未	丙子	丙午	乙亥	乙巳	甲戌	癸卯	癸酉	壬寅	壬申	辛丑	癸酉	13日
戊申	丁丑	丁未	丙子	丙午	乙亥	甲辰	甲戌	癸卯	癸酉	壬寅	甲戌	14日
己酉	戊寅	戊申	丁丑	丁未	丙子	乙巳	乙亥	甲辰	甲戌	癸卯	乙亥	15日
庚戌	己卯	己酉	戊寅	戊申	丁丑	丙午	丙子	乙巳	乙亥	甲辰	丙子	16日
辛亥	庚辰	庚戌	己卯	己酉	戊寅	丁未	丁丑	丙午	丙子	乙巳	丁丑	17日
壬子	辛巳	辛亥	庚辰	庚戌	己卯	戊申	戊寅	丁未	丁丑	丙午	戊寅	18日
癸丑	壬午	壬子	辛巳	辛亥	庚辰	己酉	己卯	戊申	戊寅	丁未	己卯	19日
甲寅	癸未	癸丑	壬午	壬子	辛巳	庚戌	庚辰	己酉	己卯	戊申	庚辰	20日
乙卯	甲申	甲寅	癸未	癸丑	壬午	辛亥	辛巳	庚戌	庚辰	己酉	辛巳	21日
丙辰	乙酉	乙卯	甲申	甲寅	癸未	壬子	壬午	辛亥	辛巳	庚戌	壬午	22日
丁巳	丙戌	丙辰	乙酉	乙卯	甲申	癸丑	癸未	壬子	壬午	辛亥	癸未	23日
戊午	丁亥	丁巳	丙戌	丙辰	乙酉	甲寅	甲申	癸丑	癸未	壬子	甲申	24日
己未	戊子	戊午	丁亥	丁巳	丙戌	乙卯	乙酉	甲寅	甲申	癸丑	乙酉	25日
庚申	己丑	己未	戊子	戊午	丁亥	丙辰	丙戌	乙卯	乙酉	甲寅	丙戌	26日
辛酉	庚寅	庚申	己丑	己未	戊子	丁巳	丁亥	丙辰	丙戌	乙卯	丁亥	27日
壬戌	辛卯	辛酉	庚寅	庚申	己丑	戊午	戊子	丁巳	丁亥	丙辰	戊子	28日
癸亥	壬辰	壬戌	辛卯	辛酉	庚寅	己未	己丑	戊午	戊子	丁巳		29日
甲子	癸巳	癸亥	壬辰	壬戌	辛卯	庚申	庚寅	己未	己丑	戊午		30日
乙丑	甲午		癸巳		壬辰	辛酉		庚申		己未		31日

昭和２年（西暦1927年）丁卯年　一白水星

昭和３年 １月	12月	11月	10月	９月	８月	７月	６月	５月	４月	３月	２月	月
癸丑	壬子	辛亥	庚戌	己酉	戊申	丁未	丙午	乙巳	甲辰	癸卯	壬寅	月の干支
6日 22:32	8日 11:27	8日 18:57	9日 16:16	9日 1:06	8日 22:31	8日 12:50	7日 2:25	6日 21:53	6日 4:07	6日 22:50	5日 4:31	節入
庚子	己巳	己亥	戊辰	戊戌	丁卯	丙申	丙寅	乙未	乙丑	甲午	丙寅	1日
辛丑	庚午	庚子	己巳	己亥	戊辰	丁酉	丁卯	丙申	丙寅	乙未	丁卯	2日
壬寅	辛未	辛丑	庚午	庚子	己巳	戊戌	戊辰	丁酉	丁卯	丙申	戊辰	3日
癸卯	壬申	壬寅	辛未	辛丑	庚午	己亥	己巳	戊戌	戊辰	丁酉	己巳	4日
甲辰	癸酉	癸卯	壬申	壬寅	辛未	庚子	庚午	己亥	己巳	戊戌	**庚午**	5日
乙巳	甲戌	甲辰	癸酉	癸卯	壬申	辛丑	辛未	**庚子**	**庚午**	**己亥**	辛未	6日
丙午	乙亥	乙巳	甲戌	甲辰	癸酉	壬寅	**壬申**	辛丑	辛未	庚子	壬申	7日
丁未	**丙子**	**丙午**	乙亥	乙巳	**甲戌**	**癸卯**	癸酉	壬寅	壬申	辛丑	癸酉	8日
戊申	丁丑	丁未	**丙子**	**丙午**	乙亥	甲辰	甲戌	癸卯	癸酉	壬寅	甲戌	9日
己酉	戊寅	戊申	丁丑	丁未	丙子	乙巳	乙亥	甲辰	甲戌	癸卯	乙亥	10日
庚戌	己卯	己酉	戊寅	戊申	丁丑	丙午	丙子	乙巳	乙亥	甲辰	丙子	11日
辛亥	庚辰	庚戌	己卯	己酉	戊寅	丁未	丁丑	丙午	丙子	乙巳	丁丑	12日
壬子	辛巳	辛亥	庚辰	庚戌	己卯	戊申	戊寅	丁未	丁丑	丙午	戊寅	13日
癸丑	壬午	壬子	辛巳	辛亥	庚辰	己酉	己卯	戊申	戊寅	丁未	己卯	14日
甲寅	癸未	癸丑	壬午	壬子	辛巳	庚戌	庚辰	己酉	己卯	戊申	庚辰	15日
乙卯	甲申	甲寅	癸未	癸丑	壬午	辛亥	辛巳	庚戌	庚辰	己酉	辛巳	16日
丙辰	乙酉	乙卯	甲申	甲寅	癸未	壬子	壬午	辛亥	辛巳	庚戌	壬午	17日
丁巳	丙戌	丙辰	乙酉	乙卯	甲申	癸丑	癸未	壬子	壬午	辛亥	癸未	18日
戊午	丁亥	丁巳	丙戌	丙辰	乙酉	甲寅	甲申	癸丑	癸未	壬子	甲申	19日
己未	戊子	戊午	丁亥	丁巳	丙戌	乙卯	乙酉	甲寅	甲申	癸丑	乙酉	20日
庚申	己丑	己未	戊子	戊午	丁亥	丙辰	丙戌	乙卯	乙酉	甲寅	丙戌	21日
辛酉	庚寅	庚申	己丑	己未	戊子	丁巳	丁亥	丙辰	丙戌	乙卯	丁亥	22日
壬戌	辛卯	辛酉	庚寅	庚申	己丑	戊午	戊子	丁巳	丁亥	丙辰	戊子	23日
癸亥	壬辰	壬戌	辛卯	辛酉	庚寅	己未	己丑	戊午	戊子	丁巳	己丑	24日
甲子	癸巳	癸亥	壬辰	壬戌	辛卯	庚申	庚寅	己未	己丑	戊午	庚寅	25日
乙丑	甲午	甲子	癸巳	癸亥	壬辰	辛酉	辛卯	庚申	庚寅	己未	辛卯	26日
丙寅	乙未	乙丑	甲午	甲子	癸巳	壬戌	壬辰	辛酉	辛卯	庚申	壬辰	27日
丁卯	丙申	丙寅	乙未	乙丑	甲午	癸亥	癸巳	壬戌	壬辰	辛酉	癸巳	28日
戊辰	丁酉	丁卯	丙申	丙寅	乙未	甲子	甲午	癸亥	癸巳	壬戌		29日
己巳	戊戌	戊辰	丁酉	丁卯	丙申	乙丑	乙未	甲子	甲午	癸亥		30日
庚午	己亥		戊戌		丁酉	丙寅		乙丑		甲子		31日

昭和３年（西暦1928年）戊辰年　九紫火星

昭和4年 1月	12月	11月	10月	9月	8月	7月	6月	5月	4月	3月	2月	月
乙丑	甲子	癸亥	壬戌	辛酉	庚申	己未	戊午	丁巳	丙辰	乙卯	甲寅	月の干支
6日 4:22	7日 17:18	8日 0:50	8日 22:11	8日 7:02	8日 4:27	7日 18:45	6日 8:18	6日 3:43	5日 9:55	6日 4:37	5日 10:17	節入
丙午	乙亥	乙巳	甲戌	甲辰	癸酉	壬寅	壬申	辛丑	辛未	庚子	辛未	1日
丁未	丙子	丙午	乙亥	乙巳	甲戌	癸卯	癸酉	壬寅	壬申	辛丑	壬申	2日
戊申	丁丑	丁未	丙子	丙午	乙亥	甲辰	甲戌	癸卯	癸酉	壬寅	癸酉	3日
己酉	戊寅	戊申	丁丑	丁未	丙子	乙巳	乙亥	甲辰	甲戌	癸卯	甲戌	4日
庚戌	己卯	己酉	戊寅	戊申	丁丑	丙午	丙子	乙巳	**乙亥**	甲辰	**乙亥**	5日
辛亥	庚辰	庚戌	己卯	己酉	戊寅	丁未	**丁丑**	**丙午**	丙子	**乙巳**	丙子	6日
壬子	**辛巳**	辛亥	庚辰	庚戌	己卯	**戊申**	戊寅	丁未	丁丑	丙午	丁丑	7日
癸丑	壬午	**壬子**	**辛巳**	**辛亥**	**庚辰**	己酉	己卯	戊申	戊寅	丁未	戊寅	8日
甲寅	癸未	癸丑	壬午	壬子	辛巳	庚戌	庚辰	己酉	己卯	戊申	己卯	9日
乙卯	甲申	甲寅	癸未	癸丑	壬午	辛亥	辛巳	庚戌	庚辰	己酉	庚辰	10日
丙辰	乙酉	乙卯	甲申	甲寅	癸未	壬子	壬午	辛亥	辛巳	庚戌	辛巳	11日
丁巳	丙戌	丙辰	乙酉	乙卯	甲申	癸丑	癸未	壬子	壬午	辛亥	壬午	12日
戊午	丁亥	丁巳	丙戌	丙辰	乙酉	甲寅	甲申	癸丑	癸未	壬子	癸未	13日
己未	戊子	戊午	丁亥	丁巳	丙戌	乙卯	乙酉	甲寅	甲申	癸丑	甲申	14日
庚申	己丑	己未	戊子	戊午	丁亥	丙辰	丙戌	乙卯	乙酉	甲寅	乙酉	15日
辛酉	庚寅	庚申	己丑	己未	戊子	丁巳	丁亥	丙辰	丙戌	乙卯	丙戌	16日
壬戌	辛卯	辛酉	庚寅	庚申	己丑	戊午	戊子	丁巳	丁亥	丙辰	丁亥	17日
癸亥	壬辰	壬戌	辛卯	辛酉	庚寅	己未	己丑	戊午	戊子	丁巳	戊子	18日
甲子	癸巳	癸亥	壬辰	壬戌	辛卯	庚申	庚寅	己未	己丑	戊午	己丑	19日
乙丑	甲午	甲子	癸巳	癸亥	壬辰	辛酉	辛卯	庚申	庚寅	己未	庚寅	20日
丙寅	乙未	乙丑	甲午	甲子	癸巳	壬戌	壬辰	辛酉	辛卯	庚申	辛卯	21日
丁卯	丙申	丙寅	乙未	乙丑	甲午	癸亥	癸巳	壬戌	壬辰	辛酉	壬辰	22日
戊辰	丁酉	丁卯	丙申	丙寅	乙未	甲子	甲午	癸亥	癸巳	壬戌	癸巳	23日
己巳	戊戌	戊辰	丁酉	丁卯	丙申	乙丑	乙未	甲子	甲午	癸亥	甲午	24日
庚午	己亥	己巳	戊戌	戊辰	丁酉	丙寅	丙申	乙丑	乙未	甲子	乙未	25日
辛未	庚子	庚午	己亥	己巳	戊戌	丁卯	丁酉	丙寅	丙申	乙丑	丙申	26日
壬申	辛丑	辛未	庚子	庚午	己亥	戊辰	戊戌	丁卯	丁酉	丙寅	丁酉	27日
癸酉	壬寅	壬申	辛丑	辛未	庚子	己巳	己亥	戊辰	戊戌	丁卯	戊戌	28日
甲戌	癸卯	癸酉	壬寅	壬申	辛丑	庚午	庚子	己巳	己亥	戊辰	己亥	29日
乙亥	甲辰	甲戌	癸卯	癸酉	壬寅	辛未	辛丑	庚午	庚子	己巳		30日
丙子	乙巳		甲辰		癸卯	壬申		辛未		庚午		31日

昭和４年（西暦1929年）己巳年　八白土星

昭和5年 1月	12月	11月	10月	9月	8月	7月	6月	5月	4月	3月	2月	月
丁丑	**丙子**	**乙亥**	**甲戌**	**癸酉**	**壬申**	**辛未**	**庚午**	**己巳**	**戊辰**	**丁卯**	**丙寅**	**月の干支**
6日 10:03	7日 22:56	8日 6:28	9日 3:48	8日 12:40	8日 10:09	8日 0:32	6日 14:11	6日 9:40	5日 15:51	6日 10:32	4日 16:09	**節入**
辛亥	庚辰	庚戌	己卯	己酉	戊寅	丁未	丁丑	丙午	丙子	乙巳	丁丑	**1日**
壬子	辛巳	辛亥	庚辰	庚戌	己卯	戊申	戊寅	丁未	丁丑	丙午	戊寅	**2日**
癸丑	壬午	壬子	辛巳	辛亥	庚辰	己酉	己卯	戊申	戊寅	丁未	己卯	**3日**
甲寅	癸未	癸丑	壬午	壬子	辛巳	庚戌	庚辰	己酉	己卯	戊申	**庚辰**	**4日**
乙卯	甲申	甲寅	癸未	癸丑	壬午	辛亥	辛巳	庚戌	**庚辰**	己酉	辛巳	**5日**
丙辰	乙酉	乙卯	甲申	甲寅	癸未	壬子	**壬午**	**辛亥**	辛巳	**庚戌**	壬午	**6日**
丁巳	**丙戌**	丙辰	乙酉	乙卯	甲申	癸丑	癸未	壬子	壬午	辛亥	癸未	**7日**
戊午	丁亥	**丁巳**	丙戌	**丙辰**	**乙酉**	**甲寅**	甲申	癸丑	癸未	壬子	甲申	**8日**
己未	戊子	戊午	**丁亥**	丁巳	丙戌	乙卯	乙酉	甲寅	甲申	癸丑	乙酉	**9日**
庚申	己丑	己未	戊子	戊午	丁亥	丙辰	丙戌	乙卯	乙酉	甲寅	丙戌	**10日**
辛酉	庚寅	庚申	己丑	己未	戊子	丁巳	丁亥	丙辰	丙戌	乙卯	丁亥	**11日**
壬戌	辛卯	辛酉	庚寅	庚申	己丑	戊午	戊子	丁巳	丁亥	丙辰	戊子	**12日**
癸亥	壬辰	壬戌	辛卯	辛酉	庚寅	己未	己丑	戊午	戊子	丁巳	己丑	**13日**
甲子	癸巳	癸亥	壬辰	壬戌	辛卯	庚申	庚寅	己未	己丑	戊午	庚寅	**14日**
乙丑	甲午	甲子	癸巳	癸亥	壬辰	辛酉	辛卯	庚申	庚寅	己未	辛卯	**15日**
丙寅	乙未	乙丑	甲午	甲子	癸巳	壬戌	壬辰	辛酉	辛卯	庚申	壬辰	**16日**
丁卯	丙申	丙寅	乙未	乙丑	甲午	癸亥	癸巳	壬戌	壬辰	辛酉	癸巳	**17日**
戊辰	丁酉	丁卯	丙申	丙寅	乙未	甲子	甲午	癸亥	癸巳	壬戌	甲午	**18日**
己巳	戊戌	戊辰	丁酉	丁卯	丙申	乙丑	乙未	甲子	甲午	癸亥	乙未	**19日**
庚午	己亥	己巳	戊戌	戊辰	丁酉	丙寅	丙申	乙丑	乙未	甲子	丙申	**20日**
辛未	庚子	庚午	己亥	己巳	戊戌	丁卯	丁酉	丙寅	丙申	乙丑	丁酉	**21日**
壬申	辛丑	辛未	庚子	庚午	己亥	戊辰	戊戌	丁卯	丁酉	丙寅	戊戌	**22日**
癸酉	壬寅	壬申	辛丑	辛未	庚子	己巳	己亥	戊辰	戊戌	丁卯	己亥	**23日**
甲戌	癸卯	癸酉	壬寅	壬申	辛丑	庚午	庚子	己巳	己亥	戊辰	庚子	**24日**
乙亥	甲辰	甲戌	癸卯	癸酉	壬寅	辛未	辛丑	庚午	庚子	己巳	辛丑	**25日**
丙子	乙巳	乙亥	甲辰	甲戌	癸卯	壬申	壬寅	辛未	辛丑	庚午	壬寅	**26日**
丁丑	丙午	丙子	乙巳	乙亥	甲辰	癸酉	癸卯	壬申	壬寅	辛未	癸卯	**27日**
戊寅	丁未	丁丑	丙午	丙子	乙巳	甲戌	甲辰	癸酉	癸卯	壬申	甲辰	**28日**
己卯	戊申	戊寅	丁未	丁丑	丙午	乙亥	乙巳	甲戌	甲辰	癸酉		**29日**
庚辰	己酉	己卯	戊申	戊寅	丁未	丙子	丙午	乙亥	乙巳	甲戌		**30日**
辛巳	庚戌		己酉		戊申	丁丑		丙子		乙亥		**31日**

昭和５年（西暦1930年）庚午年　七赤金星

昭和６年 1月	12月	11月	10月	9月	8月	7月	6月	5月	4月	3月	2月	月
己丑	戊子	丁亥	丙戌	乙酉	甲申	癸未	壬午	辛巳	庚辰	己卯	戊寅	月の干支
6日 15:56	8日 4:51	8日 12:20	9日 9:38	8日 18:29	8日 15:58	8日 6:20	6日 19:58	6日 15:27	5日 21:37	6日 16:16	4日 21:52	節入
丙辰	乙酉	乙卯	甲申	甲寅	癸未	壬子	壬午	辛亥	辛巳	庚戌	壬午	1日
丁巳	丙戌	丙辰	乙酉	乙卯	甲申	癸丑	癸未	壬子	壬午	辛亥	癸未	2日
戊午	丁亥	丁巳	丙戌	丙辰	乙酉	甲寅	甲申	癸丑	癸未	壬子	甲申	3日
己未	戊子	戊午	丁亥	丁巳	丙戌	乙卯	乙酉	甲寅	甲申	癸丑	**乙酉**	4日
庚申	己丑	己未	戊子	戊午	丁亥	丙辰	丙戌	乙卯	**乙酉**	甲寅	丙戌	5日
辛酉	庚寅	庚申	己丑	己未	戊子	丁巳	**丁亥**	**丙辰**	丙戌	**乙卯**	丁亥	6日
壬戌	辛卯	辛酉	庚寅	庚申	己丑	戊午	戊子	丁巳	丁亥	丙辰	戊子	7日
癸亥	**壬辰**	**壬戌**	辛卯	**辛酉**	**庚寅**	**己未**	己丑	戊午	戊子	丁巳	己丑	8日
甲子	癸巳	癸亥	**壬辰**	壬戌	辛卯	庚申	庚寅	己未	己丑	戊午	庚寅	9日
乙丑	甲午	甲子	癸巳	癸亥	壬辰	辛酉	辛卯	庚申	庚寅	己未	辛卯	10日
丙寅	乙未	乙丑	甲午	甲子	癸巳	壬戌	壬辰	辛酉	辛卯	庚申	壬辰	11日
丁卯	丙申	丙寅	乙未	乙丑	甲午	癸亥	癸巳	壬戌	壬辰	辛酉	癸巳	12日
戊辰	丁酉	丁卯	丙申	丙寅	乙未	甲子	甲午	癸亥	癸巳	壬戌	甲午	13日
己巳	戊戌	戊辰	丁酉	丁卯	丙申	乙丑	乙未	甲子	甲午	癸亥	乙未	14日
庚午	己亥	己巳	戊戌	戊辰	丁酉	丙寅	丙申	乙丑	乙未	甲子	丙申	15日
辛未	庚子	庚午	己亥	己巳	戊戌	丁卯	丁酉	丙寅	丙申	乙丑	丁酉	16日
壬申	辛丑	辛未	庚子	庚午	己亥	戊辰	戊戌	丁卯	丁酉	丙寅	戊戌	17日
癸酉	壬寅	壬申	辛丑	辛未	庚子	己巳	己亥	戊辰	戊戌	丁卯	己亥	18日
甲戌	癸卯	癸酉	壬寅	壬申	辛丑	庚午	庚子	己巳	己亥	戊辰	庚子	19日
乙亥	甲辰	甲戌	癸卯	癸酉	壬寅	辛未	辛丑	庚午	庚子	己巳	辛丑	20日
丙子	乙巳	乙亥	甲辰	甲戌	癸卯	壬申	壬寅	辛未	辛丑	庚午	壬寅	21日
丁丑	丙午	丙子	乙巳	乙亥	甲辰	癸酉	癸卯	壬申	壬寅	辛未	癸卯	22日
戊寅	丁未	丁丑	丙午	丙子	乙巳	甲戌	甲辰	癸酉	癸卯	壬申	甲辰	23日
己卯	戊申	戊寅	丁未	丁丑	丙午	乙亥	乙巳	甲戌	甲辰	癸酉	乙巳	24日
庚辰	己酉	己卯	戊申	戊寅	丁未	丙子	丙午	乙亥	乙巳	甲戌	丙午	25日
辛巳	庚戌	庚辰	己酉	己卯	戊申	丁丑	丁未	丙子	丙午	乙亥	丁未	26日
壬午	辛亥	辛巳	庚戌	庚辰	己酉	戊寅	戊申	丁丑	丁未	丙子	戊申	27日
癸未	壬子	壬午	辛亥	辛巳	庚戌	己卯	己酉	戊寅	戊申	丁丑	己酉	28日
甲申	癸丑	癸未	壬子	壬午	辛亥	庚辰	庚戌	己卯	己酉	戊寅		29日
乙酉	甲寅	甲申	癸丑	癸未	壬子	辛巳	辛亥	庚辰	庚戌	己卯		30日
丙戌	乙卯		甲寅		癸丑	壬午		辛巳		庚辰		31日

昭和6年（西暦1931年）辛未年　六白金星

昭和7年 1月	12月	11月	10月	9月	8月	7月	6月	5月	4月	3月	2月	月
辛丑	**庚子**	**己亥**	**戊戌**	**丁酉**	**丙申**	**乙未**	**甲午**	**癸巳**	**壬辰**	**辛卯**	**庚寅**	**月の干支**
6日 21:46	8日 10:41	8日 18:10	9日 15:27	9日 0:17	8日 21:45	8日 12:05	7日 1:42	6日 21:10	6日 3:21	6日 22:02	5日 3:41	**節入**
辛酉	庚寅	庚申	己丑	己未	戊子	丁巳	丁亥	丙辰	丙戌	乙卯	丁亥	**1日**
壬戌	辛卯	辛酉	庚寅	庚申	己丑	戊午	戊子	丁巳	丁亥	丙辰	戊子	**2日**
癸亥	壬辰	壬戌	辛卯	辛酉	庚寅	己未	己丑	戊午	戊子	丁巳	己丑	**3日**
甲子	癸巳	癸亥	壬辰	壬戌	辛卯	庚申	庚寅	己未	己丑	戊午	庚寅	**4日**
乙丑	甲午	甲子	癸巳	癸亥	壬辰	辛酉	辛卯	庚申	庚寅	己未	**辛卯**	**5日**
丙寅	乙未	乙丑	甲午	甲子	癸巳	壬戌	壬辰	**辛酉**	**辛卯**	**庚申**	壬辰	**6日**
丁卯	丙申	丙寅	乙未	乙丑	甲午	癸亥	**癸巳**	壬戌	壬辰	辛酉	癸巳	**7日**
戊辰	**丁酉**	**丁卯**	丙申	丙寅	**乙未**	**甲子**	甲午	癸亥	癸巳	壬戌	甲午	**8日**
己巳	戊戌	戊辰	**丁酉**	**丁卯**	丙申	乙丑	乙未	甲子	甲午	癸亥	乙未	**9日**
庚午	己亥	己巳	戊戌	戊辰	丁酉	丙寅	丙申	乙丑	乙未	甲子	丙申	**10日**
辛未	庚子	庚午	己亥	己巳	戊戌	丁卯	丁酉	丙寅	丙申	乙丑	丁酉	**11日**
壬申	辛丑	辛未	庚子	庚午	己亥	戊辰	戊戌	丁卯	丁酉	丙寅	戊戌	**12日**
癸酉	壬寅	壬申	辛丑	辛未	庚子	己巳	己亥	戊辰	戊戌	丁卯	己亥	**13日**
甲戌	癸卯	癸酉	壬寅	壬申	辛丑	庚午	庚子	己巳	己亥	戊辰	庚子	**14日**
乙亥	甲辰	甲戌	癸卯	癸酉	壬寅	辛未	辛丑	庚午	庚子	己巳	辛丑	**15日**
丙子	乙巳	乙亥	甲辰	甲戌	癸卯	壬申	壬寅	辛未	辛丑	庚午	壬寅	**16日**
丁丑	丙午	丙子	乙巳	乙亥	甲辰	癸酉	癸卯	壬申	壬寅	辛未	癸卯	**17日**
戊寅	丁未	丁丑	丙午	丙子	乙巳	甲戌	甲辰	癸酉	癸卯	壬申	甲辰	**18日**
己卯	戊申	戊寅	丁未	丁丑	丙午	乙亥	乙巳	甲戌	甲辰	癸酉	乙巳	**19日**
庚辰	己酉	己卯	戊申	戊寅	丁未	丙子	丙午	乙亥	乙巳	甲戌	丙午	**20日**
辛巳	庚戌	庚辰	己酉	己卯	戊申	丁丑	丁未	丙子	丙午	乙亥	丁未	**21日**
壬午	辛亥	辛巳	庚戌	庚辰	己酉	戊寅	戊申	丁丑	丁未	丙子	戊申	**22日**
癸未	壬子	壬午	辛亥	辛巳	庚戌	己卯	己酉	戊寅	戊申	丁丑	己酉	**23日**
甲申	癸丑	癸未	壬子	壬午	辛亥	庚辰	庚戌	己卯	己酉	戊寅	庚戌	**24日**
乙酉	甲寅	甲申	癸丑	癸未	壬子	辛巳	辛亥	庚辰	庚戌	己卯	辛亥	**25日**
丙戌	乙卯	乙酉	甲寅	甲申	癸丑	壬午	壬子	辛巳	辛亥	庚辰	壬子	**26日**
丁亥	丙辰	丙戌	乙卯	乙酉	甲寅	癸未	癸丑	壬午	壬子	辛巳	癸丑	**27日**
戊子	丁巳	丁亥	丙辰	丙戌	乙卯	甲申	甲寅	癸未	癸丑	壬午	甲寅	**28日**
己丑	戊午	戊子	丁巳	丁亥	丙辰	乙酉	乙卯	甲申	甲寅	癸未		**29日**
庚寅	己未	己丑	戊午	戊子	丁巳	丙戌	丙辰	乙酉	乙卯	甲申		**30日**
辛卯	庚申		己未		戊午	丁亥		丙戌		乙酉		**31日**

昭和７年（西暦1932年）壬申年　五黄土星

昭和８年 1月	12月	11月	10月	9月	8月	7月	6月	5月	4月	3月	2月	月
癸丑	壬子	辛亥	庚戌	己酉	戊申	丁未	丙午	乙巳	甲辰	癸卯	壬寅	月の干支
6日 3:24	7日 16:19	7日 23:50	8日 21:10	8日 6:03	8日 3:32	7日 17:52	6日 7:28	6日 2:55	5日 9:06	6日 3:50	5日 9:30	節入
丁卯	丙申	丙寅	乙未	乙丑	甲午	癸亥	癸巳	壬戌	壬辰	辛酉	壬辰	1日
戊辰	丁酉	丁卯	丙申	丙寅	乙未	甲子	甲午	癸亥	癸巳	壬戌	癸巳	2日
己巳	戊戌	戊辰	丁酉	丁卯	丙申	乙丑	乙未	甲子	甲午	癸亥	甲午	3日
庚午	己亥	己巳	戊戌	戊辰	丁酉	丙寅	丙申	乙丑	乙未	甲子	乙未	4日
辛未	庚子	庚午	己亥	己巳	戊戌	丁卯	丁酉	丙寅	**丙申**	乙丑	**丙申**	5日
壬申	辛丑	辛未	庚子	庚午	己亥	戊辰	**戊戌**	**丁卯**	丁酉	**丙寅**	丁酉	6日
癸酉	**壬寅**	**壬申**	辛丑	辛未	庚子	**己巳**	己亥	戊辰	戊戌	丁卯	戊戌	7日
甲戌	癸卯	癸酉	**壬寅**	**壬申**	**辛丑**	庚午	庚子	己巳	己亥	戊辰	己亥	8日
乙亥	甲辰	甲戌	癸卯	癸酉	壬寅	辛未	辛丑	庚午	庚子	己巳	庚子	9日
丙子	乙巳	乙亥	甲辰	甲戌	癸卯	壬申	壬寅	辛未	辛丑	庚午	辛丑	10日
丁丑	丙午	丙子	乙巳	乙亥	甲辰	癸酉	癸卯	壬申	壬寅	辛未	壬寅	11日
戊寅	丁未	丁丑	丙午	丙子	乙巳	甲戌	甲辰	癸酉	癸卯	壬申	癸卯	12日
己卯	戊申	戊寅	丁未	丁丑	丙午	乙亥	乙巳	甲戌	甲辰	癸酉	甲辰	13日
庚辰	己酉	己卯	戊申	戊寅	丁未	丙子	丙午	乙亥	乙巳	甲戌	乙巳	14日
辛巳	庚戌	庚辰	己酉	己卯	戊申	丁丑	丁未	丙子	丙午	乙亥	丙午	15日
壬午	辛亥	辛巳	庚戌	庚辰	己酉	戊寅	戊申	丁丑	丁未	丙子	丁未	16日
癸未	壬子	壬午	辛亥	辛巳	庚戌	己卯	己酉	戊寅	戊申	丁丑	戊申	17日
甲申	癸丑	癸未	壬子	壬午	辛亥	庚辰	庚戌	己卯	己酉	戊寅	己酉	18日
乙酉	甲寅	甲申	癸丑	癸未	壬子	辛巳	辛亥	庚辰	庚戌	己卯	庚戌	19日
丙戌	乙卯	乙酉	甲寅	甲申	癸丑	壬午	壬子	辛巳	辛亥	庚辰	辛亥	20日
丁亥	丙辰	丙戌	乙卯	乙酉	甲寅	癸未	癸丑	壬午	壬子	辛巳	壬子	21日
戊子	丁巳	丁亥	丙辰	丙戌	乙卯	甲申	甲寅	癸未	癸丑	壬午	癸丑	22日
己丑	戊午	戊子	丁巳	丁亥	丙辰	乙酉	乙卯	甲申	甲寅	癸未	甲寅	23日
庚寅	己未	己丑	戊午	戊子	丁巳	丙戌	丙辰	乙酉	乙卯	甲申	乙卯	24日
辛卯	庚申	庚寅	己未	己丑	戊午	丁亥	丁巳	丙戌	丙辰	乙酉	丙辰	25日
壬辰	辛酉	辛卯	庚申	庚寅	己未	戊子	戊午	丁亥	丁巳	丙戌	丁巳	26日
癸巳	壬戌	壬辰	辛酉	辛卯	庚申	己丑	己未	戊子	戊午	丁亥	戊午	27日
甲午	癸亥	癸巳	壬戌	壬辰	辛酉	庚寅	庚申	己丑	己未	戊子	己未	28日
乙未	甲子	甲午	癸亥	癸巳	壬戌	辛卯	辛酉	庚寅	庚申	己丑	庚申	29日
丙申	乙丑	乙未	甲子	甲午	癸亥	壬辰	壬戌	辛卯	辛酉	庚寅		30日
丁酉	丙寅		乙丑		甲子	癸巳		壬辰		辛卯		31日

昭和８年（西暦1933年）癸酉年　四緑木星

昭和９年 １月	12月	11月	10月	９月	８月	７月	６月	５月	４月	３月	２月	月
乙丑	**甲子**	**癸亥**	**壬戌**	**辛酉**	**庚申**	**己未**	**戊午**	**丁巳**	**丙辰**	**乙卯**	**甲寅**	**月の干支**
６日 9:16	７日 22:12	８日 5:44	９日 3:04	８日 11:58	８日 9:26	７日 23:45	６日 13:18	６日 8:42	５日 14:51	６日 9:31	４日 15:09	**節入**
壬申	辛丑	辛未	庚子	庚午	己亥	戊辰	戊戌	丁卯	丁酉	丙寅	戊戌	**1日**
癸酉	壬寅	壬申	辛丑	辛未	庚子	己巳	己亥	戊辰	戊戌	丁卯	己亥	**2日**
甲戌	癸卯	癸酉	壬寅	壬申	辛丑	庚午	庚子	己巳	己亥	戊辰	庚子	**3日**
乙亥	甲辰	甲戌	癸卯	癸酉	壬寅	辛未	辛丑	庚午	庚子	己巳	**辛丑**	**4日**
丙子	乙巳	乙亥	甲辰	甲戌	癸卯	壬申	壬寅	辛未	**辛丑**	庚午	壬寅	**5日**
丁丑	丙午	丙子	乙巳	乙亥	甲辰	癸酉	**癸卯**	**壬申**	壬寅	**辛未**	癸卯	**6日**
戊寅	**丁未**	丁丑	丙午	丙子	乙巳	**甲戌**	甲辰	癸酉	癸卯	壬申	甲辰	**7日**
己卯	戊申	**戊寅**	丁未	**丁丑**	**丙午**	乙亥	乙巳	甲戌	甲辰	癸酉	乙巳	**8日**
庚辰	己酉	己卯	**戊申**	戊寅	丁未	丙子	丙午	乙亥	乙巳	甲戌	丙午	**9日**
辛巳	庚戌	庚辰	己酉	己卯	戊申	丁丑	丁未	丙子	丙午	乙亥	丁未	**10日**
壬午	辛亥	辛巳	庚戌	庚辰	己酉	戊寅	戊申	丁丑	丁未	丙子	戊申	**11日**
癸未	壬子	壬午	辛亥	辛巳	庚戌	己卯	己酉	戊寅	戊申	丁丑	己酉	**12日**
甲申	癸丑	癸未	壬子	壬午	辛亥	庚辰	庚戌	己卯	己酉	戊寅	庚戌	**13日**
乙酉	甲寅	甲申	癸丑	癸未	壬子	辛巳	辛亥	庚辰	庚戌	己卯	辛亥	**14日**
丙戌	乙卯	乙酉	甲寅	甲申	癸丑	壬午	壬子	辛巳	辛亥	庚辰	壬子	**15日**
丁亥	丙辰	丙戌	乙卯	乙酉	甲寅	癸未	癸丑	壬午	壬子	辛巳	癸丑	**16日**
戊子	丁巳	丁亥	丙辰	丙戌	乙卯	甲申	甲寅	癸未	癸丑	壬午	甲寅	**17日**
己丑	戊午	戊子	丁巳	丁亥	丙辰	乙酉	乙卯	甲申	甲寅	癸未	乙卯	**18日**
庚寅	己未	己丑	戊午	戊子	丁巳	丙戌	丙辰	乙酉	乙卯	甲申	丙辰	**19日**
辛卯	庚申	庚寅	己未	己丑	戊午	丁亥	丁巳	丙戌	丙辰	乙酉	丁巳	**20日**
壬辰	辛酉	辛卯	庚申	庚寅	己未	戊子	戊午	丁亥	丁巳	丙戌	戊午	**21日**
癸巳	壬戌	壬辰	辛酉	辛卯	庚申	己丑	己未	戊子	戊午	丁亥	己未	**22日**
甲午	癸亥	癸巳	壬戌	壬辰	辛酉	庚寅	庚申	己丑	己未	戊子	庚申	**23日**
乙未	甲子	甲午	癸亥	癸巳	壬戌	辛卯	辛酉	庚寅	庚申	己丑	辛酉	**24日**
丙申	乙丑	乙未	甲子	甲午	癸亥	壬辰	壬戌	辛卯	辛酉	庚寅	壬戌	**25日**
丁酉	丙寅	丙申	乙丑	乙未	甲子	癸巳	癸亥	壬辰	壬戌	辛卯	癸亥	**26日**
戊戌	丁卯	丁酉	丙寅	丙申	乙丑	甲午	甲子	癸巳	癸亥	壬辰	甲子	**27日**
己亥	戊辰	戊戌	丁卯	丁酉	丙寅	乙未	乙丑	甲午	甲子	癸巳	乙丑	**28日**
庚子	己巳	己亥	戊辰	戊戌	丁卯	丙申	丙寅	乙未	乙丑	甲午		**29日**
辛丑	庚午	庚子	己巳	己亥	戊辰	丁酉	丁卯	丙申	丙寅	乙未		**30日**
壬寅	辛未		庚午		己巳	戊戌		丁酉		丙申		**31日**

昭和9年（西暦1934年）甲戌年　三碧木星

昭和10年 1月	12月	11月	10月	9月	8月	7月	6月	5月	4月	3月	2月	月
丁丑	**丙子**	**乙亥**	**甲戌**	**癸酉**	**壬申**	**辛未**	**庚午**	**己巳**	**戊辰**	**丁卯**	**丙寅**	**月の干支**
6日 15:03	8日 3:57	8日 11:27	9日 8:46	8日 17:36	8日 15:04	8日 5:25	6日 19:02	6日 14:31	5日 20:43	6日 15:26	4日 21:04	**節入**
丁丑	丙午	丙子	乙巳	乙亥	甲辰	癸酉	癸卯	壬申	壬寅	辛未	癸卯	**1日**
戊寅	丁未	丁丑	丙午	丙子	乙巳	甲戌	甲辰	癸酉	癸卯	壬申	甲辰	**2日**
己卯	戊申	戊寅	丁未	丁丑	丙午	乙亥	乙巳	甲戌	甲辰	癸酉	乙巳	**3日**
庚辰	己酉	己卯	戊申	戊寅	丁未	丙子	丙午	乙亥	乙巳	甲戌	**丙午**	**4日**
辛巳	庚戌	庚辰	己酉	己卯	戊申	丁丑	丁未	丙子	**丙午**	乙亥	丁未	**5日**
壬午	辛亥	辛巳	庚戌	庚辰	己酉	戊寅	**戊申**	**丁丑**	丁未	**丙子**	戊申	**6日**
癸未	壬子	壬午	辛亥	辛巳	庚戌	己卯	己酉	戊寅	戊申	丁丑	己酉	**7日**
甲申	**癸丑**	**癸未**	壬子	**壬午**	**辛亥**	**庚辰**	庚戌	己卯	己酉	戊寅	庚戌	**8日**
乙酉	甲寅	甲申	**癸丑**	癸未	壬子	辛巳	辛亥	庚辰	庚戌	己卯	辛亥	**9日**
丙戌	乙卯	乙酉	甲寅	甲申	癸丑	壬午	壬子	辛巳	辛亥	庚辰	壬子	**10日**
丁亥	丙辰	丙戌	乙卯	乙酉	甲寅	癸未	癸丑	壬午	壬子	辛巳	癸丑	**11日**
戊子	丁巳	丁亥	丙辰	丙戌	乙卯	甲申	甲寅	癸未	癸丑	壬午	甲寅	**12日**
己丑	戊午	戊子	丁巳	丁亥	丙辰	乙酉	乙卯	甲申	甲寅	癸未	乙卯	**13日**
庚寅	己未	己丑	戊午	戊子	丁巳	丙戌	丙辰	乙酉	乙卯	甲申	丙辰	**14日**
辛卯	庚申	庚寅	己未	己丑	戊午	丁亥	丁巳	丙戌	丙辰	乙酉	丁巳	**15日**
壬辰	辛酉	辛卯	庚申	庚寅	己未	戊子	戊午	丁亥	丁巳	丙戌	戊午	**16日**
癸巳	壬戌	壬辰	辛酉	辛卯	庚申	己丑	己未	戊子	戊午	丁亥	己未	**17日**
甲午	癸亥	癸巳	壬戌	壬辰	辛酉	庚寅	庚申	己丑	己未	戊子	庚申	**18日**
乙未	甲子	甲午	癸亥	癸巳	壬戌	辛卯	辛酉	庚寅	庚申	己丑	辛酉	**19日**
丙申	乙丑	乙未	甲子	甲午	癸亥	壬辰	壬戌	辛卯	辛酉	庚寅	壬戌	**20日**
丁酉	丙寅	丙申	乙丑	乙未	甲子	癸巳	癸亥	壬辰	壬戌	辛卯	癸亥	**21日**
戊戌	丁卯	丁酉	丙寅	丙申	乙丑	甲午	甲子	癸巳	癸亥	壬辰	甲子	**22日**
己亥	戊辰	戊戌	丁卯	丁酉	丙寅	乙未	乙丑	甲午	甲子	癸巳	乙丑	**23日**
庚子	己巳	己亥	戊辰	戊戌	丁卯	丙申	丙寅	乙未	乙丑	甲午	丙寅	**24日**
辛丑	庚午	庚子	己巳	己亥	戊辰	丁酉	丁卯	丙申	丙寅	乙未	丁卯	**25日**
壬寅	辛未	辛丑	庚午	庚子	己巳	戊戌	戊辰	丁酉	丁卯	丙申	戊辰	**26日**
癸卯	壬申	壬寅	辛未	辛丑	庚午	己亥	己巳	戊戌	戊辰	丁酉	己巳	**27日**
甲辰	癸酉	癸卯	壬申	壬寅	辛未	庚子	庚午	己亥	己巳	戊戌	庚午	**28日**
乙巳	甲戌	甲辰	癸酉	癸卯	壬申	辛丑	辛未	庚子	庚午	己亥		**29日**
丙午	乙亥	乙巳	甲戌	甲辰	癸酉	壬寅	壬申	辛丑	辛未	庚子		**30日**
丁未	丙子		乙亥		甲戌	癸卯		壬寅		辛丑		**31日**

昭和10年（西暦1935年）乙亥年　二黒土星

昭和11年 1月	12月	11月	10月	9月	8月	7月	6月	5月	4月	3月	2月	月
己丑	戊子	丁亥	丙戌	乙酉	甲申	癸未	壬午	辛巳	庚辰	己卯	戊寅	月の干支
6日 20:47	8日 9:45	8日 17:18	9日 14:36	8日 23:24	8日 20:48	8日 11:05	7日 0:42	6日 20:12	6日 2:26	6日 21:11	5日 2:49	節入
壬午	辛亥	辛巳	庚戌	庚辰	己酉	戊寅	戊申	丁丑	丁未	丙子	戊申	1日
癸未	壬子	壬午	辛亥	辛巳	庚戌	己卯	己酉	戊寅	戊申	丁丑	己酉	2日
甲申	癸丑	癸未	壬子	壬午	辛亥	庚辰	庚戌	己卯	己酉	戊寅	庚戌	3日
乙酉	甲寅	甲申	癸丑	癸未	壬子	辛巳	辛亥	庚辰	庚戌	己卯	辛亥	4日
丙戌	乙卯	乙酉	甲寅	甲申	癸丑	壬午	壬子	辛巳	辛亥	庚辰	**壬子**	5日
丁亥	丙辰	丙戌	乙卯	乙酉	甲寅	癸未	癸丑	**壬午**	**壬子**	**辛巳**	癸丑	6日
戊子	丁巳	丁亥	丙辰	丙戌	乙卯	甲申	**甲寅**	癸未	癸丑	壬午	甲寅	7日
己丑	**戊午**	**戊子**	丁巳	**丁亥**	**丙辰**	**乙酉**	乙卯	甲申	甲寅	癸未	乙卯	8日
庚寅	己未	己丑	**戊午**	戊子	丁巳	丙戌	丙辰	乙酉	乙卯	甲申	丙辰	9日
辛卯	庚申	庚寅	己未	己丑	戊午	丁亥	丁巳	丙戌	丙辰	乙酉	丁巳	10日
壬辰	辛酉	辛卯	庚申	庚寅	己未	戊子	戊午	丁亥	丁巳	丙戌	戊午	11日
癸巳	壬戌	壬辰	辛酉	辛卯	庚申	己丑	己未	戊子	戊午	丁亥	己未	12日
甲午	癸亥	癸巳	壬戌	壬辰	辛酉	庚寅	庚申	己丑	己未	戊子	庚申	13日
乙未	甲子	甲午	癸亥	癸巳	壬戌	辛卯	辛酉	庚寅	庚申	己丑	辛酉	14日
丙申	乙丑	乙未	甲子	甲午	癸亥	壬辰	壬戌	辛卯	辛酉	庚寅	壬戌	15日
丁酉	丙寅	丙申	乙丑	乙未	甲子	癸巳	癸亥	壬辰	壬戌	辛卯	癸亥	16日
戊戌	丁卯	丁酉	丙寅	丙申	乙丑	甲午	甲子	癸巳	癸亥	壬辰	甲子	17日
己亥	戊辰	戊戌	丁卯	丁酉	丙寅	乙未	乙丑	甲午	甲子	癸巳	乙丑	18日
庚子	己巳	己亥	戊辰	戊戌	丁卯	丙申	丙寅	乙未	乙丑	甲午	丙寅	19日
辛丑	庚午	庚子	己巳	己亥	戊辰	丁酉	丁卯	丙申	丙寅	乙未	丁卯	20日
壬寅	辛未	辛丑	庚午	庚子	己巳	戊戌	戊辰	丁酉	丁卯	丙申	戊辰	21日
癸卯	壬申	壬寅	辛未	辛丑	庚午	己亥	己巳	戊戌	戊辰	丁酉	己巳	22日
甲辰	癸酉	癸卯	壬申	壬寅	辛未	庚子	庚午	己亥	己巳	戊戌	庚午	23日
乙巳	甲戌	甲辰	癸酉	癸卯	壬申	辛丑	辛未	庚子	庚午	己亥	辛未	24日
丙午	乙亥	乙巳	甲戌	甲辰	癸酉	壬寅	壬申	辛丑	辛未	庚子	壬申	25日
丁未	丙子	丙午	乙亥	乙巳	甲戌	癸卯	癸酉	壬寅	壬申	辛丑	癸酉	26日
戊申	丁丑	丁未	丙子	丙午	乙亥	甲辰	甲戌	癸卯	癸酉	壬寅	甲戌	27日
己酉	戊寅	戊申	丁丑	丁未	丙子	乙巳	乙亥	甲辰	甲戌	癸卯	乙亥	28日
庚戌	己卯	己酉	戊寅	戊申	丁丑	丙午	丙子	乙巳	乙亥	甲辰		29日
辛亥	庚辰	庚戌	己卯	己酉	戊寅	丁未	丁丑	丙午	丙子	乙巳		30日
壬子	辛巳		庚辰		己卯	戊申		丁未		丙午		31日

昭和11年（西暦1936年）丙子年　一白水星

昭和12年 1月	12月	11月	10月	9月	8月	7月	6月	5月	4月	3月	2月	月
辛丑	庚子	己亥	戊戌	丁酉	丙申	乙未	甲午	癸巳	壬辰	辛卯	庚寅	月の 干支
6日 2:44	7日 15:42	7日 23:15	8日 20:33	8日 5:21	8日 2:43	7日 16:59	6日 6:30	6日 1:56	5日 8:07	6日 2:50	5日 8:30	節入
戊子	丁巳	丁亥	丙辰	丙戌	乙卯	甲申	甲寅	癸未	癸丑	壬午	癸丑	1日
己丑	戊午	戊子	丁巳	丁亥	丙辰	乙酉	乙卯	甲申	甲寅	癸未	甲寅	2日
庚寅	己未	己丑	戊午	戊子	丁巳	丙戌	丙辰	乙酉	乙卯	甲申	乙卯	3日
辛卯	庚申	庚寅	己未	己丑	戊午	丁亥	丁巳	丙戌	丙辰	乙酉	丙辰	4日
壬辰	辛酉	辛卯	庚申	庚寅	己未	戊子	戊午	丁亥	**丁巳**	丙戌	**丁巳**	5日
癸巳	壬戌	壬辰	辛酉	辛卯	庚申	己丑	**己未**	**戊子**	戊午	**丁亥**	戊午	6日
甲午	**癸亥**	**癸巳**	壬戌	壬辰	辛酉	**庚寅**	庚申	己丑	己未	戊子	己未	7日
乙未	甲子	甲午	**癸亥**	**癸巳**	**壬戌**	辛卯	辛酉	庚寅	庚申	己丑	庚申	8日
丙申	乙丑	乙未	甲子	甲午	癸亥	壬辰	壬戌	辛卯	辛酉	庚寅	辛酉	9日
丁酉	丙寅	丙申	乙丑	乙未	甲子	癸巳	癸亥	壬辰	壬戌	辛卯	壬戌	10日
戊戌	丁卯	丁酉	丙寅	丙申	乙丑	甲午	甲子	癸巳	癸亥	壬辰	癸亥	11日
己亥	戊辰	戊戌	丁卯	丁酉	丙寅	乙未	乙丑	甲午	甲子	癸巳	甲子	12日
庚子	己巳	己亥	戊辰	戊戌	丁卯	丙申	丙寅	乙未	乙丑	甲午	乙丑	13日
辛丑	庚午	庚子	己巳	己亥	戊辰	丁酉	丁卯	丙申	丙寅	乙未	丙寅	14日
壬寅	辛未	辛丑	庚午	庚子	己巳	戊戌	戊辰	丁酉	丁卯	丙申	丁卯	15日
癸卯	壬申	壬寅	辛未	辛丑	庚午	己亥	己巳	戊戌	戊辰	丁酉	戊辰	16日
甲辰	癸酉	癸卯	壬申	壬寅	辛未	庚子	庚午	己亥	己巳	戊戌	己巳	17日
乙巳	甲戌	甲辰	癸酉	癸卯	壬申	辛丑	辛未	庚子	庚午	己亥	庚午	18日
丙午	乙亥	乙巳	甲戌	甲辰	癸酉	壬寅	壬申	辛丑	辛未	庚子	辛未	19日
丁未	丙子	丙午	乙亥	乙巳	甲戌	癸卯	癸酉	壬寅	壬申	辛丑	壬申	20日
戊申	丁丑	丁未	丙子	丙午	乙亥	甲辰	甲戌	癸卯	癸酉	壬寅	癸酉	21日
己酉	戊寅	戊申	丁丑	丁未	丙子	乙巳	乙亥	甲辰	甲戌	癸卯	甲戌	22日
庚戌	己卯	己酉	戊寅	戊申	丁丑	丙午	丙子	乙巳	乙亥	甲辰	乙亥	23日
辛亥	庚辰	庚戌	己卯	己酉	戊寅	丁未	丁丑	丙午	丙子	乙巳	丙子	24日
壬子	辛巳	辛亥	庚辰	庚戌	己卯	戊申	戊寅	丁未	丁丑	丙午	丁丑	25日
癸丑	壬午	壬子	辛巳	辛亥	庚辰	己酉	己卯	戊申	戊寅	丁未	戊寅	26日
甲寅	癸未	癸丑	壬午	壬子	辛巳	庚戌	庚辰	己酉	己卯	戊申	己卯	27日
乙卯	甲申	甲寅	癸未	癸丑	壬午	辛亥	辛巳	庚戌	庚辰	己酉	庚辰	28日
丙辰	乙酉	乙卯	甲申	甲寅	癸未	壬子	壬午	辛亥	辛巳	庚戌	辛巳	29日
丁巳	丙戌	丙辰	乙酉	乙卯	甲申	癸丑	癸未	壬子	壬午	辛亥		30日
戊午	丁亥		丙戌		乙酉	甲寅		癸丑		壬子		31日

昭和12年（西暦1937年）丁丑年　九紫火星

昭和13年 1月	12月	11月	10月	9月	8月	7月	6月	5月	4月	3月	2月	月
癸丑	壬子	辛亥	庚戌	己酉	戊申	丁未	丙午	乙巳	甲辰	癸卯	壬寅	月の干支
6日 8:32	7日 21:27	8日 4:55	9日 2:11	8日 11:00	8日 8:25	7日 22:46	6日 12:23	6日 7:51	5日 14:01	6日 8:44	4日 14:26	節入
癸巳	壬戌	壬辰	辛酉	辛卯	庚申	己丑	己未	戊子	戊午	丁亥	己未	1日
甲午	癸亥	癸巳	壬戌	壬辰	辛酉	庚寅	庚申	己丑	己未	戊子	庚申	2日
乙未	甲子	甲午	癸亥	癸巳	壬戌	辛卯	辛酉	庚寅	庚申	己丑	辛酉	3日
丙申	乙丑	乙未	甲子	甲午	癸亥	壬辰	壬戌	辛卯	辛酉	庚寅	壬戌	4日
丁酉	丙寅	丙申	乙丑	乙未	甲子	癸巳	癸亥	壬辰	壬戌	辛卯	癸亥	5日
戊戌	丁卯	丁酉	丙寅	丙申	乙丑	甲午	甲子	癸巳	癸亥	壬辰	甲子	6日
己亥	戊辰	戊戌	丁卯	丁酉	丙寅	乙未	乙丑	甲午	甲子	癸巳	乙丑	7日
庚子	己巳	己亥	戊辰	戊戌	丁卯	丙申	丙寅	乙未	乙丑	甲午	丙寅	8日
辛丑	庚午	庚子	己巳	己亥	戊辰	丁酉	丁卯	丙申	丙寅	乙未	丁卯	9日
壬寅	辛未	辛丑	庚午	庚子	己巳	戊戌	戊辰	丁酉	丁卯	丙申	戊辰	10日
癸卯	壬申	壬寅	辛未	辛丑	庚午	己亥	己巳	戊戌	戊辰	丁酉	己巳	11日
甲辰	癸酉	癸卯	壬申	壬寅	辛未	庚子	庚午	己亥	己巳	戊戌	庚午	12日
乙巳	甲戌	甲辰	癸酉	癸卯	壬申	辛丑	辛未	庚子	庚午	己亥	辛未	13日
丙午	乙亥	乙巳	甲戌	甲辰	癸酉	壬寅	壬申	辛丑	辛未	庚子	壬申	14日
丁未	丙子	丙午	乙亥	乙巳	甲戌	癸卯	癸酉	壬寅	壬申	辛丑	癸酉	15日
戊申	丁丑	丁未	丙子	丙午	乙亥	甲辰	甲戌	癸卯	癸酉	壬寅	甲戌	16日
己酉	戊寅	戊申	丁丑	丁未	丙子	乙巳	乙亥	甲辰	甲戌	癸卯	乙亥	17日
庚戌	己卯	己酉	戊寅	戊申	丁丑	丙午	丙子	乙巳	乙亥	甲辰	丙子	18日
辛亥	庚辰	庚戌	己卯	己酉	戊寅	丁未	丁丑	丙午	丙子	乙巳	丁丑	19日
壬子	辛巳	辛亥	庚辰	庚戌	己卯	戊申	戊寅	丁未	丁丑	丙午	戊寅	20日
癸丑	壬午	壬子	辛巳	辛亥	庚辰	己酉	己卯	戊申	戊寅	丁未	己卯	21日
甲寅	癸未	癸丑	壬午	壬子	辛巳	庚戌	庚辰	己酉	己卯	戊申	庚辰	22日
乙卯	甲申	甲寅	癸未	癸丑	壬午	辛亥	辛巳	庚戌	庚辰	己酉	辛巳	23日
丙辰	乙酉	乙卯	甲申	甲寅	癸未	壬子	壬午	辛亥	辛巳	庚戌	壬午	24日
丁巳	丙戌	丙辰	乙酉	乙卯	甲申	癸丑	癸未	壬子	壬午	辛亥	癸未	25日
戊午	丁亥	丁巳	丙戌	丙辰	乙酉	甲寅	甲申	癸丑	癸未	壬子	甲申	26日
己未	戊子	戊午	丁亥	丁巳	丙戌	乙卯	乙酉	甲寅	甲申	癸丑	乙酉	27日
庚申	己丑	己未	戊子	戊午	丁亥	丙辰	丙戌	乙卯	乙酉	甲寅	丙戌	28日
辛酉	庚寅	庚申	己丑	己未	戊子	丁巳	丁亥	丙辰	丙戌	乙卯		29日
壬戌	辛卯	辛酉	庚寅	庚申	己丑	戊午	戊子	丁巳	丁亥	丙辰		30日
癸亥	壬辰		辛卯		庚寅	己未		戊午		丁巳		31日

昭和13年（西暦1938年）戊寅年　八白土星

昭和14年 1月	12月	11月	10月	9月	8月	7月	6月	5月	4月	3月	2月	月
乙丑	**甲子**	**癸亥**	**壬戌**	**辛酉**	**庚申**	**己未**	**戊午**	**丁巳**	**丙辰**	**乙卯**	**甲寅**	**月の干支**
6日 14:28	8日 3:22	8日 10:49	9日 8:02	8日 16:48	8日 14:13	8日 4:32	6日 18:06	6日 13:35	5日 19:49	6日 14:34	4日 20:15	**節入**
戊戌	丁卯	丁酉	丙寅	丙申	乙丑	甲午	甲子	癸巳	癸亥	壬辰	甲子	**1日**
己亥	戊辰	戊戌	丁卯	丁酉	丙寅	乙未	乙丑	甲午	甲子	癸巳	乙丑	**2日**
庚子	己巳	己亥	戊辰	戊戌	丁卯	丙申	丙寅	乙未	乙丑	甲午	丙寅	**3日**
辛丑	庚午	庚子	己巳	己亥	戊辰	丁酉	丁卯	丙申	丙寅	乙未	**丁卯**	**4日**
壬寅	辛未	辛丑	庚午	庚子	己巳	戊戌	戊辰	丁酉	**丁卯**	丙申	戊辰	**5日**
癸卯	壬申	壬寅	辛未	辛丑	庚午	己亥	**己巳**	**戊戌**	戊辰	**丁酉**	己巳	**6日**
甲辰	癸酉	癸卯	壬申	壬寅	辛未	庚子	庚午	己亥	己巳	戊戌	庚午	**7日**
乙巳	**甲戌**	**甲辰**	癸酉	**癸卯**	**壬申**	**辛丑**	辛未	庚子	庚午	己亥	辛未	**8日**
丙午	乙亥	乙巳	**甲戌**	甲辰	癸酉	壬寅	壬申	辛丑	辛未	庚子	壬申	**9日**
丁未	丙子	丙午	乙亥	乙巳	甲戌	癸卯	癸酉	壬寅	壬申	辛丑	癸酉	**10日**
戊申	丁丑	丁未	丙子	丙午	乙亥	甲辰	甲戌	癸卯	癸酉	壬寅	甲戌	**11日**
己酉	戊寅	戊申	丁丑	丁未	丙子	乙巳	乙亥	甲辰	甲戌	癸卯	乙亥	**12日**
庚戌	己卯	己酉	戊寅	戊申	丁丑	丙午	丙子	乙巳	乙亥	甲辰	丙子	**13日**
辛亥	庚辰	庚戌	己卯	己酉	戊寅	丁未	丁丑	丙午	丙子	乙巳	丁丑	**14日**
壬子	辛巳	辛亥	庚辰	庚戌	己卯	戊申	戊寅	丁未	丁丑	丙午	戊寅	**15日**
癸丑	壬午	壬子	辛巳	辛亥	庚辰	己酉	己卯	戊申	戊寅	丁未	己卯	**16日**
甲寅	癸未	癸丑	壬午	壬子	辛巳	庚戌	庚辰	己酉	己卯	戊申	庚辰	**17日**
乙卯	甲申	甲寅	癸未	癸丑	壬午	辛亥	辛巳	庚戌	庚辰	己酉	辛巳	**18日**
丙辰	乙酉	乙卯	甲申	甲寅	癸未	壬子	壬午	辛亥	辛巳	庚戌	壬午	**19日**
丁巳	丙戌	丙辰	乙酉	乙卯	甲申	癸丑	癸未	壬子	壬午	辛亥	癸未	**20日**
戊午	丁亥	丁巳	丙戌	丙辰	乙酉	甲寅	甲申	癸丑	癸未	壬子	甲申	**21日**
己未	戊子	戊午	丁亥	丁巳	丙戌	乙卯	乙酉	甲寅	甲申	癸丑	乙酉	**22日**
庚申	己丑	己未	戊子	戊午	丁亥	丙辰	丙戌	乙卯	乙酉	甲寅	丙戌	**23日**
辛酉	庚寅	庚申	己丑	己未	戊子	丁巳	丁亥	丙辰	丙戌	乙卯	丁亥	**24日**
壬戌	辛卯	辛酉	庚寅	庚申	己丑	戊午	戊子	丁巳	丁亥	丙辰	戊子	**25日**
癸亥	壬辰	壬戌	辛卯	辛酉	庚寅	己未	己丑	戊午	戊子	丁巳	己丑	**26日**
甲子	癸巳	癸亥	壬辰	壬戌	辛卯	庚申	庚寅	己未	己丑	戊午	庚寅	**27日**
乙丑	甲午	甲子	癸巳	癸亥	壬辰	辛酉	辛卯	庚申	庚寅	己未	辛卯	**28日**
丙寅	乙未	乙丑	甲午	甲子	癸巳	壬戌	壬辰	辛酉	辛卯	庚申		**29日**
丁卯	丙申	丙寅	乙未	乙丑	甲午	癸亥	癸巳	壬戌	壬辰	辛酉		**30日**
戊辰	丁酉		丙申		乙未	甲子		癸亥		壬戌		**31日**

昭和14年（西暦1939年）己卯年　七赤金星

昭和15年 1月	12月	11月	10月	9月	8月	7月	6月	5月	4月	3月	2月	月
丁丑	丙子	乙亥	甲戌	癸酉	壬申	辛未	庚午	己巳	戊辰	丁卯	丙寅	月の干支
6日 20:24	8日 9:18	8日 16:44	9日 13:57	8日 22:43	8日 20:04	8日 10:19	6日 23:52	6日 19:21	6日 1:37	6日 20:27	5日 2:10	節入
癸卯	壬申	壬寅	辛未	辛丑	庚午	己亥	己巳	戊戌	戊辰	丁酉	己巳	1日
甲辰	癸酉	癸卯	壬申	壬寅	辛未	庚子	庚午	己亥	己巳	戊戌	庚午	2日
乙巳	甲戌	甲辰	癸酉	癸卯	壬申	辛丑	辛未	庚子	庚午	己亥	辛未	3日
丙午	乙亥	乙巳	甲戌	甲辰	癸酉	壬寅	壬申	辛丑	辛未	庚子	壬申	4日
丁未	丙子	丙午	乙亥	乙巳	甲戌	癸卯	癸酉	壬寅	壬申	辛丑	**癸酉**	5日
戊申	丁丑	丁未	丙子	丙午	乙亥	甲辰	**甲戌**	**癸卯**	**癸酉**	**壬寅**	甲戌	6日
己酉	戊寅	戊申	丁丑	丁未	丙子	乙巳	乙亥	甲辰	甲戌	癸卯	乙亥	7日
庚戌	**己卯**	**己酉**	戊寅	**戊申**	**丁丑**	**丙午**	丙子	乙巳	乙亥	甲辰	丙子	8日
辛亥	庚辰	庚戌	**己卯**	己酉	戊寅	丁未	丁丑	丙午	丙子	乙巳	丁丑	9日
壬子	辛巳	辛亥	庚辰	庚戌	己卯	戊申	戊寅	丁未	丁丑	丙午	戊寅	10日
癸丑	壬午	壬子	辛巳	辛亥	庚辰	己酉	己卯	戊申	戊寅	丁未	己卯	11日
甲寅	癸未	癸丑	壬午	壬子	辛巳	庚戌	庚辰	己酉	己卯	戊申	庚辰	12日
乙卯	甲申	甲寅	癸未	癸丑	壬午	辛亥	辛巳	庚戌	庚辰	己酉	辛巳	13日
丙辰	乙酉	乙卯	甲申	甲寅	癸未	壬子	壬午	辛亥	辛巳	庚戌	壬午	14日
丁巳	丙戌	丙辰	乙酉	乙卯	甲申	癸丑	癸未	壬子	壬午	辛亥	癸未	15日
戊午	丁亥	丁巳	丙戌	丙辰	乙酉	甲寅	甲申	癸丑	癸未	壬子	甲申	16日
己未	戊子	戊午	丁亥	丁巳	丙戌	乙卯	乙酉	甲寅	甲申	癸丑	乙酉	17日
庚申	己丑	己未	戊子	戊午	丁亥	丙辰	丙戌	乙卯	乙酉	甲寅	丙戌	18日
辛酉	庚寅	庚申	己丑	己未	戊子	丁巳	丁亥	丙辰	丙戌	乙卯	丁亥	19日
壬戌	辛卯	辛酉	庚寅	庚申	己丑	戊午	戊子	丁巳	丁亥	丙辰	戊子	20日
癸亥	壬辰	壬戌	辛卯	辛酉	庚寅	己未	己丑	戊午	戊子	丁巳	己丑	21日
甲子	癸巳	癸亥	壬辰	壬戌	辛卯	庚申	庚寅	己未	己丑	戊午	庚寅	22日
乙丑	甲午	甲子	癸巳	癸亥	壬辰	辛酉	辛卯	庚申	庚寅	己未	辛卯	23日
丙寅	乙未	乙丑	甲午	甲子	癸巳	壬戌	壬辰	辛酉	辛卯	庚申	壬辰	24日
丁卯	丙申	丙寅	乙未	乙丑	甲午	癸亥	癸巳	壬戌	壬辰	辛酉	癸巳	25日
戊辰	丁酉	丁卯	丙申	丙寅	乙未	甲子	甲午	癸亥	癸巳	壬戌	甲午	26日
己巳	戊戌	戊辰	丁酉	丁卯	丙申	乙丑	乙未	甲子	甲午	癸亥	乙未	27日
庚午	己亥	己巳	戊戌	戊辰	丁酉	丙寅	丙申	乙丑	乙未	甲子	丙申	28日
辛未	庚子	庚午	己亥	己巳	戊戌	丁卯	丁酉	丙寅	丙申	乙丑		29日
壬申	辛丑	辛未	庚子	庚午	己亥	戊辰	戊戌	丁卯	丁酉	丙寅		30日
癸酉	壬寅		辛丑		庚子	己巳		戊辰		丁卯		31日

昭和15年（西暦1940年）庚辰年　六白金星

昭和16年 1月	12月	11月	10月	9月	8月	7月	6月	5月	4月	3月	2月	月
己丑	戊子	丁亥	丙戌	乙酉	甲申	癸未	壬午	辛巳	庚辰	己卯	戊寅	月の干支
6日 2:04	7日 14:58	7日 22:27	8日 19:43	8日 4:30	8日 1:52	7日 16:08	6日 5:44	6日 1:16	5日 7:35	6日 2:24	5日 8:08	節入
己酉	戊寅	戊申	丁丑	丁未	丙子	乙巳	乙亥	甲辰	甲戌	癸卯	甲戌	1日
庚戌	己卯	己酉	戊寅	戊申	丁丑	丙午	丙子	乙巳	乙亥	甲辰	乙亥	2日
辛亥	庚辰	庚戌	己卯	己酉	戊寅	丁未	丁丑	丙午	丙子	乙巳	丙子	3日
壬子	辛巳	辛亥	庚辰	庚戌	己卯	戊申	戊寅	丁未	丁丑	丙午	丁丑	4日
癸丑	壬午	壬子	辛巳	辛亥	庚辰	己酉	己卯	戊申	**戊寅**	丁未	**戊寅**	5日
甲寅	癸未	癸丑	壬午	壬子	辛巳	庚戌	**庚辰**	**己酉**	己卯	**戊申**	己卯	6日
乙卯	**甲申**	**甲寅**	癸未	癸丑	壬午	**辛亥**	辛巳	庚戌	庚辰	己酉	庚辰	7日
丙辰	乙酉	乙卯	**甲申**	**甲寅**	**癸未**	壬子	壬午	辛亥	辛巳	庚戌	辛巳	8日
丁巳	丙戌	丙辰	乙酉	乙卯	甲申	癸丑	癸未	壬子	壬午	辛亥	壬午	9日
戊午	丁亥	丁巳	丙戌	丙辰	乙酉	甲寅	甲申	癸丑	癸未	壬子	癸未	10日
己未	戊子	戊午	丁亥	丁巳	丙戌	乙卯	乙酉	甲寅	甲申	癸丑	甲申	11日
庚申	己丑	己未	戊子	戊午	丁亥	丙辰	丙戌	乙卯	乙酉	甲寅	乙酉	12日
辛酉	庚寅	庚申	己丑	己未	戊子	丁巳	丁亥	丙辰	丙戌	乙卯	丙戌	13日
壬戌	辛卯	辛酉	庚寅	庚申	己丑	戊午	戊子	丁巳	丁亥	丙辰	丁亥	14日
癸亥	壬辰	壬戌	辛卯	辛酉	庚寅	己未	己丑	戊午	戊子	丁巳	戊子	15日
甲子	癸巳	癸亥	壬辰	壬戌	辛卯	庚申	庚寅	己未	己丑	戊午	己丑	16日
乙丑	甲午	甲子	癸巳	癸亥	壬辰	辛酉	辛卯	庚申	庚寅	己未	庚寅	17日
丙寅	乙未	乙丑	甲午	甲子	癸巳	壬戌	壬辰	辛酉	辛卯	庚申	辛卯	18日
丁卯	丙申	丙寅	乙未	乙丑	甲午	癸亥	癸巳	壬戌	壬辰	辛酉	壬辰	19日
戊辰	丁酉	丁卯	丙申	丙寅	乙未	甲子	甲午	癸亥	癸巳	壬戌	癸巳	20日
己巳	戊戌	戊辰	丁酉	丁卯	丙申	乙丑	乙未	甲子	甲午	癸亥	甲午	21日
庚午	己亥	己巳	戊戌	戊辰	丁酉	丙寅	丙申	乙丑	乙未	甲子	乙未	22日
辛未	庚子	庚午	己亥	己巳	戊戌	丁卯	丁酉	丙寅	丙申	乙丑	丙申	23日
壬申	辛丑	辛未	庚子	庚午	己亥	戊辰	戊戌	丁卯	丁酉	丙寅	丁酉	24日
癸酉	壬寅	壬申	辛丑	辛未	庚子	己巳	己亥	戊辰	戊戌	丁卯	戊戌	25日
甲戌	癸卯	癸酉	壬寅	壬申	辛丑	庚午	庚子	己巳	己亥	戊辰	己亥	26日
乙亥	甲辰	甲戌	癸卯	癸酉	壬寅	辛未	辛丑	庚午	庚子	己巳	庚子	27日
丙子	乙巳	乙亥	甲辰	甲戌	癸卯	壬申	壬寅	辛未	辛丑	庚午	辛丑	28日
丁丑	丙午	丙子	乙巳	乙亥	甲辰	癸酉	癸卯	壬申	壬寅	辛未	壬寅	29日
戊寅	丁未	丁丑	丙午	丙子	乙巳	甲戌	甲辰	癸酉	癸卯	壬申		30日
己卯	戊申		丁未		丙午	乙亥		甲戌		癸酉		31日

昭和16年（西暦1941年）辛巳年　五黄土星

昭和17年 1月	12月	11月	10月	9月	8月	7月	6月	5月	4月	3月	2月	月
辛丑	庚子	己亥	戊戌	丁酉	丙申	乙未	甲午	癸巳	壬辰	辛卯	庚寅	月の干支
6日 8:02	7日 20:57	8日 4:25	9日 1:38	8日 10:24	8日 7:46	7日 22:03	6日 11:40	6日 7:10	5日 13:25	6日 8:10	4日 13:50	節入
甲寅	癸未	癸丑	壬午	壬子	辛巳	庚戌	庚辰	己酉	己卯	戊申	庚辰	1日
乙卯	甲申	甲寅	癸未	癸丑	壬午	辛亥	辛巳	庚戌	庚辰	己酉	辛巳	2日
丙辰	乙酉	乙卯	甲申	甲寅	癸未	壬子	壬午	辛亥	辛巳	庚戌	壬午	3日
丁巳	丙戌	丙辰	乙酉	乙卯	甲申	癸丑	癸未	壬子	壬午	辛亥	**癸未**	4日
戊午	丁亥	丁巳	丙戌	丙辰	乙酉	甲寅	甲申	癸丑	**癸未**	壬子	甲申	5日
己未	戊子	戊午	丁亥	丁巳	丙戌	乙卯	**乙酉**	**甲寅**	甲申	**癸丑**	乙酉	6日
庚申	**己丑**	己未	戊子	戊午	丁亥	**丙辰**	丙戌	乙卯	乙酉	甲寅	丙戌	7日
辛酉	庚寅	**庚申**	己丑	**己未**	**戊子**	丁巳	丁亥	丙辰	丙戌	乙卯	丁亥	8日
壬戌	辛卯	辛酉	**庚寅**	庚申	己丑	戊午	戊子	丁巳	丁亥	丙辰	戊子	9日
癸亥	壬辰	壬戌	辛卯	辛酉	庚寅	己未	己丑	戊午	戊子	丁巳	己丑	10日
甲子	癸巳	癸亥	壬辰	壬戌	辛卯	庚申	庚寅	己未	己丑	戊午	庚寅	11日
乙丑	甲午	甲子	癸巳	癸亥	壬辰	辛酉	辛卯	庚申	庚寅	己未	辛卯	12日
丙寅	乙未	乙丑	甲午	甲子	癸巳	壬戌	壬辰	辛酉	辛卯	庚申	壬辰	13日
丁卯	丙申	丙寅	乙未	乙丑	甲午	癸亥	癸巳	壬戌	壬辰	辛酉	癸巳	14日
戊辰	丁酉	丁卯	丙申	丙寅	乙未	甲子	甲午	癸亥	癸巳	壬戌	甲午	15日
己巳	戊戌	戊辰	丁酉	丁卯	丙申	乙丑	乙未	甲子	甲午	癸亥	乙未	16日
庚午	己亥	己巳	戊戌	戊辰	丁酉	丙寅	丙申	乙丑	乙未	甲子	丙申	17日
辛未	庚子	庚午	己亥	己巳	戊戌	丁卯	丁酉	丙寅	丙申	乙丑	丁酉	18日
壬申	辛丑	辛未	庚子	庚午	己亥	戊辰	戊戌	丁卯	丁酉	丙寅	戊戌	19日
癸酉	壬寅	壬申	辛丑	辛未	庚子	己巳	己亥	戊辰	戊戌	丁卯	己亥	20日
甲戌	癸卯	癸酉	壬寅	壬申	辛丑	庚午	庚子	己巳	己亥	戊辰	庚子	21日
乙亥	甲辰	甲戌	癸卯	癸酉	壬寅	辛未	辛丑	庚午	庚子	己巳	辛丑	22日
丙子	乙巳	乙亥	甲辰	甲戌	癸卯	壬申	壬寅	辛未	辛丑	庚午	壬寅	23日
丁丑	丙午	丙子	乙巳	乙亥	甲辰	癸酉	癸卯	壬申	壬寅	辛未	癸卯	24日
戊寅	丁未	丁丑	丙午	丙子	乙巳	甲戌	甲辰	癸酉	癸卯	壬申	甲辰	25日
己卯	戊申	戊寅	丁未	丁丑	丙午	乙亥	乙巳	甲戌	甲辰	癸酉	乙巳	26日
庚辰	己酉	己卯	戊申	戊寅	丁未	丙子	丙午	乙亥	乙巳	甲戌	丙午	27日
辛巳	庚戌	庚辰	己酉	己卯	戊申	丁丑	丁未	丙子	丙午	乙亥	丁未	28日
壬午	辛亥	辛巳	庚戌	庚辰	己酉	戊寅	戊申	丁丑	丁未	丙子		29日
癸未	壬子	壬午	辛亥	辛巳	庚戌	己卯	己酉	戊寅	戊申	丁丑		30日
甲申	癸丑		壬子		辛亥	庚辰		己卯		戊寅		31日

昭和17年（西暦1942年）壬午年　四緑木星

昭和18年 1月	12月	11月	10月	9月	8月	7月	6月	5月	4月	3月	2月	月
癸丑	壬子	辛亥	庚戌	己酉	戊申	丁未	丙午	乙巳	甲辰	癸卯	壬寅	月の干支
6日 13:55	8日 2:47	8日 10:11	9日 7:22	8日 16:07	8日 13:30	8日 3:52	6日 17:32	6日 13:07	5日 19:24	6日 14:10	4日 19:49	節入
己未	戊子	戊午	丁亥	丁巳	丙戌	乙卯	乙酉	甲寅	甲申	癸丑	乙酉	1日
庚申	己丑	己未	戊子	戊午	丁亥	丙辰	丙戌	乙卯	乙酉	甲寅	丙戌	2日
辛酉	庚寅	庚申	己丑	己未	戊子	丁巳	丁亥	丙辰	丙戌	乙卯	丁亥	3日
壬戌	辛卯	辛酉	庚寅	庚申	己丑	戊午	戊子	丁巳	丁亥	丙辰	**戊子**	4日
癸亥	壬辰	壬戌	辛卯	辛酉	庚寅	己未	己丑	戊午	**戊子**	丁巳	己丑	5日
甲子	癸巳	癸亥	壬辰	壬戌	辛卯	庚申	**庚寅**	**己未**	己丑	**戊午**	庚寅	6日
乙丑	甲午	甲子	癸巳	癸亥	壬辰	辛酉	辛卯	庚申	庚寅	己未	辛卯	7日
丙寅	**乙未**	**乙丑**	甲午	**甲子**	**癸巳**	**壬戌**	壬辰	辛酉	辛卯	庚申	壬辰	8日
丁卯	丙申	丙寅	**乙未**	乙丑	甲午	癸亥	癸巳	壬戌	壬辰	辛酉	癸巳	9日
戊辰	丁酉	丁卯	丙申	丙寅	乙未	甲子	甲午	癸亥	癸巳	壬戌	甲午	10日
己巳	戊戌	戊辰	丁酉	丁卯	丙申	乙丑	乙未	甲子	甲午	癸亥	乙未	11日
庚午	己亥	己巳	戊戌	戊辰	丁酉	丙寅	丙申	乙丑	乙未	甲子	丙申	12日
辛未	庚子	庚午	己亥	己巳	戊戌	丁卯	丁酉	丙寅	丙申	乙丑	丁酉	13日
壬申	辛丑	辛未	庚子	庚午	己亥	戊辰	戊戌	丁卯	丁酉	丙寅	戊戌	14日
癸酉	壬寅	壬申	辛丑	辛未	庚子	己巳	己亥	戊辰	戊戌	丁卯	己亥	15日
甲戌	癸卯	癸酉	壬寅	壬申	辛丑	庚午	庚子	己巳	己亥	戊辰	庚子	16日
乙亥	甲辰	甲戌	癸卯	癸酉	壬寅	辛未	辛丑	庚午	庚子	己巳	辛丑	17日
丙子	乙巳	乙亥	甲辰	甲戌	癸卯	壬申	壬寅	辛未	辛丑	庚午	壬寅	18日
丁丑	丙午	丙子	乙巳	乙亥	甲辰	癸酉	癸卯	壬申	壬寅	辛未	癸卯	19日
戊寅	丁未	丁丑	丙午	丙子	乙巳	甲戌	甲辰	癸酉	癸卯	壬申	甲辰	20日
己卯	戊申	戊寅	丁未	丁丑	丙午	乙亥	乙巳	甲戌	甲辰	癸酉	乙巳	21日
庚辰	己酉	己卯	戊申	戊寅	丁未	丙子	丙午	乙亥	乙巳	甲戌	丙午	22日
辛巳	庚戌	庚辰	己酉	己卯	戊申	丁丑	丁未	丙子	丙午	乙亥	丁未	23日
壬午	辛亥	辛巳	庚戌	庚辰	己酉	戊寅	戊申	丁丑	丁未	丙子	戊申	24日
癸未	壬子	壬午	辛亥	辛巳	庚戌	己卯	己酉	戊寅	戊申	丁丑	己酉	25日
甲申	癸丑	癸未	壬子	壬午	辛亥	庚辰	庚戌	己卯	己酉	戊寅	庚戌	26日
乙酉	甲寅	甲申	癸丑	癸未	壬子	辛巳	辛亥	庚辰	庚戌	己卯	辛亥	27日
丙戌	乙卯	乙酉	甲寅	甲申	癸丑	壬午	壬子	辛巳	辛亥	庚辰	壬子	28日
丁亥	丙辰	丙戌	乙卯	乙酉	甲寅	癸未	癸丑	壬午	壬子	辛巳		29日
戊子	丁巳	丁亥	丙辰	丙戌	乙卯	甲申	甲寅	癸未	癸丑	壬午		30日
己丑	戊午		丁巳		丙辰	乙酉		甲申		癸未		31日

昭和18年（西暦1943年）癸未年　三碧木星

昭和19年 1月	12月	11月	10月	9月	8月	7月	6月	5月	4月	3月	2月	月
乙丑	**甲子**	**癸亥**	**壬戌**	**辛酉**	**庚申**	**己未**	**戊午**	**丁巳**	**丙辰**	**乙卯**	**甲寅**	**月の干支**
6日 19:40	8日 8:33	8日 15:59	9日 13:11	8日 21:55	8日 19:19	8日 9:39	6日 23:19	6日 18:53	6日 1:12	6日 19:58	5日 1:40	**節入**
甲子	癸巳	癸亥	壬辰	壬戌	辛卯	庚申	庚寅	己未	己丑	戊午	庚寅	**1日**
乙丑	甲午	甲子	癸巳	癸亥	壬辰	辛酉	辛卯	庚申	庚寅	己未	辛卯	**2日**
丙寅	乙未	乙丑	甲午	甲子	癸巳	壬戌	壬辰	辛酉	辛卯	庚申	壬辰	**3日**
丁卯	丙申	丙寅	乙未	乙丑	甲午	癸亥	癸巳	壬戌	壬辰	辛酉	癸巳	**4日**
戊辰	丁酉	丁卯	丙申	丙寅	乙未	甲子	甲午	癸亥	癸巳	壬戌	**甲午**	**5日**
己巳	戊戌	戊辰	丁酉	丁卯	丙申	乙丑	**乙未**	**甲子**	**甲午**	**癸亥**	乙未	**6日**
庚午	己亥	己巳	戊戌	戊辰	丁酉	丙寅	丙申	乙丑	乙未	甲子	丙申	**7日**
辛未	**庚子**	**庚午**	己亥	**己巳**	**戊戌**	**丁卯**	丁酉	丙寅	丙申	乙丑	丁酉	**8日**
壬申	辛丑	辛未	**庚子**	庚午	己亥	戊辰	戊戌	丁卯	丁酉	丙寅	戊戌	**9日**
癸酉	壬寅	壬申	辛丑	辛未	庚子	己巳	己亥	戊辰	戊戌	丁卯	己亥	**10日**
甲戌	癸卯	癸酉	壬寅	壬申	辛丑	庚午	庚子	己巳	己亥	戊辰	庚子	**11日**
乙亥	甲辰	甲戌	癸卯	癸酉	壬寅	辛未	辛丑	庚午	庚子	己巳	辛丑	**12日**
丙子	乙巳	乙亥	甲辰	甲戌	癸卯	壬申	壬寅	辛未	辛丑	庚午	壬寅	**13日**
丁丑	丙午	丙子	乙巳	乙亥	甲辰	癸酉	癸卯	壬申	壬寅	辛未	癸卯	**14日**
戊寅	丁未	丁丑	丙午	丙子	乙巳	甲戌	甲辰	癸酉	癸卯	壬申	甲辰	**15日**
己卯	戊申	戊寅	丁未	丁丑	丙午	乙亥	乙巳	甲戌	甲辰	癸酉	乙巳	**16日**
庚辰	己酉	己卯	戊申	戊寅	丁未	丙子	丙午	乙亥	乙巳	甲戌	丙午	**17日**
辛巳	庚戌	庚辰	己酉	己卯	戊申	丁丑	丁未	丙子	丙午	乙亥	丁未	**18日**
壬午	辛亥	辛巳	庚戌	庚辰	己酉	戊寅	戊申	丁丑	丁未	丙子	戊申	**19日**
癸未	壬子	壬午	辛亥	辛巳	庚戌	己卯	己酉	戊寅	戊申	丁丑	己酉	**20日**
甲申	癸丑	癸未	壬子	壬午	辛亥	庚辰	庚戌	己卯	己酉	戊寅	庚戌	**21日**
乙酉	甲寅	甲申	癸丑	癸未	壬子	辛巳	辛亥	庚辰	庚戌	己卯	辛亥	**22日**
丙戌	乙卯	乙酉	甲寅	甲申	癸丑	壬午	壬子	辛巳	辛亥	庚辰	壬子	**23日**
丁亥	丙辰	丙戌	乙卯	乙酉	甲寅	癸未	癸丑	壬午	壬子	辛巳	癸丑	**24日**
戊子	丁巳	丁亥	丙辰	丙戌	乙卯	甲申	甲寅	癸未	癸丑	壬午	甲寅	**25日**
己丑	戊午	戊子	丁巳	丁亥	丙辰	乙酉	乙卯	甲申	甲寅	癸未	乙卯	**26日**
庚寅	己未	己丑	戊午	戊子	丁巳	丙戌	丙辰	乙酉	乙卯	甲申	丙辰	**27日**
辛卯	庚申	庚寅	己未	己丑	戊午	丁亥	丁巳	丙戌	丙辰	乙酉	丁巳	**28日**
壬辰	辛酉	辛卯	庚申	庚寅	己未	戊子	戊午	丁亥	丁巳	丙戌		**29日**
癸巳	壬戌	壬辰	辛酉	辛卯	庚申	己丑	己未	戊子	戊午	丁亥		**30日**
甲午	癸亥		壬戌		辛酉	庚寅		己丑		戊子		**31日**

昭和19年（西暦1944年）甲申年　二黒土星

昭和20年 1月	12月	11月	10月	9月	8月	7月	6月	5月	4月	3月	2月	月
丁丑	**丙子**	**乙亥**	**甲戌**	**癸酉**	**壬申**	**辛未**	**庚午**	**己巳**	**戊辰**	**丁卯**	**丙寅**	**月の干支**
6日 1:35	7日 14:28	7日 21:55	8日 19:09	8日 3:56	8日 1:19	7日 15:36	6日 5:11	6日 0:40	5日 6:54	6日 1:40	5日 7:23	**節入**
庚午	己亥	己巳	戊戌	戊辰	丁酉	丙寅	丙申	乙丑	乙未	甲子	乙未	**1日**
辛未	庚子	庚午	己亥	己巳	戊戌	丁卯	丁酉	丙寅	丙申	乙丑	丙申	**2日**
壬申	辛丑	辛未	庚子	庚午	己亥	戊辰	戊戌	丁卯	丁酉	丙寅	丁酉	**3日**
癸酉	壬寅	壬申	辛丑	辛未	庚子	己巳	己亥	戊辰	戊戌	丁卯	戊戌	**4日**
甲戌	癸卯	癸酉	壬寅	壬申	辛丑	庚午	庚子	己巳	**己亥**	戊辰	**己亥**	**5日**
乙亥	甲辰	甲戌	癸卯	癸酉	壬寅	辛未	**辛丑**	**庚午**	庚子	**己巳**	庚子	**6日**
丙子	**乙巳**	**乙亥**	甲辰	甲戌	癸卯	**壬申**	壬寅	辛未	辛丑	庚午	辛丑	**7日**
丁丑	丙午	丙子	**乙巳**	**乙亥**	**甲辰**	癸酉	癸卯	壬申	壬寅	辛未	壬寅	**8日**
戊寅	丁未	丁丑	丙午	丙子	乙巳	甲戌	甲辰	癸酉	癸卯	壬申	癸卯	**9日**
己卯	戊申	戊寅	丁未	丁丑	丙午	乙亥	乙巳	甲戌	甲辰	癸酉	甲辰	**10日**
庚辰	己酉	己卯	戊申	戊寅	丁未	丙子	丙午	乙亥	乙巳	甲戌	乙巳	**11日**
辛巳	庚戌	庚辰	己酉	己卯	戊申	丁丑	丁未	丙子	丙午	乙亥	丙午	**12日**
壬午	辛亥	辛巳	庚戌	庚辰	己酉	戊寅	戊申	丁丑	丁未	丙子	丁未	**13日**
癸未	壬子	壬午	辛亥	辛巳	庚戌	己卯	己酉	戊寅	戊申	丁丑	戊申	**14日**
甲申	癸丑	癸未	壬子	壬午	辛亥	庚辰	庚戌	己卯	己酉	戊寅	己酉	**15日**
乙酉	甲寅	甲申	癸丑	癸未	壬子	辛巳	辛亥	庚辰	庚戌	己卯	庚戌	**16日**
丙戌	乙卯	乙酉	甲寅	甲申	癸丑	壬午	壬子	辛巳	辛亥	庚辰	辛亥	**17日**
丁亥	丙辰	丙戌	乙卯	乙酉	甲寅	癸未	癸丑	壬午	壬子	辛巳	壬子	**18日**
戊子	丁巳	丁亥	丙辰	丙戌	乙卯	甲申	甲寅	癸未	癸丑	壬午	癸丑	**19日**
己丑	戊午	戊子	丁巳	丁亥	丙辰	乙酉	乙卯	甲申	甲寅	癸未	甲寅	**20日**
庚寅	己未	己丑	戊午	戊子	丁巳	丙戌	丙辰	乙酉	乙卯	甲申	乙卯	**21日**
辛卯	庚申	庚寅	己未	己丑	戊午	丁亥	丁巳	丙戌	丙辰	乙酉	丙辰	**22日**
壬辰	辛酉	辛卯	庚申	庚寅	己未	戊子	戊午	丁亥	丁巳	丙戌	丁巳	**23日**
癸巳	壬戌	壬辰	辛酉	辛卯	庚申	己丑	己未	戊子	戊午	丁亥	戊午	**24日**
甲午	癸亥	癸巳	壬戌	壬辰	辛酉	庚寅	庚申	己丑	己未	戊子	己未	**25日**
乙未	甲子	甲午	癸亥	癸巳	壬戌	辛卯	辛酉	庚寅	庚申	己丑	庚申	**26日**
丙申	乙丑	乙未	甲子	甲午	癸亥	壬辰	壬戌	辛卯	辛酉	庚寅	辛酉	**27日**
丁酉	丙寅	丙申	乙丑	乙未	甲子	癸巳	癸亥	壬辰	壬戌	辛卯	壬戌	**28日**
戊戌	丁卯	丁酉	丙寅	丙申	乙丑	甲午	甲子	癸巳	癸亥	壬辰	癸亥	**29日**
己亥	戊辰	戊戌	丁卯	丁酉	丙寅	乙未	乙丑	甲午	甲子	癸巳		**30日**
庚子	己巳		戊辰		丁卯	丙申		乙未		甲午		**31日**

昭和20年（西暦1945年）乙酉年　一白水星

昭和21年 1月	12月	11月	10月	9月	8月	7月	6月	5月	4月	3月	2月	月
己丑	戊子	丁亥	丙戌	乙酉	甲申	癸未	壬午	辛巳	庚辰	己卯	戊寅	月の干支
6日 7:16	7日 20:08	8日 3:35	9日 0:50	8日 9:38	8日 7:06	7日 21:27	6日 11:05	6日 6:36	5日 12:52	6日 7:38	4日 13:20	節入
乙亥	甲辰	甲戌	癸卯	癸酉	壬寅	辛未	辛丑	庚午	庚子	己巳	辛丑	1日
丙子	乙巳	乙亥	甲辰	甲戌	癸卯	壬申	壬寅	辛未	辛丑	庚午	壬寅	2日
丁丑	丙午	丙子	乙巳	乙亥	甲辰	癸酉	癸卯	壬申	壬寅	辛未	癸卯	3日
戊寅	丁未	丁丑	丙午	丙子	乙巳	甲戌	甲辰	癸酉	癸卯	壬申	**甲辰**	4日
己卯	戊申	戊寅	丁未	丁丑	丙午	乙亥	乙巳	甲戌	**甲辰**	癸酉	乙巳	5日
庚辰	己酉	己卯	戊申	戊寅	丁未	丙子	**丙午**	**乙亥**	乙巳	**甲戌**	丙午	6日
辛巳	**庚戌**	庚辰	己酉	己卯	戊申	**丁丑**	丁未	丙子	丙午	乙亥	丁未	7日
壬午	辛亥	**辛巳**	庚戌	**庚辰**	**己酉**	戊寅	戊申	丁丑	丁未	丙子	戊申	8日
癸未	壬子	壬午	**辛亥**	辛巳	庚戌	己卯	己酉	戊寅	戊申	丁丑	己酉	9日
甲申	癸丑	癸未	壬子	壬午	辛亥	庚辰	庚戌	己卯	己酉	戊寅	庚戌	10日
乙酉	甲寅	甲申	癸丑	癸未	壬子	辛巳	辛亥	庚辰	庚戌	己卯	辛亥	11日
丙戌	乙卯	乙酉	甲寅	甲申	癸丑	壬午	壬子	辛巳	辛亥	庚辰	壬子	12日
丁亥	丙辰	丙戌	乙卯	乙酉	甲寅	癸未	癸丑	壬午	壬子	辛巳	癸丑	13日
戊子	丁巳	丁亥	丙辰	丙戌	乙卯	甲申	甲寅	癸未	癸丑	壬午	甲寅	14日
己丑	戊午	戊子	丁巳	丁亥	丙辰	乙酉	乙卯	甲申	甲寅	癸未	乙卯	15日
庚寅	己未	己丑	戊午	戊子	丁巳	丙戌	丙辰	乙酉	乙卯	甲申	丙辰	16日
辛卯	庚申	庚寅	己未	己丑	戊午	丁亥	丁巳	丙戌	丙辰	乙酉	丁巳	17日
壬辰	辛酉	辛卯	庚申	庚寅	己未	戊子	戊午	丁亥	丁巳	丙戌	戊午	18日
癸巳	壬戌	壬辰	辛酉	辛卯	庚申	己丑	己未	戊子	戊午	丁亥	己未	19日
甲午	癸亥	癸巳	壬戌	壬辰	辛酉	庚寅	庚申	己丑	己未	戊子	庚申	20日
乙未	甲子	甲午	癸亥	癸巳	壬戌	辛卯	辛酉	庚寅	庚申	己丑	辛酉	21日
丙申	乙丑	乙未	甲子	甲午	癸亥	壬辰	壬戌	辛卯	辛酉	庚寅	壬戌	22日
丁酉	丙寅	丙申	乙丑	乙未	甲子	癸巳	癸亥	壬辰	壬戌	辛卯	癸亥	23日
戊戌	丁卯	丁酉	丙寅	丙申	乙丑	甲午	甲子	癸巳	癸亥	壬辰	甲子	24日
己亥	戊辰	戊戌	丁卯	丁酉	丙寅	乙未	乙丑	甲午	甲子	癸巳	乙丑	25日
庚子	己巳	己亥	戊辰	戊戌	丁卯	丙申	丙寅	乙未	乙丑	甲午	丙寅	26日
辛丑	庚午	庚子	己巳	己亥	戊辰	丁酉	丁卯	丙申	丙寅	乙未	丁卯	27日
壬寅	辛未	辛丑	庚午	庚子	己巳	戊戌	戊辰	丁酉	丁卯	丙申	戊辰	28日
癸卯	壬申	壬寅	辛未	辛丑	庚午	己亥	己巳	戊戌	戊辰	丁酉		29日
甲辰	癸酉	癸卯	壬申	壬寅	辛未	庚子	庚午	己亥	己巳	戊戌		30日
乙巳	甲戌		癸酉		壬申	辛丑		庚子		己亥		31日

昭和21年（西暦1946年）丙戌年　九紫火星

昭和22年 1月	12月	11月	10月	9月	8月	7月	6月	5月	4月	3月	2月	月
辛丑	庚子	己亥	戊戌	丁酉	丙申	乙未	甲午	癸巳	壬辰	辛卯	庚寅	月の干支
6日 13:07	8日 2:01	8日 9:27	9日 6:41	8日 15:28	8日 12:52	8日 3:11	6日 16:49	6日 12:21	5日 18:38	6日 13:25	4日 19:04	節入
庚辰	己酉	己卯	戊申	戊寅	丁未	丙子	丙午	乙亥	乙巳	甲戌	丙午	1日
辛巳	庚戌	庚辰	己酉	己卯	戊申	丁丑	丁未	丙子	丙午	乙亥	丁未	2日
壬午	辛亥	辛巳	庚戌	庚辰	己酉	戊寅	戊申	丁丑	丁未	丙子	戊申	3日
癸未	壬子	壬午	辛亥	辛巳	庚戌	己卯	己酉	戊寅	戊申	丁丑	**己酉**	4日
甲申	癸丑	癸未	壬子	壬午	辛亥	庚辰	庚戌	己卯	**己酉**	戊寅	庚戌	5日
乙酉	甲寅	甲申	癸丑	癸未	壬子	辛巳	**辛亥**	**庚辰**	庚戌	**己卯**	辛亥	6日
丙戌	乙卯	乙酉	甲寅	甲申	癸丑	壬午	壬子	辛巳	辛亥	庚辰	壬子	7日
丁亥	**丙辰**	**丙戌**	乙卯	**乙酉**	**甲寅**	**癸未**	癸丑	壬午	壬子	辛巳	癸丑	8日
戊子	丁巳	丁亥	**丙辰**	丙戌	乙卯	甲申	甲寅	癸未	癸丑	壬午	甲寅	9日
己丑	戊午	戊子	丁巳	丁亥	丙辰	乙酉	乙卯	甲申	甲寅	癸未	乙卯	10日
庚寅	己未	己丑	戊午	戊子	丁巳	丙戌	丙辰	乙酉	乙卯	甲申	丙辰	11日
辛卯	庚申	庚寅	己未	己丑	戊午	丁亥	丁巳	丙戌	丙辰	乙酉	丁巳	12日
壬辰	辛酉	辛卯	庚申	庚寅	己未	戊子	戊午	丁亥	丁巳	丙戌	戊午	13日
癸巳	壬戌	壬辰	辛酉	辛卯	庚申	己丑	己未	戊子	戊午	丁亥	己未	14日
甲午	癸亥	癸巳	壬戌	壬辰	辛酉	庚寅	庚申	己丑	己未	戊子	庚申	15日
乙未	甲子	甲午	癸亥	癸巳	壬戌	辛卯	辛酉	庚寅	庚申	己丑	辛酉	16日
丙申	乙丑	乙未	甲子	甲午	癸亥	壬辰	壬戌	辛卯	辛酉	庚寅	壬戌	17日
丁酉	丙寅	丙申	乙丑	乙未	甲子	癸巳	癸亥	壬辰	壬戌	辛卯	癸亥	18日
戊戌	丁卯	丁酉	丙寅	丙申	乙丑	甲午	甲子	癸巳	癸亥	壬辰	甲子	19日
己亥	戊辰	戊戌	丁卯	丁酉	丙寅	乙未	乙丑	甲午	甲子	癸巳	乙丑	20日
庚子	己巳	己亥	戊辰	戊戌	丁卯	丙申	丙寅	乙未	乙丑	甲午	丙寅	21日
辛丑	庚午	庚子	己巳	己亥	戊辰	丁酉	丁卯	丙申	丙寅	乙未	丁卯	22日
壬寅	辛未	辛丑	庚午	庚子	己巳	戊戌	戊辰	丁酉	丁卯	丙申	戊辰	23日
癸卯	壬申	壬寅	辛未	辛丑	庚午	己亥	己巳	戊戌	戊辰	丁酉	己巳	24日
甲辰	癸酉	癸卯	壬申	壬寅	辛未	庚子	庚午	己亥	己巳	戊戌	庚午	25日
乙巳	甲戌	甲辰	癸酉	癸卯	壬申	辛丑	辛未	庚子	庚午	己亥	辛未	26日
丙午	乙亥	乙巳	甲戌	甲辰	癸酉	壬寅	壬申	辛丑	辛未	庚子	壬申	27日
丁未	丙子	丙午	乙亥	乙巳	甲戌	癸卯	癸酉	壬寅	壬申	辛丑	癸酉	28日
戊申	丁丑	丁未	丙子	丙午	乙亥	甲辰	甲戌	癸卯	癸酉	壬寅		29日
己酉	戊寅	戊申	丁丑	丁未	丙子	乙巳	乙亥	甲辰	甲戌	癸卯		30日
庚戌	己卯		戊寅		丁丑	丙午		乙巳		甲辰		31日

昭和22年（西暦1947年）丁亥年　八白土星

昭和23年 1月	12月	11月	10月	9月	8月	7月	6月	5月	4月	3月	2月	月
癸丑	**壬子**	**辛亥**	**庚戌**	**己酉**	**戊申**	**丁未**	**丙午**	**乙巳**	**甲辰**	**癸卯**	**壬寅**	**月の干支**
6日 19:01	8日 7:57	8日 15:25	9日 12:38	8日 21:21	8日 18:41	8日 8:56	6日 22:31	6日 18:03	6日 0:20	6日 19:08	5日 0:51	**節入**
乙酉	甲寅	甲申	癸丑	癸未	壬子	辛巳	辛亥	庚辰	庚戌	己卯	辛亥	**1日**
丙戌	乙卯	乙酉	甲寅	甲申	癸丑	壬午	壬子	辛巳	辛亥	庚辰	壬子	**2日**
丁亥	丙辰	丙戌	乙卯	乙酉	甲寅	癸未	癸丑	壬午	壬子	辛巳	癸丑	**3日**
戊子	丁巳	丁亥	丙辰	丙戌	乙卯	甲申	甲寅	癸未	癸丑	壬午	甲寅	**4日**
己丑	戊午	戊子	丁巳	丁亥	丙辰	乙酉	乙卯	甲申	甲寅	癸未	**乙卯**	**5日**
庚寅	己未	己丑	戊午	戊子	丁巳	丙戌	**丙辰**	**乙酉**	**乙卯**	**甲申**	丙辰	**6日**
辛卯	庚申	庚寅	己未	己丑	戊午	丁亥	丁巳	丙戌	丙辰	乙酉	丁巳	**7日**
壬辰	**辛酉**	**辛卯**	庚申	**庚寅**	**己未**	**戊子**	戊午	丁亥	丁巳	丙戌	戊午	**8日**
癸巳	壬戌	壬辰	**辛酉**	辛卯	庚申	己丑	己未	戊子	戊午	丁亥	己未	**9日**
甲午	癸亥	癸巳	壬戌	壬辰	辛酉	庚寅	庚申	己丑	己未	戊子	庚申	**10日**
乙未	甲子	甲午	癸亥	癸巳	壬戌	辛卯	辛酉	庚寅	庚申	己丑	辛酉	**11日**
丙申	乙丑	乙未	甲子	甲午	癸亥	壬辰	壬戌	辛卯	辛酉	庚寅	壬戌	**12日**
丁酉	丙寅	丙申	乙丑	乙未	甲子	癸巳	癸亥	壬辰	壬戌	辛卯	癸亥	**13日**
戊戌	丁卯	丁酉	丙寅	丙申	乙丑	甲午	甲子	癸巳	癸亥	壬辰	甲子	**14日**
己亥	戊辰	戊戌	丁卯	丁酉	丙寅	乙未	乙丑	甲午	甲子	癸巳	乙丑	**15日**
庚子	己巳	己亥	戊辰	戊戌	丁卯	丙申	丙寅	乙未	乙丑	甲午	丙寅	**16日**
辛丑	庚午	庚子	己巳	己亥	戊辰	丁酉	丁卯	丙申	丙寅	乙未	丁卯	**17日**
壬寅	辛未	辛丑	庚午	庚子	己巳	戊戌	戊辰	丁酉	丁卯	丙申	戊辰	**18日**
癸卯	壬申	壬寅	辛未	辛丑	庚午	己亥	己巳	戊戌	戊辰	丁酉	己巳	**19日**
甲辰	癸酉	癸卯	壬申	壬寅	辛未	庚子	庚午	己亥	己巳	戊戌	庚午	**20日**
乙巳	甲戌	甲辰	癸酉	癸卯	壬申	辛丑	辛未	庚子	庚午	己亥	辛未	**21日**
丙午	乙亥	乙巳	甲戌	甲辰	癸酉	壬寅	壬申	辛丑	辛未	庚子	壬申	**22日**
丁未	丙子	丙午	乙亥	乙巳	甲戌	癸卯	癸酉	壬寅	壬申	辛丑	癸酉	**23日**
戊申	丁丑	丁未	丙子	丙午	乙亥	甲辰	甲戌	癸卯	癸酉	壬寅	甲戌	**24日**
己酉	戊寅	戊申	丁丑	丁未	丙子	乙巳	乙亥	甲辰	甲戌	癸卯	乙亥	**25日**
庚戌	己卯	己酉	戊寅	戊申	丁丑	丙午	丙子	乙巳	乙亥	甲辰	丙子	**26日**
辛亥	庚辰	庚戌	己卯	己酉	戊寅	丁未	丁丑	丙午	丙子	乙巳	丁丑	**27日**
壬子	辛巳	辛亥	庚辰	庚戌	己卯	戊申	戊寅	丁未	丁丑	丙午	戊寅	**28日**
癸丑	壬午	壬子	辛巳	辛亥	庚辰	己酉	己卯	戊申	戊寅	丁未		**29日**
甲寅	癸未	癸丑	壬午	壬子	辛巳	庚戌	庚辰	己酉	己卯	戊申		**30日**
乙卯	甲申		癸未		壬午	辛亥		庚戌		己酉		**31日**

昭和23年（西暦1948年）戊子年　七赤金星

昭和24年 1月	12月	11月	10月	9月	8月	7月	6月	5月	4月	3月	2月	月
乙丑	甲子	癸亥	壬戌	辛酉	庚申	己未	戊午	丁巳	丙辰	乙卯	甲寅	月の干支
6日 0:42	7日 13:38	7日 21:07	8日 18:20	8日 3:05	8日 0:27	7日 14:44	6日 4:21	5日 23:52	5日 6:10	6日 0:58	5日 6:42	節入
辛卯	庚申	庚寅	己未	己丑	戊午	丁亥	丁巳	丙戌	丙辰	乙酉	丙辰	1日
壬辰	辛酉	辛卯	庚申	庚寅	己未	戊子	戊午	丁亥	丁巳	丙戌	丁巳	2日
癸巳	壬戌	壬辰	辛酉	辛卯	庚申	己丑	己未	戊子	戊午	丁亥	戊午	3日
甲午	癸亥	癸巳	壬戌	壬辰	辛酉	庚寅	庚申	己丑	己未	戊子	己未	4日
乙未	甲子	甲午	癸亥	癸巳	壬戌	辛卯	辛酉	**庚寅**	**庚申**	己丑	**庚申**	5日
丙申	乙丑	乙未	甲子	甲午	癸亥	壬辰	**壬戌**	辛卯	辛酉	**庚寅**	辛酉	6日
丁酉	**丙寅**	**丙申**	乙丑	乙未	甲子	**癸巳**	癸亥	壬辰	壬戌	辛卯	壬戌	7日
戊戌	丁卯	丁酉	**丙寅**	**丙申**	**乙丑**	甲午	甲子	癸巳	癸亥	壬辰	癸亥	8日
己亥	戊辰	戊戌	丁卯	丁酉	丙寅	乙未	乙丑	甲午	甲子	癸巳	甲子	9日
庚子	己巳	己亥	戊辰	戊戌	丁卯	丙申	丙寅	乙未	乙丑	甲午	乙丑	10日
辛丑	庚午	庚子	己巳	己亥	戊辰	丁酉	丁卯	丙申	丙寅	乙未	丙寅	11日
壬寅	辛未	辛丑	庚午	庚子	己巳	戊戌	戊辰	丁酉	丁卯	丙申	丁卯	12日
癸卯	壬申	壬寅	辛未	辛丑	庚午	己亥	己巳	戊戌	戊辰	丁酉	戊辰	13日
甲辰	癸酉	癸卯	壬申	壬寅	辛未	庚子	庚午	己亥	己巳	戊戌	己巳	14日
乙巳	甲戌	甲辰	癸酉	癸卯	壬申	辛丑	辛未	庚子	庚午	己亥	庚午	15日
丙午	乙亥	乙巳	甲戌	甲辰	癸酉	壬寅	壬申	辛丑	辛未	庚子	辛未	16日
丁未	丙子	丙午	乙亥	乙巳	甲戌	癸卯	癸酉	壬寅	壬申	辛丑	壬申	17日
戊申	丁丑	丁未	丙子	丙午	乙亥	甲辰	甲戌	癸卯	癸酉	壬寅	癸酉	18日
己酉	戊寅	戊申	丁丑	丁未	丙子	乙巳	乙亥	甲辰	甲戌	癸卯	甲戌	19日
庚戌	己卯	己酉	戊寅	戊申	丁丑	丙午	丙子	乙巳	乙亥	甲辰	乙亥	20日
辛亥	庚辰	庚戌	己卯	己酉	戊寅	丁未	丁丑	丙午	丙子	乙巳	丙子	21日
壬子	辛巳	辛亥	庚辰	庚戌	己卯	戊申	戊寅	丁未	丁丑	丙午	丁丑	22日
癸丑	壬午	壬子	辛巳	辛亥	庚辰	己酉	己卯	戊申	戊寅	丁未	戊寅	23日
甲寅	癸未	癸丑	壬午	壬子	辛巳	庚戌	庚辰	己酉	己卯	戊申	己卯	24日
乙卯	甲申	甲寅	癸未	癸丑	壬午	辛亥	辛巳	庚戌	庚辰	己酉	庚辰	25日
丙辰	乙酉	乙卯	甲申	甲寅	癸未	壬子	壬午	辛亥	辛巳	庚戌	辛巳	26日
丁巳	丙戌	丙辰	乙酉	乙卯	甲申	癸丑	癸未	壬子	壬午	辛亥	壬午	27日
戊午	丁亥	丁巳	丙戌	丙辰	乙酉	甲寅	甲申	癸丑	癸未	壬子	癸未	28日
己未	戊子	戊午	丁亥	丁巳	丙戌	乙卯	乙酉	甲寅	甲申	癸丑	甲申	29日
庚申	己丑	己未	戊子	戊午	丁亥	丙辰	丙戌	乙卯	乙酉	甲寅		30日
辛酉	庚寅		己丑		戊子	丁巳		丙辰		乙卯		31日

昭和24年（西暦1949年）己丑年　六白金星

昭和25年 1月	12月	11月	10月	9月	8月	7月	6月	5月	4月	3月	2月	月
丁丑	丙子	乙亥	甲戌	癸酉	壬申	辛未	庚午	己巳	戊辰	丁卯	丙寅	月の干支
6日 6:39	7日 19:34	8日 3:00	9日 0:12	8日 8:55	8日 6:15	7日 20:32	6日 10:07	6日 5:37	5日 11:52	6日 6:40	4日 12:23	節入
丙申	乙丑	乙未	甲子	甲午	癸亥	壬辰	壬戌	辛卯	辛酉	庚寅	壬戌	1日
丁酉	丙寅	丙申	乙丑	乙未	甲子	癸巳	癸亥	壬辰	壬戌	辛卯	癸亥	2日
戊戌	丁卯	丁酉	丙寅	丙申	乙丑	甲午	甲子	癸巳	癸亥	壬辰	甲子	3日
己亥	戊辰	戊戌	丁卯	丁酉	丙寅	乙未	乙丑	甲午	甲子	癸巳	**乙丑**	4日
庚子	己巳	己亥	戊辰	戊戌	丁卯	丙申	丙寅	乙未	**乙丑**	甲午	丙寅	5日
辛丑	庚午	庚子	己巳	己亥	戊辰	丁酉	**丁卯**	**丙申**	丙寅	**乙未**	丁卯	6日
壬寅	**辛未**	辛丑	庚午	庚子	己巳	**戊戌**	戊辰	丁酉	丁卯	丙申	戊辰	7日
癸卯	壬申	**壬寅**	辛未	**辛丑**	**庚午**	己亥	己巳	戊戌	戊辰	丁酉	己巳	8日
甲辰	癸酉	癸卯	**壬申**	壬寅	辛未	庚子	庚午	己亥	己巳	戊戌	庚午	9日
乙巳	甲戌	甲辰	癸酉	癸卯	壬申	辛丑	辛未	庚子	庚午	己亥	辛未	10日
丙午	乙亥	乙巳	甲戌	甲辰	癸酉	壬寅	壬申	辛丑	辛未	庚子	壬申	11日
丁未	丙子	丙午	乙亥	乙巳	甲戌	癸卯	癸酉	壬寅	壬申	辛丑	癸酉	12日
戊申	丁丑	丁未	丙子	丙午	乙亥	甲辰	甲戌	癸卯	癸酉	壬寅	甲戌	13日
己酉	戊寅	戊申	丁丑	丁未	丙子	乙巳	乙亥	甲辰	甲戌	癸卯	乙亥	14日
庚戌	己卯	己酉	戊寅	戊申	丁丑	丙午	丙子	乙巳	乙亥	甲辰	丙子	15日
辛亥	庚辰	庚戌	己卯	己酉	戊寅	丁未	丁丑	丙午	丙子	乙巳	丁丑	16日
壬子	辛巳	辛亥	庚辰	庚戌	己卯	戊申	戊寅	丁未	丁丑	丙午	戊寅	17日
癸丑	壬午	壬子	辛巳	辛亥	庚辰	己酉	己卯	戊申	戊寅	丁未	己卯	18日
甲寅	癸未	癸丑	壬午	壬子	辛巳	庚戌	庚辰	己酉	己卯	戊申	庚辰	19日
乙卯	甲申	甲寅	癸未	癸丑	壬午	辛亥	辛巳	庚戌	庚辰	己酉	辛巳	20日
丙辰	乙酉	乙卯	甲申	甲寅	癸未	壬子	壬午	辛亥	辛巳	庚戌	壬午	21日
丁巳	丙戌	丙辰	乙酉	乙卯	甲申	癸丑	癸未	壬子	壬午	辛亥	癸未	22日
戊午	丁亥	丁巳	丙戌	丙辰	乙酉	甲寅	甲申	癸丑	癸未	壬子	甲申	23日
己未	戊子	戊午	丁亥	丁巳	丙戌	乙卯	乙酉	甲寅	甲申	癸丑	乙酉	24日
庚申	己丑	己未	戊子	戊午	丁亥	丙辰	丙戌	乙卯	乙酉	甲寅	丙戌	25日
辛酉	庚寅	庚申	己丑	己未	戊子	丁巳	丁亥	丙辰	丙戌	乙卯	丁亥	26日
壬戌	辛卯	辛酉	庚寅	庚申	己丑	戊午	戊子	丁巳	丁亥	丙辰	戊子	27日
癸亥	壬辰	壬戌	辛卯	辛酉	庚寅	己未	己丑	戊午	戊子	丁巳	己丑	28日
甲子	癸巳	癸亥	壬辰	壬戌	辛卯	庚申	庚寅	己未	己丑	戊午		29日
乙丑	甲午	甲子	癸巳	癸亥	壬辰	辛酉	辛卯	庚申	庚寅	己未		30日
丙寅	乙未		甲午		癸巳	壬戌		辛酉		庚申		31日

昭和25年（西暦1950年）庚寅年　五黄土星

昭和26年 1月	12月	11月	10月	9月	8月	7月	6月	5月	4月	3月	2月	月
己丑	戊子	丁亥	丙戌	乙酉	甲申	癸未	壬午	辛巳	庚辰	己卯	戊寅	月の干支
6日 12:31	8日 1:22	8日 8:44	9日 5:52	8日 14:34	8日 11:55	8日 2:13	6日 15:51	6日 11:25	5日 17:44	6日 12:36	4日 18:21	節入
辛丑	庚午	庚子	己巳	己亥	戊辰	丁酉	丁卯	丙申	丙寅	乙未	丁卯	1日
壬寅	辛未	辛丑	庚午	庚子	己巳	戊戌	戊辰	丁酉	丁卯	丙申	戊辰	2日
癸卯	壬申	壬寅	辛未	辛丑	庚午	己亥	己巳	戊戌	戊辰	丁酉	己巳	3日
甲辰	癸酉	癸卯	壬申	壬寅	辛未	庚子	庚午	己亥	己巳	戊戌	**庚午**	4日
乙巳	甲戌	甲辰	癸酉	癸卯	壬申	辛丑	辛未	庚子	**庚午**	己亥	辛未	5日
丙午	乙亥	乙巳	甲戌	甲辰	癸酉	壬寅	**壬申**	**辛丑**	辛未	**庚子**	壬申	6日
丁未	丙子	丙午	乙亥	乙巳	甲戌	癸卯	癸酉	壬寅	壬申	辛丑	癸酉	7日
戊申	**丁丑**	**丁未**	丙子	**丙午**	**乙亥**	**甲辰**	甲戌	癸卯	癸酉	壬寅	甲戌	8日
己酉	戊寅	戊申	**丁丑**	丁未	丙子	乙巳	乙亥	甲辰	甲戌	癸卯	乙亥	9日
庚戌	己卯	己酉	戊寅	戊申	丁丑	丙午	丙子	乙巳	乙亥	甲辰	丙子	10日
辛亥	庚辰	庚戌	己卯	己酉	戊寅	丁未	丁丑	丙午	丙子	乙巳	丁丑	11日
壬子	辛巳	辛亥	庚辰	庚戌	己卯	戊申	戊寅	丁未	丁丑	丙午	戊寅	12日
癸丑	壬午	壬子	辛巳	辛亥	庚辰	己酉	己卯	戊申	戊寅	丁未	己卯	13日
甲寅	癸未	癸丑	壬午	壬子	辛巳	庚戌	庚辰	己酉	己卯	戊申	庚辰	14日
乙卯	甲申	甲寅	癸未	癸丑	壬午	辛亥	辛巳	庚戌	庚辰	己酉	辛巳	15日
丙辰	乙酉	乙卯	甲申	甲寅	癸未	壬子	壬午	辛亥	辛巳	庚戌	壬午	16日
丁巳	丙戌	丙辰	乙酉	乙卯	甲申	癸丑	癸未	壬子	壬午	辛亥	癸未	17日
戊午	丁亥	丁巳	丙戌	丙辰	乙酉	甲寅	甲申	癸丑	癸未	壬子	甲申	18日
己未	戊子	戊午	丁亥	丁巳	丙戌	乙卯	乙酉	甲寅	甲申	癸丑	乙酉	19日
庚申	己丑	己未	戊子	戊午	丁亥	丙辰	丙戌	乙卯	乙酉	甲寅	丙戌	20日
辛酉	庚寅	庚申	己丑	己未	戊子	丁巳	丁亥	丙辰	丙戌	乙卯	丁亥	21日
壬戌	辛卯	辛酉	庚寅	庚申	己丑	戊午	戊子	丁巳	丁亥	丙辰	戊子	22日
癸亥	壬辰	壬戌	辛卯	辛酉	庚寅	己未	己丑	戊午	戊子	丁巳	己丑	23日
甲子	癸巳	癸亥	壬辰	壬戌	辛卯	庚申	庚寅	己未	己丑	戊午	庚寅	24日
乙丑	甲午	甲子	癸巳	癸亥	壬辰	辛酉	辛卯	庚申	庚寅	己未	辛卯	25日
丙寅	乙未	乙丑	甲午	甲子	癸巳	壬戌	壬辰	辛酉	辛卯	庚申	壬辰	26日
丁卯	丙申	丙寅	乙未	乙丑	甲午	癸亥	癸巳	壬戌	壬辰	辛酉	癸巳	27日
戊辰	丁酉	丁卯	丙申	丙寅	乙未	甲子	甲午	癸亥	癸巳	壬戌	甲午	28日
己巳	戊戌	戊辰	丁酉	丁卯	丙申	乙丑	乙未	甲子	甲午	癸亥		29日
庚午	己亥	己巳	戊戌	戊辰	丁酉	丙寅	丙申	乙丑	乙未	甲子		30日
辛未	庚子		己亥		戊戌	丁卯		丙寅		乙丑		31日

昭和26年（西暦1951年）辛卯年　四緑木星

昭和27年 1月	12月	11月	10月	9月	8月	7月	6月	5月	4月	3月	2月	月
辛丑	庚子	己亥	戊戌	丁酉	丙申	乙未	甲午	癸巳	壬辰	辛卯	庚寅	月の干支
6日 18:10	8日 7:03	8日 14:27	9日 11:37	8日 20:18	8日 17:38	8日 7:54	6日 21:33	6日 17:10	5日 23:33	6日 18:27	5日 0:14	節入
丙午	乙亥	乙巳	甲戌	甲辰	癸酉	壬寅	壬申	辛丑	辛未	庚子	壬申	1日
丁未	丙子	丙午	乙亥	乙巳	甲戌	癸卯	癸酉	壬寅	壬申	辛丑	癸酉	2日
戊申	丁丑	丁未	丙子	丙午	乙亥	甲辰	甲戌	癸卯	癸酉	壬寅	甲戌	3日
己酉	戊寅	戊申	丁丑	丁未	丙子	乙巳	乙亥	甲辰	甲戌	癸卯	乙亥	4日
庚戌	己卯	己酉	戊寅	戊申	丁丑	丙午	丙子	乙巳	**乙亥**	甲辰	**丙子**	5日
辛亥	庚辰	庚戌	己卯	己酉	戊寅	丁未	**丁丑**	**丙午**	丙子	**乙巳**	丁丑	6日
壬子	辛巳	辛亥	庚辰	庚戌	己卯	戊申	戊寅	丁未	丁丑	丙午	戊寅	7日
癸丑	**壬午**	**壬子**	辛巳	**辛亥**	**庚辰**	**己酉**	己卯	戊申	戊寅	丁未	己卯	8日
甲寅	癸未	癸丑	**壬午**	壬子	辛巳	庚戌	庚辰	己酉	己卯	戊申	庚辰	9日
乙卯	甲申	甲寅	癸未	癸丑	壬午	辛亥	辛巳	庚戌	庚辰	己酉	辛巳	10日
丙辰	乙酉	乙卯	甲申	甲寅	癸未	壬子	壬午	辛亥	辛巳	庚戌	壬午	11日
丁巳	丙戌	丙辰	乙酉	乙卯	甲申	癸丑	癸未	壬子	壬午	辛亥	癸未	12日
戊午	丁亥	丁巳	丙戌	丙辰	乙酉	甲寅	甲申	癸丑	癸未	壬子	甲申	13日
己未	戊子	戊午	丁亥	丁巳	丙戌	乙卯	乙酉	甲寅	甲申	癸丑	乙酉	14日
庚申	己丑	己未	戊子	戊午	丁亥	丙辰	丙戌	乙卯	乙酉	甲寅	丙戌	15日
辛酉	庚寅	庚申	己丑	己未	戊子	丁巳	丁亥	丙辰	丙戌	乙卯	丁亥	16日
壬戌	辛卯	辛酉	庚寅	庚申	己丑	戊午	戊子	丁巳	丁亥	丙辰	戊子	17日
癸亥	壬辰	壬戌	辛卯	辛酉	庚寅	己未	己丑	戊午	戊子	丁巳	己丑	18日
甲子	癸巳	癸亥	壬辰	壬戌	辛卯	庚申	庚寅	己未	己丑	戊午	庚寅	19日
乙丑	甲午	甲子	癸巳	癸亥	壬辰	辛酉	辛卯	庚申	庚寅	己未	辛卯	20日
丙寅	乙未	乙丑	甲午	甲子	癸巳	壬戌	壬辰	辛酉	辛卯	庚申	壬辰	21日
丁卯	丙申	丙寅	乙未	乙丑	甲午	癸亥	癸巳	壬戌	壬辰	辛酉	癸巳	22日
戊辰	丁酉	丁卯	丙申	丙寅	乙未	甲子	甲午	癸亥	癸巳	壬戌	甲午	23日
己巳	戊戌	戊辰	丁酉	丁卯	丙申	乙丑	乙未	甲子	甲午	癸亥	乙未	24日
庚午	己亥	己巳	戊戌	戊辰	丁酉	丙寅	丙申	乙丑	乙未	甲子	丙申	25日
辛未	庚子	庚午	己亥	己巳	戊戌	丁卯	丁酉	丙寅	丙申	乙丑	丁酉	26日
壬申	辛丑	辛未	庚子	庚午	己亥	戊辰	戊戌	丁卯	丁酉	丙寅	戊戌	27日
癸酉	壬寅	壬申	辛丑	辛未	庚子	己巳	己亥	戊辰	戊戌	丁卯	己亥	28日
甲戌	癸卯	癸酉	壬寅	壬申	辛丑	庚午	庚子	己巳	己亥	戊辰		29日
乙亥	甲辰	甲戌	癸卯	癸酉	壬寅	辛未	辛丑	庚午	庚子	己巳		30日
丙子	乙巳		甲辰		癸卯	壬申		辛未		庚午		31日

昭和27年（西暦1952年）壬辰年　三碧木星

昭和28年 1月	12月	11月	10月	9月	8月	7月	6月	5月	4月	3月	2月	月
癸丑	壬子	辛亥	庚戌	己酉	戊申	丁未	丙午	乙巳	甲辰	癸卯	壬寅	月の干支
6日 0:02	7日 12:56	7日 20:22	8日 17:33	8日 2:14	7日 23:32	7日 13:45	6日 3:20	5日 22:54	5日 5:15	6日 0:08	5日 5:53	節入
壬子	辛巳	辛亥	庚辰	庚戌	己卯	戊申	戊寅	丁未	丁丑	丙午	丁丑	1日
癸丑	壬午	壬子	辛巳	辛亥	庚辰	己酉	己卯	戊申	戊寅	丁未	戊寅	2日
甲寅	癸未	癸丑	壬午	壬子	辛巳	庚戌	庚辰	己酉	己卯	戊申	己卯	3日
乙卯	甲申	甲寅	癸未	癸丑	壬午	辛亥	辛巳	庚戌	庚辰	己酉	庚辰	4日
丙辰	乙酉	乙卯	甲申	甲寅	癸未	壬子	壬午	**辛亥**	**辛巳**	庚戌	**辛巳**	5日
丁巳	丙戌	丙辰	乙酉	乙卯	甲申	癸丑	**癸未**	壬子	壬午	**辛亥**	壬午	6日
戊午	**丁亥**	**丁巳**	丙戌	丙辰	**乙酉**	**甲寅**	甲申	癸丑	癸未	壬子	癸未	7日
己未	戊子	戊午	**丁亥**	**丁巳**	丙戌	乙卯	乙酉	甲寅	甲申	癸丑	甲申	8日
庚申	己丑	己未	戊子	戊午	丁亥	丙辰	丙戌	乙卯	乙酉	甲寅	乙酉	9日
辛酉	庚寅	庚申	己丑	己未	戊子	丁巳	丁亥	丙辰	丙戌	乙卯	丙戌	10日
壬戌	辛卯	辛酉	庚寅	庚申	己丑	戊午	戊子	丁巳	丁亥	丙辰	丁亥	11日
癸亥	壬辰	壬戌	辛卯	辛酉	庚寅	己未	己丑	戊午	戊子	丁巳	戊子	12日
甲子	癸巳	癸亥	壬辰	壬戌	辛卯	庚申	庚寅	己未	己丑	戊午	己丑	13日
乙丑	甲午	甲子	癸巳	癸亥	壬辰	辛酉	辛卯	庚申	庚寅	己未	庚寅	14日
丙寅	乙未	乙丑	甲午	甲子	癸巳	壬戌	壬辰	辛酉	辛卯	庚申	辛卯	15日
丁卯	丙申	丙寅	乙未	乙丑	甲午	癸亥	癸巳	壬戌	壬辰	辛酉	壬辰	16日
戊辰	丁酉	丁卯	丙申	丙寅	乙未	甲子	甲午	癸亥	癸巳	壬戌	癸巳	17日
己巳	戊戌	戊辰	丁酉	丁卯	丙申	乙丑	乙未	甲子	甲午	癸亥	甲午	18日
庚午	己亥	己巳	戊戌	戊辰	丁酉	丙寅	丙申	乙丑	乙未	甲子	乙未	19日
辛未	庚子	庚午	己亥	己巳	戊戌	丁卯	丁酉	丙寅	丙申	乙丑	丙申	20日
壬申	辛丑	辛未	庚子	庚午	己亥	戊辰	戊戌	丁卯	丁酉	丙寅	丁酉	21日
癸酉	壬寅	壬申	辛丑	辛未	庚子	己巳	己亥	戊辰	戊戌	丁卯	戊戌	22日
甲戌	癸卯	癸酉	壬寅	壬申	辛丑	庚午	庚子	己巳	己亥	戊辰	己亥	23日
乙亥	甲辰	甲戌	癸卯	癸酉	壬寅	辛未	辛丑	庚午	庚子	己巳	庚子	24日
丙子	乙巳	乙亥	甲辰	甲戌	癸卯	壬申	壬寅	辛未	辛丑	庚午	辛丑	25日
丁丑	丙午	丙子	乙巳	乙亥	甲辰	癸酉	癸卯	壬申	壬寅	辛未	壬寅	26日
戊寅	丁未	丁丑	丙午	丙子	乙巳	甲戌	甲辰	癸酉	癸卯	壬申	癸卯	27日
己卯	戊申	戊寅	丁未	丁丑	丙午	乙亥	乙巳	甲戌	甲辰	癸酉	甲辰	28日
庚辰	己酉	己卯	戊申	戊寅	丁未	丙子	丙午	乙亥	乙巳	甲戌	乙巳	29日
辛巳	庚戌	庚辰	己酉	己卯	戊申	丁丑	丁未	丙子	丙午	乙亥		30日
壬午	辛亥		庚戌		己酉	戊寅		丁丑		丙子		31日

昭和28年（西暦1953年）癸巳年　二黒土星

昭和29年 1月	12月	11月	10月	9月	8月	7月	6月	5月	4月	3月	2月	月
乙丑	甲子	癸亥	壬戌	辛酉	庚申	己未	戊午	丁巳	丙辰	乙卯	甲寅	月の干支
6日 5:45	7日 18:37	8日 2:02	8日 23:11	8日 7:53	8日 5:15	7日 19:35	6日 9:17	6日 4:52	5日 11:13	6日 6:02	4日 11:47	節入
丁巳	丙戌	丙辰	乙酉	乙卯	甲申	癸丑	癸未	壬子	壬午	辛亥	癸未	1日
戊午	丁亥	丁巳	丙戌	丙辰	乙酉	甲寅	甲申	癸丑	癸未	壬子	甲申	2日
己未	戊子	戊午	丁亥	丁巳	丙戌	乙卯	乙酉	甲寅	甲申	癸丑	乙酉	3日
庚申	己丑	己未	戊子	戊午	丁亥	丙辰	丙戌	乙卯	乙酉	甲寅	**丙戌**	4日
辛酉	庚寅	庚申	己丑	己未	戊子	丁巳	丁亥	丙辰	**丙戌**	乙卯	丁亥	5日
壬戌	辛卯	辛酉	庚寅	庚申	己丑	戊午	**戊子**	**丁巳**	丁亥	**丙辰**	戊子	6日
癸亥	**壬辰**	壬戌	辛卯	辛酉	庚寅	**己未**	己丑	戊午	戊子	丁巳	己丑	7日
甲子	癸巳	**癸亥**	**壬辰**	**壬戌**	**辛卯**	庚申	庚寅	己未	己丑	戊午	庚寅	8日
乙丑	甲午	甲子	癸巳	癸亥	壬辰	辛酉	辛卯	庚申	庚寅	己未	辛卯	9日
丙寅	乙未	乙丑	甲午	甲子	癸巳	壬戌	壬辰	辛酉	辛卯	庚申	壬辰	10日
丁卯	丙申	丙寅	乙未	乙丑	甲午	癸亥	癸巳	壬戌	壬辰	辛酉	癸巳	11日
戊辰	丁酉	丁卯	丙申	丙寅	乙未	甲子	甲午	癸亥	癸巳	壬戌	甲午	12日
己巳	戊戌	戊辰	丁酉	丁卯	丙申	乙丑	乙未	甲子	甲午	癸亥	乙未	13日
庚午	己亥	己巳	戊戌	戊辰	丁酉	丙寅	丙申	乙丑	乙未	甲子	丙申	14日
辛未	庚子	庚午	己亥	己巳	戊戌	丁卯	丁酉	丙寅	丙申	乙丑	丁酉	15日
壬申	辛丑	辛未	庚子	庚午	己亥	戊辰	戊戌	丁卯	丁酉	丙寅	戊戌	16日
癸酉	壬寅	壬申	辛丑	辛未	庚子	己巳	己亥	戊辰	戊戌	丁卯	己亥	17日
甲戌	癸卯	癸酉	壬寅	壬申	辛丑	庚午	庚子	己巳	己亥	戊辰	庚子	18日
乙亥	甲辰	甲戌	癸卯	癸酉	壬寅	辛未	辛丑	庚午	庚子	己巳	辛丑	19日
丙子	乙巳	乙亥	甲辰	甲戌	癸卯	壬申	壬寅	辛未	辛丑	庚午	壬寅	20日
丁丑	丙午	丙子	乙巳	乙亥	甲辰	癸酉	癸卯	壬申	壬寅	辛未	癸卯	21日
戊寅	丁未	丁丑	丙午	丙子	乙巳	甲戌	甲辰	癸酉	癸卯	壬申	甲辰	22日
己卯	戊申	戊寅	丁未	丁丑	丙午	乙亥	乙巳	甲戌	甲辰	癸酉	乙巳	23日
庚辰	己酉	己卯	戊申	戊寅	丁未	丙子	丙午	乙亥	乙巳	甲戌	丙午	24日
辛巳	庚戌	庚辰	己酉	己卯	戊申	丁丑	丁未	丙子	丙午	乙亥	丁未	25日
壬午	辛亥	辛巳	庚戌	庚辰	己酉	戊寅	戊申	丁丑	丁未	丙子	戊申	26日
癸未	壬子	壬午	辛亥	辛巳	庚戌	己卯	己酉	戊寅	戊申	丁丑	己酉	27日
甲申	癸丑	癸未	壬子	壬午	辛亥	庚辰	庚戌	己卯	己酉	戊寅	庚戌	28日
乙酉	甲寅	甲申	癸丑	癸未	壬子	辛巳	辛亥	庚辰	庚戌	己卯		29日
丙戌	乙卯	乙酉	甲寅	甲申	癸丑	壬午	壬子	辛巳	辛亥	庚辰		30日
丁亥	丙辰		乙卯		甲寅	癸未		壬午		辛巳		31日

昭和29年（西暦1954年）甲午年　一白水星

昭和30年 1月	12月	11月	10月	9月	8月	7月	6月	5月	4月	3月	2月	月
丁丑	丙子	乙亥	甲戌	癸酉	壬申	辛未	庚午	己巳	戊辰	丁卯	丙寅	月の干支
6日 11:36	8日 0:29	8日 7:51	9日 4:58	8日 13:38	8日 11:00	8日 1:20	6日 15:01	6日 10:38	5日 17:00	6日 11:49	4日 17:31	節入
壬戌	辛卯	辛酉	庚寅	庚申	己丑	戊午	戊子	丁巳	丁亥	丙辰	戊子	1日
癸亥	壬辰	壬戌	辛卯	辛酉	庚寅	己未	己丑	戊午	戊子	丁巳	己丑	2日
甲子	癸巳	癸亥	壬辰	壬戌	辛卯	庚申	庚寅	己未	己丑	戊午	庚寅	3日
乙丑	甲午	甲子	癸巳	癸亥	壬辰	辛酉	辛卯	庚申	庚寅	己未	**辛卯**	4日
丙寅	乙未	乙丑	甲午	甲子	癸巳	壬戌	壬辰	辛酉	**辛卯**	庚申	壬辰	5日
丁卯	丙申	丙寅	乙未	乙丑	甲午	癸亥	**癸巳**	**壬戌**	壬辰	**辛酉**	癸巳	6日
戊辰	丁酉	丁卯	丙申	丙寅	乙未	甲子	甲午	癸亥	癸巳	壬戌	甲午	7日
己巳	**戊戌**	**戊辰**	丁酉	**丁卯**	**丙申**	**乙丑**	乙未	甲子	甲午	癸亥	乙未	8日
庚午	己亥	己巳	**戊戌**	戊辰	丁酉	丙寅	丙申	乙丑	乙未	甲子	丙申	9日
辛未	庚子	庚午	己亥	己巳	戊戌	丁卯	丁酉	丙寅	丙申	乙丑	丁酉	10日
壬申	辛丑	辛未	庚子	庚午	己亥	戊辰	戊戌	丁卯	丁酉	丙寅	戊戌	11日
癸酉	壬寅	壬申	辛丑	辛未	庚子	己巳	己亥	戊辰	戊戌	丁卯	己亥	12日
甲戌	癸卯	癸酉	壬寅	壬申	辛丑	庚午	庚子	己巳	己亥	戊辰	庚子	13日
乙亥	甲辰	甲戌	癸卯	癸酉	壬寅	辛未	辛丑	庚午	庚子	己巳	辛丑	14日
丙子	乙巳	乙亥	甲辰	甲戌	癸卯	壬申	壬寅	辛未	辛丑	庚午	壬寅	15日
丁丑	丙午	丙子	乙巳	乙亥	甲辰	癸酉	癸卯	壬申	壬寅	辛未	癸卯	16日
戊寅	丁未	丁丑	丙午	丙子	乙巳	甲戌	甲辰	癸酉	癸卯	壬申	甲辰	17日
己卯	戊申	戊寅	丁未	丁丑	丙午	乙亥	乙巳	甲戌	甲辰	癸酉	乙巳	18日
庚辰	己酉	己卯	戊申	戊寅	丁未	丙子	丙午	乙亥	乙巳	甲戌	丙午	19日
辛巳	庚戌	庚辰	己酉	己卯	戊申	丁丑	丁未	丙子	丙午	乙亥	丁未	20日
壬午	辛亥	辛巳	庚戌	庚辰	己酉	戊寅	戊申	丁丑	丁未	丙子	戊申	21日
癸未	壬子	壬午	辛亥	辛巳	庚戌	己卯	己酉	戊寅	戊申	丁丑	己酉	22日
甲申	癸丑	癸未	壬子	壬午	辛亥	庚辰	庚戌	己卯	己酉	戊寅	庚戌	23日
乙酉	甲寅	甲申	癸丑	癸未	壬子	辛巳	辛亥	庚辰	庚戌	己卯	辛亥	24日
丙戌	乙卯	乙酉	甲寅	甲申	癸丑	壬午	壬子	辛巳	辛亥	庚辰	壬子	25日
丁亥	丙辰	丙戌	乙卯	乙酉	甲寅	癸未	癸丑	壬午	壬子	辛巳	癸丑	26日
戊子	丁巳	丁亥	丙辰	丙戌	乙卯	甲申	甲寅	癸未	癸丑	壬午	甲寅	27日
己丑	戊午	戊子	丁巳	丁亥	丙辰	乙酉	乙卯	甲申	甲寅	癸未	乙卯	28日
庚寅	己未	己丑	戊午	戊子	丁巳	丙戌	丙辰	乙酉	乙卯	甲申		29日
辛卯	庚申	庚寅	己未	己丑	戊午	丁亥	丁巳	丙戌	丙辰	乙酉		30日
壬辰	辛酉		庚申		己未	戊子		丁亥		丙戌		31日

昭和30年（西暦1955年）乙未年　九紫火星

昭和31年 1月	12月	11月	10月	9月	8月	7月	6月	5月	4月	3月	2月	月
己丑	戊子	丁亥	丙戌	乙酉	甲申	癸未	壬午	辛巳	庚辰	己卯	戊寅	月の干支
6日 17:31	8日 6:23	8日 13:46	9日 10:53	8日 19:32	8日 16:50	8日 7:06	6日 20:43	6日 16:18	5日 22:39	6日 17:31	4日 23:18	節入
丁卯	丙申	丙寅	乙未	乙丑	甲午	癸亥	癸巳	壬戌	壬辰	辛酉	癸巳	1日
戊辰	丁酉	丁卯	丙申	丙寅	乙未	甲子	甲午	癸亥	癸巳	壬戌	甲午	2日
己巳	戊戌	戊辰	丁酉	丁卯	丙申	乙丑	乙未	甲子	甲午	癸亥	乙未	3日
庚午	己亥	己巳	戊戌	戊辰	丁酉	丙寅	丙申	乙丑	乙未	甲子	**丙申**	4日
辛未	庚子	庚午	己亥	己巳	戊戌	丁卯	丁酉	丙寅	**丙申**	乙丑	丁酉	5日
壬申	辛丑	辛未	庚子	庚午	己亥	戊辰	**戊戌**	**丁卯**	丁酉	**丙寅**	戊戌	6日
癸酉	壬寅	壬申	辛丑	辛未	庚子	己巳	己亥	戊辰	戊戌	丁卯	己亥	7日
甲戌	**癸卯**	**癸酉**	壬寅	**壬申**	**辛丑**	**庚午**	庚子	己巳	己亥	戊辰	庚子	8日
乙亥	甲辰	甲戌	**癸卯**	癸酉	壬寅	辛未	辛丑	庚午	庚子	己巳	辛丑	9日
丙子	乙巳	乙亥	甲辰	甲戌	癸卯	壬申	壬寅	辛未	辛丑	庚午	壬寅	10日
丁丑	丙午	丙子	乙巳	乙亥	甲辰	癸酉	癸卯	壬申	壬寅	辛未	癸卯	11日
戊寅	丁未	丁丑	丙午	丙子	乙巳	甲戌	甲辰	癸酉	癸卯	壬申	甲辰	12日
己卯	戊申	戊寅	丁未	丁丑	丙午	乙亥	乙巳	甲戌	甲辰	癸酉	乙巳	13日
庚辰	己酉	己卯	戊申	戊寅	丁未	丙子	丙午	乙亥	乙巳	甲戌	丙午	14日
辛巳	庚戌	庚辰	己酉	己卯	戊申	丁丑	丁未	丙子	丙午	乙亥	丁未	15日
壬午	辛亥	辛巳	庚戌	庚辰	己酉	戊寅	戊申	丁丑	丁未	丙子	戊申	16日
癸未	壬子	壬午	辛亥	辛巳	庚戌	己卯	己酉	戊寅	戊申	丁丑	己酉	17日
甲申	癸丑	癸未	壬子	壬午	辛亥	庚辰	庚戌	己卯	己酉	戊寅	庚戌	18日
乙酉	甲寅	甲申	癸丑	癸未	壬子	辛巳	辛亥	庚辰	庚戌	己卯	辛亥	19日
丙戌	乙卯	乙酉	甲寅	甲申	癸丑	壬午	壬子	辛巳	辛亥	庚辰	壬子	20日
丁亥	丙辰	丙戌	乙卯	乙酉	甲寅	癸未	癸丑	壬午	壬子	辛巳	癸丑	21日
戊子	丁巳	丁亥	丙辰	丙戌	乙卯	甲申	甲寅	癸未	癸丑	壬午	甲寅	22日
己丑	戊午	戊子	丁巳	丁亥	丙辰	乙酉	乙卯	甲申	甲寅	癸未	乙卯	23日
庚寅	己未	己丑	戊午	戊子	丁巳	丙戌	丙辰	乙酉	乙卯	甲申	丙辰	24日
辛卯	庚申	庚寅	己未	己丑	戊午	丁亥	丁巳	丙戌	丙辰	乙酉	丁巳	25日
壬辰	辛酉	辛卯	庚申	庚寅	己未	戊子	戊午	丁亥	丁巳	丙戌	戊午	26日
癸巳	壬戌	壬辰	辛酉	辛卯	庚申	己丑	己未	戊子	戊午	丁亥	己未	27日
甲午	癸亥	癸巳	壬戌	壬辰	辛酉	庚寅	庚申	己丑	己未	戊子	庚申	28日
乙未	甲子	甲午	癸亥	癸巳	壬戌	辛卯	辛酉	庚寅	庚申	己丑		29日
丙申	乙丑	乙未	甲子	甲午	癸亥	壬辰	壬戌	辛卯	辛酉	庚寅		30日
丁酉	丙寅		乙丑		甲子	癸巳		壬辰		辛卯		31日

昭和31年（西暦1956年）丙申年　八白土星

昭和32年 1月	12月	11月	10月	9月	8月	7月	6月	5月	4月	3月	2月	月
辛丑	**庚子**	**己亥**	**戊戌**	**丁酉**	**丙申**	**乙未**	**甲午**	**癸巳**	**壬辰**	**辛卯**	**庚寅**	**月の干支**
5日 23:11	7日 12:03	7日 19:26	8日 16:37	8日 1:20	7日 22:40	7日 12:58	6日 2:36	5日 22:10	5日 4:32	5日 23:25	5日 5:12	**節入**
癸酉	壬寅	壬申	辛丑	辛未	庚子	己巳	己亥	戊辰	戊戌	丁卯	戊戌	**1日**
甲戌	癸卯	癸酉	壬寅	壬申	辛丑	庚午	庚子	己巳	己亥	戊辰	己亥	**2日**
乙亥	甲辰	甲戌	癸卯	癸酉	壬寅	辛未	辛丑	庚午	庚子	己巳	庚子	**3日**
丙子	乙巳	乙亥	甲辰	甲戌	癸卯	壬申	壬寅	辛未	辛丑	庚午	辛丑	**4日**
丁丑	丙午	丙子	乙巳	乙亥	甲辰	癸酉	癸卯	**壬申**	**壬寅**	**辛未**	**壬寅**	**5日**
戊寅	丁未	丁丑	丙午	丙子	乙巳	甲戌	**甲辰**	癸酉	癸卯	壬申	癸卯	**6日**
己卯	**戊申**	**戊寅**	丁未	丁丑	**丙午**	**乙亥**	乙巳	甲戌	甲辰	癸酉	甲辰	**7日**
庚辰	己酉	己卯	**戊申**	**戊寅**	丁未	丙子	丙午	乙亥	乙巳	甲戌	乙巳	**8日**
辛巳	庚戌	庚辰	己酉	己卯	戊申	丁丑	丁未	丙子	丙午	乙亥	丙午	**9日**
壬午	辛亥	辛巳	庚戌	庚辰	己酉	戊寅	戊申	丁丑	丁未	丙子	丁未	**10日**
癸未	壬子	壬午	辛亥	辛巳	庚戌	己卯	己酉	戊寅	戊申	丁丑	戊申	**11日**
甲申	癸丑	癸未	壬子	壬午	辛亥	庚辰	庚戌	己卯	己酉	戊寅	己酉	**12日**
乙酉	甲寅	甲申	癸丑	癸未	壬子	辛巳	辛亥	庚辰	庚戌	己卯	庚戌	**13日**
丙戌	乙卯	乙酉	甲寅	甲申	癸丑	壬午	壬子	辛巳	辛亥	庚辰	辛亥	**14日**
丁亥	丙辰	丙戌	乙卯	乙酉	甲寅	癸未	癸丑	壬午	壬子	辛巳	壬子	**15日**
戊子	丁巳	丁亥	丙辰	丙戌	乙卯	甲申	甲寅	癸未	癸丑	壬午	癸丑	**16日**
己丑	戊午	戊子	丁巳	丁亥	丙辰	乙酉	乙卯	甲申	甲寅	癸未	甲寅	**17日**
庚寅	己未	己丑	戊午	戊子	丁巳	丙戌	丙辰	乙酉	乙卯	甲申	乙卯	**18日**
辛卯	庚申	庚寅	己未	己丑	戊午	丁亥	丁巳	丙戌	丙辰	乙酉	丙辰	**19日**
壬辰	辛酉	辛卯	庚申	庚寅	己未	戊子	戊午	丁亥	丁巳	丙戌	丁巳	**20日**
癸巳	壬戌	壬辰	辛酉	辛卯	庚申	己丑	己未	戊子	戊午	丁亥	戊午	**21日**
甲午	癸亥	癸巳	壬戌	壬辰	辛酉	庚寅	庚申	己丑	己未	戊子	己未	**22日**
乙未	甲子	甲午	癸亥	癸巳	壬戌	辛卯	辛酉	庚寅	庚申	己丑	庚申	**23日**
丙申	乙丑	乙未	甲子	甲午	癸亥	壬辰	壬戌	辛卯	辛酉	庚寅	辛酉	**24日**
丁酉	丙寅	丙申	乙丑	乙未	甲子	癸巳	癸亥	壬辰	壬戌	辛卯	壬戌	**25日**
戊戌	丁卯	丁酉	丙寅	丙申	乙丑	甲午	甲子	癸巳	癸亥	壬辰	癸亥	**26日**
己亥	戊辰	戊戌	丁卯	丁酉	丙寅	乙未	乙丑	甲午	甲子	癸巳	甲子	**27日**
庚子	己巳	己亥	戊辰	戊戌	丁卯	丙申	丙寅	乙未	乙丑	甲午	乙丑	**28日**
辛丑	庚午	庚子	己巳	己亥	戊辰	丁酉	丁卯	丙申	丙寅	乙未	丙寅	**29日**
壬寅	辛未	辛丑	庚午	庚子	己巳	戊戌	戊辰	丁酉	丁卯	丙申		**30日**
癸卯	壬申		辛未		庚午	己亥		戊戌		丁酉		**31日**

昭和32年（西暦1957年）丁酉年　七赤金星

昭和33年 1月	12月	11月	10月	9月	8月	7月	6月	5月	4月	3月	2月	月
癸丑	壬子	辛亥	庚戌	己酉	戊申	丁未	丙午	乙巳	甲辰	癸卯	壬寅	月の干支
6日 5:05	7日 17:56	8日 1:21	8日 22:31	8日 7:13	8日 4:32	7日 18:48	6日 8:25	6日 3:58	5日 10:19	6日 5:11	4日 10:55	節入
戊寅	丁未	丁丑	丙午	丙子	乙巳	甲戌	甲辰	癸酉	癸卯	壬申	甲辰	1日
己卯	戊申	戊寅	丁未	丁丑	丙午	乙亥	乙巳	甲戌	甲辰	癸酉	乙巳	2日
庚辰	己酉	己卯	戊申	戊寅	丁未	丙子	丙午	乙亥	乙巳	甲戌	丙午	3日
辛巳	庚戌	庚辰	己酉	己卯	戊申	丁丑	丁未	丙子	丙午	乙亥	**丁未**	4日
壬午	辛亥	辛巳	庚戌	庚辰	己酉	戊寅	戊申	丁丑	**丁未**	丙子	戊申	5日
癸未	壬子	壬午	辛亥	辛巳	庚戌	己卯	**己酉**	**戊寅**	戊申	**丁丑**	己酉	6日
甲申	**癸丑**	癸未	壬子	壬午	辛亥	**庚辰**	庚戌	己卯	己酉	戊寅	庚戌	7日
乙酉	甲寅	**甲申**	**癸丑**	**癸未**	**壬子**	辛巳	辛亥	庚辰	庚戌	己卯	辛亥	8日
丙戌	乙卯	乙酉	甲寅	甲申	癸丑	壬午	壬子	辛巳	辛亥	庚辰	壬子	9日
丁亥	丙辰	丙戌	乙卯	乙酉	甲寅	癸未	癸丑	壬午	壬子	辛巳	癸丑	10日
戊子	丁巳	丁亥	丙辰	丙戌	乙卯	甲申	甲寅	癸未	癸丑	壬午	甲寅	11日
己丑	戊午	戊子	丁巳	丁亥	丙辰	乙酉	乙卯	甲申	甲寅	癸未	乙卯	12日
庚寅	己未	己丑	戊午	戊子	丁巳	丙戌	丙辰	乙酉	乙卯	甲申	丙辰	13日
辛卯	庚申	庚寅	己未	己丑	戊午	丁亥	丁巳	丙戌	丙辰	乙酉	丁巳	14日
壬辰	辛酉	辛卯	庚申	庚寅	己未	戊子	戊午	丁亥	丁巳	丙戌	戊午	15日
癸巳	壬戌	壬辰	辛酉	辛卯	庚申	己丑	己未	戊子	戊午	丁亥	己未	16日
甲午	癸亥	癸巳	壬戌	壬辰	辛酉	庚寅	庚申	己丑	己未	戊子	庚申	17日
乙未	甲子	甲午	癸亥	癸巳	壬戌	辛卯	辛酉	庚寅	庚申	己丑	辛酉	18日
丙申	乙丑	乙未	甲子	甲午	癸亥	壬辰	壬戌	辛卯	辛酉	庚寅	壬戌	19日
丁酉	丙寅	丙申	乙丑	乙未	甲子	癸巳	癸亥	壬辰	壬戌	辛卯	癸亥	20日
戊戌	丁卯	丁酉	丙寅	丙申	乙丑	甲午	甲子	癸巳	癸亥	壬辰	甲子	21日
己亥	戊辰	戊戌	丁卯	丁酉	丙寅	乙未	乙丑	甲午	甲子	癸巳	乙丑	22日
庚子	己巳	己亥	戊辰	戊戌	丁卯	丙申	丙寅	乙未	乙丑	甲午	丙寅	23日
辛丑	庚午	庚子	己巳	己亥	戊辰	丁酉	丁卯	丙申	丙寅	乙未	丁卯	24日
壬寅	辛未	辛丑	庚午	庚子	己巳	戊戌	戊辰	丁酉	丁卯	丙申	戊辰	25日
癸卯	壬申	壬寅	辛未	辛丑	庚午	己亥	己巳	戊戌	戊辰	丁酉	己巳	26日
甲辰	癸酉	癸卯	壬申	壬寅	辛未	庚子	庚午	己亥	己巳	戊戌	庚午	27日
乙巳	甲戌	甲辰	癸酉	癸卯	壬申	辛丑	辛未	庚子	庚午	己亥	辛未	28日
丙午	乙亥	乙巳	甲戌	甲辰	癸酉	壬寅	壬申	辛丑	辛未	庚子		29日
丁未	丙子	丙午	乙亥	乙巳	甲戌	癸卯	癸酉	壬寅	壬申	辛丑		30日
戊申	丁丑		丙子		乙亥	甲辰		癸卯		壬寅		31日

昭和33年（西暦1958年）戊戌年　六白金星

昭和34年 1月	12月	11月	10月	9月	8月	7月	6月	5月	4月	3月	2月	月
乙丑	甲子	癸亥	壬戌	辛酉	庚申	己未	戊午	丁巳	丙辰	乙卯	甲寅	月の干支
6日 10:59	7日 23:50	8日 7:12	9日 4:20	8日 13:00	8日 10:18	8日 0:33	6日 14:13	6日 9:50	5日 16:12	6日 11:05	4日 16:50	節入
癸未	壬子	壬午	辛亥	辛巳	庚戌	己卯	己酉	戊寅	戊申	丁丑	己酉	1日
甲申	癸丑	癸未	壬子	壬午	辛亥	庚辰	庚戌	己卯	己酉	戊寅	庚戌	2日
乙酉	甲寅	甲申	癸丑	癸未	壬子	辛巳	辛亥	庚辰	庚戌	己卯	辛亥	3日
丙戌	乙卯	乙酉	甲寅	甲申	癸丑	壬午	壬子	辛巳	辛亥	庚辰	**壬子**	4日
丁亥	丙辰	丙戌	乙卯	乙酉	甲寅	癸未	癸丑	壬午	**壬子**	辛巳	癸丑	5日
戊子	丁巳	丁亥	丙辰	丙戌	乙卯	甲申	**甲寅**	**癸未**	癸丑	**壬午**	甲寅	6日
己丑	**戊午**	戊子	丁巳	丁亥	丙辰	乙酉	乙卯	甲申	甲寅	癸未	乙卯	7日
庚寅	己未	**己丑**	戊午	**戊子**	**丁巳**	**丙戌**	丙辰	乙酉	乙卯	甲申	丙辰	8日
辛卯	庚申	庚寅	**己未**	己丑	戊午	丁亥	丁巳	丙戌	丙辰	乙酉	丁巳	9日
壬辰	辛酉	辛卯	庚申	庚寅	己未	戊子	戊午	丁亥	丁巳	丙戌	戊午	10日
癸巳	壬戌	壬辰	辛酉	辛卯	庚申	己丑	己未	戊子	戊午	丁亥	己未	11日
甲午	癸亥	癸巳	壬戌	壬辰	辛酉	庚寅	庚申	己丑	己未	戊子	庚申	12日
乙未	甲子	甲午	癸亥	癸巳	壬戌	辛卯	辛酉	庚寅	庚申	己丑	辛酉	13日
丙申	乙丑	乙未	甲子	甲午	癸亥	壬辰	壬戌	辛卯	辛酉	庚寅	壬戌	14日
丁酉	丙寅	丙申	乙丑	乙未	甲子	癸巳	癸亥	壬辰	壬戌	辛卯	癸亥	15日
戊戌	丁卯	丁酉	丙寅	丙申	乙丑	甲午	甲子	癸巳	癸亥	壬辰	甲子	16日
己亥	戊辰	戊戌	丁卯	丁酉	丙寅	乙未	乙丑	甲午	甲子	癸巳	乙丑	17日
庚子	己巳	己亥	戊辰	戊戌	丁卯	丙申	丙寅	乙未	乙丑	甲午	丙寅	18日
辛丑	庚午	庚子	己巳	己亥	戊辰	丁酉	丁卯	丙申	丙寅	乙未	丁卯	19日
壬寅	辛未	辛丑	庚午	庚子	己巳	戊戌	戊辰	丁酉	丁卯	丙申	戊辰	20日
癸卯	壬申	壬寅	辛未	辛丑	庚午	己亥	己巳	戊戌	戊辰	丁酉	己巳	21日
甲辰	癸酉	癸卯	壬申	壬寅	辛未	庚子	庚午	己亥	己巳	戊戌	庚午	22日
乙巳	甲戌	甲辰	癸酉	癸卯	壬申	辛丑	辛未	庚子	庚午	己亥	辛未	23日
丙午	乙亥	乙巳	甲戌	甲辰	癸酉	壬寅	壬申	辛丑	辛未	庚子	壬申	24日
丁未	丙子	丙午	乙亥	乙巳	甲戌	癸卯	癸酉	壬寅	壬申	辛丑	癸酉	25日
戊申	丁丑	丁未	丙子	丙午	乙亥	甲辰	甲戌	癸卯	癸酉	壬寅	甲戌	26日
己酉	戊寅	戊申	丁丑	丁未	丙子	乙巳	乙亥	甲辰	甲戌	癸卯	乙亥	27日
庚戌	己卯	己酉	戊寅	戊申	丁丑	丙午	丙子	乙巳	乙亥	甲辰	丙子	28日
辛亥	庚辰	庚戌	己卯	己酉	戊寅	丁未	丁丑	丙午	丙子	乙巳		29日
壬子	辛巳	辛亥	庚辰	庚戌	己卯	戊申	戊寅	丁未	丁丑	丙午		30日
癸丑	壬午		辛巳		庚辰	己酉		戊申		丁未		31日

昭和34年（西暦1959年）己亥年　五黄土星

昭和35年 1月	12月	11月	10月	9月	8月	7月	6月	5月	4月	3月	2月	月
丁丑	**丙子**	**乙亥**	**甲戌**	**癸酉**	**壬申**	**辛未**	**庚午**	**己巳**	**戊辰**	**丁卯**	**丙寅**	**月の干支**
6日 16:43	8日 5:38	8日 13:02	9日 10:11	8日 18:48	8日 16:04	8日 6:20	6日 20:01	6日 15:39	5日 22:03	6日 16:57	4日 22:42	**節入**
戊子	丁巳	丁亥	丙辰	丙戌	乙卯	甲申	甲寅	癸未	癸丑	壬午	甲寅	**1日**
己丑	戊午	戊子	丁巳	丁亥	丙辰	乙酉	乙卯	甲申	甲寅	癸未	乙卯	**2日**
庚寅	己未	己丑	戊午	戊子	丁巳	丙戌	丙辰	乙酉	乙卯	甲申	丙辰	**3日**
辛卯	庚申	庚寅	己未	己丑	戊午	丁亥	丁巳	丙戌	丙辰	乙酉	**丁巳**	**4日**
壬辰	辛酉	辛卯	庚申	庚寅	己未	戊子	戊午	丁亥	**丁巳**	丙戌	戊午	**5日**
癸巳	壬戌	壬辰	辛酉	辛卯	庚申	己丑	**己未**	**戊子**	戊午	**丁亥**	己未	**6日**
甲午	癸亥	癸巳	壬戌	壬辰	辛酉	庚寅	庚申	己丑	己未	戊子	庚申	**7日**
乙未	**甲子**	**甲午**	癸亥	**癸巳**	**壬戌**	**辛卯**	辛酉	庚寅	庚申	己丑	辛酉	**8日**
丙申	乙丑	乙未	**甲子**	甲午	癸亥	壬辰	壬戌	辛卯	辛酉	庚寅	壬戌	**9日**
丁酉	丙寅	丙申	乙丑	乙未	甲子	癸巳	癸亥	壬辰	壬戌	辛卯	癸亥	**10日**
戊戌	丁卯	丁酉	丙寅	丙申	乙丑	甲午	甲子	癸巳	癸亥	壬辰	甲子	**11日**
己亥	戊辰	戊戌	丁卯	丁酉	丙寅	乙未	乙丑	甲午	甲子	癸巳	乙丑	**12日**
庚子	己巳	己亥	戊辰	戊戌	丁卯	丙申	丙寅	乙未	乙丑	甲午	丙寅	**13日**
辛丑	庚午	庚子	己巳	己亥	戊辰	丁酉	丁卯	丙申	丙寅	乙未	丁卯	**14日**
壬寅	辛未	辛丑	庚午	庚子	己巳	戊戌	戊辰	丁酉	丁卯	丙申	戊辰	**15日**
癸卯	壬申	壬寅	辛未	辛丑	庚午	己亥	己巳	戊戌	戊辰	丁酉	己巳	**16日**
甲辰	癸酉	癸卯	壬申	壬寅	辛未	庚子	庚午	己亥	己巳	戊戌	庚午	**17日**
乙巳	甲戌	甲辰	癸酉	癸卯	壬申	辛丑	辛未	庚子	庚午	己亥	辛未	**18日**
丙午	乙亥	乙巳	甲戌	甲辰	癸酉	壬寅	壬申	辛丑	辛未	庚子	壬申	**19日**
丁未	丙子	丙午	乙亥	乙巳	甲戌	癸卯	癸酉	壬寅	壬申	辛丑	癸酉	**20日**
戊申	丁丑	丁未	丙子	丙午	乙亥	甲辰	甲戌	癸卯	癸酉	壬寅	甲戌	**21日**
己酉	戊寅	戊申	丁丑	丁未	丙子	乙巳	乙亥	甲辰	甲戌	癸卯	乙亥	**22日**
庚戌	己卯	己酉	戊寅	戊申	丁丑	丙午	丙子	乙巳	乙亥	甲辰	丙子	**23日**
辛亥	庚辰	庚戌	己卯	己酉	戊寅	丁未	丁丑	丙午	丙子	乙巳	丁丑	**24日**
壬子	辛巳	辛亥	庚辰	庚戌	己卯	戊申	戊寅	丁未	丁丑	丙午	戊寅	**25日**
癸丑	壬午	壬子	辛巳	辛亥	庚辰	己酉	己卯	戊申	戊寅	丁未	己卯	**26日**
甲寅	癸未	癸丑	壬午	壬子	辛巳	庚戌	庚辰	己酉	己卯	戊申	庚辰	**27日**
乙卯	甲申	甲寅	癸未	癸丑	壬午	辛亥	辛巳	庚戌	庚辰	己酉	辛巳	**28日**
丙辰	乙酉	乙卯	甲申	甲寅	癸未	壬子	壬午	辛亥	辛巳	庚戌		**29日**
丁巳	丙戌	丙辰	乙酉	乙卯	甲申	癸丑	癸未	壬子	壬午	辛亥		**30日**
戊午	丁亥		丙戌		乙酉	甲寅		癸丑		壬子		**31日**

昭和35年（西暦1960年）庚子年　四緑木星

昭和36年 1月	12月	11月	10月	9月	8月	7月	6月	5月	4月	3月	2月	月
己丑	戊子	丁亥	丙戌	乙酉	甲申	癸未	壬午	辛巳	庚辰	己卯	戊寅	月の干支
5日 22:43	7日 11:38	7日 19:02	8日 16:09	8日 0:46	7日 22:00	7日 12:13	6日 1:49	5日 21:23	5日 3:44	5日 22:36	5日 4:23	節入
甲午	癸亥	癸巳	壬戌	壬辰	辛酉	庚寅	庚申	己丑	己未	戊子	己未	1日
乙未	甲子	甲午	癸亥	癸巳	壬戌	辛卯	辛酉	庚寅	庚申	己丑	庚申	2日
丙申	乙丑	乙未	甲子	甲午	癸亥	壬辰	壬戌	辛卯	辛酉	庚寅	辛酉	3日
丁酉	丙寅	丙申	乙丑	乙未	甲子	癸巳	癸亥	壬辰	壬戌	辛卯	壬戌	4日
戊戌	丁卯	丁酉	丙寅	丙申	乙丑	甲午	甲子	**癸巳**	**癸亥**	**壬辰**	**癸亥**	5日
己亥	戊辰	戊戌	丁卯	丁酉	丙寅	乙未	**乙丑**	甲午	甲子	癸巳	甲子	6日
庚子	**己巳**	**己亥**	戊辰	戊戌	**丁卯**	**丙申**	丙寅	乙未	乙丑	甲午	乙丑	7日
辛丑	庚午	庚子	**己巳**	**己亥**	戊辰	丁酉	丁卯	丙申	丙寅	乙未	丙寅	8日
壬寅	辛未	辛丑	庚午	庚子	己巳	戊戌	戊辰	丁酉	丁卯	丙申	丁卯	9日
癸卯	壬申	壬寅	辛未	辛丑	庚午	己亥	己巳	戊戌	戊辰	丁酉	戊辰	10日
甲辰	癸酉	癸卯	壬申	壬寅	辛未	庚子	庚午	己亥	己巳	戊戌	己巳	11日
乙巳	甲戌	甲辰	癸酉	癸卯	壬申	辛丑	辛未	庚子	庚午	己亥	庚午	12日
丙午	乙亥	乙巳	甲戌	甲辰	癸酉	壬寅	壬申	辛丑	辛未	庚子	辛未	13日
丁未	丙子	丙午	乙亥	乙巳	甲戌	癸卯	癸酉	壬寅	壬申	辛丑	壬申	14日
戊申	丁丑	丁未	丙子	丙午	乙亥	甲辰	甲戌	癸卯	癸酉	壬寅	癸酉	15日
己酉	戊寅	戊申	丁丑	丁未	丙子	乙巳	乙亥	甲辰	甲戌	癸卯	甲戌	16日
庚戌	己卯	己酉	戊寅	戊申	丁丑	丙午	丙子	乙巳	乙亥	甲辰	乙亥	17日
辛亥	庚辰	庚戌	己卯	己酉	戊寅	丁未	丁丑	丙午	丙子	乙巳	丙子	18日
壬子	辛巳	辛亥	庚辰	庚戌	己卯	戊申	戊寅	丁未	丁丑	丙午	丁丑	19日
癸丑	壬午	壬子	辛巳	辛亥	庚辰	己酉	己卯	戊申	戊寅	丁未	戊寅	20日
甲寅	癸未	癸丑	壬午	壬子	辛巳	庚戌	庚辰	己酉	己卯	戊申	己卯	21日
乙卯	甲申	甲寅	癸未	癸丑	壬午	辛亥	辛巳	庚戌	庚辰	己酉	庚辰	22日
丙辰	乙酉	乙卯	甲申	甲寅	癸未	壬子	壬午	辛亥	辛巳	庚戌	辛巳	23日
丁巳	丙戌	丙辰	乙酉	乙卯	甲申	癸丑	癸未	壬子	壬午	辛亥	壬午	24日
戊午	丁亥	丁巳	丙戌	丙辰	乙酉	甲寅	甲申	癸丑	癸未	壬子	癸未	25日
己未	戊子	戊午	丁亥	丁巳	丙戌	乙卯	乙酉	甲寅	甲申	癸丑	甲申	26日
庚申	己丑	己未	戊子	戊午	丁亥	丙辰	丙戌	乙卯	乙酉	甲寅	乙酉	27日
辛酉	庚寅	庚申	己丑	己未	戊子	丁巳	丁亥	丙辰	丙戌	乙卯	丙戌	28日
壬戌	辛卯	辛酉	庚寅	庚申	己丑	戊午	戊子	丁巳	丁亥	丙辰	丁亥	29日
癸亥	壬辰	壬戌	辛卯	辛酉	庚寅	己未	己丑	戊午	戊子	丁巳		30日
甲子	癸巳		壬辰		辛卯	庚申		己未		戊午		31日

昭和36年（西暦1961年）辛丑年　三碧木星

昭和37年 1月	12月	11月	10月	9月	8月	7月	6月	5月	4月	3月	2月	月
辛丑	**庚子**	**己亥**	**戊戌**	**丁酉**	**丙申**	**乙未**	**甲午**	**癸巳**	**壬辰**	**辛卯**	**庚寅**	**月の干支**
6日 4:35	7日 17:26	8日 0:46	8日 21:51	8日 6:29	8日 3:49	7日 18:07	6日 7:46	6日 3:21	5日 9:42	6日 4:35	4日 10:23	**節入**
己亥	戊辰	戊戌	丁卯	丁酉	丙寅	乙未	乙丑	甲午	甲子	癸巳	乙丑	**1日**
庚子	己巳	己亥	戊辰	戊戌	丁卯	丙申	丙寅	乙未	乙丑	甲午	丙寅	**2日**
辛丑	庚午	庚子	己巳	己亥	戊辰	丁酉	丁卯	丙申	丙寅	乙未	丁卯	**3日**
壬寅	辛未	辛丑	庚午	庚子	己巳	戊戌	戊辰	丁酉	丁卯	丙申	**戊辰**	**4日**
癸卯	壬申	壬寅	辛未	辛丑	庚午	己亥	己巳	戊戌	**戊辰**	丁酉	己巳	**5日**
甲辰	癸酉	癸卯	壬申	壬寅	辛未	庚子	**庚午**	**己亥**	己巳	**戊戌**	庚午	**6日**
乙巳	**甲戌**	甲辰	癸酉	癸卯	壬申	**辛丑**	辛未	庚子	庚午	己亥	辛未	**7日**
丙午	乙亥	**乙巳**	**甲戌**	**甲辰**	**癸酉**	壬寅	壬申	辛丑	辛未	庚子	壬申	**8日**
丁未	丙子	丙午	乙亥	乙巳	甲戌	癸卯	癸酉	壬寅	壬申	辛丑	癸酉	**9日**
戊申	丁丑	丁未	丙子	丙午	乙亥	甲辰	甲戌	癸卯	癸酉	壬寅	甲戌	**10日**
己酉	戊寅	戊申	丁丑	丁未	丙子	乙巳	乙亥	甲辰	甲戌	癸卯	乙亥	**11日**
庚戌	己卯	己酉	戊寅	戊申	丁丑	丙午	丙子	乙巳	乙亥	甲辰	丙子	**12日**
辛亥	庚辰	庚戌	己卯	己酉	戊寅	丁未	丁丑	丙午	丙子	乙巳	丁丑	**13日**
壬子	辛巳	辛亥	庚辰	庚戌	己卯	戊申	戊寅	丁未	丁丑	丙午	戊寅	**14日**
癸丑	壬午	壬子	辛巳	辛亥	庚辰	己酉	己卯	戊申	戊寅	丁未	己卯	**15日**
甲寅	癸未	癸丑	壬午	壬子	辛巳	庚戌	庚辰	己酉	己卯	戊申	庚辰	**16日**
乙卯	甲申	甲寅	癸未	癸丑	壬午	辛亥	辛巳	庚戌	庚辰	己酉	辛巳	**17日**
丙辰	乙酉	乙卯	甲申	甲寅	癸未	壬子	壬午	辛亥	辛巳	庚戌	壬午	**18日**
丁巳	丙戌	丙辰	乙酉	乙卯	甲申	癸丑	癸未	壬子	壬午	辛亥	癸未	**19日**
戊午	丁亥	丁巳	丙戌	丙辰	乙酉	甲寅	甲申	癸丑	癸未	壬子	甲申	**20日**
己未	戊子	戊午	丁亥	丁巳	丙戌	乙卯	乙酉	甲寅	甲申	癸丑	乙酉	**21日**
庚申	己丑	己未	戊子	戊午	丁亥	丙辰	丙戌	乙卯	乙酉	甲寅	丙戌	**22日**
辛酉	庚寅	庚申	己丑	己未	戊子	丁巳	丁亥	丙辰	丙戌	乙卯	丁亥	**23日**
壬戌	辛卯	辛酉	庚寅	庚申	己丑	戊午	戊子	丁巳	丁亥	丙辰	戊子	**24日**
癸亥	壬辰	壬戌	辛卯	辛酉	庚寅	己未	己丑	戊午	戊子	丁巳	己丑	**25日**
甲子	癸巳	癸亥	壬辰	壬戌	辛卯	庚申	庚寅	己未	己丑	戊午	庚寅	**26日**
乙丑	甲午	甲子	癸巳	癸亥	壬辰	辛酉	辛卯	庚申	庚寅	己未	辛卯	**27日**
丙寅	乙未	乙丑	甲午	甲子	癸巳	壬戌	壬辰	辛酉	辛卯	庚申	壬辰	**28日**
丁卯	丙申	丙寅	乙未	乙丑	甲午	癸亥	癸巳	壬戌	壬辰	辛酉		**29日**
戊辰	丁酉	丁卯	丙申	丙寅	乙未	甲子	甲午	癸亥	癸巳	壬戌		**30日**
己巳	戊戌		丁酉		丙申	乙丑		甲子		癸亥		**31日**

昭和37年（西暦1962年）壬寅年　二黒土星

昭和38年 1月	12月	11月	10月	9月	8月	7月	6月	5月	4月	3月	2月	月
癸丑	壬子	辛亥	庚戌	己酉	戊申	丁未	丙午	乙巳	甲辰	癸卯	壬寅	月の干支
6日 10:27	7日 23:17	8日 6:35	9日 3:38	8日 12:16	8日 9:34	7日 23:51	6日 13:31	6日 9:09	5日 15:34	6日 10:30	4日 16:18	節入
甲辰	癸酉	癸卯	壬申	壬寅	辛未	庚子	庚午	己亥	己巳	戊戌	庚午	1日
乙巳	甲戌	甲辰	癸酉	癸卯	壬申	辛丑	辛未	庚子	庚午	己亥	辛未	2日
丙午	乙亥	乙巳	甲戌	甲辰	癸酉	壬寅	壬申	辛丑	辛未	庚子	壬申	3日
丁未	丙子	丙午	乙亥	乙巳	甲戌	癸卯	癸酉	壬寅	壬申	辛丑	**癸酉**	4日
戊申	丁丑	丁未	丙子	丙午	乙亥	甲辰	甲戌	癸卯	**癸酉**	壬寅	甲戌	5日
己酉	戊寅	戊申	丁丑	丁未	丙子	乙巳	**乙亥**	**甲辰**	甲戌	**癸卯**	乙亥	6日
庚戌	**己卯**	己酉	戊寅	戊申	丁丑	**丙午**	丙子	乙巳	乙亥	甲辰	丙子	7日
辛亥	庚辰	**庚戌**	己卯	**己酉**	**戊寅**	丁未	丁丑	丙午	丙子	乙巳	丁丑	8日
壬子	辛巳	辛亥	**庚辰**	庚戌	己卯	戊申	戊寅	丁未	丁丑	丙午	戊寅	9日
癸丑	壬午	壬子	辛巳	辛亥	庚辰	己酉	己卯	戊申	戊寅	丁未	己卯	10日
甲寅	癸未	癸丑	壬午	壬子	辛巳	庚戌	庚辰	己酉	己卯	戊申	庚辰	11日
乙卯	甲申	甲寅	癸未	癸丑	壬午	辛亥	辛巳	庚戌	庚辰	己酉	辛巳	12日
丙辰	乙酉	乙卯	甲申	甲寅	癸未	壬子	壬午	辛亥	辛巳	庚戌	壬午	13日
丁巳	丙戌	丙辰	乙酉	乙卯	甲申	癸丑	癸未	壬子	壬午	辛亥	癸未	14日
戊午	丁亥	丁巳	丙戌	丙辰	乙酉	甲寅	甲申	癸丑	癸未	壬子	甲申	15日
己未	戊子	戊午	丁亥	丁巳	丙戌	乙卯	乙酉	甲寅	甲申	癸丑	乙酉	16日
庚申	己丑	己未	戊子	戊午	丁亥	丙辰	丙戌	乙卯	乙酉	甲寅	丙戌	17日
辛酉	庚寅	庚申	己丑	己未	戊子	丁巳	丁亥	丙辰	丙戌	乙卯	丁亥	18日
壬戌	辛卯	辛酉	庚寅	庚申	己丑	戊午	戊子	丁巳	丁亥	丙辰	戊子	19日
癸亥	壬辰	壬戌	辛卯	辛酉	庚寅	己未	己丑	戊午	戊子	丁巳	己丑	20日
甲子	癸巳	癸亥	壬辰	壬戌	辛卯	庚申	庚寅	己未	己丑	戊午	庚寅	21日
乙丑	甲午	甲子	癸巳	癸亥	壬辰	辛酉	辛卯	庚申	庚寅	己未	辛卯	22日
丙寅	乙未	乙丑	甲午	甲子	癸巳	壬戌	壬辰	辛酉	辛卯	庚申	壬辰	23日
丁卯	丙申	丙寅	乙未	乙丑	甲午	癸亥	癸巳	壬戌	壬辰	辛酉	癸巳	24日
戊辰	丁酉	丁卯	丙申	丙寅	乙未	甲子	甲午	癸亥	癸巳	壬戌	甲午	25日
己巳	戊戌	戊辰	丁酉	丁卯	丙申	乙丑	乙未	甲子	甲午	癸亥	乙未	26日
庚午	己亥	己巳	戊戌	戊辰	丁酉	丙寅	丙申	乙丑	乙未	甲子	丙申	27日
辛未	庚子	庚午	己亥	己巳	戊戌	丁卯	丁酉	丙寅	丙申	乙丑	丁酉	28日
壬申	辛丑	辛未	庚子	庚午	己亥	戊辰	戊戌	丁卯	丁酉	丙寅		29日
癸酉	壬寅	壬申	辛丑	辛未	庚子	己巳	己亥	戊辰	戊戌	丁卯		30日
甲戌	癸卯		壬寅		辛丑	庚午		己巳		戊辰		31日

昭和38年（西暦1963年）癸卯年　一白水星

昭和39年 1月	12月	11月	10月	9月	8月	7月	6月	5月	4月	3月	2月	月
乙丑	甲子	癸亥	壬戌	辛酉	庚申	己未	戊午	丁巳	丙辰	乙卯	甲寅	月の干支
6日 16:23	8日 5:13	8日 12:33	9日 9:37	8日 18:12	8日 15:26	8日 5:38	6日 19:14	6日 14:52	5日 21:19	6日 16:17	4日 22:08	節入
己酉	戊寅	戊申	丁丑	丁未	丙子	乙巳	乙亥	甲辰	甲戌	癸卯	乙亥	1日
庚戌	己卯	己酉	戊寅	戊申	丁丑	丙午	丙子	乙巳	乙亥	甲辰	丙子	2日
辛亥	庚辰	庚戌	己卯	己酉	戊寅	丁未	丁丑	丙午	丙子	乙巳	丁丑	3日
壬子	辛巳	辛亥	庚辰	庚戌	己卯	戊申	戊寅	丁未	丁丑	丙午	**戊寅**	4日
癸丑	壬午	壬子	辛巳	辛亥	庚辰	己酉	己卯	戊申	**戊寅**	丁未	己卯	5日
甲寅	癸未	癸丑	壬午	壬子	辛巳	庚戌	**庚辰**	**己酉**	己卯	**戊申**	庚辰	6日
乙卯	甲申	甲寅	癸未	癸丑	壬午	辛亥	辛巳	庚戌	庚辰	己酉	辛巳	7日
丙辰	**乙酉**	**乙卯**	甲申	**甲寅**	**癸未**	**壬子**	壬午	辛亥	辛巳	庚戌	壬午	8日
丁巳	丙戌	丙辰	**乙酉**	乙卯	甲申	癸丑	癸未	壬子	壬午	辛亥	癸未	9日
戊午	丁亥	丁巳	丙戌	丙辰	乙酉	甲寅	甲申	癸丑	癸未	壬子	甲申	10日
己未	戊子	戊午	丁亥	丁巳	丙戌	乙卯	乙酉	甲寅	甲申	癸丑	乙酉	11日
庚申	己丑	己未	戊子	戊午	丁亥	丙辰	丙戌	乙卯	乙酉	甲寅	丙戌	12日
辛酉	庚寅	庚申	己丑	己未	戊子	丁巳	丁亥	丙辰	丙戌	乙卯	丁亥	13日
壬戌	辛卯	辛酉	庚寅	庚申	己丑	戊午	戊子	丁巳	丁亥	丙辰	戊子	14日
癸亥	壬辰	壬戌	辛卯	辛酉	庚寅	己未	己丑	戊午	戊子	丁巳	己丑	15日
甲子	癸巳	癸亥	壬辰	壬戌	辛卯	庚申	庚寅	己未	己丑	戊午	庚寅	16日
乙丑	甲午	甲子	癸巳	癸亥	壬辰	辛酉	辛卯	庚申	庚寅	己未	辛卯	17日
丙寅	乙未	乙丑	甲午	甲子	癸巳	壬戌	壬辰	辛酉	辛卯	庚申	壬辰	18日
丁卯	丙申	丙寅	乙未	乙丑	甲午	癸亥	癸巳	壬戌	壬辰	辛酉	癸巳	19日
戊辰	丁酉	丁卯	丙申	丙寅	乙未	甲子	甲午	癸亥	癸巳	壬戌	甲午	20日
己巳	戊戌	戊辰	丁酉	丁卯	丙申	乙丑	乙未	甲子	甲午	癸亥	乙未	21日
庚午	己亥	己巳	戊戌	戊辰	丁酉	丙寅	丙申	乙丑	乙未	甲子	丙申	22日
辛未	庚子	庚午	己亥	己巳	戊戌	丁卯	丁酉	丙寅	丙申	乙丑	丁酉	23日
壬申	辛丑	辛未	庚子	庚午	己亥	戊辰	戊戌	丁卯	丁酉	丙寅	戊戌	24日
癸酉	壬寅	壬申	辛丑	辛未	庚子	己巳	己亥	戊辰	戊戌	丁卯	己亥	25日
甲戌	癸卯	癸酉	壬寅	壬申	辛丑	庚午	庚子	己巳	己亥	戊辰	庚子	26日
乙亥	甲辰	甲戌	癸卯	癸酉	壬寅	辛未	辛丑	庚午	庚子	己巳	辛丑	27日
丙子	乙巳	乙亥	甲辰	甲戌	癸卯	壬申	壬寅	辛未	辛丑	庚午	壬寅	28日
丁丑	丙午	丙子	乙巳	乙亥	甲辰	癸酉	癸卯	壬申	壬寅	辛未		29日
戊寅	丁未	丁丑	丙午	丙子	乙巳	甲戌	甲辰	癸酉	癸卯	壬申		30日
己卯	戊申		丁未		丙午	乙亥		甲戌		癸酉		31日

昭和39年（西暦1964年）甲辰年　九紫火星

昭和40年 1月	12月	11月	10月	9月	8月	7月	6月	5月	4月	3月	2月	月
丁丑	丙子	乙亥	甲戌	癸酉	壬申	辛未	庚午	己巳	戊辰	丁卯	丙寅	月の干支
5日 22:02	7日 10:53	7日 18:15	8日 15:22	7日 23:59	7日 21:16	7日 11:32	6日 1:12	5日 20:51	5日 3:18	5日 22:16	5日 4:05	節入
乙卯	甲申	甲寅	癸未	癸丑	壬午	辛亥	辛巳	庚戌	庚辰	己酉	庚辰	1日
丙辰	乙酉	乙卯	甲申	甲寅	癸未	壬子	壬午	辛亥	辛巳	庚戌	辛巳	2日
丁巳	丙戌	丙辰	乙酉	乙卯	甲申	癸丑	癸未	壬子	壬午	辛亥	壬午	3日
戊午	丁亥	丁巳	丙戌	丙辰	乙酉	甲寅	甲申	癸丑	癸未	壬子	癸未	4日
己未	戊子	戊午	丁亥	丁巳	丙戌	乙卯	乙酉	**甲寅**	**甲申**	**癸丑**	**甲申**	5日
庚申	己丑	己未	戊子	戊午	丁亥	丙辰	**丙戌**	乙卯	乙酉	甲寅	乙酉	6日
辛酉	**庚寅**	**庚申**	己丑	**己未**	**戊子**	**丁巳**	丁亥	丙辰	丙戌	乙卯	丙戌	7日
壬戌	辛卯	辛酉	**庚寅**	庚申	己丑	戊午	戊子	丁巳	丁亥	丙辰	丁亥	8日
癸亥	壬辰	壬戌	辛卯	辛酉	庚寅	己未	己丑	戊午	戊子	丁巳	戊子	9日
甲子	癸巳	癸亥	壬辰	壬戌	辛卯	庚申	庚寅	己未	己丑	戊午	己丑	10日
乙丑	甲午	甲子	癸巳	癸亥	壬辰	辛酉	辛卯	庚申	庚寅	己未	庚寅	11日
丙寅	乙未	乙丑	甲午	甲子	癸巳	壬戌	壬辰	辛酉	辛卯	庚申	辛卯	12日
丁卯	丙申	丙寅	乙未	乙丑	甲午	癸亥	癸巳	壬戌	壬辰	辛酉	壬辰	13日
戊辰	丁酉	丁卯	丙申	丙寅	乙未	甲子	甲午	癸亥	癸巳	壬戌	癸巳	14日
己巳	戊戌	戊辰	丁酉	丁卯	丙申	乙丑	乙未	甲子	甲午	癸亥	甲午	15日
庚午	己亥	己巳	戊戌	戊辰	丁酉	丙寅	丙申	乙丑	乙未	甲子	乙未	16日
辛未	庚子	庚午	己亥	己巳	戊戌	丁卯	丁酉	丙寅	丙申	乙丑	丙申	17日
壬申	辛丑	辛未	庚子	庚午	己亥	戊辰	戊戌	丁卯	丁酉	丙寅	丁酉	18日
癸酉	壬寅	壬申	辛丑	辛未	庚子	己巳	己亥	戊辰	戊戌	丁卯	戊戌	19日
甲戌	癸卯	癸酉	壬寅	壬申	辛丑	庚午	庚子	己巳	己亥	戊辰	己亥	20日
乙亥	甲辰	甲戌	癸卯	癸酉	壬寅	辛未	辛丑	庚午	庚子	己巳	庚子	21日
丙子	乙巳	乙亥	甲辰	甲戌	癸卯	壬申	壬寅	辛未	辛丑	庚午	辛丑	22日
丁丑	丙午	丙子	乙巳	乙亥	甲辰	癸酉	癸卯	壬申	壬寅	辛未	壬寅	23日
戊寅	丁未	丁丑	丙午	丙子	乙巳	甲戌	甲辰	癸酉	癸卯	壬申	癸卯	24日
己卯	戊申	戊寅	丁未	丁丑	丙午	乙亥	乙巳	甲戌	甲辰	癸酉	甲辰	25日
庚辰	己酉	己卯	戊申	戊寅	丁未	丙子	丙午	乙亥	乙巳	甲戌	乙巳	26日
辛巳	庚戌	庚辰	己酉	己卯	戊申	丁丑	丁未	丙子	丙午	乙亥	丙午	27日
壬午	辛亥	辛巳	庚戌	庚辰	己酉	戊寅	戊申	丁丑	丁未	丙子	丁未	28日
癸未	壬子	壬午	辛亥	辛巳	庚戌	己卯	己酉	戊寅	戊申	丁丑	戊申	29日
甲申	癸丑	癸未	壬子	壬午	辛亥	庚辰	庚戌	己卯	己酉	戊寅		30日
乙酉	甲寅		癸丑		壬子	辛巳		庚辰		己卯		31日

昭和40年（西暦1965年）乙巳年　八白土星

昭和41年 1月	12月	11月	10月	9月	8月	7月	6月	5月	4月	3月	2月	月
己丑	戊子	丁亥	丙戌	乙酉	甲申	癸未	壬午	辛巳	庚辰	己卯	戊寅	月の 干支
6日 3:55	7日 16:46	8日 0:07	8日 21:12	8日 5:48	8日 3:05	7日 17:22	6日 7:02	6日 2:42	5日 9:07	6日 4:01	4日 9:46	節入
庚申	己丑	己未	戊子	戊午	丁亥	丙辰	丙戌	乙卯	乙酉	甲寅	丙戌	1日
辛酉	庚寅	庚申	己丑	己未	戊子	丁巳	丁亥	丙辰	丙戌	乙卯	丁亥	2日
壬戌	辛卯	辛酉	庚寅	庚申	己丑	戊午	戊子	丁巳	丁亥	丙辰	戊子	3日
癸亥	壬辰	壬戌	辛卯	辛酉	庚寅	己未	己丑	戊午	戊子	丁巳	**己丑**	4日
甲子	癸巳	癸亥	壬辰	壬戌	辛卯	庚申	庚寅	己未	**己丑**	戊午	庚寅	5日
乙丑	甲午	甲子	癸巳	癸亥	壬辰	辛酉	**辛卯**	**庚申**	庚寅	**己未**	辛卯	6日
丙寅	**乙未**	乙丑	甲午	甲子	癸巳	**壬戌**	壬辰	辛酉	辛卯	庚申	壬辰	7日
丁卯	丙申	**丙寅**	**乙未**	**乙丑**	**甲午**	癸亥	癸巳	壬戌	壬辰	辛酉	癸巳	8日
戊辰	丁酉	丁卯	丙申	丙寅	乙未	甲子	甲午	癸亥	癸巳	壬戌	甲午	9日
己巳	戊戌	戊辰	丁酉	丁卯	丙申	乙丑	乙未	甲子	甲午	癸亥	乙未	10日
庚午	己亥	己巳	戊戌	戊辰	丁酉	丙寅	丙申	乙丑	乙未	甲子	丙申	11日
辛未	庚子	庚午	己亥	己巳	戊戌	丁卯	丁酉	丙寅	丙申	乙丑	丁酉	12日
壬申	辛丑	辛未	庚子	庚午	己亥	戊辰	戊戌	丁卯	丁酉	丙寅	戊戌	13日
癸酉	壬寅	壬申	辛丑	辛未	庚子	己巳	己亥	戊辰	戊戌	丁卯	己亥	14日
甲戌	癸卯	癸酉	壬寅	壬申	辛丑	庚午	庚子	己巳	己亥	戊辰	庚子	15日
乙亥	甲辰	甲戌	癸卯	癸酉	壬寅	辛未	辛丑	庚午	庚子	己巳	辛丑	16日
丙子	乙巳	乙亥	甲辰	甲戌	癸卯	壬申	壬寅	辛未	辛丑	庚午	壬寅	17日
丁丑	丙午	丙子	乙巳	乙亥	甲辰	癸酉	癸卯	壬申	壬寅	辛未	癸卯	18日
戊寅	丁未	丁丑	丙午	丙子	乙巳	甲戌	甲辰	癸酉	癸卯	壬申	甲辰	19日
己卯	戊申	戊寅	丁未	丁丑	丙午	乙亥	乙巳	甲戌	甲辰	癸酉	乙巳	20日
庚辰	己酉	己卯	戊申	戊寅	丁未	丙子	丙午	乙亥	乙巳	甲戌	丙午	21日
辛巳	庚戌	庚辰	己酉	己卯	戊申	丁丑	丁未	丙子	丙午	乙亥	丁未	22日
壬午	辛亥	辛巳	庚戌	庚辰	己酉	戊寅	戊申	丁丑	丁未	丙子	戊申	23日
癸未	壬子	壬午	辛亥	辛巳	庚戌	己卯	己酉	戊寅	戊申	丁丑	己酉	24日
甲申	癸丑	癸未	壬子	壬午	辛亥	庚辰	庚戌	己卯	己酉	戊寅	庚戌	25日
乙酉	甲寅	甲申	癸丑	癸未	壬子	辛巳	辛亥	庚辰	庚戌	己卯	辛亥	26日
丙戌	乙卯	乙酉	甲寅	甲申	癸丑	壬午	壬子	辛巳	辛亥	庚辰	壬子	27日
丁亥	丙辰	丙戌	乙卯	乙酉	甲寅	癸未	癸丑	壬午	壬子	辛巳	癸丑	28日
戊子	丁巳	丁亥	丙辰	丙戌	乙卯	甲申	甲寅	癸未	癸丑	壬午		29日
己丑	戊午	戊子	丁巳	丁亥	丙辰	乙酉	乙卯	甲申	甲寅	癸未		30日
庚寅	己未		戊午		丁巳	丙戌		乙酉		甲申		31日

昭和41年（西暦1966年）丙午年　七赤金星

昭和42年 1月	12月	11月	10月	9月	8月	7月	6月	5月	4月	3月	2月	月
辛丑	庚子	己亥	戊戌	丁酉	丙申	乙未	甲午	癸巳	壬辰	辛卯	庚寅	月の干支
6日 9:49	7日 22:38	8日 5:56	9日 2:57	8日 11:32	8日 8:49	7日 23:07	6日 12:50	6日 8:31	5日 14:57	6日 9:52	4日 15:38	節入
乙丑	甲午	甲子	癸巳	癸亥	壬辰	辛酉	辛卯	庚申	庚寅	己未	辛卯	1日
丙寅	乙未	乙丑	甲午	甲子	癸巳	壬戌	壬辰	辛酉	辛卯	庚申	壬辰	2日
丁卯	丙申	丙寅	乙未	乙丑	甲午	癸亥	癸巳	壬戌	壬辰	辛酉	癸巳	3日
戊辰	丁酉	丁卯	丙申	丙寅	乙未	甲子	甲午	癸亥	癸巳	壬戌	**甲午**	4日
己巳	戊戌	戊辰	丁酉	丁卯	丙申	乙丑	乙未	甲子	**甲午**	癸亥	乙未	5日
庚午	己亥	己巳	戊戌	戊辰	丁酉	丙寅	**丙申**	**乙丑**	乙未	**甲子**	丙申	6日
辛未	**庚子**	庚午	己亥	己巳	戊戌	**丁卯**	丁酉	丙寅	丙申	乙丑	丁酉	7日
壬申	辛丑	**辛未**	庚子	**庚午**	**己亥**	戊辰	戊戌	丁卯	丁酉	丙寅	戊戌	8日
癸酉	壬寅	壬申	**辛丑**	辛未	庚子	己巳	己亥	戊辰	戊戌	丁卯	己亥	9日
甲戌	癸卯	癸酉	壬寅	壬申	辛丑	庚午	庚子	己巳	己亥	戊辰	庚子	10日
乙亥	甲辰	甲戌	癸卯	癸酉	壬寅	辛未	辛丑	庚午	庚子	己巳	辛丑	11日
丙子	乙巳	乙亥	甲辰	甲戌	癸卯	壬申	壬寅	辛未	辛丑	庚午	壬寅	12日
丁丑	丙午	丙子	乙巳	乙亥	甲辰	癸酉	癸卯	壬申	壬寅	辛未	癸卯	13日
戊寅	丁未	丁丑	丙午	丙子	乙巳	甲戌	甲辰	癸酉	癸卯	壬申	甲辰	14日
己卯	戊申	戊寅	丁未	丁丑	丙午	乙亥	乙巳	甲戌	甲辰	癸酉	乙巳	15日
庚辰	己酉	己卯	戊申	戊寅	丁未	丙子	丙午	乙亥	乙巳	甲戌	丙午	16日
辛巳	庚戌	庚辰	己酉	己卯	戊申	丁丑	丁未	丙子	丙午	乙亥	丁未	17日
壬午	辛亥	辛巳	庚戌	庚辰	己酉	戊寅	戊申	丁丑	丁未	丙子	戊申	18日
癸未	壬子	壬午	辛亥	辛巳	庚戌	己卯	己酉	戊寅	戊申	丁丑	己酉	19日
甲申	癸丑	癸未	壬子	壬午	辛亥	庚辰	庚戌	己卯	己酉	戊寅	庚戌	20日
乙酉	甲寅	甲申	癸丑	癸未	壬子	辛巳	辛亥	庚辰	庚戌	己卯	辛亥	21日
丙戌	乙卯	乙酉	甲寅	甲申	癸丑	壬午	壬子	辛巳	辛亥	庚辰	壬子	22日
丁亥	丙辰	丙戌	乙卯	乙酉	甲寅	癸未	癸丑	壬午	壬子	辛巳	癸丑	23日
戊子	丁巳	丁亥	丙辰	丙戌	乙卯	甲申	甲寅	癸未	癸丑	壬午	甲寅	24日
己丑	戊午	戊子	丁巳	丁亥	丙辰	乙酉	乙卯	甲申	甲寅	癸未	乙卯	25日
庚寅	己未	己丑	戊午	戊子	丁巳	丙戌	丙辰	乙酉	乙卯	甲申	丙辰	26日
辛卯	庚申	庚寅	己未	己丑	戊午	丁亥	丁巳	丙戌	丙辰	乙酉	丁巳	27日
壬辰	辛酉	辛卯	庚申	庚寅	己未	戊子	戊午	丁亥	丁巳	丙戌	戊午	28日
癸巳	壬戌	壬辰	辛酉	辛卯	庚申	己丑	己未	戊子	戊午	丁亥		29日
甲午	癸亥	癸巳	壬戌	壬辰	辛酉	庚寅	庚申	己丑	己未	戊子		30日
乙未	甲子		癸亥		壬戌	辛卯		庚寅		己丑		31日

昭和42年（西暦1967年）丁未年　六白金星

昭和43年 1月	12月	11月	10月	9月	8月	7月	6月	5月	4月	3月	2月	月
癸丑	壬子	辛亥	庚戌	己酉	戊申	丁未	丙午	乙巳	甲辰	癸卯	壬寅	月の干支
6日 15:27	8日 4:18	8日 11:38	9日 8:42	8日 17:18	8日 14:35	8日 4:53	6日 18:36	6日 14:17	5日 20:45	6日 15:42	4日 21:31	節入
庚午	己亥	己巳	戊戌	戊辰	丁酉	丙寅	丙申	乙丑	乙未	甲子	丙申	1日
辛未	庚子	庚午	己亥	己巳	戊戌	丁卯	丁酉	丙寅	丙申	乙丑	丁酉	2日
壬申	辛丑	辛未	庚子	庚午	己亥	戊辰	戊戌	丁卯	丁酉	丙寅	戊戌	3日
癸酉	壬寅	壬申	辛丑	辛未	庚子	己巳	己亥	戊辰	戊戌	丁卯	**己亥**	4日
甲戌	癸卯	癸酉	壬寅	壬申	辛丑	庚午	庚子	己巳	**己亥**	戊辰	庚子	5日
乙亥	甲辰	甲戌	癸卯	癸酉	壬寅	辛未	**辛丑**	**庚午**	庚子	**己巳**	辛丑	6日
丙子	乙巳	乙亥	甲辰	甲戌	癸卯	壬申	壬寅	辛未	辛丑	庚午	壬寅	7日
丁丑	**丙午**	**丙子**	乙巳	**乙亥**	**甲辰**	**癸酉**	癸卯	壬申	壬寅	辛未	癸卯	8日
戊寅	丁未	丁丑	**丙午**	丙子	乙巳	甲戌	甲辰	癸酉	癸卯	壬申	甲辰	9日
己卯	戊申	戊寅	丁未	丁丑	丙午	乙亥	乙巳	甲戌	甲辰	癸酉	乙巳	10日
庚辰	己酉	己卯	戊申	戊寅	丁未	丙子	丙午	乙亥	乙巳	甲戌	丙午	11日
辛巳	庚戌	庚辰	己酉	己卯	戊申	丁丑	丁未	丙子	丙午	乙亥	丁未	12日
壬午	辛亥	辛巳	庚戌	庚辰	己酉	戊寅	戊申	丁丑	丁未	丙子	戊申	13日
癸未	壬子	壬午	辛亥	辛巳	庚戌	己卯	己酉	戊寅	戊申	丁丑	己酉	14日
甲申	癸丑	癸未	壬子	壬午	辛亥	庚辰	庚戌	己卯	己酉	戊寅	庚戌	15日
乙酉	甲寅	甲申	癸丑	癸未	壬子	辛巳	辛亥	庚辰	庚戌	己卯	辛亥	16日
丙戌	乙卯	乙酉	甲寅	甲申	癸丑	壬午	壬子	辛巳	辛亥	庚辰	壬子	17日
丁亥	丙辰	丙戌	乙卯	乙酉	甲寅	癸未	癸丑	壬午	壬子	辛巳	癸丑	18日
戊子	丁巳	丁亥	丙辰	丙戌	乙卯	甲申	甲寅	癸未	癸丑	壬午	甲寅	19日
己丑	戊午	戊子	丁巳	丁亥	丙辰	乙酉	乙卯	甲申	甲寅	癸未	乙卯	20日
庚寅	己未	己丑	戊午	戊子	丁巳	丙戌	丙辰	乙酉	乙卯	甲申	丙辰	21日
辛卯	庚申	庚寅	己未	己丑	戊午	丁亥	丁巳	丙戌	丙辰	乙酉	丁巳	22日
壬辰	辛酉	辛卯	庚申	庚寅	己未	戊子	戊午	丁亥	丁巳	丙戌	戊午	23日
癸巳	壬戌	壬辰	辛酉	辛卯	庚申	己丑	己未	戊子	戊午	丁亥	己未	24日
甲午	癸亥	癸巳	壬戌	壬辰	辛酉	庚寅	庚申	己丑	己未	戊子	庚申	25日
乙未	甲子	甲午	癸亥	癸巳	壬戌	辛卯	辛酉	庚寅	庚申	己丑	辛酉	26日
丙申	乙丑	乙未	甲子	甲午	癸亥	壬辰	壬戌	辛卯	辛酉	庚寅	壬戌	27日
丁酉	丙寅	丙申	乙丑	乙未	甲子	癸巳	癸亥	壬辰	壬戌	辛卯	癸亥	28日
戊戌	丁卯	丁酉	丙寅	丙申	乙丑	甲午	甲子	癸巳	癸亥	壬辰		29日
己亥	戊辰	戊戌	丁卯	丁酉	丙寅	乙未	乙丑	甲午	甲子	癸巳		30日
庚子	己巳		戊辰		丁卯	丙申		乙未		甲午		31日

昭和43年（西暦1968年）戊申年　五黄土星

昭和44年 1月	12月	11月	10月	9月	8月	7月	6月	5月	4月	3月	2月	月
乙丑	甲子	癸亥	壬戌	辛酉	庚申	己未	戊午	丁巳	丙辰	乙卯	甲寅	月の干支
5日 21:17	7日 10:09	7日 17:30	8日 14:35	7日 23:12	7日 20:28	7日 10:42	6日 0:19	5日 19:56	5日 2:21	5日 21:18	5日 3:08	節入
丙子	乙巳	乙亥	甲辰	甲戌	癸卯	壬申	壬寅	辛未	辛丑	庚午	辛丑	1日
丁丑	丙午	丙子	乙巳	乙亥	甲辰	癸酉	癸卯	壬申	壬寅	辛未	壬寅	2日
戊寅	丁未	丁丑	丙午	丙子	乙巳	甲戌	甲辰	癸酉	癸卯	壬申	癸卯	3日
己卯	戊申	戊寅	丁未	丁丑	丙午	乙亥	乙巳	甲戌	甲辰	癸酉	甲辰	4日
庚辰	己酉	己卯	戊申	戊寅	丁未	丙子	丙午	**乙亥**	**乙巳**	**甲戌**	**乙巳**	5日
辛巳	庚戌	庚辰	己酉	己卯	戊申	丁丑	**丁未**	丙子	丙午	乙亥	丙午	6日
壬午	**辛亥**	**辛巳**	庚戌	**庚辰**	**己酉**	**戊寅**	戊申	丁丑	丁未	丙子	丁未	7日
癸未	壬子	壬午	**辛亥**	辛巳	庚戌	己卯	己酉	戊寅	戊申	丁丑	戊申	8日
甲申	癸丑	癸未	壬子	壬午	辛亥	庚辰	庚戌	己卯	己酉	戊寅	己酉	9日
乙酉	甲寅	甲申	癸丑	癸未	壬子	辛巳	辛亥	庚辰	庚戌	己卯	庚戌	10日
丙戌	乙卯	乙酉	甲寅	甲申	癸丑	壬午	壬子	辛巳	辛亥	庚辰	辛亥	11日
丁亥	丙辰	丙戌	乙卯	乙酉	甲寅	癸未	癸丑	壬午	壬子	辛巳	壬子	12日
戊子	丁巳	丁亥	丙辰	丙戌	乙卯	甲申	甲寅	癸未	癸丑	壬午	癸丑	13日
己丑	戊午	戊子	丁巳	丁亥	丙辰	乙酉	乙卯	甲申	甲寅	癸未	甲寅	14日
庚寅	己未	己丑	戊午	戊子	丁巳	丙戌	丙辰	乙酉	乙卯	甲申	乙卯	15日
辛卯	庚申	庚寅	己未	己丑	戊午	丁亥	丁巳	丙戌	丙辰	乙酉	丙辰	16日
壬辰	辛酉	辛卯	庚申	庚寅	己未	戊子	戊午	丁亥	丁巳	丙戌	丁巳	17日
癸巳	壬戌	壬辰	辛酉	辛卯	庚申	己丑	己未	戊子	戊午	丁亥	戊午	18日
甲午	癸亥	癸巳	壬戌	壬辰	辛酉	庚寅	庚申	己丑	己未	戊子	己未	19日
乙未	甲子	甲午	癸亥	癸巳	壬戌	辛卯	辛酉	庚寅	庚申	己丑	庚申	20日
丙申	乙丑	乙未	甲子	甲午	癸亥	壬辰	壬戌	辛卯	辛酉	庚寅	辛酉	21日
丁酉	丙寅	丙申	乙丑	乙未	甲子	癸巳	癸亥	壬辰	壬戌	辛卯	壬戌	22日
戊戌	丁卯	丁酉	丙寅	丙申	乙丑	甲午	甲子	癸巳	癸亥	壬辰	癸亥	23日
己亥	戊辰	戊戌	丁卯	丁酉	丙寅	乙未	乙丑	甲午	甲子	癸巳	甲子	24日
庚子	己巳	己亥	戊辰	戊戌	丁卯	丙申	丙寅	乙未	乙丑	甲午	乙丑	25日
辛丑	庚午	庚子	己巳	己亥	戊辰	丁酉	丁卯	丙申	丙寅	乙未	丙寅	26日
壬寅	辛未	辛丑	庚午	庚子	己巳	戊戌	戊辰	丁酉	丁卯	丙申	丁卯	27日
癸卯	壬申	壬寅	辛未	辛丑	庚午	己亥	己巳	戊戌	戊辰	丁酉	戊辰	28日
甲辰	癸酉	癸卯	壬申	壬寅	辛未	庚子	庚午	己亥	己巳	戊戌	己巳	29日
乙巳	甲戌	甲辰	癸酉	癸卯	壬申	辛丑	辛未	庚子	庚午	己亥		30日
丙午	乙亥		甲戌		癸酉	壬寅		辛丑		庚子		31日

昭和44年（西暦1969年）己酉年　四緑木星

昭和45年 1月	12月	11月	10月	9月	8月	7月	6月	5月	4月	3月	2月	月
丁丑	丙子	乙亥	甲戌	癸酉	壬申	辛未	庚午	己巳	戊辰	丁卯	丙寅	月の干支
6日 3:02	7日 15:52	7日 23:12	8日 20:17	8日 4:56	8日 2:14	7日 16:32	6日 6:11	6日 1:50	5日 8:15	6日 3:11	4日 8:59	節入
辛巳	庚戌	庚辰	己酉	己卯	戊申	丁丑	丁未	丙子	丙午	乙亥	丁未	1日
壬午	辛亥	辛巳	庚戌	庚辰	己酉	戊寅	戊申	丁丑	丁未	丙子	戊申	2日
癸未	壬子	壬午	辛亥	辛巳	庚戌	己卯	己酉	戊寅	戊申	丁丑	己酉	3日
甲申	癸丑	癸未	壬子	壬午	辛亥	庚辰	庚戌	己卯	己酉	戊寅	**庚戌**	4日
乙酉	甲寅	甲申	癸丑	癸未	壬子	辛巳	辛亥	庚辰	**庚戌**	己卯	辛亥	5日
丙戌	乙卯	乙酉	甲寅	甲申	癸丑	壬午	**壬子**	**辛巳**	辛亥	**庚辰**	壬子	6日
丁亥	**丙辰**	**丙戌**	乙卯	乙酉	甲寅	**癸未**	癸丑	壬午	壬子	辛巳	癸丑	7日
戊子	丁巳	丁亥	**丙辰**	**丙戌**	**乙卯**	甲申	甲寅	癸未	癸丑	壬午	甲寅	8日
己丑	戊午	戊子	丁巳	丁亥	丙辰	乙酉	乙卯	甲申	甲寅	癸未	乙卯	9日
庚寅	己未	己丑	戊午	戊子	丁巳	丙戌	丙辰	乙酉	乙卯	甲申	丙辰	10日
辛卯	庚申	庚寅	己未	己丑	戊午	丁亥	丁巳	丙戌	丙辰	乙酉	丁巳	11日
壬辰	辛酉	辛卯	庚申	庚寅	己未	戊子	戊午	丁亥	丁巳	丙戌	戊午	12日
癸巳	壬戌	壬辰	辛酉	辛卯	庚申	己丑	己未	戊子	戊午	丁亥	己未	13日
甲午	癸亥	癸巳	壬戌	壬辰	辛酉	庚寅	庚申	己丑	己未	戊子	庚申	14日
乙未	甲子	甲午	癸亥	癸巳	壬戌	辛卯	辛酉	庚寅	庚申	己丑	辛酉	15日
丙申	乙丑	乙未	甲子	甲午	癸亥	壬辰	壬戌	辛卯	辛酉	庚寅	壬戌	16日
丁酉	丙寅	丙申	乙丑	乙未	甲子	癸巳	癸亥	壬辰	壬戌	辛卯	癸亥	17日
戊戌	丁卯	丁酉	丙寅	丙申	乙丑	甲午	甲子	癸巳	癸亥	壬辰	甲子	18日
己亥	戊辰	戊戌	丁卯	丁酉	丙寅	乙未	乙丑	甲午	甲子	癸巳	乙丑	19日
庚子	己巳	己亥	戊辰	戊戌	丁卯	丙申	丙寅	乙未	乙丑	甲午	丙寅	20日
辛丑	庚午	庚子	己巳	己亥	戊辰	丁酉	丁卯	丙申	丙寅	乙未	丁卯	21日
壬寅	辛未	辛丑	庚午	庚子	己巳	戊戌	戊辰	丁酉	丁卯	丙申	戊辰	22日
癸卯	壬申	壬寅	辛未	辛丑	庚午	己亥	己巳	戊戌	戊辰	丁酉	己巳	23日
甲辰	癸酉	癸卯	壬申	壬寅	辛未	庚子	庚午	己亥	己巳	戊戌	庚午	24日
乙巳	甲戌	甲辰	癸酉	癸卯	壬申	辛丑	辛未	庚子	庚午	己亥	辛未	25日
丙午	乙亥	乙巳	甲戌	甲辰	癸酉	壬寅	壬申	辛丑	辛未	庚子	壬申	26日
丁未	丙子	丙午	乙亥	乙巳	甲戌	癸卯	癸酉	壬寅	壬申	辛丑	癸酉	27日
戊申	丁丑	丁未	丙子	丙午	乙亥	甲辰	甲戌	癸卯	癸酉	壬寅	甲戌	28日
己酉	戊寅	戊申	丁丑	丁未	丙子	乙巳	乙亥	甲辰	甲戌	癸卯		29日
庚戌	己卯	己酉	戊寅	戊申	丁丑	丙午	丙子	乙巳	乙亥	甲辰		30日
辛亥	庚辰		己卯		戊寅	丁未		丙午		乙巳		31日

昭和45年（西暦1970年）庚戌年　三碧木星

昭和46年 1月	12月	11月	10月	9月	8月	7月	6月	5月	4月	3月	2月	月
己丑	戊子	丁亥	丙戌	乙酉	甲申	癸未	壬午	辛巳	庚辰	己卯	戊寅	月の干支
6日 8:45	7日 21:38	8日 4:58	9日 2:02	8日 10:38	8日 7:54	7日 22:11	6日 11:53	6日 7:34	5日 14:02	6日 8:59	4日 14:46	節入
丙戌	乙卯	乙酉	甲寅	甲申	癸丑	壬午	壬子	辛巳	辛亥	庚辰	壬子	1日
丁亥	丙辰	丙戌	乙卯	乙酉	甲寅	癸未	癸丑	壬午	壬子	辛巳	癸丑	2日
戊子	丁巳	丁亥	丙辰	丙戌	乙卯	甲申	甲寅	癸未	癸丑	壬午	甲寅	3日
己丑	戊午	戊子	丁巳	丁亥	丙辰	乙酉	乙卯	甲申	甲寅	癸未	**乙卯**	4日
庚寅	己未	己丑	戊午	戊子	丁巳	丙戌	丙辰	乙酉	**乙卯**	甲申	丙辰	5日
辛卯	庚申	庚寅	己未	己丑	戊午	丁亥	**丁巳**	**丙戌**	丙辰	**乙酉**	丁巳	6日
壬辰	**辛酉**	辛卯	庚申	庚寅	己未	**戊子**	戊午	丁亥	丁巳	丙戌	戊午	7日
癸巳	壬戌	**壬辰**	辛酉	**辛卯**	**庚申**	己丑	己未	戊子	戊午	丁亥	己未	8日
甲午	癸亥	癸巳	**壬戌**	壬辰	辛酉	庚寅	庚申	己丑	己未	戊子	庚申	9日
乙未	甲子	甲午	癸亥	癸巳	壬戌	辛卯	辛酉	庚寅	庚申	己丑	辛酉	10日
丙申	乙丑	乙未	甲子	甲午	癸亥	壬辰	壬戌	辛卯	辛酉	庚寅	壬戌	11日
丁酉	丙寅	丙申	乙丑	乙未	甲子	癸巳	癸亥	壬辰	壬戌	辛卯	癸亥	12日
戊戌	丁卯	丁酉	丙寅	丙申	乙丑	甲午	甲子	癸巳	癸亥	壬辰	甲子	13日
己亥	戊辰	戊戌	丁卯	丁酉	丙寅	乙未	乙丑	甲午	甲子	癸巳	乙丑	14日
庚子	己巳	己亥	戊辰	戊戌	丁卯	丙申	丙寅	乙未	乙丑	甲午	丙寅	15日
辛丑	庚午	庚子	己巳	己亥	戊辰	丁酉	丁卯	丙申	丙寅	乙未	丁卯	16日
壬寅	辛未	辛丑	庚午	庚子	己巳	戊戌	戊辰	丁酉	丁卯	丙申	戊辰	17日
癸卯	壬申	壬寅	辛未	辛丑	庚午	己亥	己巳	戊戌	戊辰	丁酉	己巳	18日
甲辰	癸酉	癸卯	壬申	壬寅	辛未	庚子	庚午	己亥	己巳	戊戌	庚午	19日
乙巳	甲戌	甲辰	癸酉	癸卯	壬申	辛丑	辛未	庚子	庚午	己亥	辛未	20日
丙午	乙亥	乙巳	甲戌	甲辰	癸酉	壬寅	壬申	辛丑	辛未	庚子	壬申	21日
丁未	丙子	丙午	乙亥	乙巳	甲戌	癸卯	癸酉	壬寅	壬申	辛丑	癸酉	22日
戊申	丁丑	丁未	丙子	丙午	乙亥	甲辰	甲戌	癸卯	癸酉	壬寅	甲戌	23日
己酉	戊寅	戊申	丁丑	丁未	丙子	乙巳	乙亥	甲辰	甲戌	癸卯	乙亥	24日
庚戌	己卯	己酉	戊寅	戊申	丁丑	丙午	丙子	乙巳	乙亥	甲辰	丙子	25日
辛亥	庚辰	庚戌	己卯	己酉	戊寅	丁未	丁丑	丙午	丙子	乙巳	丁丑	26日
壬子	辛巳	辛亥	庚辰	庚戌	己卯	戊申	戊寅	丁未	丁丑	丙午	戊寅	27日
癸丑	壬午	壬子	辛巳	辛亥	庚辰	己酉	己卯	戊申	戊寅	丁未	己卯	28日
甲寅	癸未	癸丑	壬午	壬子	辛巳	庚戌	庚辰	己酉	己卯	戊申		29日
乙卯	甲申	甲寅	癸未	癸丑	壬午	辛亥	辛巳	庚戌	庚辰	己酉		30日
丙辰	乙酉		甲申		癸未	壬子		辛亥		庚戌		31日

昭和46年（西暦1971年）辛亥年　二黒土星

昭和47年 1月	12月	11月	10月	9月	8月	7月	6月	5月	4月	3月	2月	月
辛丑	庚子	己亥	戊戌	丁酉	丙申	乙未	甲午	癸巳	壬辰	辛卯	庚寅	月の干支
6日 14:42	8日 3:36	8日 10:57	9日 7:59	8日 16:30	8日 13:41	8日 3:51	6日 17:29	6日 13:08	5日 19:36	6日 14:35	4日 20:26	節入
辛卯	庚申	庚寅	己未	己丑	戊午	丁亥	丁巳	丙戌	丙辰	乙酉	丁巳	1日
壬辰	辛酉	辛卯	庚申	庚寅	己未	戊子	戊午	丁亥	丁巳	丙戌	戊午	2日
癸巳	壬戌	壬辰	辛酉	辛卯	庚申	己丑	己未	戊子	戊午	丁亥	己未	3日
甲午	癸亥	癸巳	壬戌	壬辰	辛酉	庚寅	庚申	己丑	己未	戊子	**庚申**	4日
乙未	甲子	甲午	癸亥	癸巳	壬戌	辛卯	辛酉	庚寅	**庚申**	己丑	辛酉	5日
丙申	乙丑	乙未	甲子	甲午	癸亥	壬辰	**壬戌**	**辛卯**	辛酉	**庚寅**	壬戌	6日
丁酉	丙寅	丙申	乙丑	乙未	甲子	癸巳	癸亥	壬辰	壬戌	辛卯	癸亥	7日
戊戌	**丁卯**	**丁酉**	丙寅	**丙申**	**乙丑**	**甲午**	甲子	癸巳	癸亥	壬辰	甲子	8日
己亥	戊辰	戊戌	**丁卯**	丁酉	丙寅	乙未	乙丑	甲午	甲子	癸巳	乙丑	9日
庚子	己巳	己亥	戊辰	戊戌	丁卯	丙申	丙寅	乙未	乙丑	甲午	丙寅	10日
辛丑	庚午	庚子	己巳	己亥	戊辰	丁酉	丁卯	丙申	丙寅	乙未	丁卯	11日
壬寅	辛未	辛丑	庚午	庚子	己巳	戊戌	戊辰	丁酉	丁卯	丙申	戊辰	12日
癸卯	壬申	壬寅	辛未	辛丑	庚午	己亥	己巳	戊戌	戊辰	丁酉	己巳	13日
甲辰	癸酉	癸卯	壬申	壬寅	辛未	庚子	庚午	己亥	己巳	戊戌	庚午	14日
乙巳	甲戌	甲辰	癸酉	癸卯	壬申	辛丑	辛未	庚子	庚午	己亥	辛未	15日
丙午	乙亥	乙巳	甲戌	甲辰	癸酉	壬寅	壬申	辛丑	辛未	庚子	壬申	16日
丁未	丙子	丙午	乙亥	乙巳	甲戌	癸卯	癸酉	壬寅	壬申	辛丑	癸酉	17日
戊申	丁丑	丁未	丙子	丙午	乙亥	甲辰	甲戌	癸卯	癸酉	壬寅	甲戌	18日
己酉	戊寅	戊申	丁丑	丁未	丙子	乙巳	乙亥	甲辰	甲戌	癸卯	乙亥	19日
庚戌	己卯	己酉	戊寅	戊申	丁丑	丙午	丙子	乙巳	乙亥	甲辰	丙子	20日
辛亥	庚辰	庚戌	己卯	己酉	戊寅	丁未	丁丑	丙午	丙子	乙巳	丁丑	21日
壬子	辛巳	辛亥	庚辰	庚戌	己卯	戊申	戊寅	丁未	丁丑	丙午	戊寅	22日
癸丑	壬午	壬子	辛巳	辛亥	庚辰	己酉	己卯	戊申	戊寅	丁未	己卯	23日
甲寅	癸未	癸丑	壬午	壬子	辛巳	庚戌	庚辰	己酉	己卯	戊申	庚辰	24日
乙卯	甲申	甲寅	癸未	癸丑	壬午	辛亥	辛巳	庚戌	庚辰	己酉	辛巳	25日
丙辰	乙酉	乙卯	甲申	甲寅	癸未	壬子	壬午	辛亥	辛巳	庚戌	壬午	26日
丁巳	丙戌	丙辰	乙酉	乙卯	甲申	癸丑	癸未	壬子	壬午	辛亥	癸未	27日
戊午	丁亥	丁巳	丙戌	丙辰	乙酉	甲寅	甲申	癸丑	癸未	壬子	甲申	28日
己未	戊子	戊午	丁亥	丁巳	丙戌	乙卯	乙酉	甲寅	甲申	癸丑		29日
庚申	己丑	己未	戊子	戊午	丁亥	丙辰	丙戌	乙卯	乙酉	甲寅		30日
辛酉	庚寅		己丑		戊子	丁巳		丙辰		乙卯		31日

昭和47年（西暦1972年）壬子年　一白水星

昭和48年 1月	12月	11月	10月	9月	8月	7月	6月	5月	4月	3月	2月	月
癸丑	壬子	辛亥	庚戌	己酉	戊申	丁未	丙午	乙巳	甲辰	癸卯	壬寅	月の干支
5日 20:26	7日 9:19	7日 16:40	8日 13:42	7日 22:15	7日 19:29	7日 9:43	5日 23:22	5日 19:01	5日 1:29	5日 20:28	5日 2:21	節入
丁酉	丙寅	丙申	乙丑	乙未	甲子	癸巳	癸亥	壬辰	壬戌	辛卯	壬戌	1日
戊戌	丁卯	丁酉	丙寅	丙申	乙丑	甲午	甲子	癸巳	癸亥	壬辰	癸亥	2日
己亥	戊辰	戊戌	丁卯	丁酉	丙寅	乙未	乙丑	甲午	甲子	癸巳	甲子	3日
庚子	己巳	己亥	戊辰	戊戌	丁卯	丙申	丙寅	乙未	乙丑	甲午	乙丑	4日
辛丑	庚午	庚子	己巳	己亥	戊辰	丁酉	**丁卯**	**丙申**	**丙寅**	**乙未**	**丙寅**	5日
壬寅	辛未	辛丑	庚午	庚子	己巳	戊戌	戊辰	丁酉	丁卯	丙申	丁卯	6日
癸卯	**壬申**	**壬寅**	辛未	**辛丑**	**庚午**	**己亥**	己巳	戊戌	戊辰	丁酉	戊辰	7日
甲辰	癸酉	癸卯	**壬申**	壬寅	辛未	庚子	庚午	己亥	己巳	戊戌	己巳	8日
乙巳	甲戌	甲辰	癸酉	癸卯	壬申	辛丑	辛未	庚子	庚午	己亥	庚午	9日
丙午	乙亥	乙巳	甲戌	甲辰	癸酉	壬寅	壬申	辛丑	辛未	庚子	辛未	10日
丁未	丙子	丙午	乙亥	乙巳	甲戌	癸卯	癸酉	壬寅	壬申	辛丑	壬申	11日
戊申	丁丑	丁未	丙子	丙午	乙亥	甲辰	甲戌	癸卯	癸酉	壬寅	癸酉	12日
己酉	戊寅	戊申	丁丑	丁未	丙子	乙巳	乙亥	甲辰	甲戌	癸卯	甲戌	13日
庚戌	己卯	己酉	戊寅	戊申	丁丑	丙午	丙子	乙巳	乙亥	甲辰	乙亥	14日
辛亥	庚辰	庚戌	己卯	己酉	戊寅	丁未	丁丑	丙午	丙子	乙巳	丙子	15日
壬子	辛巳	辛亥	庚辰	庚戌	己卯	戊申	戊寅	丁未	丁丑	丙午	丁丑	16日
癸丑	壬午	壬子	辛巳	辛亥	庚辰	己酉	己卯	戊申	戊寅	丁未	戊寅	17日
甲寅	癸未	癸丑	壬午	壬子	辛巳	庚戌	庚辰	己酉	己卯	戊申	己卯	18日
乙卯	甲申	甲寅	癸未	癸丑	壬午	辛亥	辛巳	庚戌	庚辰	己酉	庚辰	19日
丙辰	乙酉	乙卯	甲申	甲寅	癸未	壬子	壬午	辛亥	辛巳	庚戌	辛巳	20日
丁巳	丙戌	丙辰	乙酉	乙卯	甲申	癸丑	癸未	壬子	壬午	辛亥	壬午	21日
戊午	丁亥	丁巳	丙戌	丙辰	乙酉	甲寅	甲申	癸丑	癸未	壬子	癸未	22日
己未	戊子	戊午	丁亥	丁巳	丙戌	乙卯	乙酉	甲寅	甲申	癸丑	甲申	23日
庚申	己丑	己未	戊子	戊午	丁亥	丙辰	丙戌	乙卯	乙酉	甲寅	乙酉	24日
辛酉	庚寅	庚申	己丑	己未	戊子	丁巳	丁亥	丙辰	丙戌	乙卯	丙戌	25日
壬戌	辛卯	辛酉	庚寅	庚申	己丑	戊午	戊子	丁巳	丁亥	丙辰	丁亥	26日
癸亥	壬辰	壬戌	辛卯	辛酉	庚寅	己未	己丑	戊午	戊子	丁巳	戊子	27日
甲子	癸巳	癸亥	壬辰	壬戌	辛卯	庚申	庚寅	己未	己丑	戊午	己丑	28日
乙丑	甲午	甲子	癸巳	癸亥	壬辰	辛酉	辛卯	庚申	庚寅	己未	庚寅	29日
丙寅	乙未	乙丑	甲午	甲子	癸巳	壬戌	壬辰	辛酉	辛卯	庚申		30日
丁卯	丙申		乙未		甲午	癸亥		壬戌		辛酉		31日

昭和48年（西暦1973年）癸丑年　九紫火星

昭和49年 1月	12月	11月	10月	9月	8月	7月	6月	5月	4月	3月	2月	月
乙丑	甲子	癸亥	壬戌	辛酉	庚申	己未	戊午	丁巳	丙辰	乙卯	甲寅	月の干支
6日 2:20	7日 15:11	7日 22:28	8日 19:28	8日 4:00	8日 1:13	7日 15:27	6日 5:07	6日 0:47	5日 7:14	6日 2:13	4日 8:04	節入
壬寅	辛未	辛丑	庚午	庚子	己巳	戊戌	戊辰	丁酉	丁卯	丙申	戊辰	1日
癸卯	壬申	壬寅	辛未	辛丑	庚午	己亥	己巳	戊戌	戊辰	丁酉	己巳	2日
甲辰	癸酉	癸卯	壬申	壬寅	辛未	庚子	庚午	己亥	己巳	戊戌	庚午	3日
乙巳	甲戌	甲辰	癸酉	癸卯	壬申	辛丑	辛未	庚子	庚午	己亥	**辛未**	4日
丙午	乙亥	乙巳	甲戌	甲辰	癸酉	壬寅	壬申	辛丑	**辛未**	庚子	壬申	5日
丁未	丙子	丙午	乙亥	乙巳	甲戌	癸卯	**癸酉**	**壬寅**	壬申	**辛丑**	癸酉	6日
戊申	**丁丑**	**丁未**	丙子	丙午	乙亥	**甲辰**	甲戌	癸卯	癸酉	壬寅	甲戌	7日
己酉	戊寅	戊申	**丁丑**	**丁未**	**丙子**	乙巳	乙亥	甲辰	甲戌	癸卯	乙亥	8日
庚戌	己卯	己酉	戊寅	戊申	丁丑	丙午	丙子	乙巳	乙亥	甲辰	丙子	9日
辛亥	庚辰	庚戌	己卯	己酉	戊寅	丁未	丁丑	丙午	丙子	乙巳	丁丑	10日
壬子	辛巳	辛亥	庚辰	庚戌	己卯	戊申	戊寅	丁未	丁丑	丙午	戊寅	11日
癸丑	壬午	壬子	辛巳	辛亥	庚辰	己酉	己卯	戊申	戊寅	丁未	己卯	12日
甲寅	癸未	癸丑	壬午	壬子	辛巳	庚戌	庚辰	己酉	己卯	戊申	庚辰	13日
乙卯	甲申	甲寅	癸未	癸丑	壬午	辛亥	辛巳	庚戌	庚辰	己酉	辛巳	14日
丙辰	乙酉	乙卯	甲申	甲寅	癸未	壬子	壬午	辛亥	辛巳	庚戌	壬午	15日
丁巳	丙戌	丙辰	乙酉	乙卯	甲申	癸丑	癸未	壬子	壬午	辛亥	癸未	16日
戊午	丁亥	丁巳	丙戌	丙辰	乙酉	甲寅	甲申	癸丑	癸未	壬子	甲申	17日
己未	戊子	戊午	丁亥	丁巳	丙戌	乙卯	乙酉	甲寅	甲申	癸丑	乙酉	18日
庚申	己丑	己未	戊子	戊午	丁亥	丙辰	丙戌	乙卯	乙酉	甲寅	丙戌	19日
辛酉	庚寅	庚申	己丑	己未	戊子	丁巳	丁亥	丙辰	丙戌	乙卯	丁亥	20日
壬戌	辛卯	辛酉	庚寅	庚申	己丑	戊午	戊子	丁巳	丁亥	丙辰	戊子	21日
癸亥	壬辰	壬戌	辛卯	辛酉	庚寅	己未	己丑	戊午	戊子	丁巳	己丑	22日
甲子	癸巳	癸亥	壬辰	壬戌	辛卯	庚申	庚寅	己未	己丑	戊午	庚寅	23日
乙丑	甲午	甲子	癸巳	癸亥	壬辰	辛酉	辛卯	庚申	庚寅	己未	辛卯	24日
丙寅	乙未	乙丑	甲午	甲子	癸巳	壬戌	壬辰	辛酉	辛卯	庚申	壬辰	25日
丁卯	丙申	丙寅	乙未	乙丑	甲午	癸亥	癸巳	壬戌	壬辰	辛酉	癸巳	26日
戊辰	丁酉	丁卯	丙申	丙寅	乙未	甲子	甲午	癸亥	癸巳	壬戌	甲午	27日
己巳	戊戌	戊辰	丁酉	丁卯	丙申	乙丑	乙未	甲子	甲午	癸亥	乙未	28日
庚午	己亥	己巳	戊戌	戊辰	丁酉	丙寅	丙申	乙丑	乙未	甲子		29日
辛未	庚子	庚午	己亥	己巳	戊戌	丁卯	丁酉	丙寅	丙申	乙丑		30日
壬申	辛丑		庚子		己亥	戊辰		丁卯		丙寅		31日

昭和49年（西暦1974年）甲寅年　八白土星

昭和50年 1月	12月	11月	10月	9月	8月	7月	6月	5月	4月	3月	2月	月
丁丑	丙子	乙亥	甲戌	癸酉	壬申	辛未	庚午	己巳	戊辰	丁卯	丙寅	月の干支
6日 8:18	7日 21:05	8日 4:18	9日 1:15	8日 9:45	8日 6:58	7日 21:11	6日 10:52	6日 6:34	5日 13:05	6日 8:07	4日 14:01	節入
丁未	丙子	丙午	乙亥	乙巳	甲戌	癸卯	癸酉	壬寅	壬申	辛丑	癸酉	1日
戊申	丁丑	丁未	丙子	丙午	乙亥	甲辰	甲戌	癸卯	癸酉	壬寅	甲戌	2日
己酉	戊寅	戊申	丁丑	丁未	丙子	乙巳	乙亥	甲辰	甲戌	癸卯	乙亥	3日
庚戌	己卯	己酉	戊寅	戊申	丁丑	丙午	丙子	乙巳	乙亥	甲辰	**丙子**	4日
辛亥	庚辰	庚戌	己卯	己酉	戊寅	丁未	丁丑	丙午	**丙子**	乙巳	丁丑	5日
壬子	辛巳	辛亥	庚辰	庚戌	己卯	戊申	**戊寅**	**丁未**	丁丑	**丙午**	戊寅	6日
癸丑	**壬午**	壬子	辛巳	辛亥	庚辰	**己酉**	己卯	戊申	戊寅	丁未	己卯	7日
甲寅	癸未	**癸丑**	壬午	**壬子**	**辛巳**	庚戌	庚辰	己酉	己卯	戊申	庚辰	8日
乙卯	甲申	甲寅	**癸未**	癸丑	壬午	辛亥	辛巳	庚戌	庚辰	己酉	辛巳	9日
丙辰	乙酉	乙卯	甲申	甲寅	癸未	壬子	壬午	辛亥	辛巳	庚戌	壬午	10日
丁巳	丙戌	丙辰	乙酉	乙卯	甲申	癸丑	癸未	壬子	壬午	辛亥	癸未	11日
戊午	丁亥	丁巳	丙戌	丙辰	乙酉	甲寅	甲申	癸丑	癸未	壬子	甲申	12日
己未	戊子	戊午	丁亥	丁巳	丙戌	乙卯	乙酉	甲寅	甲申	癸丑	乙酉	13日
庚申	己丑	己未	戊子	戊午	丁亥	丙辰	丙戌	乙卯	乙酉	甲寅	丙戌	14日
辛酉	庚寅	庚申	己丑	己未	戊子	丁巳	丁亥	丙辰	丙戌	乙卯	丁亥	15日
壬戌	辛卯	辛酉	庚寅	庚申	己丑	戊午	戊子	丁巳	丁亥	丙辰	戊子	16日
癸亥	壬辰	壬戌	辛卯	辛酉	庚寅	己未	己丑	戊午	戊子	丁巳	己丑	17日
甲子	癸巳	癸亥	壬辰	壬戌	辛卯	庚申	庚寅	己未	己丑	戊午	庚寅	18日
乙丑	甲午	甲子	癸巳	癸亥	壬辰	辛酉	辛卯	庚申	庚寅	己未	辛卯	19日
丙寅	乙未	乙丑	甲午	甲子	癸巳	壬戌	壬辰	辛酉	辛卯	庚申	壬辰	20日
丁卯	丙申	丙寅	乙未	乙丑	甲午	癸亥	癸巳	壬戌	壬辰	辛酉	癸巳	21日
戊辰	丁酉	丁卯	丙申	丙寅	乙未	甲子	甲午	癸亥	癸巳	壬戌	甲午	22日
己巳	戊戌	戊辰	丁酉	丁卯	丙申	乙丑	乙未	甲子	甲午	癸亥	乙未	23日
庚午	己亥	己巳	戊戌	戊辰	丁酉	丙寅	丙申	乙丑	乙未	甲子	丙申	24日
辛未	庚子	庚午	己亥	己巳	戊戌	丁卯	丁酉	丙寅	丙申	乙丑	丁酉	25日
壬申	辛丑	辛未	庚子	庚午	己亥	戊辰	戊戌	丁卯	丁酉	丙寅	戊戌	26日
癸酉	壬寅	壬申	辛丑	辛未	庚子	己巳	己亥	戊辰	戊戌	丁卯	己亥	27日
甲戌	癸卯	癸酉	壬寅	壬申	辛丑	庚午	庚子	己巳	己亥	戊辰	庚子	28日
乙亥	甲辰	甲戌	癸卯	癸酉	壬寅	辛未	辛丑	庚午	庚子	己巳		29日
丙子	乙巳	乙亥	甲辰	甲戌	癸卯	壬申	壬寅	辛未	辛丑	庚午		30日
丁丑	丙午		乙巳		甲辰	癸酉		壬申		辛未		31日

昭和50年（西暦1975年）乙卯年　七赤金星

昭和51年 1月	12月	11月	10月	9月	8月	7月	6月	5月	4月	3月	2月	月
己丑	**戊子**	**丁亥**	**丙戌**	**乙酉**	**甲申**	**癸未**	**壬午**	**辛巳**	**庚辰**	**己卯**	**戊寅**	**月の干支**
6日 13:58	8日 2:47	8日 10:03	9日 7:03	8日 15:33	8日 12:45	8日 2:59	6日 16:42	6日 12:27	5日 19:02	6日 14:06	4日 19:59	**節入**
壬子	辛巳	辛亥	庚辰	庚戌	己卯	戊申	戊寅	丁未	丁丑	丙午	戊寅	**1日**
癸丑	壬午	壬子	辛巳	辛亥	庚辰	己酉	己卯	戊申	戊寅	丁未	己卯	**2日**
甲寅	癸未	癸丑	壬午	壬子	辛巳	庚戌	庚辰	己酉	己卯	戊申	庚辰	**3日**
乙卯	甲申	甲寅	癸未	癸丑	壬午	辛亥	辛巳	庚戌	庚辰	己酉	**辛巳**	**4日**
丙辰	乙酉	乙卯	甲申	甲寅	癸未	壬子	壬午	辛亥	**辛巳**	庚戌	壬午	**5日**
丁巳	丙戌	丙辰	乙酉	乙卯	甲申	癸丑	**癸未**	**壬子**	壬午	**辛亥**	癸未	**6日**
戊午	丁亥	丁巳	丙戌	丙辰	乙酉	甲寅	甲申	癸丑	癸未	壬子	甲申	**7日**
己未	**戊子**	**戊午**	丁亥	**丁巳**	**丙戌**	**乙卯**	乙酉	甲寅	甲申	癸丑	乙酉	**8日**
庚申	己丑	己未	**戊子**	戊午	丁亥	丙辰	丙戌	乙卯	乙酉	甲寅	丙戌	**9日**
辛酉	庚寅	庚申	己丑	己未	戊子	丁巳	丁亥	丙辰	丙戌	乙卯	丁亥	**10日**
壬戌	辛卯	辛酉	庚寅	庚申	己丑	戊午	戊子	丁巳	丁亥	丙辰	戊子	**11日**
癸亥	壬辰	壬戌	辛卯	辛酉	庚寅	己未	己丑	戊午	戊子	丁巳	己丑	**12日**
甲子	癸巳	癸亥	壬辰	壬戌	辛卯	庚申	庚寅	己未	己丑	戊午	庚寅	**13日**
乙丑	甲午	甲子	癸巳	癸亥	壬辰	辛酉	辛卯	庚申	庚寅	己未	辛卯	**14日**
丙寅	乙未	乙丑	甲午	甲子	癸巳	壬戌	壬辰	辛酉	辛卯	庚申	壬辰	**15日**
丁卯	丙申	丙寅	乙未	乙丑	甲午	癸亥	癸巳	壬戌	壬辰	辛酉	癸巳	**16日**
戊辰	丁酉	丁卯	丙申	丙寅	乙未	甲子	甲午	癸亥	癸巳	壬戌	甲午	**17日**
己巳	戊戌	戊辰	丁酉	丁卯	丙申	乙丑	乙未	甲子	甲午	癸亥	乙未	**18日**
庚午	己亥	己巳	戊戌	戊辰	丁酉	丙寅	丙申	乙丑	乙未	甲子	丙申	**19日**
辛未	庚子	庚午	己亥	己巳	戊戌	丁卯	丁酉	丙寅	丙申	乙丑	丁酉	**20日**
壬申	辛丑	辛未	庚子	庚午	己亥	戊辰	戊戌	丁卯	丁酉	丙寅	戊戌	**21日**
癸酉	壬寅	壬申	辛丑	辛未	庚子	己巳	己亥	戊辰	戊戌	丁卯	己亥	**22日**
甲戌	癸卯	癸酉	壬寅	壬申	辛丑	庚午	庚子	己巳	己亥	戊辰	庚子	**23日**
乙亥	甲辰	甲戌	癸卯	癸酉	壬寅	辛未	辛丑	庚午	庚子	己巳	辛丑	**24日**
丙子	乙巳	乙亥	甲辰	甲戌	癸卯	壬申	壬寅	辛未	辛丑	庚午	壬寅	**25日**
丁丑	丙午	丙子	乙巳	乙亥	甲辰	癸酉	癸卯	壬申	壬寅	辛未	癸卯	**26日**
戊寅	丁未	丁丑	丙午	丙子	乙巳	甲戌	甲辰	癸酉	癸卯	壬申	甲辰	**27日**
己卯	戊申	戊寅	丁未	丁丑	丙午	乙亥	乙巳	甲戌	甲辰	癸酉	乙巳	**28日**
庚辰	己酉	己卯	戊申	戊寅	丁未	丙子	丙午	乙亥	乙巳	甲戌		**29日**
辛巳	庚戌	庚辰	己酉	己卯	戊申	丁丑	丁未	丙子	丙午	乙亥		**30日**
壬午	辛亥		庚戌		己酉	戊寅		丁丑		丙子		**31日**

昭和51年（西暦1976年）丙辰年　六白金星

昭和52年 1月	12月	11月	10月	9月	8月	7月	6月	5月	4月	3月	2月	月
辛丑	**庚子**	**己亥**	**戊戌**	**丁酉**	**丙申**	**乙未**	**甲午**	**癸巳**	**壬辰**	**辛卯**	**庚寅**	**月の干支**
5日 19:51	7日 8:41	7日 15:59	8日 12:58	7日 21:28	7日 18:39	7日 8:51	5日 22:32	5日 18:14	5日 0:47	5日 19:49	5日 1:40	**節入**
戊午	丁亥	丁巳	丙戌	丙辰	乙酉	甲寅	甲申	癸丑	癸未	壬子	癸未	**1日**
己未	戊子	戊午	丁亥	丁巳	丙戌	乙卯	乙酉	甲寅	甲申	癸丑	甲申	**2日**
庚申	己丑	己未	戊子	戊午	丁亥	丙辰	丙戌	乙卯	乙酉	甲寅	乙酉	**3日**
辛酉	庚寅	庚申	己丑	己未	戊子	丁巳	丁亥	丙辰	丙戌	乙卯	丙戌	**4日**
壬戌	辛卯	辛酉	庚寅	庚申	己丑	戊午	**戊子**	**丁巳**	**丁亥**	**丙辰**	**丁亥**	**5日**
癸亥	壬辰	壬戌	辛卯	辛酉	庚寅	己未	己丑	戊午	戊子	丁巳	戊子	**6日**
甲子	**癸巳**	**癸亥**	壬辰	**壬戌**	**辛卯**	**庚申**	庚寅	己未	己丑	戊午	己丑	**7日**
乙丑	甲午	甲子	**癸巳**	癸亥	壬辰	辛酉	辛卯	庚申	庚寅	己未	庚寅	**8日**
丙寅	乙未	乙丑	甲午	甲子	癸巳	壬戌	壬辰	辛酉	辛卯	庚申	辛卯	**9日**
丁卯	丙申	丙寅	乙未	乙丑	甲午	癸亥	癸巳	壬戌	壬辰	辛酉	壬辰	**10日**
戊辰	丁酉	丁卯	丙申	丙寅	乙未	甲子	甲午	癸亥	癸巳	壬戌	癸巳	**11日**
己巳	戊戌	戊辰	丁酉	丁卯	丙申	乙丑	乙未	甲子	甲午	癸亥	甲午	**12日**
庚午	己亥	己巳	戊戌	戊辰	丁酉	丙寅	丙申	乙丑	乙未	甲子	乙未	**13日**
辛未	庚子	庚午	己亥	己巳	戊戌	丁卯	丁酉	丙寅	丙申	乙丑	丙申	**14日**
壬申	辛丑	辛未	庚子	庚午	己亥	戊辰	戊戌	丁卯	丁酉	丙寅	丁酉	**15日**
癸酉	壬寅	壬申	辛丑	辛未	庚子	己巳	己亥	戊辰	戊戌	丁卯	戊戌	**16日**
甲戌	癸卯	癸酉	壬寅	壬申	辛丑	庚午	庚子	己巳	己亥	戊辰	己亥	**17日**
乙亥	甲辰	甲戌	癸卯	癸酉	壬寅	辛未	辛丑	庚午	庚子	己巳	庚子	**18日**
丙子	乙巳	乙亥	甲辰	甲戌	癸卯	壬申	壬寅	辛未	辛丑	庚午	辛丑	**19日**
丁丑	丙午	丙子	乙巳	乙亥	甲辰	癸酉	癸卯	壬申	壬寅	辛未	壬寅	**20日**
戊寅	丁未	丁丑	丙午	丙子	乙巳	甲戌	甲辰	癸酉	癸卯	壬申	癸卯	**21日**
己卯	戊申	戊寅	丁未	丁丑	丙午	乙亥	乙巳	甲戌	甲辰	癸酉	甲辰	**22日**
庚辰	己酉	己卯	戊申	戊寅	丁未	丙子	丙午	乙亥	乙巳	甲戌	乙巳	**23日**
辛巳	庚戌	庚辰	己酉	己卯	戊申	丁丑	丁未	丙子	丙午	乙亥	丙午	**24日**
壬午	辛亥	辛巳	庚戌	庚辰	己酉	戊寅	戊申	丁丑	丁未	丙子	丁未	**25日**
癸未	壬子	壬午	辛亥	辛巳	庚戌	己卯	己酉	戊寅	戊申	丁丑	戊申	**26日**
甲申	癸丑	癸未	壬子	壬午	辛亥	庚辰	庚戌	己卯	己酉	戊寅	己酉	**27日**
乙酉	甲寅	甲申	癸丑	癸未	壬子	辛巳	辛亥	庚辰	庚戌	己卯	庚戌	**28日**
丙戌	乙卯	乙酉	甲寅	甲申	癸丑	壬午	壬子	辛巳	辛亥	庚辰	辛亥	**29日**
丁亥	丙辰	丙戌	乙卯	乙酉	甲寅	癸未	癸丑	壬午	壬子	辛巳		**30日**
戊子	丁巳		丙辰		乙卯	甲申		癸未		壬午		**31日**

昭和52年（西暦1977年）丁巳年　五黄土星

昭和53年 1月	12月	11月	10月	9月	8月	7月	6月	5月	4月	3月	2月	月
癸丑	**壬子**	**辛亥**	**庚戌**	**己酉**	**戊申**	**丁未**	**丙午**	**乙巳**	**甲辰**	**癸卯**	**壬寅**	**月の干支**
6日 1:44	7日 14:31	7日 21:46	8日 18:44	8日 3:16	8日 0:31	7日 14:48	6日 4:32	6日 0:16	5日 6:46	6日 1:45	4日 7:34	**節入**
癸亥	壬辰	壬戌	辛卯	辛酉	庚寅	己未	己丑	戊午	戊子	丁巳	己丑	**1日**
甲子	癸巳	癸亥	壬辰	壬戌	辛卯	庚申	庚寅	己未	己丑	戊午	庚寅	**2日**
乙丑	甲午	甲子	癸巳	癸亥	壬辰	辛酉	辛卯	庚申	庚寅	己未	辛卯	**3日**
丙寅	乙未	乙丑	甲午	甲子	癸巳	壬戌	壬辰	辛酉	辛卯	庚申	**壬辰**	**4日**
丁卯	丙申	丙寅	乙未	乙丑	甲午	癸亥	癸巳	壬戌	**壬辰**	辛酉	癸巳	**5日**
戊辰	丁酉	丁卯	丙申	丙寅	乙未	甲子	**甲午**	**癸亥**	癸巳	**壬戌**	甲午	**6日**
己巳	**戊戌**	**戊辰**	丁酉	丁卯	丙申	**乙丑**	乙未	甲子	甲午	癸亥	乙未	**7日**
庚午	己亥	己巳	**戊戌**	**戊辰**	**丁酉**	丙寅	丙申	乙丑	乙未	甲子	丙申	**8日**
辛未	庚子	庚午	己亥	己巳	戊戌	丁卯	丁酉	丙寅	丙申	乙丑	丁酉	**9日**
壬申	辛丑	辛未	庚子	庚午	己亥	戊辰	戊戌	丁卯	丁酉	丙寅	戊戌	**10日**
癸酉	壬寅	壬申	辛丑	辛未	庚子	己巳	己亥	戊辰	戊戌	丁卯	己亥	**11日**
甲戌	癸卯	癸酉	壬寅	壬申	辛丑	庚午	庚子	己巳	己亥	戊辰	庚子	**12日**
乙亥	甲辰	甲戌	癸卯	癸酉	壬寅	辛未	辛丑	庚午	庚子	己巳	辛丑	**13日**
丙子	乙巳	乙亥	甲辰	甲戌	癸卯	壬申	壬寅	辛未	辛丑	庚午	壬寅	**14日**
丁丑	丙午	丙子	乙巳	乙亥	甲辰	癸酉	癸卯	壬申	壬寅	辛未	癸卯	**15日**
戊寅	丁未	丁丑	丙午	丙子	乙巳	甲戌	甲辰	癸酉	癸卯	壬申	甲辰	**16日**
己卯	戊申	戊寅	丁未	丁丑	丙午	乙亥	乙巳	甲戌	甲辰	癸酉	乙巳	**17日**
庚辰	己酉	己卯	戊申	戊寅	丁未	丙子	丙午	乙亥	乙巳	甲戌	丙午	**18日**
辛巳	庚戌	庚辰	己酉	己卯	戊申	丁丑	丁未	丙子	丙午	乙亥	丁未	**19日**
壬午	辛亥	辛巳	庚戌	庚辰	己酉	戊寅	戊申	丁丑	丁未	丙子	戊申	**20日**
癸未	壬子	壬午	辛亥	辛巳	庚戌	己卯	己酉	戊寅	戊申	丁丑	己酉	**21日**
甲申	癸丑	癸未	壬子	壬午	辛亥	庚辰	庚戌	己卯	己酉	戊寅	庚戌	**22日**
乙酉	甲寅	甲申	癸丑	癸未	壬子	辛巳	辛亥	庚辰	庚戌	己卯	辛亥	**23日**
丙戌	乙卯	乙酉	甲寅	甲申	癸丑	壬午	壬子	辛巳	辛亥	庚辰	壬子	**24日**
丁亥	丙辰	丙戌	乙卯	乙酉	甲寅	癸未	癸丑	壬午	壬子	辛巳	癸丑	**25日**
戊子	丁巳	丁亥	丙辰	丙戌	乙卯	甲申	甲寅	癸未	癸丑	壬午	甲寅	**26日**
己丑	戊午	戊子	丁巳	丁亥	丙辰	乙酉	乙卯	甲申	甲寅	癸未	乙卯	**27日**
庚寅	己未	己丑	戊午	戊子	丁巳	丙戌	丙辰	乙酉	乙卯	甲申	丙辰	**28日**
辛卯	庚申	庚寅	己未	己丑	戊午	丁亥	丁巳	丙戌	丙辰	乙酉		**29日**
壬辰	辛酉	辛卯	庚申	庚寅	己未	戊子	戊午	丁亥	丁巳	丙戌		**30日**
癸巳	壬戌		辛酉		庚申	己丑		戊子		丁亥		**31日**

昭和53年（西暦1978年）戊午年　四緑木星

昭和54年 1月	12月	11月	10月	9月	8月	7月	6月	5月	4月	3月	2月	月
乙丑	甲子	癸亥	壬戌	辛酉	庚申	己未	戊午	丁巳	丙辰	乙卯	甲寅	月の干支
6日 7:32	7日 20:21	8日 3:34	9日 0:31	8日 9:03	8日 6:18	7日 20:37	6日 10:23	6日 6:09	5日 12:39	6日 7:39	4日 13:27	節入
戊辰	丁酉	丁卯	丙申	丙寅	乙未	甲子	甲午	癸亥	癸巳	壬戌	甲午	1日
己巳	戊戌	戊辰	丁酉	丁卯	丙申	乙丑	乙未	甲子	甲午	癸亥	乙未	2日
庚午	己亥	己巳	戊戌	戊辰	丁酉	丙寅	丙申	乙丑	乙未	甲子	丙申	3日
辛未	庚子	庚午	己亥	己巳	戊戌	丁卯	丁酉	丙寅	丙申	乙丑	**丁酉**	4日
壬申	辛丑	辛未	庚子	庚午	己亥	戊辰	戊戌	丁卯	**丁酉**	丙寅	戊戌	5日
癸酉	壬寅	壬申	辛丑	辛未	庚子	己巳	**己亥**	**戊辰**	戊戌	**丁卯**	己亥	6日
甲戌	**癸卯**	癸酉	壬寅	壬申	辛丑	**庚午**	庚子	己巳	己亥	戊辰	庚子	7日
乙亥	甲辰	**甲戌**	癸卯	**癸酉**	**壬寅**	辛未	辛丑	庚午	庚子	己巳	辛丑	8日
丙子	乙巳	乙亥	**甲辰**	甲戌	癸卯	壬申	壬寅	辛未	辛丑	庚午	壬寅	9日
丁丑	丙午	丙子	乙巳	乙亥	甲辰	癸酉	癸卯	壬申	壬寅	辛未	癸卯	10日
戊寅	丁未	丁丑	丙午	丙子	乙巳	甲戌	甲辰	癸酉	癸卯	壬申	甲辰	11日
己卯	戊申	戊寅	丁未	丁丑	丙午	乙亥	乙巳	甲戌	甲辰	癸酉	乙巳	12日
庚辰	己酉	己卯	戊申	戊寅	丁未	丙子	丙午	乙亥	乙巳	甲戌	丙午	13日
辛巳	庚戌	庚辰	己酉	己卯	戊申	丁丑	丁未	丙子	丙午	乙亥	丁未	14日
壬午	辛亥	辛巳	庚戌	庚辰	己酉	戊寅	戊申	丁丑	丁未	丙子	戊申	15日
癸未	壬子	壬午	辛亥	辛巳	庚戌	己卯	己酉	戊寅	戊申	丁丑	己酉	16日
甲申	癸丑	癸未	壬子	壬午	辛亥	庚辰	庚戌	己卯	己酉	戊寅	庚戌	17日
乙酉	甲寅	甲申	癸丑	癸未	壬子	辛巳	辛亥	庚辰	庚戌	己卯	辛亥	18日
丙戌	乙卯	乙酉	甲寅	甲申	癸丑	壬午	壬子	辛巳	辛亥	庚辰	壬子	19日
丁亥	丙辰	丙戌	乙卯	乙酉	甲寅	癸未	癸丑	壬午	壬子	辛巳	癸丑	20日
戊子	丁巳	丁亥	丙辰	丙戌	乙卯	甲申	甲寅	癸未	癸丑	壬午	甲寅	21日
己丑	戊午	戊子	丁巳	丁亥	丙辰	乙酉	乙卯	甲申	甲寅	癸未	乙卯	22日
庚寅	己未	己丑	戊午	戊子	丁巳	丙戌	丙辰	乙酉	乙卯	甲申	丙辰	23日
辛卯	庚申	庚寅	己未	己丑	戊午	丁亥	丁巳	丙戌	丙辰	乙酉	丁巳	24日
壬辰	辛酉	辛卯	庚申	庚寅	己未	戊子	戊午	丁亥	丁巳	丙戌	戊午	25日
癸巳	壬戌	壬辰	辛酉	辛卯	庚申	己丑	己未	戊子	戊午	丁亥	己未	26日
甲午	癸亥	癸巳	壬戌	壬辰	辛酉	庚寅	庚申	己丑	己未	戊子	庚申	27日
乙未	甲子	甲午	癸亥	癸巳	壬戌	辛卯	辛酉	庚寅	庚申	己丑	辛酉	28日
丙申	乙丑	乙未	甲子	甲午	癸亥	壬辰	壬戌	辛卯	辛酉	庚寅		29日
丁酉	丙寅	丙申	乙丑	乙未	甲子	癸巳	癸亥	壬辰	壬戌	辛卯		30日
戊戌	丁卯		丙寅		乙丑	甲午		癸巳		壬辰		31日

昭和54年（西暦1979年）己未年　三碧木星

昭和55年 1月	12月	11月	10月	9月	8月	7月	6月	5月	4月	3月	2月	月
丁丑	丙子	乙亥	甲戌	癸酉	壬申	辛未	庚午	己巳	戊辰	丁卯	丙寅	月の干支
6日 13:29	8日 2:18	8日 9:33	9日 6:30	8日 15:00	8日 12:11	8日 2:25	6日 16:06	6日 11:48	5日 18:18	6日 13:20	4日 19:13	節入
癸酉	壬寅	壬申	辛丑	辛未	庚子	己巳	己亥	戊辰	戊戌	丁卯	己亥	1日
甲戌	癸卯	癸酉	壬寅	壬申	辛丑	庚午	庚子	己巳	己亥	戊辰	庚子	2日
乙亥	甲辰	甲戌	癸卯	癸酉	壬寅	辛未	辛丑	庚午	庚子	己巳	辛丑	3日
丙子	乙巳	乙亥	甲辰	甲戌	癸卯	壬申	壬寅	辛未	辛丑	庚午	**壬寅**	4日
丁丑	丙午	丙子	乙巳	乙亥	甲辰	癸酉	癸卯	壬申	**壬寅**	辛未	癸卯	5日
戊寅	丁未	丁丑	丙午	丙子	乙巳	甲戌	**甲辰**	**癸酉**	癸卯	**壬申**	甲辰	6日
己卯	戊申	戊寅	丁未	丁丑	丙午	乙亥	乙巳	甲戌	甲辰	癸酉	乙巳	7日
庚辰	**己酉**	**己卯**	戊申	**戊寅**	**丁未**	**丙子**	丙午	乙亥	乙巳	甲戌	丙午	8日
辛巳	庚戌	庚辰	**己酉**	己卯	戊申	丁丑	丁未	丙子	丙午	乙亥	丁未	9日
壬午	辛亥	辛巳	庚戌	庚辰	己酉	戊寅	戊申	丁丑	丁未	丙子	戊申	10日
癸未	壬子	壬午	辛亥	辛巳	庚戌	己卯	己酉	戊寅	戊申	丁丑	己酉	11日
甲申	癸丑	癸未	壬子	壬午	辛亥	庚辰	庚戌	己卯	己酉	戊寅	庚戌	12日
乙酉	甲寅	甲申	癸丑	癸未	壬子	辛巳	辛亥	庚辰	庚戌	己卯	辛亥	13日
丙戌	乙卯	乙酉	甲寅	甲申	癸丑	壬午	壬子	辛巳	辛亥	庚辰	壬子	14日
丁亥	丙辰	丙戌	乙卯	乙酉	甲寅	癸未	癸丑	壬午	壬子	辛巳	癸丑	15日
戊子	丁巳	丁亥	丙辰	丙戌	乙卯	甲申	甲寅	癸未	癸丑	壬午	甲寅	16日
己丑	戊午	戊子	丁巳	丁亥	丙辰	乙酉	乙卯	甲申	甲寅	癸未	乙卯	17日
庚寅	己未	己丑	戊午	戊子	丁巳	丙戌	丙辰	乙酉	乙卯	甲申	丙辰	18日
辛卯	庚申	庚寅	己未	己丑	戊午	丁亥	丁巳	丙戌	丙辰	乙酉	丁巳	19日
壬辰	辛酉	辛卯	庚申	庚寅	己未	戊子	戊午	丁亥	丁巳	丙戌	戊午	20日
癸巳	壬戌	壬辰	辛酉	辛卯	庚申	己丑	己未	戊子	戊午	丁亥	己未	21日
甲午	癸亥	癸巳	壬戌	壬辰	辛酉	庚寅	庚申	己丑	己未	戊子	庚申	22日
乙未	甲子	甲午	癸亥	癸巳	壬戌	辛卯	辛酉	庚寅	庚申	己丑	辛酉	23日
丙申	乙丑	乙未	甲子	甲午	癸亥	壬辰	壬戌	辛卯	辛酉	庚寅	壬戌	24日
丁酉	丙寅	丙申	乙丑	乙未	甲子	癸巳	癸亥	壬辰	壬戌	辛卯	癸亥	25日
戊戌	丁卯	丁酉	丙寅	丙申	乙丑	甲午	甲子	癸巳	癸亥	壬辰	甲子	26日
己亥	戊辰	戊戌	丁卯	丁酉	丙寅	乙未	乙丑	甲午	甲子	癸巳	乙丑	27日
庚子	己巳	己亥	戊辰	戊戌	丁卯	丙申	丙寅	乙未	乙丑	甲午	丙寅	28日
辛丑	庚午	庚子	己巳	己亥	戊辰	丁酉	丁卯	丙申	丙寅	乙未		29日
壬寅	辛未	辛丑	庚午	庚子	己巳	戊戌	戊辰	丁酉	丁卯	丙申		30日
癸卯	壬申		辛未		庚午	己亥		戊戌		丁酉		31日

昭和55年（西暦1980年）庚申年　二黒土星

昭和56年 1月	12月	11月	10月	9月	8月	7月	6月	5月	4月	3月	2月	月
己丑	**戊子**	**丁亥**	**丙戌**	**乙酉**	**甲申**	**癸未**	**壬午**	**辛巳**	**庚辰**	**己卯**	**戊寅**	**月の干支**
5日 19:13	7日 8:02	7日 15:19	8日 12:20	7日 20:54	7日 18:09	7日 8:24	5日 22:04	5日 17:45	5日 0:15	5日 19:17	5日 1:10	**節入**
己卯	戊申	戊寅	丁未	丁丑	丙午	乙亥	乙巳	甲戌	甲辰	癸酉	甲辰	**1日**
庚辰	己酉	己卯	戊申	戊寅	丁未	丙子	丙午	乙亥	乙巳	甲戌	乙巳	**2日**
辛巳	庚戌	庚辰	己酉	己卯	戊申	丁丑	丁未	丙子	丙午	乙亥	丙午	**3日**
壬午	辛亥	辛巳	庚戌	庚辰	己酉	戊寅	戊申	丁丑	丁未	丙子	丁未	**4日**
癸未	壬子	壬午	辛亥	辛巳	庚戌	己卯	**己酉**	**戊寅**	**戊申**	**丁丑**	**戊申**	**5日**
甲申	癸丑	癸未	壬子	壬午	辛亥	庚辰	庚戌	己卯	己酉	戊寅	己酉	**6日**
乙酉	**甲寅**	**甲申**	癸丑	**癸未**	**壬子**	**辛巳**	辛亥	庚辰	庚戌	己卯	庚戌	**7日**
丙戌	乙卯	乙酉	**甲寅**	甲申	癸丑	壬午	壬子	辛巳	辛亥	庚辰	辛亥	**8日**
丁亥	丙辰	丙戌	乙卯	乙酉	甲寅	癸未	癸丑	壬午	壬子	辛巳	壬子	**9日**
戊子	丁巳	丁亥	丙辰	丙戌	乙卯	甲申	甲寅	癸未	癸丑	壬午	癸丑	**10日**
己丑	戊午	戊子	丁巳	丁亥	丙辰	乙酉	乙卯	甲申	甲寅	癸未	甲寅	**11日**
庚寅	己未	己丑	戊午	戊子	丁巳	丙戌	丙辰	乙酉	乙卯	甲申	乙卯	**12日**
辛卯	庚申	庚寅	己未	己丑	戊午	丁亥	丁巳	丙戌	丙辰	乙酉	丙辰	**13日**
壬辰	辛酉	辛卯	庚申	庚寅	己未	戊子	戊午	丁亥	丁巳	丙戌	丁巳	**14日**
癸巳	壬戌	壬辰	辛酉	辛卯	庚申	己丑	己未	戊子	戊午	丁亥	戊午	**15日**
甲午	癸亥	癸巳	壬戌	壬辰	辛酉	庚寅	庚申	己丑	己未	戊子	己未	**16日**
乙未	甲子	甲午	癸亥	癸巳	壬戌	辛卯	辛酉	庚寅	庚申	己丑	庚申	**17日**
丙申	乙丑	乙未	甲子	甲午	癸亥	壬辰	壬戌	辛卯	辛酉	庚寅	辛酉	**18日**
丁酉	丙寅	丙申	乙丑	乙未	甲子	癸巳	癸亥	壬辰	壬戌	辛卯	壬戌	**19日**
戊戌	丁卯	丁酉	丙寅	丙申	乙丑	甲午	甲子	癸巳	癸亥	壬辰	癸亥	**20日**
己亥	戊辰	戊戌	丁卯	丁酉	丙寅	乙未	乙丑	甲午	甲子	癸巳	甲子	**21日**
庚子	己巳	己亥	戊辰	戊戌	丁卯	丙申	丙寅	乙未	乙丑	甲午	乙丑	**22日**
辛丑	庚午	庚子	己巳	己亥	戊辰	丁酉	丁卯	丙申	丙寅	乙未	丙寅	**23日**
壬寅	辛未	辛丑	庚午	庚子	己巳	戊戌	戊辰	丁酉	丁卯	丙申	丁卯	**24日**
癸卯	壬申	壬寅	辛未	辛丑	庚午	己亥	己巳	戊戌	戊辰	丁酉	戊辰	**25日**
甲辰	癸酉	癸卯	壬申	壬寅	辛未	庚子	庚午	己亥	己巳	戊戌	己巳	**26日**
乙巳	甲戌	甲辰	癸酉	癸卯	壬申	辛丑	辛未	庚子	庚午	己亥	庚午	**27日**
丙午	乙亥	乙巳	甲戌	甲辰	癸酉	壬寅	壬申	辛丑	辛未	庚子	辛未	**28日**
丁未	丙子	丙午	乙亥	乙巳	甲戌	癸卯	癸酉	壬寅	壬申	辛丑	壬申	**29日**
戊申	丁丑	丁未	丙子	丙午	乙亥	甲辰	甲戌	癸卯	癸酉	壬寅		**30日**
己酉	戊寅		丁丑		丙子	乙巳		甲辰		癸卯		**31日**

昭和56年（西暦1981年）辛酉年　一白水星

昭和57年 1月	12月	11月	10月	9月	8月	7月	6月	5月	4月	3月	2月	月
辛丑	**庚子**	**己亥**	**戊戌**	**丁酉**	**丙申**	**乙未**	**甲午**	**癸巳**	**壬辰**	**辛卯**	**庚寅**	**月の干支**
6日 1:03	7日 13:52	7日 21:09	8日 18:10	8日 2:44	7日 23:58	7日 14:12	6日 3:53	5日 23:35	5日 6:06	6日 1:05	4日 6:56	**節入**
甲申	癸丑	癸未	壬子	壬午	辛亥	庚辰	庚戌	己卯	己酉	戊寅	庚戌	**1日**
乙酉	甲寅	甲申	癸丑	癸未	壬子	辛巳	辛亥	庚辰	庚戌	己卯	辛亥	**2日**
丙戌	乙卯	乙酉	甲寅	甲申	癸丑	壬午	壬子	辛巳	辛亥	庚辰	壬子	**3日**
丁亥	丙辰	丙戌	乙卯	乙酉	甲寅	癸未	癸丑	壬午	壬子	辛巳	**癸丑**	**4日**
戊子	丁巳	丁亥	丙辰	丙戌	乙卯	甲申	甲寅	**癸未**	**癸丑**	壬午	甲寅	**5日**
己丑	戊午	戊子	丁巳	丁亥	丙辰	乙酉	**乙卯**	甲申	甲寅	**癸未**	乙卯	**6日**
庚寅	**己未**	**己丑**	戊午	戊子	**丁巳**	**丙戌**	丙辰	乙酉	乙卯	甲申	丙辰	**7日**
辛卯	庚申	庚寅	**己未**	**己丑**	戊午	丁亥	丁巳	丙戌	丙辰	乙酉	丁巳	**8日**
壬辰	辛酉	辛卯	庚申	庚寅	己未	戊子	戊午	丁亥	丁巳	丙戌	戊午	**9日**
癸巳	壬戌	壬辰	辛酉	辛卯	庚申	己丑	己未	戊子	戊午	丁亥	己未	**10日**
甲午	癸亥	癸巳	壬戌	壬辰	辛酉	庚寅	庚申	己丑	己未	戊子	庚申	**11日**
乙未	甲子	甲午	癸亥	癸巳	壬戌	辛卯	辛酉	庚寅	庚申	己丑	辛酉	**12日**
丙申	乙丑	乙未	甲子	甲午	癸亥	壬辰	壬戌	辛卯	辛酉	庚寅	壬戌	**13日**
丁酉	丙寅	丙申	乙丑	乙未	甲子	癸巳	癸亥	壬辰	壬戌	辛卯	癸亥	**14日**
戊戌	丁卯	丁酉	丙寅	丙申	乙丑	甲午	甲子	癸巳	癸亥	壬辰	甲子	**15日**
己亥	戊辰	戊戌	丁卯	丁酉	丙寅	乙未	乙丑	甲午	甲子	癸巳	乙丑	**16日**
庚子	己巳	己亥	戊辰	戊戌	丁卯	丙申	丙寅	乙未	乙丑	甲午	丙寅	**17日**
辛丑	庚午	庚子	己巳	己亥	戊辰	丁酉	丁卯	丙申	丙寅	乙未	丁卯	**18日**
壬寅	辛未	辛丑	庚午	庚子	己巳	戊戌	戊辰	丁酉	丁卯	丙申	戊辰	**19日**
癸卯	壬申	壬寅	辛未	辛丑	庚午	己亥	己巳	戊戌	戊辰	丁酉	己巳	**20日**
甲辰	癸酉	癸卯	壬申	壬寅	辛未	庚子	庚午	己亥	己巳	戊戌	庚午	**21日**
乙巳	甲戌	甲辰	癸酉	癸卯	壬申	辛丑	辛未	庚子	庚午	己亥	辛未	**22日**
丙午	乙亥	乙巳	甲戌	甲辰	癸酉	壬寅	壬申	辛丑	辛未	庚子	壬申	**23日**
丁未	丙子	丙午	乙亥	乙巳	甲戌	癸卯	癸酉	壬寅	壬申	辛丑	癸酉	**24日**
戊申	丁丑	丁未	丙子	丙午	乙亥	甲辰	甲戌	癸卯	癸酉	壬寅	甲戌	**25日**
己酉	戊寅	戊申	丁丑	丁未	丙子	乙巳	乙亥	甲辰	甲戌	癸卯	乙亥	**26日**
庚戌	己卯	己酉	戊寅	戊申	丁丑	丙午	丙子	乙巳	乙亥	甲辰	丙子	**27日**
辛亥	庚辰	庚戌	己卯	己酉	戊寅	丁未	丁丑	丙午	丙子	乙巳	丁丑	**28日**
壬子	辛巳	辛亥	庚辰	庚戌	己卯	戊申	戊寅	丁未	丁丑	丙午		**29日**
癸丑	壬午	壬子	辛巳	辛亥	庚辰	己酉	己卯	戊申	戊寅	丁未		**30日**
甲寅	癸未		壬午		辛巳	庚戌		己酉		戊申		**31日**

昭和57年（西暦1982年）壬戌年　九紫火星

昭和58年 1月	12月	11月	10月	9月	8月	7月	6月	5月	4月	3月	2月	月
癸丑	壬子	辛亥	庚戌	己酉	戊申	丁未	丙午	乙巳	甲辰	癸卯	壬寅	月の干支
6日 6:59	7日 19:49	8日 3:04	9日 0:03	8日 8:32	8日 5:42	7日 19:55	6日 9:36	6日 5:20	5日 11:53	6日 6:55	4日 12:46	節入
己丑	戊午	戊子	丁巳	丁亥	丙辰	乙酉	乙卯	甲申	甲寅	癸未	乙卯	1日
庚寅	己未	己丑	戊午	戊子	丁巳	丙戌	丙辰	乙酉	乙卯	甲申	丙辰	2日
辛卯	庚申	庚寅	己未	己丑	戊午	丁亥	丁巳	丙戌	丙辰	乙酉	丁巳	3日
壬辰	辛酉	辛卯	庚申	庚寅	己未	戊子	戊午	丁亥	丁巳	丙戌	**戊午**	4日
癸巳	壬戌	壬辰	辛酉	辛卯	庚申	己丑	己未	戊子	**戊午**	丁亥	己未	5日
甲午	癸亥	癸巳	壬戌	壬辰	辛酉	庚寅	**庚申**	**己丑**	己未	**戊子**	庚申	6日
乙未	**甲子**	甲午	癸亥	癸巳	壬戌	**辛卯**	辛酉	庚寅	庚申	己丑	辛酉	7日
丙申	乙丑	**乙未**	甲子	**甲午**	**癸亥**	壬辰	壬戌	辛卯	辛酉	庚寅	壬戌	8日
丁酉	丙寅	丙申	**乙丑**	乙未	甲子	癸巳	癸亥	壬辰	壬戌	辛卯	癸亥	9日
戊戌	丁卯	丁酉	丙寅	丙申	乙丑	甲午	甲子	癸巳	癸亥	壬辰	甲子	10日
己亥	戊辰	戊戌	丁卯	丁酉	丙寅	乙未	乙丑	甲午	甲子	癸巳	乙丑	11日
庚子	己巳	己亥	戊辰	戊戌	丁卯	丙申	丙寅	乙未	乙丑	甲午	丙寅	12日
辛丑	庚午	庚子	己巳	己亥	戊辰	丁酉	丁卯	丙申	丙寅	乙未	丁卯	13日
壬寅	辛未	辛丑	庚午	庚子	己巳	戊戌	戊辰	丁酉	丁卯	丙申	戊辰	14日
癸卯	壬申	壬寅	辛未	辛丑	庚午	己亥	己巳	戊戌	戊辰	丁酉	己巳	15日
甲辰	癸酉	癸卯	壬申	壬寅	辛未	庚子	庚午	己亥	己巳	戊戌	庚午	16日
乙巳	甲戌	甲辰	癸酉	癸卯	壬申	辛丑	辛未	庚子	庚午	己亥	辛未	17日
丙午	乙亥	乙巳	甲戌	甲辰	癸酉	壬寅	壬申	辛丑	辛未	庚子	壬申	18日
丁未	丙子	丙午	乙亥	乙巳	甲戌	癸卯	癸酉	壬寅	壬申	辛丑	癸酉	19日
戊申	丁丑	丁未	丙子	丙午	乙亥	甲辰	甲戌	癸卯	癸酉	壬寅	甲戌	20日
己酉	戊寅	戊申	丁丑	丁未	丙子	乙巳	乙亥	甲辰	甲戌	癸卯	乙亥	21日
庚戌	己卯	己酉	戊寅	戊申	丁丑	丙午	丙子	乙巳	乙亥	甲辰	丙子	22日
辛亥	庚辰	庚戌	己卯	己酉	戊寅	丁未	丁丑	丙午	丙子	乙巳	丁丑	23日
壬子	辛巳	辛亥	庚辰	庚戌	己卯	戊申	戊寅	丁未	丁丑	丙午	戊寅	24日
癸丑	壬午	壬子	辛巳	辛亥	庚辰	己酉	己卯	戊申	戊寅	丁未	己卯	25日
甲寅	癸未	癸丑	壬午	壬子	辛巳	庚戌	庚辰	己酉	己卯	戊申	庚辰	26日
乙卯	甲申	甲寅	癸未	癸丑	壬午	辛亥	辛巳	庚戌	庚辰	己酉	辛巳	27日
丙辰	乙酉	乙卯	甲申	甲寅	癸未	壬子	壬午	辛亥	辛巳	庚戌	壬午	28日
丁巳	丙戌	丙辰	乙酉	乙卯	甲申	癸丑	癸未	壬子	壬午	辛亥		29日
戊午	丁亥	丁巳	丙戌	丙辰	乙酉	甲寅	甲申	癸丑	癸未	壬子		30日
己未	戊子		丁亥		丙戌	乙卯		甲寅		癸丑		31日

昭和58年（西暦1983年）癸亥年　八白土星

昭和59年 1月	12月	11月	10月	9月	8月	7月	6月	5月	4月	3月	2月	月
乙丑	甲子	癸亥	壬戌	辛酉	庚申	己未	戊午	丁巳	丙辰	乙卯	甲寅	月の干支
6日 12:42	8日 1:34	8日 8:53	9日 5:51	8日 14:20	8日 11:30	8日 1:44	6日 15:26	6日 11:11	5日 17:44	6日 12:48	4日 18:40	節入
甲午	癸亥	癸巳	壬戌	壬辰	辛酉	庚寅	庚申	己丑	己未	戊子	庚申	1日
乙未	甲子	甲午	癸亥	癸巳	壬戌	辛卯	辛酉	庚寅	庚申	己丑	辛酉	2日
丙申	乙丑	乙未	甲子	甲午	癸亥	壬辰	壬戌	辛卯	辛酉	庚寅	壬戌	3日
丁酉	丙寅	丙申	乙丑	乙未	甲子	癸巳	癸亥	壬辰	壬戌	辛卯	**癸亥**	4日
戊戌	丁卯	丁酉	丙寅	丙申	乙丑	甲午	甲子	癸巳	**癸亥**	壬辰	甲子	5日
己亥	戊辰	戊戌	丁卯	丁酉	丙寅	乙未	**乙丑**	**甲午**	甲子	**癸巳**	乙丑	6日
庚子	己巳	己亥	戊辰	戊戌	丁卯	丙申	丙寅	乙未	乙丑	甲午	丙寅	7日
辛丑	**庚午**	**庚子**	己巳	**己亥**	**戊辰**	**丁酉**	丁卯	丙申	丙寅	乙未	丁卯	8日
壬寅	辛未	辛丑	**庚午**	庚子	己巳	戊戌	戊辰	丁酉	丁卯	丙申	戊辰	9日
癸卯	壬申	壬寅	辛未	辛丑	庚午	己亥	己巳	戊戌	戊辰	丁酉	己巳	10日
甲辰	癸酉	癸卯	壬申	壬寅	辛未	庚子	庚午	己亥	己巳	戊戌	庚午	11日
乙巳	甲戌	甲辰	癸酉	癸卯	壬申	辛丑	辛未	庚子	庚午	己亥	辛未	12日
丙午	乙亥	乙巳	甲戌	甲辰	癸酉	壬寅	壬申	辛丑	辛未	庚子	壬申	13日
丁未	丙子	丙午	乙亥	乙巳	甲戌	癸卯	癸酉	壬寅	壬申	辛丑	癸酉	14日
戊申	丁丑	丁未	丙子	丙午	乙亥	甲辰	甲戌	癸卯	癸酉	壬寅	甲戌	15日
己酉	戊寅	戊申	丁丑	丁未	丙子	乙巳	乙亥	甲辰	甲戌	癸卯	乙亥	16日
庚戌	己卯	己酉	戊寅	戊申	丁丑	丙午	丙子	乙巳	乙亥	甲辰	丙子	17日
辛亥	庚辰	庚戌	己卯	己酉	戊寅	丁未	丁丑	丙午	丙子	乙巳	丁丑	18日
壬子	辛巳	辛亥	庚辰	庚戌	己卯	戊申	戊寅	丁未	丁丑	丙午	戊寅	19日
癸丑	壬午	壬子	辛巳	辛亥	庚辰	己酉	己卯	戊申	戊寅	丁未	己卯	20日
甲寅	癸未	癸丑	壬午	壬子	辛巳	庚戌	庚辰	己酉	己卯	戊申	庚辰	21日
乙卯	甲申	甲寅	癸未	癸丑	壬午	辛亥	辛巳	庚戌	庚辰	己酉	辛巳	22日
丙辰	乙酉	乙卯	甲申	甲寅	癸未	壬子	壬午	辛亥	辛巳	庚戌	壬午	23日
丁巳	丙戌	丙辰	乙酉	乙卯	甲申	癸丑	癸未	壬子	壬午	辛亥	癸未	24日
戊午	丁亥	丁巳	丙戌	丙辰	乙酉	甲寅	甲申	癸丑	癸未	壬子	甲申	25日
己未	戊子	戊午	丁亥	丁巳	丙戌	乙卯	乙酉	甲寅	甲申	癸丑	乙酉	26日
庚申	己丑	己未	戊子	戊午	丁亥	丙辰	丙戌	乙卯	乙酉	甲寅	丙戌	27日
辛酉	庚寅	庚申	己丑	己未	戊子	丁巳	丁亥	丙辰	丙戌	乙卯	丁亥	28日
壬戌	辛卯	辛酉	庚寅	庚申	己丑	戊午	戊子	丁巳	丁亥	丙辰		29日
癸亥	壬辰	壬戌	辛卯	辛酉	庚寅	己未	己丑	戊午	戊子	丁巳		30日
甲子	癸巳		壬辰		辛卯	庚申		己未		戊午		31日

昭和59年（西暦1984年）甲子年　七赤金星

昭和60年 1月	12月	11月	10月	9月	8月	7月	6月	5月	4月	3月	2月	月
丁丑	**丙子**	**乙亥**	**甲戌**	**癸酉**	**壬申**	**辛未**	**庚午**	**己巳**	**戊辰**	**丁卯**	**丙寅**	**月の干支**
5日 18:36	7日 7:28	7日 14:46	8日 11:43	7日 20:10	7日 17:19	7日 7:29	5日 21:09	5日 16:51	4日 23:23	5日 18:25	5日 0:19	**節入**
庚子	己巳	己亥	戊辰	戊戌	丁卯	丙申	丙寅	乙未	乙丑	甲午	乙丑	**1日**
辛丑	庚午	庚子	己巳	己亥	戊辰	丁酉	丁卯	丙申	丙寅	乙未	丙寅	**2日**
壬寅	辛未	辛丑	庚午	庚子	己巳	戊戌	戊辰	丁酉	丁卯	丙申	丁卯	**3日**
癸卯	壬申	壬寅	辛未	辛丑	庚午	己亥	己巳	戊戌	**戊辰**	丁酉	戊辰	**4日**
甲辰	癸酉	癸卯	壬申	壬寅	辛未	庚子	**庚午**	**己亥**	己巳	**戊戌**	**己巳**	**5日**
乙巳	甲戌	甲辰	癸酉	癸卯	壬申	辛丑	辛未	庚子	庚午	己亥	庚午	**6日**
丙午	**乙亥**	**乙巳**	甲戌	**甲辰**	**癸酉**	**壬寅**	壬申	辛丑	辛未	庚子	辛未	**7日**
丁未	丙子	丙午	**乙亥**	乙巳	甲戌	癸卯	癸酉	壬寅	壬申	辛丑	壬申	**8日**
戊申	丁丑	丁未	丙子	丙午	乙亥	甲辰	甲戌	癸卯	癸酉	壬寅	癸酉	**9日**
己酉	戊寅	戊申	丁丑	丁未	丙子	乙巳	乙亥	甲辰	甲戌	癸卯	甲戌	**10日**
庚戌	己卯	己酉	戊寅	戊申	丁丑	丙午	丙子	乙巳	乙亥	甲辰	乙亥	**11日**
辛亥	庚辰	庚戌	己卯	己酉	戊寅	丁未	丁丑	丙午	丙子	乙巳	丙子	**12日**
壬子	辛巳	辛亥	庚辰	庚戌	己卯	戊申	戊寅	丁未	丁丑	丙午	丁丑	**13日**
癸丑	壬午	壬子	辛巳	辛亥	庚辰	己酉	己卯	戊申	戊寅	丁未	戊寅	**14日**
甲寅	癸未	癸丑	壬午	壬子	辛巳	庚戌	庚辰	己酉	己卯	戊申	己卯	**15日**
乙卯	甲申	甲寅	癸未	癸丑	壬午	辛亥	辛巳	庚戌	庚辰	己酉	庚辰	**16日**
丙辰	乙酉	乙卯	甲申	甲寅	癸未	壬子	壬午	辛亥	辛巳	庚戌	辛巳	**17日**
丁巳	丙戌	丙辰	乙酉	乙卯	甲申	癸丑	癸未	壬子	壬午	辛亥	壬午	**18日**
戊午	丁亥	丁巳	丙戌	丙辰	乙酉	甲寅	甲申	癸丑	癸未	壬子	癸未	**19日**
己未	戊子	戊午	丁亥	丁巳	丙戌	乙卯	乙酉	甲寅	甲申	癸丑	甲申	**20日**
庚申	己丑	己未	戊子	戊午	丁亥	丙辰	丙戌	乙卯	乙酉	甲寅	乙酉	**21日**
辛酉	庚寅	庚申	己丑	己未	戊子	丁巳	丁亥	丙辰	丙戌	乙卯	丙戌	**22日**
壬戌	辛卯	辛酉	庚寅	庚申	己丑	戊午	戊子	丁巳	丁亥	丙辰	丁亥	**23日**
癸亥	壬辰	壬戌	辛卯	辛酉	庚寅	己未	己丑	戊午	戊子	丁巳	戊子	**24日**
甲子	癸巳	癸亥	壬辰	壬戌	辛卯	庚申	庚寅	己未	己丑	戊午	己丑	**25日**
乙丑	甲午	甲子	癸巳	癸亥	壬辰	辛酉	辛卯	庚申	庚寅	己未	庚寅	**26日**
丙寅	乙未	乙丑	甲午	甲子	癸巳	壬戌	壬辰	辛酉	辛卯	庚申	辛卯	**27日**
丁卯	丙申	丙寅	乙未	乙丑	甲午	癸亥	癸巳	壬戌	壬辰	辛酉	壬辰	**28日**
戊辰	丁酉	丁卯	丙申	丙寅	乙未	甲子	甲午	癸亥	癸巳	壬戌	癸巳	**29日**
己巳	戊戌	戊辰	丁酉	丁卯	丙申	乙丑	乙未	甲子	甲午	癸亥		**30日**
庚午	己亥		戊戌		丁酉	丙寅		乙丑		甲子		**31日**

昭和60年（西暦1985年）乙丑年　六白金星

昭和61年 1月	12月	11月	10月	9月	8月	7月	6月	5月	4月	3月	2月	月
己丑	**戊子**	**丁亥**	**丙戌**	**乙酉**	**甲申**	**癸未**	**壬午**	**辛巳**	**庚辰**	**己卯**	**戊寅**	**月の干支**
6日 0:29	7日 13:16	7日 20:29	8日 17:25	8日 1:54	7日 23:04	7日 13:19	6日 3:00	5日 22:43	5日 5:14	6日 0:17	4日 6:12	**節入**
乙巳	甲戌	甲辰	癸酉	癸卯	壬申	辛丑	辛未	庚子	庚午	己亥	辛未	**1日**
丙午	乙亥	乙巳	甲戌	甲辰	癸酉	壬寅	壬申	辛丑	辛未	庚子	壬申	**2日**
丁未	丙子	丙午	乙亥	乙巳	甲戌	癸卯	癸酉	壬寅	壬申	辛丑	癸酉	**3日**
戊申	丁丑	丁未	丙子	丙午	乙亥	甲辰	甲戌	癸卯	癸酉	壬寅	**甲戌**	**4日**
己酉	戊寅	戊申	丁丑	丁未	丙子	乙巳	乙亥	**甲辰**	**甲戌**	癸卯	乙亥	**5日**
庚戌	己卯	己酉	戊寅	戊申	丁丑	丙午	**丙子**	乙巳	乙亥	**甲辰**	丙子	**6日**
辛亥	**庚辰**	**庚戌**	己卯	己酉	**戊寅**	**丁未**	丁丑	丙午	丙子	乙巳	丁丑	**7日**
壬子	辛巳	辛亥	**庚辰**	**庚戌**	己卯	戊申	戊寅	丁未	丁丑	丙午	戊寅	**8日**
癸丑	壬午	壬子	辛巳	辛亥	庚辰	己酉	己卯	戊申	戊寅	丁未	己卯	**9日**
甲寅	癸未	癸丑	壬午	壬子	辛巳	庚戌	庚辰	己酉	己卯	戊申	庚辰	**10日**
乙卯	甲申	甲寅	癸未	癸丑	壬午	辛亥	辛巳	庚戌	庚辰	己酉	辛巳	**11日**
丙辰	乙酉	乙卯	甲申	甲寅	癸未	壬子	壬午	辛亥	辛巳	庚戌	壬午	**12日**
丁巳	丙戌	丙辰	乙酉	乙卯	甲申	癸丑	癸未	壬子	壬午	辛亥	癸未	**13日**
戊午	丁亥	丁巳	丙戌	丙辰	乙酉	甲寅	甲申	癸丑	癸未	壬子	甲申	**14日**
己未	戊子	戊午	丁亥	丁巳	丙戌	乙卯	乙酉	甲寅	甲申	癸丑	乙酉	**15日**
庚申	己丑	己未	戊子	戊午	丁亥	丙辰	丙戌	乙卯	乙酉	甲寅	丙戌	**16日**
辛酉	庚寅	庚申	己丑	己未	戊子	丁巳	丁亥	丙辰	丙戌	乙卯	丁亥	**17日**
壬戌	辛卯	辛酉	庚寅	庚申	己丑	戊午	戊子	丁巳	丁亥	丙辰	戊子	**18日**
癸亥	壬辰	壬戌	辛卯	辛酉	庚寅	己未	己丑	戊午	戊子	丁巳	己丑	**19日**
甲子	癸巳	癸亥	壬辰	壬戌	辛卯	庚申	庚寅	己未	己丑	戊午	庚寅	**20日**
乙丑	甲午	甲子	癸巳	癸亥	壬辰	辛酉	辛卯	庚申	庚寅	己未	辛卯	**21日**
丙寅	乙未	乙丑	甲午	甲子	癸巳	壬戌	壬辰	辛酉	辛卯	庚申	壬辰	**22日**
丁卯	丙申	丙寅	乙未	乙丑	甲午	癸亥	癸巳	壬戌	壬辰	辛酉	癸巳	**23日**
戊辰	丁酉	丁卯	丙申	丙寅	乙未	甲子	甲午	癸亥	癸巳	壬戌	甲午	**24日**
己巳	戊戌	戊辰	丁酉	丁卯	丙申	乙丑	乙未	甲子	甲午	癸亥	乙未	**25日**
庚午	己亥	己巳	戊戌	戊辰	丁酉	丙寅	丙申	乙丑	乙未	甲子	丙申	**26日**
辛未	庚子	庚午	己亥	己巳	戊戌	丁卯	丁酉	丙寅	丙申	乙丑	丁酉	**27日**
壬申	辛丑	辛未	庚子	庚午	己亥	戊辰	戊戌	丁卯	丁酉	丙寅	戊戌	**28日**
癸酉	壬寅	壬申	辛丑	辛未	庚子	己巳	己亥	戊辰	戊戌	丁卯		**29日**
甲戌	癸卯	癸酉	壬寅	壬申	辛丑	庚午	庚子	己巳	己亥	戊辰		**30日**
乙亥	甲辰		癸卯		壬寅	辛未		庚午		己巳		**31日**

昭和61年（西暦1986年）丙寅年　五黄土星

昭和62年 1月	12月	11月	10月	9月	8月	7月	6月	5月	4月	3月	2月	月
辛丑	庚子	己亥	戊戌	丁酉	丙申	乙未	甲午	癸巳	壬辰	辛卯	庚寅	月の干支
6日 6:13	7日 19:01	8日 2:14	8日 23:07	8日 7:35	8日 4:46	7日 19:01	6日 8:45	6日 4:31	5日 11:07	6日 6:13	4日 12:08	節入
庚戌	己卯	己酉	戊寅	戊申	丁丑	丙午	丙子	乙巳	乙亥	甲辰	丙子	1日
辛亥	庚辰	庚戌	己卯	己酉	戊寅	丁未	丁丑	丙午	丙子	乙巳	丁丑	2日
壬子	辛巳	辛亥	庚辰	庚戌	己卯	戊申	戊寅	丁未	丁丑	丙午	戊寅	3日
癸丑	壬午	壬子	辛巳	辛亥	庚辰	己酉	己卯	戊申	戊寅	丁未	**己卯**	4日
甲寅	癸未	癸丑	壬午	壬子	辛巳	庚戌	庚辰	己酉	**己卯**	戊申	庚辰	5日
乙卯	甲申	甲寅	癸未	癸丑	壬午	辛亥	**辛巳**	**庚戌**	庚辰	**己酉**	辛巳	6日
丙辰	**乙酉**	乙卯	甲申	甲寅	癸未	**壬子**	壬午	辛亥	辛巳	庚戌	壬午	7日
丁巳	丙戌	**丙辰**	**乙酉**	**乙卯**	**甲申**	癸丑	癸未	壬子	壬午	辛亥	癸未	8日
戊午	丁亥	丁巳	丙戌	丙辰	乙酉	甲寅	甲申	癸丑	癸未	壬子	甲申	9日
己未	戊子	戊午	丁亥	丁巳	丙戌	乙卯	乙酉	甲寅	甲申	癸丑	乙酉	10日
庚申	己丑	己未	戊子	戊午	丁亥	丙辰	丙戌	乙卯	乙酉	甲寅	丙戌	11日
辛酉	庚寅	庚申	己丑	己未	戊子	丁巳	丁亥	丙辰	丙戌	乙卯	丁亥	12日
壬戌	辛卯	辛酉	庚寅	庚申	己丑	戊午	戊子	丁巳	丁亥	丙辰	戊子	13日
癸亥	壬辰	壬戌	辛卯	辛酉	庚寅	己未	己丑	戊午	戊子	丁巳	己丑	14日
甲子	癸巳	癸亥	壬辰	壬戌	辛卯	庚申	庚寅	己未	己丑	戊午	庚寅	15日
乙丑	甲午	甲子	癸巳	癸亥	壬辰	辛酉	辛卯	庚申	庚寅	己未	辛卯	16日
丙寅	乙未	乙丑	甲午	甲子	癸巳	壬戌	壬辰	辛酉	辛卯	庚申	壬辰	17日
丁卯	丙申	丙寅	乙未	乙丑	甲午	癸亥	癸巳	壬戌	壬辰	辛酉	癸巳	18日
戊辰	丁酉	丁卯	丙申	丙寅	乙未	甲子	甲午	癸亥	癸巳	壬戌	甲午	19日
己巳	戊戌	戊辰	丁酉	丁卯	丙申	乙丑	乙未	甲子	甲午	癸亥	乙未	20日
庚午	己亥	己巳	戊戌	戊辰	丁酉	丙寅	丙申	乙丑	乙未	甲子	丙申	21日
辛未	庚子	庚午	己亥	己巳	戊戌	丁卯	丁酉	丙寅	丙申	乙丑	丁酉	22日
壬申	辛丑	辛未	庚子	庚午	己亥	戊辰	戊戌	丁卯	丁酉	丙寅	戊戌	23日
癸酉	壬寅	壬申	辛丑	辛未	庚子	己巳	己亥	戊辰	戊戌	丁卯	己亥	24日
甲戌	癸卯	癸酉	壬寅	壬申	辛丑	庚午	庚子	己巳	己亥	戊辰	庚子	25日
乙亥	甲辰	甲戌	癸卯	癸酉	壬寅	辛未	辛丑	庚午	庚子	己巳	辛丑	26日
丙子	乙巳	乙亥	甲辰	甲戌	癸卯	壬申	壬寅	辛未	辛丑	庚午	壬寅	27日
丁丑	丙午	丙子	乙巳	乙亥	甲辰	癸酉	癸卯	壬申	壬寅	辛未	癸卯	28日
戊寅	丁未	丁丑	丙午	丙子	乙巳	甲戌	甲辰	癸酉	癸卯	壬申		29日
己卯	戊申	戊寅	丁未	丁丑	丙午	乙亥	乙巳	甲戌	甲辰	癸酉		30日
庚辰	己酉		戊申		丁未	丙子		乙亥		甲戌		31日

昭和62年（西暦1987年）丁卯年　四緑木星

昭和63年 1月	12月	11月	10月	9月	8月	7月	6月	5月	4月	3月	2月	月
癸丑	**壬子**	**辛亥**	**庚戌**	**己酉**	**戊申**	**丁未**	**丙午**	**乙巳**	**甲辰**	**癸卯**	**壬寅**	**月の干支**
6日 12:04	8日 0:53	8日 8:06	9日 5:00	8日 13:25	8日 10:29	8日 0:39	6日 14:19	6日 10:06	5日 16:44	6日 11:54	4日 17:52	**節入**
乙卯	甲申	甲寅	癸未	癸丑	壬午	辛亥	辛巳	庚戌	庚辰	己酉	辛巳	**1日**
丙辰	乙酉	乙卯	甲申	甲寅	癸未	壬子	壬午	辛亥	辛巳	庚戌	壬午	**2日**
丁巳	丙戌	丙辰	乙酉	乙卯	甲申	癸丑	癸未	壬子	壬午	辛亥	癸未	**3日**
戊午	丁亥	丁巳	丙戌	丙辰	乙酉	甲寅	甲申	癸丑	癸未	壬子	**甲申**	**4日**
己未	戊子	戊午	丁亥	丁巳	丙戌	乙卯	乙酉	甲寅	**甲申**	癸丑	乙酉	**5日**
庚申	己丑	己未	戊子	戊午	丁亥	丙辰	**丙戌**	**乙卯**	乙酉	**甲寅**	丙戌	**6日**
辛酉	庚寅	庚申	己丑	己未	戊子	丁巳	丁亥	丙辰	丙戌	乙卯	丁亥	**7日**
壬戌	**辛卯**	**辛酉**	庚寅	**庚申**	**己丑**	**戊午**	戊子	丁巳	丁亥	丙辰	戊子	**8日**
癸亥	壬辰	壬戌	**辛卯**	辛酉	庚寅	己未	己丑	戊午	戊子	丁巳	己丑	**9日**
甲子	癸巳	癸亥	壬辰	壬戌	辛卯	庚申	庚寅	己未	己丑	戊午	庚寅	**10日**
乙丑	甲午	甲子	癸巳	癸亥	壬辰	辛酉	辛卯	庚申	庚寅	己未	辛卯	**11日**
丙寅	乙未	乙丑	甲午	甲子	癸巳	壬戌	壬辰	辛酉	辛卯	庚申	壬辰	**12日**
丁卯	丙申	丙寅	乙未	乙丑	甲午	癸亥	癸巳	壬戌	壬辰	辛酉	癸巳	**13日**
戊辰	丁酉	丁卯	丙申	丙寅	乙未	甲子	甲午	癸亥	癸巳	壬戌	甲午	**14日**
己巳	戊戌	戊辰	丁酉	丁卯	丙申	乙丑	乙未	甲子	甲午	癸亥	乙未	**15日**
庚午	己亥	己巳	戊戌	戊辰	丁酉	丙寅	丙申	乙丑	乙未	甲子	丙申	**16日**
辛未	庚子	庚午	己亥	己巳	戊戌	丁卯	丁酉	丙寅	丙申	乙丑	丁酉	**17日**
壬申	辛丑	辛未	庚子	庚午	己亥	戊辰	戊戌	丁卯	丁酉	丙寅	戊戌	**18日**
癸酉	壬寅	壬申	辛丑	辛未	庚子	己巳	己亥	戊辰	戊戌	丁卯	己亥	**19日**
甲戌	癸卯	癸酉	壬寅	壬申	辛丑	庚午	庚子	己巳	己亥	戊辰	庚子	**20日**
乙亥	甲辰	甲戌	癸卯	癸酉	壬寅	辛未	辛丑	庚午	庚子	己巳	辛丑	**21日**
丙子	乙巳	乙亥	甲辰	甲戌	癸卯	壬申	壬寅	辛未	辛丑	庚午	壬寅	**22日**
丁丑	丙午	丙子	乙巳	乙亥	甲辰	癸酉	癸卯	壬申	壬寅	辛未	癸卯	**23日**
戊寅	丁未	丁丑	丙午	丙子	乙巳	甲戌	甲辰	癸酉	癸卯	壬申	甲辰	**24日**
己卯	戊申	戊寅	丁未	丁丑	丙午	乙亥	乙巳	甲戌	甲辰	癸酉	乙巳	**25日**
庚辰	己酉	己卯	戊申	戊寅	丁未	丙子	丙午	乙亥	乙巳	甲戌	丙午	**26日**
辛巳	庚戌	庚辰	己酉	己卯	戊申	丁丑	丁未	丙子	丙午	乙亥	丁未	**27日**
壬午	辛亥	辛巳	庚戌	庚辰	己酉	戊寅	戊申	丁丑	丁未	丙子	戊申	**28日**
癸未	壬子	壬午	辛亥	辛巳	庚戌	己卯	己酉	戊寅	戊申	丁丑		**29日**
甲申	癸丑	癸未	壬子	壬午	辛亥	庚辰	庚戌	己卯	己酉	戊寅		**30日**
乙酉	甲寅		癸丑		壬子	辛巳		庚辰		己卯		**31日**

昭和63年（西暦1988年）戊辰年　三碧木星

昭和64年 平成元年 1月	12月	11月	10月	9月	8月	7月	6月	5月	4月	3月	2月	月
乙丑	甲子	癸亥	壬戌	辛酉	庚申	己未	戊午	丁巳	丙辰	乙卯	甲寅	月の干支
5日 17:46	7日 6:35	7日 13:49	8日 10:45	7日 19:12	7日 16:21	7日 6:33	5日 20:15	5日 16:02	4日 22:39	5日 17:47	4日 23:44	節入
辛酉	庚寅	庚申	己丑	己未	戊子	丁巳	丁亥	丙辰	丙戌	乙卯	丙戌	1日
壬戌	辛卯	辛酉	庚寅	庚申	己丑	戊午	戊子	丁巳	丁亥	丙辰	丁亥	2日
癸亥	壬辰	壬戌	辛卯	辛酉	庚寅	己未	己丑	戊午	戊子	丁巳	戊子	3日
甲子	癸巳	癸亥	壬辰	壬戌	辛卯	庚申	庚寅	己未	**己丑**	戊午	**己丑**	4日
乙丑	甲午	甲子	癸巳	癸亥	壬辰	辛酉	**辛卯**	**庚申**	庚寅	**己未**	庚寅	5日
丙寅	乙未	乙丑	甲午	甲子	癸巳	壬戌	壬辰	辛酉	辛卯	庚申	辛卯	6日
丁卯	**丙申**	**丙寅**	乙未	**乙丑**	**甲午**	**癸亥**	癸巳	壬戌	壬辰	辛酉	壬辰	7日
戊辰	丁酉	丁卯	**丙申**	丙寅	乙未	甲子	甲午	癸亥	癸巳	壬戌	癸巳	8日
己巳	戊戌	戊辰	丁酉	丁卯	丙申	乙丑	乙未	甲子	甲午	癸亥	甲午	9日
庚午	己亥	己巳	戊戌	戊辰	丁酉	丙寅	丙申	乙丑	乙未	甲子	乙未	10日
辛未	庚子	庚午	己亥	己巳	戊戌	丁卯	丁酉	丙寅	丙申	乙丑	丙申	11日
壬申	辛丑	辛未	庚子	庚午	己亥	戊辰	戊戌	丁卯	丁酉	丙寅	丁酉	12日
癸酉	壬寅	壬申	辛丑	辛未	庚子	己巳	己亥	戊辰	戊戌	丁卯	戊戌	13日
甲戌	癸卯	癸酉	壬寅	壬申	辛丑	庚午	庚子	己巳	己亥	戊辰	己亥	14日
乙亥	甲辰	甲戌	癸卯	癸酉	壬寅	辛未	辛丑	庚午	庚子	己巳	庚子	15日
丙子	乙巳	乙亥	甲辰	甲戌	癸卯	壬申	壬寅	辛未	辛丑	庚午	辛丑	16日
丁丑	丙午	丙子	乙巳	乙亥	甲辰	癸酉	癸卯	壬申	壬寅	辛未	壬寅	17日
戊寅	丁未	丁丑	丙午	丙子	乙巳	甲戌	甲辰	癸酉	癸卯	壬申	癸卯	18日
己卯	戊申	戊寅	丁未	丁丑	丙午	乙亥	乙巳	甲戌	甲辰	癸酉	甲辰	19日
庚辰	己酉	己卯	戊申	戊寅	丁未	丙子	丙午	乙亥	乙巳	甲戌	乙巳	20日
辛巳	庚戌	庚辰	己酉	己卯	戊申	丁丑	丁未	丙子	丙午	乙亥	丙午	21日
壬午	辛亥	辛巳	庚戌	庚辰	己酉	戊寅	戊申	丁丑	丁未	丙子	丁未	22日
癸未	壬子	壬午	辛亥	辛巳	庚戌	己卯	己酉	戊寅	戊申	丁丑	戊申	23日
甲申	癸丑	癸未	壬子	壬午	辛亥	庚辰	庚戌	己卯	己酉	戊寅	己酉	24日
乙酉	甲寅	甲申	癸丑	癸未	壬子	辛巳	辛亥	庚辰	庚戌	己卯	庚戌	25日
丙戌	乙卯	乙酉	甲寅	甲申	癸丑	壬午	壬子	辛巳	辛亥	庚辰	辛亥	26日
丁亥	丙辰	丙戌	乙卯	乙酉	甲寅	癸未	癸丑	壬午	壬子	辛巳	壬子	27日
戊子	丁巳	丁亥	丙辰	丙戌	乙卯	甲申	甲寅	癸未	癸丑	壬午	癸丑	28日
己丑	戊午	戊子	丁巳	丁亥	丙辰	乙酉	乙卯	甲申	甲寅	癸未	甲寅	29日
庚寅	己未	己丑	戊午	戊子	丁巳	丙戌	丙辰	乙酉	乙卯	甲申		30日
辛卯	庚申		己未		戊午	丁亥		丙戌		乙酉		31日

昭和64年 平成元年（西暦1989年）己巳年　二黒土星

平成2年 1月	12月	11月	10月	9月	8月	7月	6月	5月	4月	3月	2月	月
丁丑	丙子	乙亥	甲戌	癸酉	壬申	辛未	庚午	己巳	戊辰	丁卯	丙寅	月の干支
5日 23:34	7日 12:21	7日 19:34	8日 16:27	8日 0:54	7日 22:05	7日 12:19	6日 2:06	5日 21:54	5日 4:30	5日 23:34	4日 5:28	節入
丙寅	乙未	乙丑	甲午	甲子	癸巳	壬戌	壬辰	辛酉	辛卯	庚申	壬辰	1日
丁卯	丙申	丙寅	乙未	乙丑	甲午	癸亥	癸巳	壬戌	壬辰	辛酉	癸巳	2日
戊辰	丁酉	丁卯	丙申	丙寅	乙未	甲子	甲午	癸亥	癸巳	壬戌	甲午	3日
己巳	戊戌	戊辰	丁酉	丁卯	丙申	乙丑	乙未	甲子	甲午	癸亥	**乙未**	4日
庚午	己亥	己巳	戊戌	戊辰	丁酉	丙寅	丙申	**乙丑**	**乙未**	**甲子**	丙申	5日
辛未	庚子	庚午	己亥	己巳	戊戌	丁卯	**丁酉**	丙寅	丙申	乙丑	丁酉	6日
壬申	**辛丑**	**辛未**	庚子	庚午	**己亥**	**戊辰**	戊戌	丁卯	丁酉	丙寅	戊戌	7日
癸酉	壬寅	壬申	**辛丑**	**辛未**	庚子	己巳	己亥	戊辰	戊戌	丁卯	己亥	8日
甲戌	癸卯	癸酉	壬寅	壬申	辛丑	庚午	庚子	己巳	己亥	戊辰	庚子	9日
乙亥	甲辰	甲戌	癸卯	癸酉	壬寅	辛未	辛丑	庚午	庚子	己巳	辛丑	10日
丙子	乙巳	乙亥	甲辰	甲戌	癸卯	壬申	壬寅	辛未	辛丑	庚午	壬寅	11日
丁丑	丙午	丙子	乙巳	乙亥	甲辰	癸酉	癸卯	壬申	壬寅	辛未	癸卯	12日
戊寅	丁未	丁丑	丙午	丙子	乙巳	甲戌	甲辰	癸酉	癸卯	壬申	甲辰	13日
己卯	戊申	戊寅	丁未	丁丑	丙午	乙亥	乙巳	甲戌	甲辰	癸酉	乙巳	14日
庚辰	己酉	己卯	戊申	戊寅	丁未	丙子	丙午	乙亥	乙巳	甲戌	丙午	15日
辛巳	庚戌	庚辰	己酉	己卯	戊申	丁丑	丁未	丙子	丙午	乙亥	丁未	16日
壬午	辛亥	辛巳	庚戌	庚辰	己酉	戊寅	戊申	丁丑	丁未	丙子	戊申	17日
癸未	壬子	壬午	辛亥	辛巳	庚戌	己卯	己酉	戊寅	戊申	丁丑	己酉	18日
甲申	癸丑	癸未	壬子	壬午	辛亥	庚辰	庚戌	己卯	己酉	戊寅	庚戌	19日
乙酉	甲寅	甲申	癸丑	癸未	壬子	辛巳	辛亥	庚辰	庚戌	己卯	辛亥	20日
丙戌	乙卯	乙酉	甲寅	甲申	癸丑	壬午	壬子	辛巳	辛亥	庚辰	壬子	21日
丁亥	丙辰	丙戌	乙卯	乙酉	甲寅	癸未	癸丑	壬午	壬子	辛巳	癸丑	22日
戊子	丁巳	丁亥	丙辰	丙戌	乙卯	甲申	甲寅	癸未	癸丑	壬午	甲寅	23日
己丑	戊午	戊子	丁巳	丁亥	丙辰	乙酉	乙卯	甲申	甲寅	癸未	乙卯	24日
庚寅	己未	己丑	戊午	戊子	丁巳	丙戌	丙辰	乙酉	乙卯	甲申	丙辰	25日
辛卯	庚申	庚寅	己未	己丑	戊午	丁亥	丁巳	丙戌	丙辰	乙酉	丁巳	26日
壬辰	辛酉	辛卯	庚申	庚寅	己未	戊子	戊午	丁亥	丁巳	丙戌	戊午	27日
癸巳	壬戌	壬辰	辛酉	辛卯	庚申	己丑	己未	戊子	戊午	丁亥	己未	28日
甲午	癸亥	癸巳	壬戌	壬辰	辛酉	庚寅	庚申	己丑	己未	戊子		29日
乙未	甲子	甲午	癸亥	癸巳	壬戌	辛卯	辛酉	庚寅	庚申	己丑		30日
丙申	乙丑		甲子		癸亥	壬辰		辛卯		庚寅		31日

平成２年（西暦1990年）庚午年　一白水星

平成3年 1月	12月	11月	10月	9月	8月	7月	6月	5月	4月	3月	2月	月
己丑	戊子	丁亥	丙戌	乙酉	甲申	癸未	壬午	辛巳	庚辰	己卯	戊寅	月の干支
6日 5:28	7日 18:14	8日 1:23	8日 22:14	8日 6:37	8日 3:46	7日 18:00	6日 7:46	6日 3:35	5日 10:13	6日 5:19	4日 11:14	節入
辛未	庚子	庚午	己亥	己巳	戊戌	丁卯	丁酉	丙寅	丙申	乙丑	丁酉	1日
壬申	辛丑	辛未	庚子	庚午	己亥	戊辰	戊戌	丁卯	丁酉	丙寅	戊戌	2日
癸酉	壬寅	壬申	辛丑	辛未	庚子	己巳	己亥	戊辰	戊戌	丁卯	己亥	3日
甲戌	癸卯	癸酉	壬寅	壬申	辛丑	庚午	庚子	己巳	己亥	戊辰	**庚子**	4日
乙亥	甲辰	甲戌	癸卯	癸酉	壬寅	辛未	辛丑	庚午	**庚子**	己巳	辛丑	5日
丙子	乙巳	乙亥	甲辰	甲戌	癸卯	壬申	**壬寅**	**辛未**	辛丑	**庚午**	壬寅	6日
丁丑	**丙午**	丙子	乙巳	乙亥	甲辰	**癸酉**	癸卯	壬申	壬寅	辛未	癸卯	7日
戊寅	丁未	**丁丑**	**丙午**	**丙子**	**乙巳**	甲戌	甲辰	癸酉	癸卯	壬申	甲辰	8日
己卯	戊申	戊寅	丁未	丁丑	丙午	乙亥	乙巳	甲戌	甲辰	癸酉	乙巳	9日
庚辰	己酉	己卯	戊申	戊寅	丁未	丙子	丙午	乙亥	乙巳	甲戌	丙午	10日
辛巳	庚戌	庚辰	己酉	己卯	戊申	丁丑	丁未	丙子	丙午	乙亥	丁未	11日
壬午	辛亥	辛巳	庚戌	庚辰	己酉	戊寅	戊申	丁丑	丁未	丙子	戊申	12日
癸未	壬子	壬午	辛亥	辛巳	庚戌	己卯	己酉	戊寅	戊申	丁丑	己酉	13日
甲申	癸丑	癸未	壬子	壬午	辛亥	庚辰	庚戌	己卯	己酉	戊寅	庚戌	14日
乙酉	甲寅	甲申	癸丑	癸未	壬子	辛巳	辛亥	庚辰	庚戌	己卯	辛亥	15日
丙戌	乙卯	乙酉	甲寅	甲申	癸丑	壬午	壬子	辛巳	辛亥	庚辰	壬子	16日
丁亥	丙辰	丙戌	乙卯	乙酉	甲寅	癸未	癸丑	壬午	壬子	辛巳	癸丑	17日
戊子	丁巳	丁亥	丙辰	丙戌	乙卯	甲申	甲寅	癸未	癸丑	壬午	甲寅	18日
己丑	戊午	戊子	丁巳	丁亥	丙辰	乙酉	乙卯	甲申	甲寅	癸未	乙卯	19日
庚寅	己未	己丑	戊午	戊子	丁巳	丙戌	丙辰	乙酉	乙卯	甲申	丙辰	20日
辛卯	庚申	庚寅	己未	己丑	戊午	丁亥	丁巳	丙戌	丙辰	乙酉	丁巳	21日
壬辰	辛酉	辛卯	庚申	庚寅	己未	戊子	戊午	丁亥	丁巳	丙戌	戊午	22日
癸巳	壬戌	壬辰	辛酉	辛卯	庚申	己丑	己未	戊子	戊午	丁亥	己未	23日
甲午	癸亥	癸巳	壬戌	壬辰	辛酉	庚寅	庚申	己丑	己未	戊子	庚申	24日
乙未	甲子	甲午	癸亥	癸巳	壬戌	辛卯	辛酉	庚寅	庚申	己丑	辛酉	25日
丙申	乙丑	乙未	甲子	甲午	癸亥	壬辰	壬戌	辛卯	辛酉	庚寅	壬戌	26日
丁酉	丙寅	丙申	乙丑	乙未	甲子	癸巳	癸亥	壬辰	壬戌	辛卯	癸亥	27日
戊戌	丁卯	丁酉	丙寅	丙申	乙丑	甲午	甲子	癸巳	癸亥	壬辰	甲子	28日
己亥	戊辰	戊戌	丁卯	丁酉	丙寅	乙未	乙丑	甲午	甲子	癸巳		29日
庚子	己巳	己亥	戊辰	戊戌	丁卯	丙申	丙寅	乙未	乙丑	甲午		30日
辛丑	庚午		己巳		戊辰	丁酉		丙申		乙未		31日

平成3年（西暦1991年）辛未年　九紫火星

平成4年 1月	12月	11月	10月	9月	8月	7月	6月	5月	4月	3月	2月	月
辛丑	庚子	己亥	戊戌	丁酉	丙申	乙未	甲午	癸巳	壬辰	辛卯	庚寅	月の干支
6日 11:09	7日 23:56	8日 7:08	9日 4:01	8日 12:27	8日 9:37	7日 23:53	6日 13:38	6日 9:27	5日 16:05	6日 11:12	4日 17:08	節入
丙子	乙巳	乙亥	甲辰	甲戌	癸卯	壬申	壬寅	辛未	辛丑	庚午	壬寅	1日
丁丑	丙午	丙子	乙巳	乙亥	甲辰	癸酉	癸卯	壬申	壬寅	辛未	癸卯	2日
戊寅	丁未	丁丑	丙午	丙子	乙巳	甲戌	甲辰	癸酉	癸卯	壬申	甲辰	3日
己卯	戊申	戊寅	丁未	丁丑	丙午	乙亥	乙巳	甲戌	甲辰	癸酉	**乙巳**	4日
庚辰	己酉	己卯	戊申	戊寅	丁未	丙子	丙午	乙亥	**乙巳**	甲戌	丙午	5日
辛巳	庚戌	庚辰	己酉	己卯	戊申	丁丑	**丁未**	**丙子**	丙午	**乙亥**	丁未	6日
壬午	**辛亥**	辛巳	庚戌	庚辰	己酉	**戊寅**	戊申	丁丑	丁未	丙子	戊申	7日
癸未	壬子	**壬午**	辛亥	**辛巳**	**庚戌**	己卯	己酉	戊寅	戊申	丁丑	己酉	8日
甲申	癸丑	癸未	**壬子**	壬午	辛亥	庚辰	庚戌	己卯	己酉	戊寅	庚戌	9日
乙酉	甲寅	甲申	癸丑	癸未	壬子	辛巳	辛亥	庚辰	庚戌	己卯	辛亥	10日
丙戌	乙卯	乙酉	甲寅	甲申	癸丑	壬午	壬子	辛巳	辛亥	庚辰	壬子	11日
丁亥	丙辰	丙戌	乙卯	乙酉	甲寅	癸未	癸丑	壬午	壬子	辛巳	癸丑	12日
戊子	丁巳	丁亥	丙辰	丙戌	乙卯	甲申	甲寅	癸未	癸丑	壬午	甲寅	13日
己丑	戊午	戊子	丁巳	丁亥	丙辰	乙酉	乙卯	甲申	甲寅	癸未	乙卯	14日
庚寅	己未	己丑	戊午	戊子	丁巳	丙戌	丙辰	乙酉	乙卯	甲申	丙辰	15日
辛卯	庚申	庚寅	己未	己丑	戊午	丁亥	丁巳	丙戌	丙辰	乙酉	丁巳	16日
壬辰	辛酉	辛卯	庚申	庚寅	己未	戊子	戊午	丁亥	丁巳	丙戌	戊午	17日
癸巳	壬戌	壬辰	辛酉	辛卯	庚申	己丑	己未	戊子	戊午	丁亥	己未	18日
甲午	癸亥	癸巳	壬戌	壬辰	辛酉	庚寅	庚申	己丑	己未	戊子	庚申	19日
乙未	甲子	甲午	癸亥	癸巳	壬戌	辛卯	辛酉	庚寅	庚申	己丑	辛酉	20日
丙申	乙丑	乙未	甲子	甲午	癸亥	壬辰	壬戌	辛卯	辛酉	庚寅	壬戌	21日
丁酉	丙寅	丙申	乙丑	乙未	甲子	癸巳	癸亥	壬辰	壬戌	辛卯	癸亥	22日
戊戌	丁卯	丁酉	丙寅	丙申	乙丑	甲午	甲子	癸巳	癸亥	壬辰	甲子	23日
己亥	戊辰	戊戌	丁卯	丁酉	丙寅	乙未	乙丑	甲午	甲子	癸巳	乙丑	24日
庚子	己巳	己亥	戊辰	戊戌	丁卯	丙申	丙寅	乙未	乙丑	甲午	丙寅	25日
辛丑	庚午	庚子	己巳	己亥	戊辰	丁酉	丁卯	丙申	丙寅	乙未	丁卯	26日
壬寅	辛未	辛丑	庚午	庚子	己巳	戊戌	戊辰	丁酉	丁卯	丙申	戊辰	27日
癸卯	壬申	壬寅	辛未	辛丑	庚午	己亥	己巳	戊戌	戊辰	丁酉	己巳	28日
甲辰	癸酉	癸卯	壬申	壬寅	辛未	庚子	庚午	己亥	己巳	戊戌		29日
乙巳	甲戌	甲辰	癸酉	癸卯	壬申	辛丑	辛未	庚子	庚午	己亥		30日
丙午	乙亥		甲戌		癸酉	壬寅		辛丑		庚子		31日

平成４年（西暦1992年）壬申年　八白土星

平成５年 １月	12月	11月	10月	９月	８月	７月	６月	５月	４月	３月	２月	月
癸丑	壬子	辛亥	庚戌	己酉	戊申	丁未	丙午	乙巳	甲辰	癸卯	壬寅	月の干支
５日 16:57	７日 5:44	７日 12:57	８日 9:52	７日 18:18	７日 15:27	７日 5:40	５日 19:22	５日 15:09	４日 21:45	５日 16:52	４日 22:48	節入
壬午	辛亥	辛巳	庚戌	庚辰	己酉	戊寅	戊申	丁丑	丁未	丙子	丁未	１日
癸未	壬子	壬午	辛亥	辛巳	庚戌	己卯	己酉	戊寅	戊申	丁丑	戊申	２日
甲申	癸丑	癸未	壬子	壬午	辛亥	庚辰	庚戌	己卯	己酉	戊寅	己酉	３日
乙酉	甲寅	甲申	癸丑	癸未	壬子	辛巳	辛亥	庚辰	**庚戌**	己卯	**庚戌**	４日
丙戌	乙卯	乙酉	甲寅	甲申	癸丑	壬午	**壬子**	**辛巳**	辛亥	**庚辰**	辛亥	５日
丁亥	丙辰	丙戌	乙卯	乙酉	甲寅	癸未	癸丑	壬午	壬子	辛巳	壬子	６日
戊子	**丁巳**	**丁亥**	丙辰	**丙戌**	**乙卯**	**甲申**	甲寅	癸未	癸丑	壬午	癸丑	７日
己丑	戊午	戊子	**丁巳**	丁亥	丙辰	乙酉	乙卯	甲申	甲寅	癸未	甲寅	８日
庚寅	己未	己丑	戊午	戊子	丁巳	丙戌	丙辰	乙酉	乙卯	甲申	乙卯	９日
辛卯	庚申	庚寅	己未	己丑	戊午	丁亥	丁巳	丙戌	丙辰	乙酉	丙辰	10日
壬辰	辛酉	辛卯	庚申	庚寅	己未	戊子	戊午	丁亥	丁巳	丙戌	丁巳	11日
癸巳	壬戌	壬辰	辛酉	辛卯	庚申	己丑	己未	戊子	戊午	丁亥	戊午	12日
甲午	癸亥	癸巳	壬戌	壬辰	辛酉	庚寅	庚申	己丑	己未	戊子	己未	13日
乙未	甲子	甲午	癸亥	癸巳	壬戌	辛卯	辛酉	庚寅	庚申	己丑	庚申	14日
丙申	乙丑	乙未	甲子	甲午	癸亥	壬辰	壬戌	辛卯	辛酉	庚寅	辛酉	15日
丁酉	丙寅	丙申	乙丑	乙未	甲子	癸巳	癸亥	壬辰	壬戌	辛卯	壬戌	16日
戊戌	丁卯	丁酉	丙寅	丙申	乙丑	甲午	甲子	癸巳	癸亥	壬辰	癸亥	17日
己亥	戊辰	戊戌	丁卯	丁酉	丙寅	乙未	乙丑	甲午	甲子	癸巳	甲子	18日
庚子	己巳	己亥	戊辰	戊戌	丁卯	丙申	丙寅	乙未	乙丑	甲午	乙丑	19日
辛丑	庚午	庚子	己巳	己亥	戊辰	丁酉	丁卯	丙申	丙寅	乙未	丙寅	20日
壬寅	辛未	辛丑	庚午	庚子	己巳	戊戌	戊辰	丁酉	丁卯	丙申	丁卯	21日
癸卯	壬申	壬寅	辛未	辛丑	庚午	己亥	己巳	戊戌	戊辰	丁酉	戊辰	22日
甲辰	癸酉	癸卯	壬申	壬寅	辛未	庚子	庚午	己亥	己巳	戊戌	己巳	23日
乙巳	甲戌	甲辰	癸酉	癸卯	壬申	辛丑	辛未	庚子	庚午	己亥	庚午	24日
丙午	乙亥	乙巳	甲戌	甲辰	癸酉	壬寅	壬申	辛丑	辛未	庚子	辛未	25日
丁未	丙子	丙午	乙亥	乙巳	甲戌	癸卯	癸酉	壬寅	壬申	辛丑	壬申	26日
戊申	丁丑	丁未	丙子	丙午	乙亥	甲辰	甲戌	癸卯	癸酉	壬寅	癸酉	27日
己酉	戊寅	戊申	丁丑	丁未	丙子	乙巳	乙亥	甲辰	甲戌	癸卯	甲戌	28日
庚戌	己卯	己酉	戊寅	戊申	丁丑	丙午	丙子	乙巳	乙亥	甲辰	乙亥	29日
辛亥	庚辰	庚戌	己卯	己酉	戊寅	丁未	丁丑	丙午	丙子	乙巳		30日
壬子	辛巳		庚辰		己卯	戊申		丁未		丙午		31日

平成5年（西暦1993年）癸酉年　七赤金星

平成6年 1月	12月	11月	10月	9月	8月	7月	6月	5月	4月	3月	2月	月
乙丑	甲子	癸亥	壬戌	辛酉	庚申	己未	戊午	丁巳	丙辰	乙卯	甲寅	月の干支
5日 22:48	7日 11:34	7日 18:46	8日 15:40	8日 0:08	7日 21:18	7日 11:32	6日 1:15	5日 21:02	5日 3:37	5日 22:43	4日 4:37	節入
丁亥	丙辰	丙戌	乙卯	乙酉	甲寅	癸未	癸丑	壬午	壬子	辛巳	癸丑	1日
戊子	丁巳	丁亥	丙辰	丙戌	乙卯	甲申	甲寅	癸未	癸丑	壬午	甲寅	2日
己丑	戊午	戊子	丁巳	丁亥	丙辰	乙酉	乙卯	甲申	甲寅	癸未	乙卯	3日
庚寅	己未	己丑	戊午	戊子	丁巳	丙戌	丙辰	乙酉	乙卯	甲申	**丙辰**	4日
辛卯	庚申	庚寅	己未	己丑	戊午	丁亥	丁巳	**丙戌**	**丙辰**	**乙酉**	丁巳	5日
壬辰	辛酉	辛卯	庚申	庚寅	己未	戊子	**戊午**	丁亥	丁巳	丙戌	戊午	6日
癸巳	**壬戌**	**壬辰**	辛酉	辛卯	**庚申**	**己丑**	己未	戊子	戊午	丁亥	己未	7日
甲午	癸亥	癸巳	**壬戌**	**壬辰**	辛酉	庚寅	庚申	己丑	己未	戊子	庚申	8日
乙未	甲子	甲午	癸亥	癸巳	壬戌	辛卯	辛酉	庚寅	庚申	己丑	辛酉	9日
丙申	乙丑	乙未	甲子	甲午	癸亥	壬辰	壬戌	辛卯	辛酉	庚寅	壬戌	10日
丁酉	丙寅	丙申	乙丑	乙未	甲子	癸巳	癸亥	壬辰	壬戌	辛卯	癸亥	11日
戊戌	丁卯	丁酉	丙寅	丙申	乙丑	甲午	甲子	癸巳	癸亥	壬辰	甲子	12日
己亥	戊辰	戊戌	丁卯	丁酉	丙寅	乙未	乙丑	甲午	甲子	癸巳	乙丑	13日
庚子	己巳	己亥	戊辰	戊戌	丁卯	丙申	丙寅	乙未	乙丑	甲午	丙寅	14日
辛丑	庚午	庚子	己巳	己亥	戊辰	丁酉	丁卯	丙申	丙寅	乙未	丁卯	15日
壬寅	辛未	辛丑	庚午	庚子	己巳	戊戌	戊辰	丁酉	丁卯	丙申	戊辰	16日
癸卯	壬申	壬寅	辛未	辛丑	庚午	己亥	己巳	戊戌	戊辰	丁酉	己巳	17日
甲辰	癸酉	癸卯	壬申	壬寅	辛未	庚子	庚午	己亥	己巳	戊戌	庚午	18日
乙巳	甲戌	甲辰	癸酉	癸卯	壬申	辛丑	辛未	庚子	庚午	己亥	辛未	19日
丙午	乙亥	乙巳	甲戌	甲辰	癸酉	壬寅	壬申	辛丑	辛未	庚子	壬申	20日
丁未	丙子	丙午	乙亥	乙巳	甲戌	癸卯	癸酉	壬寅	壬申	辛丑	癸酉	21日
戊申	丁丑	丁未	丙子	丙午	乙亥	甲辰	甲戌	癸卯	癸酉	壬寅	甲戌	22日
己酉	戊寅	戊申	丁丑	丁未	丙子	乙巳	乙亥	甲辰	甲戌	癸卯	乙亥	23日
庚戌	己卯	己酉	戊寅	戊申	丁丑	丙午	丙子	乙巳	乙亥	甲辰	丙子	24日
辛亥	庚辰	庚戌	己卯	己酉	戊寅	丁未	丁丑	丙午	丙子	乙巳	丁丑	25日
壬子	辛巳	辛亥	庚辰	庚戌	己卯	戊申	戊寅	丁未	丁丑	丙午	戊寅	26日
癸丑	壬午	壬子	辛巳	辛亥	庚辰	己酉	己卯	戊申	戊寅	丁未	己卯	27日
甲寅	癸未	癸丑	壬午	壬子	辛巳	庚戌	庚辰	己酉	己卯	戊申	庚辰	28日
乙卯	甲申	甲寅	癸未	癸丑	壬午	辛亥	辛巳	庚戌	庚辰	己酉		29日
丙辰	乙酉	乙卯	甲申	甲寅	癸未	壬子	壬午	辛亥	辛巳	庚戌		30日
丁巳	丙戌		乙酉		甲申	癸丑		壬子		辛亥		31日

平成6年（西暦1994年）甲戌年　六白金星

平成7年 1月	12月	11月	10月	9月	8月	7月	6月	5月	4月	3月	2月	月
丁丑	丙子	乙亥	甲戌	癸酉	壬申	辛未	庚午	己巳	戊辰	丁卯	丙寅	月の干支
6日 4:34	7日 17:23	8日 0:36	8日 21:29	8日 5:55	8日 3:05	7日 17:19	6日 7:05	6日 2:54	5日 9:32	6日 4:38	4日 10:31	節入
壬辰	辛酉	辛卯	庚申	庚寅	己未	戊子	戊午	丁亥	丁巳	丙戌	戊午	1日
癸巳	壬戌	壬辰	辛酉	辛卯	庚申	己丑	己未	戊子	戊午	丁亥	己未	2日
甲午	癸亥	癸巳	壬戌	壬辰	辛酉	庚寅	庚申	己丑	己未	戊子	庚申	3日
乙未	甲子	甲午	癸亥	癸巳	壬戌	辛卯	辛酉	庚寅	庚申	己丑	**辛酉**	4日
丙申	乙丑	乙未	甲子	甲午	癸亥	壬辰	壬戌	辛卯	**辛酉**	庚寅	壬戌	5日
丁酉	丙寅	丙申	乙丑	乙未	甲子	癸巳	**癸亥**	**壬辰**	壬戌	**辛卯**	癸亥	6日
戊戌	**丁卯**	丁酉	丙寅	丙申	乙丑	**甲午**	甲子	癸巳	癸亥	壬辰	甲子	7日
己亥	戊辰	**戊戌**	**丁卯**	**丁酉**	**丙寅**	乙未	乙丑	甲午	甲子	癸巳	乙丑	8日
庚子	己巳	己亥	戊辰	戊戌	丁卯	丙申	丙寅	乙未	乙丑	甲午	丙寅	9日
辛丑	庚午	庚子	己巳	己亥	戊辰	丁酉	丁卯	丙申	丙寅	乙未	丁卯	10日
壬寅	辛未	辛丑	庚午	庚子	己巳	戊戌	戊辰	丁酉	丁卯	丙申	戊辰	11日
癸卯	壬申	壬寅	辛未	辛丑	庚午	己亥	己巳	戊戌	戊辰	丁酉	己巳	12日
甲辰	癸酉	癸卯	壬申	壬寅	辛未	庚子	庚午	己亥	己巳	戊戌	庚午	13日
乙巳	甲戌	甲辰	癸酉	癸卯	壬申	辛丑	辛未	庚子	庚午	己亥	辛未	14日
丙午	乙亥	乙巳	甲戌	甲辰	癸酉	壬寅	壬申	辛丑	辛未	庚子	壬申	15日
丁未	丙子	丙午	乙亥	乙巳	甲戌	癸卯	癸酉	壬寅	壬申	辛丑	癸酉	16日
戊申	丁丑	丁未	丙子	丙午	乙亥	甲辰	甲戌	癸卯	癸酉	壬寅	甲戌	17日
己酉	戊寅	戊申	丁丑	丁未	丙子	乙巳	乙亥	甲辰	甲戌	癸卯	乙亥	18日
庚戌	己卯	己酉	戊寅	戊申	丁丑	丙午	丙子	乙巳	乙亥	甲辰	丙子	19日
辛亥	庚辰	庚戌	己卯	己酉	戊寅	丁未	丁丑	丙午	丙子	乙巳	丁丑	20日
壬子	辛巳	辛亥	庚辰	庚戌	己卯	戊申	戊寅	丁未	丁丑	丙午	戊寅	21日
癸丑	壬午	壬子	辛巳	辛亥	庚辰	己酉	己卯	戊申	戊寅	丁未	己卯	22日
甲寅	癸未	癸丑	壬午	壬子	辛巳	庚戌	庚辰	己酉	己卯	戊申	庚辰	23日
乙卯	甲申	甲寅	癸未	癸丑	壬午	辛亥	辛巳	庚戌	庚辰	己酉	辛巳	24日
丙辰	乙酉	乙卯	甲申	甲寅	癸未	壬子	壬午	辛亥	辛巳	庚戌	壬午	25日
丁巳	丙戌	丙辰	乙酉	乙卯	甲申	癸丑	癸未	壬子	壬午	辛亥	癸未	26日
戊午	丁亥	丁巳	丙戌	丙辰	乙酉	甲寅	甲申	癸丑	癸未	壬子	甲申	27日
己未	戊子	戊午	丁亥	丁巳	丙戌	乙卯	乙酉	甲寅	甲申	癸丑	乙酉	28日
庚申	己丑	己未	戊子	戊午	丁亥	丙辰	丙戌	乙卯	乙酉	甲寅		29日
辛酉	庚寅	庚申	己丑	己未	戊子	丁巳	丁亥	丙辰	丙戌	乙卯		30日
壬戌	辛卯		庚寅		己丑	戊午		丁巳		丙辰		31日

平成７年（西暦1995年）乙亥年　五黄土星

平成8年 1月	12月	11月	10月	9月	8月	7月	6月	5月	4月	3月	2月	月
己丑	**戊子**	**丁亥**	**丙戌**	**乙酉**	**甲申**	**癸未**	**壬午**	**辛巳**	**庚辰**	**己卯**	**戊寅**	**月の干支**
6日 10:31	7日 23:22	8日 6:36	9日 3:27	8日 11:49	8日 8:52	7日 23:01	6日 12:42	6日 8:30	5日 15:08	6日 10:16	4日 16:13	**節入**
丁酉	丙寅	丙申	乙丑	乙未	甲子	癸巳	癸亥	壬辰	壬戌	辛卯	癸亥	**1日**
戊戌	丁卯	丁酉	丙寅	丙申	乙丑	甲午	甲子	癸巳	癸亥	壬辰	甲子	**2日**
己亥	戊辰	戊戌	丁卯	丁酉	丙寅	乙未	乙丑	甲午	甲子	癸巳	乙丑	**3日**
庚子	己巳	己亥	戊辰	戊戌	丁卯	丙申	丙寅	乙未	乙丑	甲午	**丙寅**	**4日**
辛丑	庚午	庚子	己巳	己亥	戊辰	丁酉	丁卯	丙申	**丙寅**	乙未	丁卯	**5日**
壬寅	辛未	辛丑	庚午	庚子	己巳	戊戌	**戊辰**	**丁酉**	丁卯	**丙申**	戊辰	**6日**
癸卯	**壬申**	壬寅	辛未	辛丑	庚午	**己亥**	己巳	戊戌	戊辰	丁酉	己巳	**7日**
甲辰	癸酉	**癸卯**	壬申	**壬寅**	**辛未**	庚子	庚午	己亥	己巳	戊戌	庚午	**8日**
乙巳	甲戌	甲辰	**癸酉**	癸卯	壬申	辛丑	辛未	庚子	庚午	己亥	辛未	**9日**
丙午	乙亥	乙巳	甲戌	甲辰	癸酉	壬寅	壬申	辛丑	辛未	庚子	壬申	**10日**
丁未	丙子	丙午	乙亥	乙巳	甲戌	癸卯	癸酉	壬寅	壬申	辛丑	癸酉	**11日**
戊申	丁丑	丁未	丙子	丙午	乙亥	甲辰	甲戌	癸卯	癸酉	壬寅	甲戌	**12日**
己酉	戊寅	戊申	丁丑	丁未	丙子	乙巳	乙亥	甲辰	甲戌	癸卯	乙亥	**13日**
庚戌	己卯	己酉	戊寅	戊申	丁丑	丙午	丙子	乙巳	乙亥	甲辰	丙子	**14日**
辛亥	庚辰	庚戌	己卯	己酉	戊寅	丁未	丁丑	丙午	丙子	乙巳	丁丑	**15日**
壬子	辛巳	辛亥	庚辰	庚戌	己卯	戊申	戊寅	丁未	丁丑	丙午	戊寅	**16日**
癸丑	壬午	壬子	辛巳	辛亥	庚辰	己酉	己卯	戊申	戊寅	丁未	己卯	**17日**
甲寅	癸未	癸丑	壬午	壬子	辛巳	庚戌	庚辰	己酉	己卯	戊申	庚辰	**18日**
乙卯	甲申	甲寅	癸未	癸丑	壬午	辛亥	辛巳	庚戌	庚辰	己酉	辛巳	**19日**
丙辰	乙酉	乙卯	甲申	甲寅	癸未	壬子	壬午	辛亥	辛巳	庚戌	壬午	**20日**
丁巳	丙戌	丙辰	乙酉	乙卯	甲申	癸丑	癸未	壬子	壬午	辛亥	癸未	**21日**
戊午	丁亥	丁巳	丙戌	丙辰	乙酉	甲寅	甲申	癸丑	癸未	壬子	甲申	**22日**
己未	戊子	戊午	丁亥	丁巳	丙戌	乙卯	乙酉	甲寅	甲申	癸丑	乙酉	**23日**
庚申	己丑	己未	戊子	戊午	丁亥	丙辰	丙戌	乙卯	乙酉	甲寅	丙戌	**24日**
辛酉	庚寅	庚申	己丑	己未	戊子	丁巳	丁亥	丙辰	丙戌	乙卯	丁亥	**25日**
壬戌	辛卯	辛酉	庚寅	庚申	己丑	戊午	戊子	丁巳	丁亥	丙辰	戊子	**26日**
癸亥	壬辰	壬戌	辛卯	辛酉	庚寅	己未	己丑	戊午	戊子	丁巳	己丑	**27日**
甲子	癸巳	癸亥	壬辰	壬戌	辛卯	庚申	庚寅	己未	己丑	戊午	庚寅	**28日**
乙丑	甲午	甲子	癸巳	癸亥	壬辰	辛酉	辛卯	庚申	庚寅	己未		**29日**
丙寅	乙未	乙丑	甲午	甲子	癸巳	壬戌	壬辰	辛酉	辛卯	庚申		**30日**
丁卯	丙申		乙未		甲午	癸亥		壬戌		辛酉		**31日**

平成8年（西暦1996年）丙子年　四緑木星

平成9年 1月	12月	11月	10月	9月	8月	7月	6月	5月	4月	3月	2月	月
辛丑	庚子	己亥	戊戌	丁酉	丙申	乙未	甲午	癸巳	壬辰	辛卯	庚寅	月の干支
5日 16:24	7日 5:14	7日 12:27	8日 9:19	7日 17:42	7日 14:49	7日 5:00	5日 18:41	5日 14:26	4日 21:02	5日 16:10	4日 22:08	節入
癸卯	壬申	壬寅	辛未	辛丑	庚午	己亥	己巳	戊戌	戊辰	丁酉	戊辰	1日
甲辰	癸酉	癸卯	壬申	壬寅	辛未	庚子	庚午	己亥	己巳	戊戌	己巳	2日
乙巳	甲戌	甲辰	癸酉	癸卯	壬申	辛丑	辛未	庚子	庚午	己亥	庚午	3日
丙午	乙亥	乙巳	甲戌	甲辰	癸酉	壬寅	壬申	辛丑	**辛未**	庚子	**辛未**	4日
丁未	丙子	丙午	乙亥	乙巳	甲戌	癸卯	**癸酉**	**壬寅**	壬申	**辛丑**	壬申	5日
戊申	丁丑	丁未	丙子	丙午	乙亥	甲辰	甲戌	癸卯	癸酉	壬寅	癸酉	6日
己酉	**戊寅**	**戊申**	丁丑	**丁未**	**丙子**	**乙巳**	乙亥	甲辰	甲戌	癸卯	甲戌	7日
庚戌	己卯	己酉	**戊寅**	戊申	丁丑	丙午	丙子	乙巳	乙亥	甲辰	乙亥	8日
辛亥	庚辰	庚戌	己卯	己酉	戊寅	丁未	丁丑	丙午	丙子	乙巳	丙子	9日
壬子	辛巳	辛亥	庚辰	庚戌	己卯	戊申	戊寅	丁未	丁丑	丙午	丁丑	10日
癸丑	壬午	壬子	辛巳	辛亥	庚辰	己酉	己卯	戊申	戊寅	丁未	戊寅	11日
甲寅	癸未	癸丑	壬午	壬子	辛巳	庚戌	庚辰	己酉	己卯	戊申	己卯	12日
乙卯	甲申	甲寅	癸未	癸丑	壬午	辛亥	辛巳	庚戌	庚辰	己酉	庚辰	13日
丙辰	乙酉	乙卯	甲申	甲寅	癸未	壬子	壬午	辛亥	辛巳	庚戌	辛巳	14日
丁巳	丙戌	丙辰	乙酉	乙卯	甲申	癸丑	癸未	壬子	壬午	辛亥	壬午	15日
戊午	丁亥	丁巳	丙戌	丙辰	乙酉	甲寅	甲申	癸丑	癸未	壬子	癸未	16日
己未	戊子	戊午	丁亥	丁巳	丙戌	乙卯	乙酉	甲寅	甲申	癸丑	甲申	17日
庚申	己丑	己未	戊子	戊午	丁亥	丙辰	丙戌	乙卯	乙酉	甲寅	乙酉	18日
辛酉	庚寅	庚申	己丑	己未	戊子	丁巳	丁亥	丙辰	丙戌	乙卯	丙戌	19日
壬戌	辛卯	辛酉	庚寅	庚申	己丑	戊午	戊子	丁巳	丁亥	丙辰	丁亥	20日
癸亥	壬辰	壬戌	辛卯	辛酉	庚寅	己未	己丑	戊午	戊子	丁巳	戊子	21日
甲子	癸巳	癸亥	壬辰	壬戌	辛卯	庚申	庚寅	己未	己丑	戊午	己丑	22日
乙丑	甲午	甲子	癸巳	癸亥	壬辰	辛酉	辛卯	庚申	庚寅	己未	庚寅	23日
丙寅	乙未	乙丑	甲午	甲子	癸巳	壬戌	壬辰	辛酉	辛卯	庚申	辛卯	24日
丁卯	丙申	丙寅	乙未	乙丑	甲午	癸亥	癸巳	壬戌	壬辰	辛酉	壬辰	25日
戊辰	丁酉	丁卯	丙申	丙寅	乙未	甲子	甲午	癸亥	癸巳	壬戌	癸巳	26日
己巳	戊戌	戊辰	丁酉	丁卯	丙申	乙丑	乙未	甲子	甲午	癸亥	甲午	27日
庚午	己亥	己巳	戊戌	戊辰	丁酉	丙寅	丙申	乙丑	乙未	甲子	乙未	28日
辛未	庚子	庚午	己亥	己巳	戊戌	丁卯	丁酉	丙寅	丙申	乙丑	丙申	29日
壬申	辛丑	辛未	庚子	庚午	己亥	戊辰	戊戌	丁卯	丁酉	丙寅		30日
癸酉	壬寅		辛丑		庚子	己巳		戊辰		丁卯		31日

平成９年（西暦1997年）丁丑年　三碧木星

平成10年 1月	12月	11月	10月	9月	8月	7月	6月	5月	4月	3月	2月	月
癸丑	壬子	辛亥	庚戌	己酉	戊申	丁未	丙午	乙巳	甲辰	癸卯	壬寅	月の干支
5日 22:18	7日 11:05	7日 18:15	8日 15:05	7日 23:29	7日 20:36	7日 10:49	6日 0:33	5日 20:19	5日 2:56	5日 22:04	4日 4:02	節入
戊申	丁丑	丁未	丙子	丙午	乙亥	甲辰	甲戌	癸卯	癸酉	壬寅	甲戌	1日
己酉	戊寅	戊申	丁丑	丁未	丙子	乙巳	乙亥	甲辰	甲戌	癸卯	乙亥	2日
庚戌	己卯	己酉	戊寅	戊申	丁丑	丙午	丙子	乙巳	乙亥	甲辰	丙子	3日
辛亥	庚辰	庚戌	己卯	己酉	戊寅	丁未	丁丑	丙午	丙子	乙巳	**丁丑**	4日
壬子	辛巳	辛亥	庚辰	庚戌	己卯	戊申	戊寅	**丁未**	**丁丑**	**丙午**	戊寅	5日
癸丑	壬午	壬子	辛巳	辛亥	庚辰	己酉	**己卯**	戊申	戊寅	丁未	己卯	6日
甲寅	**癸未**	**癸丑**	壬午	**壬子**	**辛巳**	**庚戌**	庚辰	己酉	己卯	戊申	庚辰	7日
乙卯	甲申	甲寅	**癸未**	癸丑	壬午	辛亥	辛巳	庚戌	庚辰	己酉	辛巳	8日
丙辰	乙酉	乙卯	甲申	甲寅	癸未	壬子	壬午	辛亥	辛巳	庚戌	壬午	9日
丁巳	丙戌	丙辰	乙酉	乙卯	甲申	癸丑	癸未	壬子	壬午	辛亥	癸未	10日
戊午	丁亥	丁巳	丙戌	丙辰	乙酉	甲寅	甲申	癸丑	癸未	壬子	甲申	11日
己未	戊子	戊午	丁亥	丁巳	丙戌	乙卯	乙酉	甲寅	甲申	癸丑	乙酉	12日
庚申	己丑	己未	戊子	戊午	丁亥	丙辰	丙戌	乙卯	乙酉	甲寅	丙戌	13日
辛酉	庚寅	庚申	己丑	己未	戊子	丁巳	丁亥	丙辰	丙戌	乙卯	丁亥	14日
壬戌	辛卯	辛酉	庚寅	庚申	己丑	戊午	戊子	丁巳	丁亥	丙辰	戊子	15日
癸亥	壬辰	壬戌	辛卯	辛酉	庚寅	己未	己丑	戊午	戊子	丁巳	己丑	16日
甲子	癸巳	癸亥	壬辰	壬戌	辛卯	庚申	庚寅	己未	己丑	戊午	庚寅	17日
乙丑	甲午	甲子	癸巳	癸亥	壬辰	辛酉	辛卯	庚申	庚寅	己未	辛卯	18日
丙寅	乙未	乙丑	甲午	甲子	癸巳	壬戌	壬辰	辛酉	辛卯	庚申	壬辰	19日
丁卯	丙申	丙寅	乙未	乙丑	甲午	癸亥	癸巳	壬戌	壬辰	辛酉	癸巳	20日
戊辰	丁酉	丁卯	丙申	丙寅	乙未	甲子	甲午	癸亥	癸巳	壬戌	甲午	21日
己巳	戊戌	戊辰	丁酉	丁卯	丙申	乙丑	乙未	甲子	甲午	癸亥	乙未	22日
庚午	己亥	己巳	戊戌	戊辰	丁酉	丙寅	丙申	乙丑	乙未	甲子	丙申	23日
辛未	庚子	庚午	己亥	己巳	戊戌	丁卯	丁酉	丙寅	丙申	乙丑	丁酉	24日
壬申	辛丑	辛未	庚子	庚午	己亥	戊辰	戊戌	丁卯	丁酉	丙寅	戊戌	25日
癸酉	壬寅	壬申	辛丑	辛未	庚子	己巳	己亥	戊辰	戊戌	丁卯	己亥	26日
甲戌	癸卯	癸酉	壬寅	壬申	辛丑	庚午	庚子	己巳	己亥	戊辰	庚子	27日
乙亥	甲辰	甲戌	癸卯	癸酉	壬寅	辛未	辛丑	庚午	庚子	己巳	辛丑	28日
丙子	乙巳	乙亥	甲辰	甲戌	癸卯	壬申	壬寅	辛未	辛丑	庚午		29日
丁丑	丙午	丙子	乙巳	乙亥	甲辰	癸酉	癸卯	壬申	壬寅	辛未		30日
戊寅	丁未		丙午		乙巳	甲戌		癸酉		壬申		31日

平成10年（西暦1998年）戊寅年　二黒土星

平成11年 1月	12月	11月	10月	9月	8月	7月	6月	5月	4月	3月	2月	月
乙丑	甲子	癸亥	壬戌	辛酉	庚申	己未	戊午	丁巳	丙辰	乙卯	甲寅	月の干支
6日 4:17	7日 17:02	8日 0:08	8日 20:56	8日 5:16	8日 2:20	7日 16:30	6日 6:13	6日 2:03	5日 8:45	6日 3:57	4日 9:57	節入
癸丑	壬午	壬子	辛巳	辛亥	庚辰	己酉	己卯	戊申	戊寅	丁未	己卯	1日
甲寅	癸未	癸丑	壬午	壬子	辛巳	庚戌	庚辰	己酉	己卯	戊申	庚辰	2日
乙卯	甲申	甲寅	癸未	癸丑	壬午	辛亥	辛巳	庚戌	庚辰	己酉	辛巳	3日
丙辰	乙酉	乙卯	甲申	甲寅	癸未	壬子	壬午	辛亥	辛巳	庚戌	**壬午**	4日
丁巳	丙戌	丙辰	乙酉	乙卯	甲申	癸丑	癸未	壬子	**壬午**	辛亥	癸未	5日
戊午	丁亥	丁巳	丙戌	丙辰	乙酉	甲寅	**甲申**	**癸丑**	癸未	**壬子**	甲申	6日
己未	**戊子**	戊午	丁亥	丁巳	丙戌	**乙卯**	乙酉	甲寅	甲申	癸丑	乙酉	7日
庚申	己丑	**己未**	**戊子**	**戊午**	**丁亥**	丙辰	丙戌	乙卯	乙酉	甲寅	丙戌	8日
辛酉	庚寅	庚申	己丑	己未	戊子	丁巳	丁亥	丙辰	丙戌	乙卯	丁亥	9日
壬戌	辛卯	辛酉	庚寅	庚申	己丑	戊午	戊子	丁巳	丁亥	丙辰	戊子	10日
癸亥	壬辰	壬戌	辛卯	辛酉	庚寅	己未	己丑	戊午	戊子	丁巳	己丑	11日
甲子	癸巳	癸亥	壬辰	壬戌	辛卯	庚申	庚寅	己未	己丑	戊午	庚寅	12日
乙丑	甲午	甲子	癸巳	癸亥	壬辰	辛酉	辛卯	庚申	庚寅	己未	辛卯	13日
丙寅	乙未	乙丑	甲午	甲子	癸巳	壬戌	壬辰	辛酉	辛卯	庚申	壬辰	14日
丁卯	丙申	丙寅	乙未	乙丑	甲午	癸亥	癸巳	壬戌	壬辰	辛酉	癸巳	15日
戊辰	丁酉	丁卯	丙申	丙寅	乙未	甲子	甲午	癸亥	癸巳	壬戌	甲午	16日
己巳	戊戌	戊辰	丁酉	丁卯	丙申	乙丑	乙未	甲子	甲午	癸亥	乙未	17日
庚午	己亥	己巳	戊戌	戊辰	丁酉	丙寅	丙申	乙丑	乙未	甲子	丙申	18日
辛未	庚子	庚午	己亥	己巳	戊戌	丁卯	丁酉	丙寅	丙申	乙丑	丁酉	19日
壬申	辛丑	辛未	庚子	庚午	己亥	戊辰	戊戌	丁卯	丁酉	丙寅	戊戌	20日
癸酉	壬寅	壬申	辛丑	辛未	庚子	己巳	己亥	戊辰	戊戌	丁卯	己亥	21日
甲戌	癸卯	癸酉	壬寅	壬申	辛丑	庚午	庚子	己巳	己亥	戊辰	庚子	22日
乙亥	甲辰	甲戌	癸卯	癸酉	壬寅	辛未	辛丑	庚午	庚子	己巳	辛丑	23日
丙子	乙巳	乙亥	甲辰	甲戌	癸卯	壬申	壬寅	辛未	辛丑	庚午	壬寅	24日
丁丑	丙午	丙子	乙巳	乙亥	甲辰	癸酉	癸卯	壬申	壬寅	辛未	癸卯	25日
戊寅	丁未	丁丑	丙午	丙子	乙巳	甲戌	甲辰	癸酉	癸卯	壬申	甲辰	26日
己卯	戊申	戊寅	丁未	丁丑	丙午	乙亥	乙巳	甲戌	甲辰	癸酉	乙巳	27日
庚辰	己酉	己卯	戊申	戊寅	丁未	丙子	丙午	乙亥	乙巳	甲戌	丙午	28日
辛巳	庚戌	庚辰	己酉	己卯	戊申	丁丑	丁未	丙子	丙午	乙亥		29日
壬午	辛亥	辛巳	庚戌	庚辰	己酉	戊寅	戊申	丁丑	丁未	丙子		30日
癸未	壬子		辛亥		庚戌	己卯		戊寅		丁丑		31日

平成11年（西暦1999年）己卯年　一白水星

平成12年 1月	12月	11月	10月	9月	8月	7月	6月	5月	4月	3月	2月	月
丁丑	**丙子**	**乙亥**	**甲戌**	**癸酉**	**壬申**	**辛未**	**庚午**	**己巳**	**戊辰**	**丁卯**	**丙寅**	**月の干支**
6日 10:01	7日 22:47	8日 5:58	9日 2:48	8日 11:10	8日 8:14	7日 22:25	6日 12:09	6日 8:01	5日 14:45	6日 9:58	4日 15:57	**節入**
戊午	丁亥	丁巳	丙戌	丙辰	乙酉	甲寅	甲申	癸丑	癸未	壬子	甲申	**1日**
己未	戊子	戊午	丁亥	丁巳	丙戌	乙卯	乙酉	甲寅	甲申	癸丑	乙酉	**2日**
庚申	己丑	己未	戊子	戊午	丁亥	丙辰	丙戌	乙卯	乙酉	甲寅	丙戌	**3日**
辛酉	庚寅	庚申	己丑	己未	戊子	丁巳	丁亥	丙辰	丙戌	乙卯	**丁亥**	**4日**
壬戌	辛卯	辛酉	庚寅	庚申	己丑	戊午	戊子	丁巳	**丁亥**	丙辰	戊子	**5日**
癸亥	壬辰	壬戌	辛卯	辛酉	庚寅	己未	**己丑**	**戊午**	戊子	**丁巳**	己丑	**6日**
甲子	**癸巳**	癸亥	壬辰	壬戌	辛卯	**庚申**	庚寅	己未	己丑	戊午	庚寅	**7日**
乙丑	甲午	**甲子**	癸巳	**癸亥**	**壬辰**	辛酉	辛卯	庚申	庚寅	己未	辛卯	**8日**
丙寅	乙未	乙丑	**甲午**	甲子	癸巳	壬戌	壬辰	辛酉	辛卯	庚申	壬辰	**9日**
丁卯	丙申	丙寅	乙未	乙丑	甲午	癸亥	癸巳	壬戌	壬辰	辛酉	癸巳	**10日**
戊辰	丁酉	丁卯	丙申	丙寅	乙未	甲子	甲午	癸亥	癸巳	壬戌	甲午	**11日**
己巳	戊戌	戊辰	丁酉	丁卯	丙申	乙丑	乙未	甲子	甲午	癸亥	乙未	**12日**
庚午	己亥	己巳	戊戌	戊辰	丁酉	丙寅	丙申	乙丑	乙未	甲子	丙申	**13日**
辛未	庚子	庚午	己亥	己巳	戊戌	丁卯	丁酉	丙寅	丙申	乙丑	丁酉	**14日**
壬申	辛丑	辛未	庚子	庚午	己亥	戊辰	戊戌	丁卯	丁酉	丙寅	戊戌	**15日**
癸酉	壬寅	壬申	辛丑	辛未	庚子	己巳	己亥	戊辰	戊戌	丁卯	己亥	**16日**
甲戌	癸卯	癸酉	壬寅	壬申	辛丑	庚午	庚子	己巳	己亥	戊辰	庚子	**17日**
乙亥	甲辰	甲戌	癸卯	癸酉	壬寅	辛未	辛丑	庚午	庚子	己巳	辛丑	**18日**
丙子	乙巳	乙亥	甲辰	甲戌	癸卯	壬申	壬寅	辛未	辛丑	庚午	壬寅	**19日**
丁丑	丙午	丙子	乙巳	乙亥	甲辰	癸酉	癸卯	壬申	壬寅	辛未	癸卯	**20日**
戊寅	丁未	丁丑	丙午	丙子	乙巳	甲戌	甲辰	癸酉	癸卯	壬申	甲辰	**21日**
己卯	戊申	戊寅	丁未	丁丑	丙午	乙亥	乙巳	甲戌	甲辰	癸酉	乙巳	**22日**
庚辰	己酉	己卯	戊申	戊寅	丁未	丙子	丙午	乙亥	乙巳	甲戌	丙午	**23日**
辛巳	庚戌	庚辰	己酉	己卯	戊申	丁丑	丁未	丙子	丙午	乙亥	丁未	**24日**
壬午	辛亥	辛巳	庚戌	庚辰	己酉	戊寅	戊申	丁丑	丁未	丙子	戊申	**25日**
癸未	壬子	壬午	辛亥	辛巳	庚戌	己卯	己酉	戊寅	戊申	丁丑	己酉	**26日**
甲申	癸丑	癸未	壬子	壬午	辛亥	庚辰	庚戌	己卯	己酉	戊寅	庚戌	**27日**
乙酉	甲寅	甲申	癸丑	癸未	壬子	辛巳	辛亥	庚辰	庚戌	己卯	辛亥	**28日**
丙戌	乙卯	乙酉	甲寅	甲申	癸丑	壬午	壬子	辛巳	辛亥	庚辰		**29日**
丁亥	丙辰	丙戌	乙卯	乙酉	甲寅	癸未	癸丑	壬午	壬子	辛巳		**30日**
戊子	丁巳		丙辰		乙卯	甲申		癸未		壬午		**31日**

平成12年（西暦2000年）庚辰年　九紫火星

平成13年 1月	12月	11月	10月	9月	8月	7月	6月	5月	4月	3月	2月	月
己丑	戊子	丁亥	丙戌	乙酉	甲申	癸未	壬午	辛巳	庚辰	己卯	戊寅	月の干支
5日 15:49	7日 4:37	7日 11:48	8日 8:38	7日 16:59	7日 14:03	7日 4:14	5日 17:59	5日 13:50	4日 20:32	5日 15:43	4日 21:40	節入
甲子	癸巳	癸亥	壬辰	壬戌	辛卯	庚申	庚寅	己未	己丑	戊午	己丑	1日
乙丑	甲午	甲子	癸巳	癸亥	壬辰	辛酉	辛卯	庚申	庚寅	己未	庚寅	2日
丙寅	乙未	乙丑	甲午	甲子	癸巳	壬戌	壬辰	辛酉	辛卯	庚申	辛卯	3日
丁卯	丙申	丙寅	乙未	乙丑	甲午	癸亥	癸巳	壬戌	**壬辰**	辛酉	**壬辰**	4日
戊辰	丁酉	丁卯	丙申	丙寅	乙未	甲子	**甲午**	**癸亥**	癸巳	**壬戌**	癸巳	5日
己巳	戊戌	戊辰	丁酉	丁卯	丙申	乙丑	乙未	甲子	甲午	癸亥	甲午	6日
庚午	**己亥**	**己巳**	戊戌	**戊辰**	**丁酉**	**丙寅**	丙申	乙丑	乙未	甲子	乙未	7日
辛未	庚子	庚午	**己亥**	己巳	戊戌	丁卯	丁酉	丙寅	丙申	乙丑	丙申	8日
壬申	辛丑	辛未	庚子	庚午	己亥	戊辰	戊戌	丁卯	丁酉	丙寅	丁酉	9日
癸酉	壬寅	壬申	辛丑	辛未	庚子	己巳	己亥	戊辰	戊戌	丁卯	戊戌	10日
甲戌	癸卯	癸酉	壬寅	壬申	辛丑	庚午	庚子	己巳	己亥	戊辰	己亥	11日
乙亥	甲辰	甲戌	癸卯	癸酉	壬寅	辛未	辛丑	庚午	庚子	己巳	庚子	12日
丙子	乙巳	乙亥	甲辰	甲戌	癸卯	壬申	壬寅	辛未	辛丑	庚午	辛丑	13日
丁丑	丙午	丙子	乙巳	乙亥	甲辰	癸酉	癸卯	壬申	壬寅	辛未	壬寅	14日
戊寅	丁未	丁丑	丙午	丙子	乙巳	甲戌	甲辰	癸酉	癸卯	壬申	癸卯	15日
己卯	戊申	戊寅	丁未	丁丑	丙午	乙亥	乙巳	甲戌	甲辰	癸酉	甲辰	16日
庚辰	己酉	己卯	戊申	戊寅	丁未	丙子	丙午	乙亥	乙巳	甲戌	乙巳	17日
辛巳	庚戌	庚辰	己酉	己卯	戊申	丁丑	丁未	丙子	丙午	乙亥	丙午	18日
壬午	辛亥	辛巳	庚戌	庚辰	己酉	戊寅	戊申	丁丑	丁未	丙子	丁未	19日
癸未	壬子	壬午	辛亥	辛巳	庚戌	己卯	己酉	戊寅	戊申	丁丑	戊申	20日
甲申	癸丑	癸未	壬子	壬午	辛亥	庚辰	庚戌	己卯	己酉	戊寅	己酉	21日
乙酉	甲寅	甲申	癸丑	癸未	壬子	辛巳	辛亥	庚辰	庚戌	己卯	庚戌	22日
丙戌	乙卯	乙酉	甲寅	甲申	癸丑	壬午	壬子	辛巳	辛亥	庚辰	辛亥	23日
丁亥	丙辰	丙戌	乙卯	乙酉	甲寅	癸未	癸丑	壬午	壬子	辛巳	壬子	24日
戊子	丁巳	丁亥	丙辰	丙戌	乙卯	甲申	甲寅	癸未	癸丑	壬午	癸丑	25日
己丑	戊午	戊子	丁巳	丁亥	丙辰	乙酉	乙卯	甲申	甲寅	癸未	甲寅	26日
庚寅	己未	己丑	戊午	戊子	丁巳	丙戌	丙辰	乙酉	乙卯	甲申	乙卯	27日
辛卯	庚申	庚寅	己未	己丑	戊午	丁亥	丁巳	丙戌	丙辰	乙酉	丙辰	28日
壬辰	辛酉	辛卯	庚申	庚寅	己未	戊子	戊午	丁亥	丁巳	丙戌	丁巳	29日
癸巳	壬戌	壬辰	辛酉	辛卯	庚申	己丑	己未	戊子	戊午	丁亥		30日
甲午	癸亥		壬戌		辛酉	庚寅		己丑		戊子		31日

平成13年（西暦2001年）辛巳年　八白土星

平成14年 1月	12月	11月	10月	9月	8月	7月	6月	5月	4月	3月	2月	月
辛丑	庚子	己亥	戊戌	丁酉	丙申	乙未	甲午	癸巳	壬辰	辛卯	庚寅	月の干支
5日 21:43	7日 10:29	7日 17:37	8日 14:25	7日 22:46	7日 19:52	7日 10:07	5日 23:54	5日 19:45	5日 2:24	5日 21:32	4日 3:29	節入
己巳	戊戌	戊辰	丁酉	丁卯	丙申	乙丑	乙未	甲子	甲午	癸亥	乙未	1日
庚午	己亥	己巳	戊戌	戊辰	丁酉	丙寅	丙申	乙丑	乙未	甲子	丙申	2日
辛未	庚子	庚午	己亥	己巳	戊戌	丁卯	丁酉	丙寅	丙申	乙丑	丁酉	3日
壬申	辛丑	辛未	庚子	庚午	己亥	戊辰	戊戌	丁卯	丁酉	丙寅	**戊戌**	4日
癸酉	壬寅	壬申	辛丑	辛未	庚子	己巳	**己亥**	**戊辰**	**戊戌**	**丁卯**	己亥	5日
甲戌	癸卯	癸酉	壬寅	壬申	辛丑	庚午	庚子	己巳	己亥	戊辰	庚子	6日
乙亥	**甲辰**	**甲戌**	癸卯	**癸酉**	**壬寅**	**辛未**	辛丑	庚午	庚子	己巳	辛丑	7日
丙子	乙巳	乙亥	**甲辰**	甲戌	癸卯	壬申	壬寅	辛未	辛丑	庚午	壬寅	8日
丁丑	丙午	丙子	乙巳	乙亥	甲辰	癸酉	癸卯	壬申	壬寅	辛未	癸卯	9日
戊寅	丁未	丁丑	丙午	丙子	乙巳	甲戌	甲辰	癸酉	癸卯	壬申	甲辰	10日
己卯	戊申	戊寅	丁未	丁丑	丙午	乙亥	乙巳	甲戌	甲辰	癸酉	乙巳	11日
庚辰	己酉	己卯	戊申	戊寅	丁未	丙子	丙午	乙亥	乙巳	甲戌	丙午	12日
辛巳	庚戌	庚辰	己酉	己卯	戊申	丁丑	丁未	丙子	丙午	乙亥	丁未	13日
壬午	辛亥	辛巳	庚戌	庚辰	己酉	戊寅	戊申	丁丑	丁未	丙子	戊申	14日
癸未	壬子	壬午	辛亥	辛巳	庚戌	己卯	己酉	戊寅	戊申	丁丑	己酉	15日
甲申	癸丑	癸未	壬子	壬午	辛亥	庚辰	庚戌	己卯	己酉	戊寅	庚戌	16日
乙酉	甲寅	甲申	癸丑	癸未	壬子	辛巳	辛亥	庚辰	庚戌	己卯	辛亥	17日
丙戌	乙卯	乙酉	甲寅	甲申	癸丑	壬午	壬子	辛巳	辛亥	庚辰	壬子	18日
丁亥	丙辰	丙戌	乙卯	乙酉	甲寅	癸未	癸丑	壬午	壬子	辛巳	癸丑	19日
戊子	丁巳	丁亥	丙辰	丙戌	乙卯	甲申	甲寅	癸未	癸丑	壬午	甲寅	20日
己丑	戊午	戊子	丁巳	丁亥	丙辰	乙酉	乙卯	甲申	甲寅	癸未	乙卯	21日
庚寅	己未	己丑	戊午	戊子	丁巳	丙戌	丙辰	乙酉	乙卯	甲申	丙辰	22日
辛卯	庚申	庚寅	己未	己丑	戊午	丁亥	丁巳	丙戌	丙辰	乙酉	丁巳	23日
壬辰	辛酉	辛卯	庚申	庚寅	己未	戊子	戊午	丁亥	丁巳	丙戌	戊午	24日
癸巳	壬戌	壬辰	辛酉	辛卯	庚申	己丑	己未	戊子	戊午	丁亥	己未	25日
甲午	癸亥	癸巳	壬戌	壬辰	辛酉	庚寅	庚申	己丑	己未	戊子	庚申	26日
乙未	甲子	甲午	癸亥	癸巳	壬戌	辛卯	辛酉	庚寅	庚申	己丑	辛酉	27日
丙申	乙丑	乙未	甲子	甲午	癸亥	壬辰	壬戌	辛卯	辛酉	庚寅	壬戌	28日
丁酉	丙寅	丙申	乙丑	乙未	甲子	癸巳	癸亥	壬辰	壬戌	辛卯		29日
戊戌	丁卯	丁酉	丙寅	丙申	乙丑	甲午	甲子	癸巳	癸亥	壬辰		30日
己亥	戊辰		丁卯		丙寅	乙未		甲午		癸巳		31日

平成14年（西暦2002年）壬午年　七赤金星

平成15年 1月	12月	11月	10月	9月	8月	7月	6月	5月	4月	3月	2月	月
癸丑	壬子	辛亥	庚戌	己酉	戊申	丁未	丙午	乙巳	甲辰	癸卯	壬寅	月の干支
6日 3:28	7日 16:14	7日 23:22	8日 20:09	8日 4:31	8日 1:39	7日 15:56	6日 5:45	6日 1:37	5日 8:18	6日 3:28	4日 9:24	節入
甲戌	癸卯	癸酉	壬寅	壬申	辛丑	庚午	庚子	己巳	己亥	戊辰	庚子	1日
乙亥	甲辰	甲戌	癸卯	癸酉	壬寅	辛未	辛丑	庚午	庚子	己巳	辛丑	2日
丙子	乙巳	乙亥	甲辰	甲戌	癸卯	壬申	壬寅	辛未	辛丑	庚午	壬寅	3日
丁丑	丙午	丙子	乙巳	乙亥	甲辰	癸酉	癸卯	壬申	壬寅	辛未	**癸卯**	4日
戊寅	丁未	丁丑	丙午	丙子	乙巳	甲戌	甲辰	癸酉	**癸卯**	壬申	甲辰	5日
己卯	戊申	戊寅	丁未	丁丑	丙午	乙亥	**乙巳**	**甲戌**	甲辰	**癸酉**	乙巳	6日
庚辰	**己酉**	**己卯**	戊申	戊寅	丁未	**丙子**	丙午	乙亥	乙巳	甲戌	丙午	7日
辛巳	庚戌	庚辰	**己酉**	**己卯**	**戊申**	丁丑	丁未	丙子	丙午	乙亥	丁未	8日
壬午	辛亥	辛巳	庚戌	庚辰	己酉	戊寅	戊申	丁丑	丁未	丙子	戊申	9日
癸未	壬子	壬午	辛亥	辛巳	庚戌	己卯	己酉	戊寅	戊申	丁丑	己酉	10日
甲申	癸丑	癸未	壬子	壬午	辛亥	庚辰	庚戌	己卯	己酉	戊寅	庚戌	11日
乙酉	甲寅	甲申	癸丑	癸未	壬子	辛巳	辛亥	庚辰	庚戌	己卯	辛亥	12日
丙戌	乙卯	乙酉	甲寅	甲申	癸丑	壬午	壬子	辛巳	辛亥	庚辰	壬子	13日
丁亥	丙辰	丙戌	乙卯	乙酉	甲寅	癸未	癸丑	壬午	壬子	辛巳	癸丑	14日
戊子	丁巳	丁亥	丙辰	丙戌	乙卯	甲申	甲寅	癸未	癸丑	壬午	甲寅	15日
己丑	戊午	戊子	丁巳	丁亥	丙辰	乙酉	乙卯	甲申	甲寅	癸未	乙卯	16日
庚寅	己未	己丑	戊午	戊子	丁巳	丙戌	丙辰	乙酉	乙卯	甲申	丙辰	17日
辛卯	庚申	庚寅	己未	己丑	戊午	丁亥	丁巳	丙戌	丙辰	乙酉	丁巳	18日
壬辰	辛酉	辛卯	庚申	庚寅	己未	戊子	戊午	丁亥	丁巳	丙戌	戊午	19日
癸巳	壬戌	壬辰	辛酉	辛卯	庚申	己丑	己未	戊子	戊午	丁亥	己未	20日
甲午	癸亥	癸巳	壬戌	壬辰	辛酉	庚寅	庚申	己丑	己未	戊子	庚申	21日
乙未	甲子	甲午	癸亥	癸巳	壬戌	辛卯	辛酉	庚寅	庚申	己丑	辛酉	22日
丙申	乙丑	乙未	甲子	甲午	癸亥	壬辰	壬戌	辛卯	辛酉	庚寅	壬戌	23日
丁酉	丙寅	丙申	乙丑	乙未	甲子	癸巳	癸亥	壬辰	壬戌	辛卯	癸亥	24日
戊戌	丁卯	丁酉	丙寅	丙申	乙丑	甲午	甲子	癸巳	癸亥	壬辰	甲子	25日
己亥	戊辰	戊戌	丁卯	丁酉	丙寅	乙未	乙丑	甲午	甲子	癸巳	乙丑	26日
庚子	己巳	己亥	戊辰	戊戌	丁卯	丙申	丙寅	乙未	乙丑	甲午	丙寅	27日
辛丑	庚午	庚子	己巳	己亥	戊辰	丁酉	丁卯	丙申	丙寅	乙未	丁卯	28日
壬寅	辛未	辛丑	庚午	庚子	己巳	戊戌	戊辰	丁酉	丁卯	丙申		29日
癸卯	壬申	壬寅	辛未	辛丑	庚午	己亥	己巳	戊戌	戊辰	丁酉		30日
甲辰	癸酉		壬申		辛未	庚子		己亥		戊戌		31日

平成15年（西暦2003年）癸未年　六白金星

平成16年 1月	12月	11月	10月	9月	8月	7月	6月	5月	4月	3月	2月	月
乙丑	**甲子**	**癸亥**	**壬戌**	**辛酉**	**庚申**	**己未**	**戊午**	**丁巳**	**丙辰**	**乙卯**	**甲寅**	**月の干支**
6日 9:19	7日 22:05	8日 5:13	9日 2:01	8日 10:20	8日 7:24	7日 21:36	6日 11:20	6日 7:10	5日 13:52	6日 9:05	4日 15:05	**節入**
己卯	戊申	戊寅	丁未	丁丑	丙午	乙亥	乙巳	甲戌	甲辰	癸酉	乙巳	**1日**
庚辰	己酉	己卯	戊申	戊寅	丁未	丙子	丙午	乙亥	乙巳	甲戌	丙午	**2日**
辛巳	庚戌	庚辰	己酉	己卯	戊申	丁丑	丁未	丙子	丙午	乙亥	丁未	**3日**
壬午	辛亥	辛巳	庚戌	庚辰	己酉	戊寅	戊申	丁丑	丁未	丙子	**戊申**	**4日**
癸未	壬子	壬午	辛亥	辛巳	庚戌	己卯	己酉	戊寅	**戊申**	丁丑	己酉	**5日**
甲申	癸丑	癸未	壬子	壬午	辛亥	庚辰	**庚戌**	**己卯**	己酉	**戊寅**	庚戌	**6日**
乙酉	**甲寅**	甲申	癸丑	癸未	壬子	**辛巳**	辛亥	庚辰	庚戌	己卯	辛亥	**7日**
丙戌	乙卯	**乙酉**	甲寅	**甲申**	**癸丑**	壬午	壬子	辛巳	辛亥	庚辰	壬子	**8日**
丁亥	丙辰	丙戌	**乙卯**	乙酉	甲寅	癸未	癸丑	壬午	壬子	辛巳	癸丑	**9日**
戊子	丁巳	丁亥	丙辰	丙戌	乙卯	甲申	甲寅	癸未	癸丑	壬午	甲寅	**10日**
己丑	戊午	戊子	丁巳	丁亥	丙辰	乙酉	乙卯	甲申	甲寅	癸未	乙卯	**11日**
庚寅	己未	己丑	戊午	戊子	丁巳	丙戌	丙辰	乙酉	乙卯	甲申	丙辰	**12日**
辛卯	庚申	庚寅	己未	己丑	戊午	丁亥	丁巳	丙戌	丙辰	乙酉	丁巳	**13日**
壬辰	辛酉	辛卯	庚申	庚寅	己未	戊子	戊午	丁亥	丁巳	丙戌	戊午	**14日**
癸巳	壬戌	壬辰	辛酉	辛卯	庚申	己丑	己未	戊子	戊午	丁亥	己未	**15日**
甲午	癸亥	癸巳	壬戌	壬辰	辛酉	庚寅	庚申	己丑	己未	戊子	庚申	**16日**
乙未	甲子	甲午	癸亥	癸巳	壬戌	辛卯	辛酉	庚寅	庚申	己丑	辛酉	**17日**
丙申	乙丑	乙未	甲子	甲午	癸亥	壬辰	壬戌	辛卯	辛酉	庚寅	壬戌	**18日**
丁酉	丙寅	丙申	乙丑	乙未	甲子	癸巳	癸亥	壬辰	壬戌	辛卯	癸亥	**19日**
戊戌	丁卯	丁酉	丙寅	丙申	乙丑	甲午	甲子	癸巳	癸亥	壬辰	甲子	**20日**
己亥	戊辰	戊戌	丁卯	丁酉	丙寅	乙未	乙丑	甲午	甲子	癸巳	乙丑	**21日**
庚子	己巳	己亥	戊辰	戊戌	丁卯	丙申	丙寅	乙未	乙丑	甲午	丙寅	**22日**
辛丑	庚午	庚子	己巳	己亥	戊辰	丁酉	丁卯	丙申	丙寅	乙未	丁卯	**23日**
壬寅	辛未	辛丑	庚午	庚子	己巳	戊戌	戊辰	丁酉	丁卯	丙申	戊辰	**24日**
癸卯	壬申	壬寅	辛未	辛丑	庚午	己亥	己巳	戊戌	戊辰	丁酉	己巳	**25日**
甲辰	癸酉	癸卯	壬申	壬寅	辛未	庚子	庚午	己亥	己巳	戊戌	庚午	**26日**
乙巳	甲戌	甲辰	癸酉	癸卯	壬申	辛丑	辛未	庚子	庚午	己亥	辛未	**27日**
丙午	乙亥	乙巳	甲戌	甲辰	癸酉	壬寅	壬申	辛丑	辛未	庚子	壬申	**28日**
丁未	丙子	丙午	乙亥	乙巳	甲戌	癸卯	癸酉	壬寅	壬申	辛丑		**29日**
戊申	丁丑	丁未	丙子	丙午	乙亥	甲辰	甲戌	癸卯	癸酉	壬寅		**30日**
己酉	戊寅		丁丑		丙子	乙巳		甲辰		癸卯		**31日**

平成16年（西暦2004年）甲申年　五黄土星

平成17年 1月	12月	11月	10月	9月	8月	7月	6月	5月	4月	3月	2月	月
丁丑	**丙子**	**乙亥**	**甲戌**	**癸酉**	**壬申**	**辛未**	**庚午**	**己巳**	**戊辰**	**丁卯**	**丙寅**	**月の干支**
5日 15:03	7日 3:49	7日 10:59	8日 7:49	7日 16:13	7日 13:20	7日 3:31	5日 17:14	5日 13:02	4日 19:43	5日 14:56	4日 20:56	**節入**
乙酉	甲寅	甲申	癸丑	癸未	壬子	辛巳	辛亥	庚辰	庚戌	己卯	庚戌	**1日**
丙戌	乙卯	乙酉	甲寅	甲申	癸丑	壬午	壬子	辛巳	辛亥	庚辰	辛亥	**2日**
丁亥	丙辰	丙戌	乙卯	乙酉	甲寅	癸未	癸丑	壬午	壬子	辛巳	壬子	**3日**
戊子	丁巳	丁亥	丙辰	丙戌	乙卯	甲申	甲寅	癸未	**癸丑**	壬午	**癸丑**	**4日**
己丑	戊午	戊子	丁巳	丁亥	丙辰	乙酉	**乙卯**	**甲申**	甲寅	**癸未**	甲寅	**5日**
庚寅	己未	己丑	戊午	戊子	丁巳	丙戌	丙辰	乙酉	乙卯	甲申	乙卯	**6日**
辛卯	**庚申**	**庚寅**	己未	**己丑**	**戊午**	**丁亥**	丁巳	丙戌	丙辰	乙酉	丙辰	**7日**
壬辰	辛酉	辛卯	**庚申**	庚寅	己未	戊子	戊午	丁亥	丁巳	丙戌	丁巳	**8日**
癸巳	壬戌	壬辰	辛酉	辛卯	庚申	己丑	己未	戊子	戊午	丁亥	戊午	**9日**
甲午	癸亥	癸巳	壬戌	壬辰	辛酉	庚寅	庚申	己丑	己未	戊子	己未	**10日**
乙未	甲子	甲午	癸亥	癸巳	壬戌	辛卯	辛酉	庚寅	庚申	己丑	庚申	**11日**
丙申	乙丑	乙未	甲子	甲午	癸亥	壬辰	壬戌	辛卯	辛酉	庚寅	辛酉	**12日**
丁酉	丙寅	丙申	乙丑	乙未	甲子	癸巳	癸亥	壬辰	壬戌	辛卯	壬戌	**13日**
戊戌	丁卯	丁酉	丙寅	丙申	乙丑	甲午	甲子	癸巳	癸亥	壬辰	癸亥	**14日**
己亥	戊辰	戊戌	丁卯	丁酉	丙寅	乙未	乙丑	甲午	甲子	癸巳	甲子	**15日**
庚子	己巳	己亥	戊辰	戊戌	丁卯	丙申	丙寅	乙未	乙丑	甲午	乙丑	**16日**
辛丑	庚午	庚子	己巳	己亥	戊辰	丁酉	丁卯	丙申	丙寅	乙未	丙寅	**17日**
壬寅	辛未	辛丑	庚午	庚子	己巳	戊戌	戊辰	丁酉	丁卯	丙申	丁卯	**18日**
癸卯	壬申	壬寅	辛未	辛丑	庚午	己亥	己巳	戊戌	戊辰	丁酉	戊辰	**19日**
甲辰	癸酉	癸卯	壬申	壬寅	辛未	庚子	庚午	己亥	己巳	戊戌	己巳	**20日**
乙巳	甲戌	甲辰	癸酉	癸卯	壬申	辛丑	辛未	庚子	庚午	己亥	庚午	**21日**
丙午	乙亥	乙巳	甲戌	甲辰	癸酉	壬寅	壬申	辛丑	辛未	庚子	辛未	**22日**
丁未	丙子	丙午	乙亥	乙巳	甲戌	癸卯	癸酉	壬寅	壬申	辛丑	壬申	**23日**
戊申	丁丑	丁未	丙子	丙午	乙亥	甲辰	甲戌	癸卯	癸酉	壬寅	癸酉	**24日**
己酉	戊寅	戊申	丁丑	丁未	丙子	乙巳	乙亥	甲辰	甲戌	癸卯	甲戌	**25日**
庚戌	己卯	己酉	戊寅	戊申	丁丑	丙午	丙子	乙巳	乙亥	甲辰	乙亥	**26日**
辛亥	庚辰	庚戌	己卯	己酉	戊寅	丁未	丁丑	丙午	丙子	乙巳	丙子	**27日**
壬子	辛巳	辛亥	庚辰	庚戌	己卯	戊申	戊寅	丁未	丁丑	丙午	丁丑	**28日**
癸丑	壬午	壬子	辛巳	辛亥	庚辰	己酉	己卯	戊申	戊寅	丁未	戊寅	**29日**
甲寅	癸未	癸丑	壬午	壬子	辛巳	庚戌	庚辰	己酉	己卯	戊申		**30日**
乙卯	甲申		癸未		壬午	辛亥		庚戌		己酉		**31日**

平成17年（西暦2005年）乙酉年　四緑木星

平成18年 1月	12月	11月	10月	9月	8月	7月	6月	5月	4月	3月	2月	月
己丑	戊子	丁亥	丙戌	乙酉	甲申	癸未	壬午	辛巳	庚辰	己卯	戊寅	月の干支
5日 20:47	7日 9:33	7日 16:42	8日 13:33	7日 21:57	7日 19:03	7日 9:17	5日 23:02	5日 18:53	5日 1:34	5日 20:45	4日 2:43	節入
庚寅	己未	己丑	戊午	戊子	丁巳	丙戌	丙辰	乙酉	乙卯	甲申	丙辰	1日
辛卯	庚申	庚寅	己未	己丑	戊午	丁亥	丁巳	丙戌	丙辰	乙酉	丁巳	2日
壬辰	辛酉	辛卯	庚申	庚寅	己未	戊子	戊午	丁亥	丁巳	丙戌	戊午	3日
癸巳	壬戌	壬辰	辛酉	辛卯	庚申	己丑	己未	戊子	戊午	丁亥	**己未**	4日
甲午	癸亥	癸巳	壬戌	壬辰	辛酉	庚寅	**庚申**	**己丑**	**己未**	**戊子**	庚申	5日
乙未	甲子	甲午	癸亥	癸巳	壬戌	辛卯	辛酉	庚寅	庚申	己丑	辛酉	6日
丙申	**乙丑**	**乙未**	甲子	**甲午**	**癸亥**	**壬辰**	壬戌	辛卯	辛酉	庚寅	壬戌	7日
丁酉	丙寅	丙申	**乙丑**	乙未	甲子	癸巳	癸亥	壬辰	壬戌	辛卯	癸亥	8日
戊戌	丁卯	丁酉	丙寅	丙申	乙丑	甲午	甲子	癸巳	癸亥	壬辰	甲子	9日
己亥	戊辰	戊戌	丁卯	丁酉	丙寅	乙未	乙丑	甲午	甲子	癸巳	乙丑	10日
庚子	己巳	己亥	戊辰	戊戌	丁卯	丙申	丙寅	乙未	乙丑	甲午	丙寅	11日
辛丑	庚午	庚子	己巳	己亥	戊辰	丁酉	丁卯	丙申	丙寅	乙未	丁卯	12日
壬寅	辛未	辛丑	庚午	庚子	己巳	戊戌	戊辰	丁酉	丁卯	丙申	戊辰	13日
癸卯	壬申	壬寅	辛未	辛丑	庚午	己亥	己巳	戊戌	戊辰	丁酉	己巳	14日
甲辰	癸酉	癸卯	壬申	壬寅	辛未	庚子	庚午	己亥	己巳	戊戌	庚午	15日
乙巳	甲戌	甲辰	癸酉	癸卯	壬申	辛丑	辛未	庚子	庚午	己亥	辛未	16日
丙午	乙亥	乙巳	甲戌	甲辰	癸酉	壬寅	壬申	辛丑	辛未	庚子	壬申	17日
丁未	丙子	丙午	乙亥	乙巳	甲戌	癸卯	癸酉	壬寅	壬申	辛丑	癸酉	18日
戊申	丁丑	丁未	丙子	丙午	乙亥	甲辰	甲戌	癸卯	癸酉	壬寅	甲戌	19日
己酉	戊寅	戊申	丁丑	丁未	丙子	乙巳	乙亥	甲辰	甲戌	癸卯	乙亥	20日
庚戌	己卯	己酉	戊寅	戊申	丁丑	丙午	丙子	乙巳	乙亥	甲辰	丙子	21日
辛亥	庚辰	庚戌	己卯	己酉	戊寅	丁未	丁丑	丙午	丙子	乙巳	丁丑	22日
壬子	辛巳	辛亥	庚辰	庚戌	己卯	戊申	戊寅	丁未	丁丑	丙午	戊寅	23日
癸丑	壬午	壬子	辛巳	辛亥	庚辰	己酉	己卯	戊申	戊寅	丁未	己卯	24日
甲寅	癸未	癸丑	壬午	壬子	辛巳	庚戌	庚辰	己酉	己卯	戊申	庚辰	25日
乙卯	甲申	甲寅	癸未	癸丑	壬午	辛亥	辛巳	庚戌	庚辰	己酉	辛巳	26日
丙辰	乙酉	乙卯	甲申	甲寅	癸未	壬子	壬午	辛亥	辛巳	庚戌	壬午	27日
丁巳	丙戌	丙辰	乙酉	乙卯	甲申	癸丑	癸未	壬子	壬午	辛亥	癸未	28日
戊午	丁亥	丁巳	丙戌	丙辰	乙酉	甲寅	甲申	癸丑	癸未	壬子		29日
己未	戊子	戊午	丁亥	丁巳	丙戌	乙卯	乙酉	甲寅	甲申	癸丑		30日
庚申	己丑		戊子		丁亥	丙辰		乙卯		甲寅		31日

平成18年（西暦2006年）丙戌年　三碧木星

平成19年 1月	12月	11月	10月	9月	8月	7月	6月	5月	4月	3月	2月	月
辛丑	庚子	己亥	戊戌	丁酉	丙申	乙未	甲午	癸巳	壬辰	辛卯	庚寅	月の干支
6日 2:40	7日 15:27	7日 22:35	8日 19:21	8日 3:39	8日 0:41	7日 14:51	6日 4:37	6日 0:31	5日 7:15	6日 2:29	4日 8:27	節入
乙未	甲子	甲午	癸亥	癸巳	壬戌	辛卯	辛酉	庚寅	庚申	己丑	辛酉	1日
丙申	乙丑	乙未	甲子	甲午	癸亥	壬辰	壬戌	辛卯	辛酉	庚寅	壬戌	2日
丁酉	丙寅	丙申	乙丑	乙未	甲子	癸巳	癸亥	壬辰	壬戌	辛卯	癸亥	3日
戊戌	丁卯	丁酉	丙寅	丙申	乙丑	甲午	甲子	癸巳	癸亥	壬辰	**甲子**	4日
己亥	戊辰	戊戌	丁卯	丁酉	丙寅	乙未	乙丑	甲午	**甲子**	癸巳	乙丑	5日
庚子	己巳	己亥	戊辰	戊戌	丁卯	丙申	**丙寅**	**乙未**	乙丑	**甲午**	丙寅	6日
辛丑	**庚午**	**庚子**	己巳	己亥	戊辰	**丁酉**	丁卯	丙申	丙寅	乙未	丁卯	7日
壬寅	辛未	辛丑	**庚午**	**庚子**	**己巳**	戊戌	戊辰	丁酉	丁卯	丙申	戊辰	8日
癸卯	壬申	壬寅	辛未	辛丑	庚午	己亥	己巳	戊戌	戊辰	丁酉	己巳	9日
甲辰	癸酉	癸卯	壬申	壬寅	辛未	庚子	庚午	己亥	己巳	戊戌	庚午	10日
乙巳	甲戌	甲辰	癸酉	癸卯	壬申	辛丑	辛未	庚子	庚午	己亥	辛未	11日
丙午	乙亥	乙巳	甲戌	甲辰	癸酉	壬寅	壬申	辛丑	辛未	庚子	壬申	12日
丁未	丙子	丙午	乙亥	乙巳	甲戌	癸卯	癸酉	壬寅	壬申	辛丑	癸酉	13日
戊申	丁丑	丁未	丙子	丙午	乙亥	甲辰	甲戌	癸卯	癸酉	壬寅	甲戌	14日
己酉	戊寅	戊申	丁丑	丁未	丙子	乙巳	乙亥	甲辰	甲戌	癸卯	乙亥	15日
庚戌	己卯	己酉	戊寅	戊申	丁丑	丙午	丙子	乙巳	乙亥	甲辰	丙子	16日
辛亥	庚辰	庚戌	己卯	己酉	戊寅	丁未	丁丑	丙午	丙子	乙巳	丁丑	17日
壬子	辛巳	辛亥	庚辰	庚戌	己卯	戊申	戊寅	丁未	丁丑	丙午	戊寅	18日
癸丑	壬午	壬子	辛巳	辛亥	庚辰	己酉	己卯	戊申	戊寅	丁未	己卯	19日
甲寅	癸未	癸丑	壬午	壬子	辛巳	庚戌	庚辰	己酉	己卯	戊申	庚辰	20日
乙卯	甲申	甲寅	癸未	癸丑	壬午	辛亥	辛巳	庚戌	庚辰	己酉	辛巳	21日
丙辰	乙酉	乙卯	甲申	甲寅	癸未	壬子	壬午	辛亥	辛巳	庚戌	壬午	22日
丁巳	丙戌	丙辰	乙酉	乙卯	甲申	癸丑	癸未	壬子	壬午	辛亥	癸未	23日
戊午	丁亥	丁巳	丙戌	丙辰	乙酉	甲寅	甲申	癸丑	癸未	壬子	甲申	24日
己未	戊子	戊午	丁亥	丁巳	丙戌	乙卯	乙酉	甲寅	甲申	癸丑	乙酉	25日
庚申	己丑	己未	戊子	戊午	丁亥	丙辰	丙戌	乙卯	乙酉	甲寅	丙戌	26日
辛酉	庚寅	庚申	己丑	己未	戊子	丁巳	丁亥	丙辰	丙戌	乙卯	丁亥	27日
壬戌	辛卯	辛酉	庚寅	庚申	己丑	戊午	戊子	丁巳	丁亥	丙辰	戊子	28日
癸亥	壬辰	壬戌	辛卯	辛酉	庚寅	己未	己丑	戊午	戊子	丁巳		29日
甲子	癸巳	癸亥	壬辰	壬戌	辛卯	庚申	庚寅	己未	己丑	戊午		30日
乙丑	甲午		癸巳		壬辰	辛酉		庚申		己未		31日

平成19年（西暦2007年）丁亥年　二黒土星

平成20年 1月	12月	11月	10月	9月	8月	7月	6月	5月	4月	3月	2月	月
癸丑	壬子	辛亥	庚戌	己酉	戊申	丁未	丙午	乙巳	甲辰	癸卯	壬寅	月の干支
6日 8:25	7日 21:14	8日 4:24	9日 1:12	8日 9:29	8日 6:31	7日 20:42	6日 10:27	6日 6:20	5日 13:05	6日 8:18	4日 14:18	節入
庚子	己巳	己亥	戊辰	戊戌	丁卯	丙申	丙寅	乙未	乙丑	甲午	丙寅	1日
辛丑	庚午	庚子	己巳	己亥	戊辰	丁酉	丁卯	丙申	丙寅	乙未	丁卯	2日
壬寅	辛未	辛丑	庚午	庚子	己巳	戊戌	戊辰	丁酉	丁卯	丙申	戊辰	3日
癸卯	壬申	壬寅	辛未	辛丑	庚午	己亥	己巳	戊戌	戊辰	丁酉	**己巳**	4日
甲辰	癸酉	癸卯	壬申	壬寅	辛未	庚子	庚午	己亥	**己巳**	戊戌	庚午	5日
乙巳	甲戌	甲辰	癸酉	癸卯	壬申	辛丑	**辛未**	**庚子**	庚午	**己亥**	辛未	6日
丙午	**乙亥**	乙巳	甲戌	甲辰	癸酉	**壬寅**	壬申	辛丑	辛未	庚子	壬申	7日
丁未	丙子	**丙午**	乙亥	**乙巳**	**甲戌**	癸卯	癸酉	壬寅	壬申	辛丑	癸酉	8日
戊申	丁丑	丁未	**丙子**	丙午	乙亥	甲辰	甲戌	癸卯	癸酉	壬寅	甲戌	9日
己酉	戊寅	戊申	丁丑	丁未	丙子	乙巳	乙亥	甲辰	甲戌	癸卯	乙亥	10日
庚戌	己卯	己酉	戊寅	戊申	丁丑	丙午	丙子	乙巳	乙亥	甲辰	丙子	11日
辛亥	庚辰	庚戌	己卯	己酉	戊寅	丁未	丁丑	丙午	丙子	乙巳	丁丑	12日
壬子	辛巳	辛亥	庚辰	庚戌	己卯	戊申	戊寅	丁未	丁丑	丙午	戊寅	13日
癸丑	壬午	壬子	辛巳	辛亥	庚辰	己酉	己卯	戊申	戊寅	丁未	己卯	14日
甲寅	癸未	癸丑	壬午	壬子	辛巳	庚戌	庚辰	己酉	己卯	戊申	庚辰	15日
乙卯	甲申	甲寅	癸未	癸丑	壬午	辛亥	辛巳	庚戌	庚辰	己酉	辛巳	16日
丙辰	乙酉	乙卯	甲申	甲寅	癸未	壬子	壬午	辛亥	辛巳	庚戌	壬午	17日
丁巳	丙戌	丙辰	乙酉	乙卯	甲申	癸丑	癸未	壬子	壬午	辛亥	癸未	18日
戊午	丁亥	丁巳	丙戌	丙辰	乙酉	甲寅	甲申	癸丑	癸未	壬子	甲申	19日
己未	戊子	戊午	丁亥	丁巳	丙戌	乙卯	乙酉	甲寅	甲申	癸丑	乙酉	20日
庚申	己丑	己未	戊子	戊午	丁亥	丙辰	丙戌	乙卯	乙酉	甲寅	丙戌	21日
辛酉	庚寅	庚申	己丑	己未	戊子	丁巳	丁亥	丙辰	丙戌	乙卯	丁亥	22日
壬戌	辛卯	辛酉	庚寅	庚申	己丑	戊午	戊子	丁巳	丁亥	丙辰	戊子	23日
癸亥	壬辰	壬戌	辛卯	辛酉	庚寅	己未	己丑	戊午	戊子	丁巳	己丑	24日
甲子	癸巳	癸亥	壬辰	壬戌	辛卯	庚申	庚寅	己未	己丑	戊午	庚寅	25日
乙丑	甲午	甲子	癸巳	癸亥	壬辰	辛酉	辛卯	庚申	庚寅	己未	辛卯	26日
丙寅	乙未	乙丑	甲午	甲子	癸巳	壬戌	壬辰	辛酉	辛卯	庚申	壬辰	27日
丁卯	丙申	丙寅	乙未	乙丑	甲午	癸亥	癸巳	壬戌	壬辰	辛酉	癸巳	28日
戊辰	丁酉	丁卯	丙申	丙寅	乙未	甲子	甲午	癸亥	癸巳	壬戌		29日
己巳	戊戌	戊辰	丁酉	丁卯	丙申	乙丑	乙未	甲子	甲午	癸亥		30日
庚午	己亥		戊戌		丁酉	丙寅		乙丑		甲子		31日

平成20年（西暦2008年）戊子年　一白水星

平成21年1月	12月	11月	10月	9月	8月	7月	6月	5月	4月	3月	2月	月
乙丑	甲子	癸亥	壬戌	辛酉	庚申	己未	戊午	丁巳	丙辰	乙卯	甲寅	月の干支
5日 14:14	7日 3:02	7日 10:11	8日 6:57	7日 15:14	7日 12:16	7日 2:27	5日 16:12	5日 12:03	4日 18:46	5日 13:59	4日 20:00	節入
丙午	乙亥	乙巳	甲戌	甲辰	癸酉	壬寅	壬申	辛丑	辛未	庚子	辛未	1日
丁未	丙子	丙午	乙亥	乙巳	甲戌	癸卯	癸酉	壬寅	壬申	辛丑	壬申	2日
戊申	丁丑	丁未	丙子	丙午	乙亥	甲辰	甲戌	癸卯	癸酉	壬寅	癸酉	3日
己酉	戊寅	戊申	丁丑	丁未	丙子	乙巳	乙亥	甲辰	**甲戌**	癸卯	**甲戌**	4日
庚戌	己卯	己酉	戊寅	戊申	丁丑	丙午	**丙子**	**乙巳**	乙亥	**甲辰**	乙亥	5日
辛亥	庚辰	庚戌	己卯	己酉	戊寅	丁未	丁丑	丙午	丙子	乙巳	丙子	6日
壬子	**辛巳**	**辛亥**	庚辰	**庚戌**	**己卯**	**戊申**	戊寅	丁未	丁丑	丙午	丁丑	7日
癸丑	壬午	壬子	**辛巳**	辛亥	庚辰	己酉	己卯	戊申	戊寅	丁未	戊寅	8日
甲寅	癸未	癸丑	壬午	壬子	辛巳	庚戌	庚辰	己酉	己卯	戊申	己卯	9日
乙卯	甲申	甲寅	癸未	癸丑	壬午	辛亥	辛巳	庚戌	庚辰	己酉	庚辰	10日
丙辰	乙酉	乙卯	甲申	甲寅	癸未	壬子	壬午	辛亥	辛巳	庚戌	辛巳	11日
丁巳	丙戌	丙辰	乙酉	乙卯	甲申	癸丑	癸未	壬子	壬午	辛亥	壬午	12日
戊午	丁亥	丁巳	丙戌	丙辰	乙酉	甲寅	甲申	癸丑	癸未	壬子	癸未	13日
己未	戊子	戊午	丁亥	丁巳	丙戌	乙卯	乙酉	甲寅	甲申	癸丑	甲申	14日
庚申	己丑	己未	戊子	戊午	丁亥	丙辰	丙戌	乙卯	乙酉	甲寅	乙酉	15日
辛酉	庚寅	庚申	己丑	己未	戊子	丁巳	丁亥	丙辰	丙戌	乙卯	丙戌	16日
壬戌	辛卯	辛酉	庚寅	庚申	己丑	戊午	戊子	丁巳	丁亥	丙辰	丁亥	17日
癸亥	壬辰	壬戌	辛卯	辛酉	庚寅	己未	己丑	戊午	戊子	丁巳	戊子	18日
甲子	癸巳	癸亥	壬辰	壬戌	辛卯	庚申	庚寅	己未	己丑	戊午	己丑	19日
乙丑	甲午	甲子	癸巳	癸亥	壬辰	辛酉	辛卯	庚申	庚寅	己未	庚寅	20日
丙寅	乙未	乙丑	甲午	甲子	癸巳	壬戌	壬辰	辛酉	辛卯	庚申	辛卯	21日
丁卯	丙申	丙寅	乙未	乙丑	甲午	癸亥	癸巳	壬戌	壬辰	辛酉	壬辰	22日
戊辰	丁酉	丁卯	丙申	丙寅	乙未	甲子	甲午	癸亥	癸巳	壬戌	癸巳	23日
己巳	戊戌	戊辰	丁酉	丁卯	丙申	乙丑	乙未	甲子	甲午	癸亥	甲午	24日
庚午	己亥	己巳	戊戌	戊辰	丁酉	丙寅	丙申	乙丑	乙未	甲子	乙未	25日
辛未	庚子	庚午	己亥	己巳	戊戌	丁卯	丁酉	丙寅	丙申	乙丑	丙申	26日
壬申	辛丑	辛未	庚子	庚午	己亥	戊辰	戊戌	丁卯	丁酉	丙寅	丁酉	27日
癸酉	壬寅	壬申	辛丑	辛未	庚子	己巳	己亥	戊辰	戊戌	丁卯	戊戌	28日
甲戌	癸卯	癸酉	壬寅	壬申	辛丑	庚午	庚子	己巳	己亥	戊辰	己亥	29日
乙亥	甲辰	甲戌	癸卯	癸酉	壬寅	辛未	辛丑	庚午	庚子	己巳		30日
丙子	乙巳		甲辰		癸卯	壬申		辛未		庚午		31日

平成21年（西暦2009年）己丑年　九紫火星

平成22年 1月	12月	11月	10月	9月	8月	7月	6月	5月	4月	3月	2月	月
丁丑	丙子	乙亥	甲戌	癸酉	壬申	辛未	庚午	己巳	戊辰	丁卯	丙寅	月の干支
5日 20:09	7日 8:52	7日 15:56	8日 12:40	7日 20:58	7日 18:01	7日 8:13	5日 21:59	5日 17:51	5日 0:34	5日 19:48	4日 1:50	節入
辛亥	庚辰	庚戌	己卯	己酉	戊寅	丁未	丁丑	丙午	丙子	乙巳	丁丑	1日
壬子	辛巳	辛亥	庚辰	庚戌	己卯	戊申	戊寅	丁未	丁丑	丙午	戊寅	2日
癸丑	壬午	壬子	辛巳	辛亥	庚辰	己酉	己卯	戊申	戊寅	丁未	己卯	3日
甲寅	癸未	癸丑	壬午	壬子	辛巳	庚戌	庚辰	己酉	己卯	戊申	**庚辰**	4日
乙卯	甲申	甲寅	癸未	癸丑	壬午	辛亥	**辛巳**	**庚戌**	**庚辰**	**己酉**	辛巳	5日
丙辰	乙酉	乙卯	甲申	甲寅	癸未	壬子	壬午	辛亥	辛巳	庚戌	壬午	6日
丁巳	**丙戌**	**丙辰**	乙酉	**乙卯**	**甲申**	**癸丑**	癸未	壬子	壬午	辛亥	癸未	7日
戊午	丁亥	丁巳	**丙戌**	丙辰	乙酉	甲寅	甲申	癸丑	癸未	壬子	甲申	8日
己未	戊子	戊午	丁亥	丁巳	丙戌	乙卯	乙酉	甲寅	甲申	癸丑	乙酉	9日
庚申	己丑	己未	戊子	戊午	丁亥	丙辰	丙戌	乙卯	乙酉	甲寅	丙戌	10日
辛酉	庚寅	庚申	己丑	己未	戊子	丁巳	丁亥	丙辰	丙戌	乙卯	丁亥	11日
壬戌	辛卯	辛酉	庚寅	庚申	己丑	戊午	戊子	丁巳	丁亥	丙辰	戊子	12日
癸亥	壬辰	壬戌	辛卯	辛酉	庚寅	己未	己丑	戊午	戊子	丁巳	己丑	13日
甲子	癸巳	癸亥	壬辰	壬戌	辛卯	庚申	庚寅	己未	己丑	戊午	庚寅	14日
乙丑	甲午	甲子	癸巳	癸亥	壬辰	辛酉	辛卯	庚申	庚寅	己未	辛卯	15日
丙寅	乙未	乙丑	甲午	甲子	癸巳	壬戌	壬辰	辛酉	辛卯	庚申	壬辰	16日
丁卯	丙申	丙寅	乙未	乙丑	甲午	癸亥	癸巳	壬戌	壬辰	辛酉	癸巳	17日
戊辰	丁酉	丁卯	丙申	丙寅	乙未	甲子	甲午	癸亥	癸巳	壬戌	甲午	18日
己巳	戊戌	戊辰	丁酉	丁卯	丙申	乙丑	乙未	甲子	甲午	癸亥	乙未	19日
庚午	己亥	己巳	戊戌	戊辰	丁酉	丙寅	丙申	乙丑	乙未	甲子	丙申	20日
辛未	庚子	庚午	己亥	己巳	戊戌	丁卯	丁酉	丙寅	丙申	乙丑	丁酉	21日
壬申	辛丑	辛未	庚子	庚午	己亥	戊辰	戊戌	丁卯	丁酉	丙寅	戊戌	22日
癸酉	壬寅	壬申	辛丑	辛未	庚子	己巳	己亥	戊辰	戊戌	丁卯	己亥	23日
甲戌	癸卯	癸酉	壬寅	壬申	辛丑	庚午	庚子	己巳	己亥	戊辰	庚子	24日
乙亥	甲辰	甲戌	癸卯	癸酉	壬寅	辛未	辛丑	庚午	庚子	己巳	辛丑	25日
丙子	乙巳	乙亥	甲辰	甲戌	癸卯	壬申	壬寅	辛未	辛丑	庚午	壬寅	26日
丁丑	丙午	丙子	乙巳	乙亥	甲辰	癸酉	癸卯	壬申	壬寅	辛未	癸卯	27日
戊寅	丁未	丁丑	丙午	丙子	乙巳	甲戌	甲辰	癸酉	癸卯	壬申	甲辰	28日
己卯	戊申	戊寅	丁未	丁丑	丙午	乙亥	乙巳	甲戌	甲辰	癸酉		29日
庚辰	己酉	己卯	戊申	戊寅	丁未	丙子	丙午	乙亥	乙巳	甲戌		30日
辛巳	庚戌		己酉		戊申	丁丑		丙子		乙亥		31日

平成22年（西暦2010年）庚寅年　八白土星

平成23年 1月	12月	11月	10月	9月	8月	7月	6月	5月	4月	3月	2月	月
己丑	**戊子**	**丁亥**	**丙戌**	**乙酉**	**甲申**	**癸未**	**壬午**	**辛巳**	**庚辰**	**己卯**	**戊寅**	**月の干支**
6日 1:55	7日 14:38	7日 21:42	8日 18:26	8日 2:45	7日 23:49	7日 14:02	6日 3:49	5日 23:44	5日 6:30	6日 1:46	4日 7:48	**節入**
丙辰	乙酉	乙卯	甲申	甲寅	癸未	壬子	壬午	辛亥	辛巳	庚戌	壬午	**1日**
丁巳	丙戌	丙辰	乙酉	乙卯	甲申	癸丑	癸未	壬子	壬午	辛亥	癸未	**2日**
戊午	丁亥	丁巳	丙戌	丙辰	乙酉	甲寅	甲申	癸丑	癸未	壬子	甲申	**3日**
己未	戊子	戊午	丁亥	丁巳	丙戌	乙卯	乙酉	甲寅	甲申	癸丑	**乙酉**	**4日**
庚申	己丑	己未	戊子	戊午	丁亥	丙辰	丙戌	**乙卯**	**乙酉**	甲寅	丙戌	**5日**
辛酉	庚寅	庚申	己丑	己未	戊子	丁巳	**丁亥**	丙辰	丙戌	**乙卯**	丁亥	**6日**
壬戌	**辛卯**	**辛酉**	庚寅	庚申	**己丑**	**戊午**	戊子	丁巳	丁亥	丙辰	戊子	**7日**
癸亥	壬辰	壬戌	**辛卯**	**辛酉**	庚寅	己未	己丑	戊午	戊子	丁巳	己丑	**8日**
甲子	癸巳	癸亥	壬辰	壬戌	辛卯	庚申	庚寅	己未	己丑	戊午	庚寅	**9日**
乙丑	甲午	甲子	癸巳	癸亥	壬辰	辛酉	辛卯	庚申	庚寅	己未	辛卯	**10日**
丙寅	乙未	乙丑	甲午	甲子	癸巳	壬戌	壬辰	辛酉	辛卯	庚申	壬辰	**11日**
丁卯	丙申	丙寅	乙未	乙丑	甲午	癸亥	癸巳	壬戌	壬辰	辛酉	癸巳	**12日**
戊辰	丁酉	丁卯	丙申	丙寅	乙未	甲子	甲午	癸亥	癸巳	壬戌	甲午	**13日**
己巳	戊戌	戊辰	丁酉	丁卯	丙申	乙丑	乙未	甲子	甲午	癸亥	乙未	**14日**
庚午	己亥	己巳	戊戌	戊辰	丁酉	丙寅	丙申	乙丑	乙未	甲子	丙申	**15日**
辛未	庚子	庚午	己亥	己巳	戊戌	丁卯	丁酉	丙寅	丙申	乙丑	丁酉	**16日**
壬申	辛丑	辛未	庚子	庚午	己亥	戊辰	戊戌	丁卯	丁酉	丙寅	戊戌	**17日**
癸酉	壬寅	壬申	辛丑	辛未	庚子	己巳	己亥	戊辰	戊戌	丁卯	己亥	**18日**
甲戌	癸卯	癸酉	壬寅	壬申	辛丑	庚午	庚子	己巳	己亥	戊辰	庚子	**19日**
乙亥	甲辰	甲戌	癸卯	癸酉	壬寅	辛未	辛丑	庚午	庚子	己巳	辛丑	**20日**
丙子	乙巳	乙亥	甲辰	甲戌	癸卯	壬申	壬寅	辛未	辛丑	庚午	壬寅	**21日**
丁丑	丙午	丙子	乙巳	乙亥	甲辰	癸酉	癸卯	壬申	壬寅	辛未	癸卯	**22日**
戊寅	丁未	丁丑	丙午	丙子	乙巳	甲戌	甲辰	癸酉	癸卯	壬申	甲辰	**23日**
己卯	戊申	戊寅	丁未	丁丑	丙午	乙亥	乙巳	甲戌	甲辰	癸酉	乙巳	**24日**
庚辰	己酉	己卯	戊申	戊寅	丁未	丙子	丙午	乙亥	乙巳	甲戌	丙午	**25日**
辛巳	庚戌	庚辰	己酉	己卯	戊申	丁丑	丁未	丙子	丙午	乙亥	丁未	**26日**
壬午	辛亥	辛巳	庚戌	庚辰	己酉	戊寅	戊申	丁丑	丁未	丙子	戊申	**27日**
癸未	壬子	壬午	辛亥	辛巳	庚戌	己卯	己酉	戊寅	戊申	丁丑	己酉	**28日**
甲申	癸丑	癸未	壬子	壬午	辛亥	庚辰	庚戌	己卯	己酉	戊寅		**29日**
乙酉	甲寅	甲申	癸丑	癸未	壬子	辛巳	辛亥	庚辰	庚戌	己卯		**30日**
丙戌	乙卯		甲寅		癸丑	壬午		辛巳		庚辰		**31日**

平成23年（西暦2011年）辛卯年　七赤金星

平成24年 1月	12月	11月	10月	9月	8月	7月	6月	5月	4月	3月	2月	月
辛丑	**庚子**	**己亥**	**戊戌**	**丁酉**	**丙申**	**乙未**	**甲午**	**癸巳**	**壬辰**	**辛卯**	**庚寅**	**月の干支**
6日 7:44	7日 20:29	8日 3:35	9日 0:19	8日 8:34	8日 5:33	7日 19:42	6日 9:27	6日 5:23	5日 12:12	6日 7:30	4日 13:33	**節入**
辛酉	庚寅	庚申	己丑	己未	戊子	丁巳	丁亥	丙辰	丙戌	乙卯	丁亥	**1日**
壬戌	辛卯	辛酉	庚寅	庚申	己丑	戊午	戊子	丁巳	丁亥	丙辰	戊子	**2日**
癸亥	壬辰	壬戌	辛卯	辛酉	庚寅	己未	己丑	戊午	戊子	丁巳	己丑	**3日**
甲子	癸巳	癸亥	壬辰	壬戌	辛卯	庚申	庚寅	己未	己丑	戊午	**庚寅**	**4日**
乙丑	甲午	甲子	癸巳	癸亥	壬辰	辛酉	辛卯	庚申	**庚寅**	己未	辛卯	**5日**
丙寅	乙未	乙丑	甲午	甲子	癸巳	壬戌	**壬辰**	**辛酉**	辛卯	**庚申**	壬辰	**6日**
丁卯	**丙申**	丙寅	乙未	乙丑	甲午	**癸亥**	癸巳	壬戌	壬辰	辛酉	癸巳	**7日**
戊辰	丁酉	**丁卯**	丙申	**丙寅**	**乙未**	甲子	甲午	癸亥	癸巳	壬戌	甲午	**8日**
己巳	戊戌	戊辰	**丁酉**	丁卯	丙申	乙丑	乙未	甲子	甲午	癸亥	乙未	**9日**
庚午	己亥	己巳	戊戌	戊辰	丁酉	丙寅	丙申	乙丑	乙未	甲子	丙申	**10日**
辛未	庚子	庚午	己亥	己巳	戊戌	丁卯	丁酉	丙寅	丙申	乙丑	丁酉	**11日**
壬申	辛丑	辛未	庚子	庚午	己亥	戊辰	戊戌	丁卯	丁酉	丙寅	戊戌	**12日**
癸酉	壬寅	壬申	辛丑	辛未	庚子	己巳	己亥	戊辰	戊戌	丁卯	己亥	**13日**
甲戌	癸卯	癸酉	壬寅	壬申	辛丑	庚午	庚子	己巳	己亥	戊辰	庚子	**14日**
乙亥	甲辰	甲戌	癸卯	癸酉	壬寅	辛未	辛丑	庚午	庚子	己巳	辛丑	**15日**
丙子	乙巳	乙亥	甲辰	甲戌	癸卯	壬申	壬寅	辛未	辛丑	庚午	壬寅	**16日**
丁丑	丙午	丙子	乙巳	乙亥	甲辰	癸酉	癸卯	壬申	壬寅	辛未	癸卯	**17日**
戊寅	丁未	丁丑	丙午	丙子	乙巳	甲戌	甲辰	癸酉	癸卯	壬申	甲辰	**18日**
己卯	戊申	戊寅	丁未	丁丑	丙午	乙亥	乙巳	甲戌	甲辰	癸酉	乙巳	**19日**
庚辰	己酉	己卯	戊申	戊寅	丁未	丙子	丙午	乙亥	乙巳	甲戌	丙午	**20日**
辛巳	庚戌	庚辰	己酉	己卯	戊申	丁丑	丁未	丙子	丙午	乙亥	丁未	**21日**
壬午	辛亥	辛巳	庚戌	庚辰	己酉	戊寅	戊申	丁丑	丁未	丙子	戊申	**22日**
癸未	壬子	壬午	辛亥	辛巳	庚戌	己卯	己酉	戊寅	戊申	丁丑	己酉	**23日**
甲申	癸丑	癸未	壬子	壬午	辛亥	庚辰	庚戌	己卯	己酉	戊寅	庚戌	**24日**
乙酉	甲寅	甲申	癸丑	癸未	壬子	辛巳	辛亥	庚辰	庚戌	己卯	辛亥	**25日**
丙戌	乙卯	乙酉	甲寅	甲申	癸丑	壬午	壬子	辛巳	辛亥	庚辰	壬子	**26日**
丁亥	丙辰	丙戌	乙卯	乙酉	甲寅	癸未	癸丑	壬午	壬子	辛巳	癸丑	**27日**
戊子	丁巳	丁亥	丙辰	丙戌	乙卯	甲申	甲寅	癸未	癸丑	壬午	甲寅	**28日**
己丑	戊午	戊子	丁巳	丁亥	丙辰	乙酉	乙卯	甲申	甲寅	癸未		**29日**
庚寅	己未	己丑	戊午	戊子	丁巳	丙戌	丙辰	乙酉	乙卯	甲申		**30日**
辛卯	庚申		己未		戊午	丁亥		丙戌		乙酉		**31日**

平成24年（西暦2012年）壬辰年　六白金星

平成25年 1月	12月	11月	10月	9月	8月	7月	6月	5月	4月	3月	2月	月
癸丑	壬子	辛亥	庚戌	己酉	戊申	丁未	丙午	乙巳	甲辰	癸卯	壬寅	月の干支
5日 13:34	7日 2:19	7日 9:26	8日 6:12	7日 14:29	7日 11:31	7日 1:41	5日 15:26	5日 11:20	4日 18:06	5日 13:21	4日 19:22	節入
丁卯	丙申	丙寅	乙未	乙丑	甲午	癸亥	癸巳	壬戌	壬辰	辛酉	壬辰	1日
戊辰	丁酉	丁卯	丙申	丙寅	乙未	甲子	甲午	癸亥	癸巳	壬戌	癸巳	2日
己巳	戊戌	戊辰	丁酉	丁卯	丙申	乙丑	乙未	甲子	甲午	癸亥	甲午	3日
庚午	己亥	己巳	戊戌	戊辰	丁酉	丙寅	丙申	乙丑	**乙未**	甲子	**乙未**	4日
辛未	庚子	庚午	己亥	己巳	戊戌	丁卯	**丁酉**	**丙寅**	丙申	**乙丑**	丙申	5日
壬申	辛丑	辛未	庚子	庚午	己亥	戊辰	戊戌	丁卯	丁酉	丙寅	丁酉	6日
癸酉	**壬寅**	**壬申**	辛丑	**辛未**	**庚子**	**己巳**	己亥	戊辰	戊戌	丁卯	戊戌	7日
甲戌	癸卯	癸酉	**壬寅**	壬申	辛丑	庚午	庚子	己巳	己亥	戊辰	己亥	8日
乙亥	甲辰	甲戌	癸卯	癸酉	壬寅	辛未	辛丑	庚午	庚子	己巳	庚子	9日
丙子	乙巳	乙亥	甲辰	甲戌	癸卯	壬申	壬寅	辛未	辛丑	庚午	辛丑	10日
丁丑	丙午	丙子	乙巳	乙亥	甲辰	癸酉	癸卯	壬申	壬寅	辛未	壬寅	11日
戊寅	丁未	丁丑	丙午	丙子	乙巳	甲戌	甲辰	癸酉	癸卯	壬申	癸卯	12日
己卯	戊申	戊寅	丁未	丁丑	丙午	乙亥	乙巳	甲戌	甲辰	癸酉	甲辰	13日
庚辰	己酉	己卯	戊申	戊寅	丁未	丙子	丙午	乙亥	乙巳	甲戌	乙巳	14日
辛巳	庚戌	庚辰	己酉	己卯	戊申	丁丑	丁未	丙子	丙午	乙亥	丙午	15日
壬午	辛亥	辛巳	庚戌	庚辰	己酉	戊寅	戊申	丁丑	丁未	丙子	丁未	16日
癸未	壬子	壬午	辛亥	辛巳	庚戌	己卯	己酉	戊寅	戊申	丁丑	戊申	17日
甲申	癸丑	癸未	壬子	壬午	辛亥	庚辰	庚戌	己卯	己酉	戊寅	己酉	18日
乙酉	甲寅	甲申	癸丑	癸未	壬子	辛巳	辛亥	庚辰	庚戌	己卯	庚戌	19日
丙戌	乙卯	乙酉	甲寅	甲申	癸丑	壬午	壬子	辛巳	辛亥	庚辰	辛亥	20日
丁亥	丙辰	丙戌	乙卯	乙酉	甲寅	癸未	癸丑	壬午	壬子	辛巳	壬子	21日
戊子	丁巳	丁亥	丙辰	丙戌	乙卯	甲申	甲寅	癸未	癸丑	壬午	癸丑	22日
己丑	戊午	戊子	丁巳	丁亥	丙辰	乙酉	乙卯	甲申	甲寅	癸未	甲寅	23日
庚寅	己未	己丑	戊午	戊子	丁巳	丙戌	丙辰	乙酉	乙卯	甲申	乙卯	24日
辛卯	庚申	庚寅	己未	己丑	戊午	丁亥	丁巳	丙戌	丙辰	乙酉	丙辰	25日
壬辰	辛酉	辛卯	庚申	庚寅	己未	戊子	戊午	丁亥	丁巳	丙戌	丁巳	26日
癸巳	壬戌	壬辰	辛酉	辛卯	庚申	己丑	己未	戊子	戊午	丁亥	戊午	27日
甲午	癸亥	癸巳	壬戌	壬辰	辛酉	庚寅	庚申	己丑	己未	戊子	己未	28日
乙未	甲子	甲午	癸亥	癸巳	壬戌	辛卯	辛酉	庚寅	庚申	己丑	庚申	29日
丙申	乙丑	乙未	甲子	甲午	癸亥	壬辰	壬戌	辛卯	辛酉	庚寅		30日
丁酉	丙寅		乙丑		甲子	癸巳		壬辰		辛卯		31日

平成25年（西暦2013年）癸巳年　五黄土星

平成26年 1月	12月	11月	10月	9月	8月	7月	6月	5月	4月	3月	2月	月
乙丑	甲子	癸亥	壬戌	辛酉	庚申	己未	戊午	丁巳	丙辰	乙卯	甲寅	月の干支
5日 19:24	7日 8:09	7日 15:14	8日 11:58	7日 20:16	7日 17:20	7日 7:35	5日 21:23	5日 17:18	5日 0:02	5日 19:15	4日 1:13	節入
壬申	辛丑	辛未	庚子	庚午	己亥	戊辰	戊戌	丁卯	丁酉	丙寅	戊戌	1日
癸酉	壬寅	壬申	辛丑	辛未	庚子	己巳	己亥	戊辰	戊戌	丁卯	己亥	2日
甲戌	癸卯	癸酉	壬寅	壬申	辛丑	庚午	庚子	己巳	己亥	戊辰	庚子	3日
乙亥	甲辰	甲戌	癸卯	癸酉	壬寅	辛未	辛丑	庚午	庚子	己巳	**辛丑**	4日
丙子	乙巳	乙亥	甲辰	甲戌	癸卯	壬申	**壬寅**	**辛未**	**辛丑**	**庚午**	壬寅	5日
丁丑	丙午	丙子	乙巳	乙亥	甲辰	癸酉	癸卯	壬申	壬寅	辛未	癸卯	6日
戊寅	**丁未**	**丁丑**	丙午	**丙子**	**乙巳**	**甲戌**	甲辰	癸酉	癸卯	壬申	甲辰	7日
己卯	戊申	戊寅	**丁未**	丁丑	丙午	乙亥	乙巳	甲戌	甲辰	癸酉	乙巳	8日
庚辰	己酉	己卯	戊申	戊寅	丁未	丙子	丙午	乙亥	乙巳	甲戌	丙午	9日
辛巳	庚戌	庚辰	己酉	己卯	戊申	丁丑	丁未	丙子	丙午	乙亥	丁未	10日
壬午	辛亥	辛巳	庚戌	庚辰	己酉	戊寅	戊申	丁丑	丁未	丙子	戊申	11日
癸未	壬子	壬午	辛亥	辛巳	庚戌	己卯	己酉	戊寅	戊申	丁丑	己酉	12日
甲申	癸丑	癸未	壬子	壬午	辛亥	庚辰	庚戌	己卯	己酉	戊寅	庚戌	13日
乙酉	甲寅	甲申	癸丑	癸未	壬子	辛巳	辛亥	庚辰	庚戌	己卯	辛亥	14日
丙戌	乙卯	乙酉	甲寅	甲申	癸丑	壬午	壬子	辛巳	辛亥	庚辰	壬子	15日
丁亥	丙辰	丙戌	乙卯	乙酉	甲寅	癸未	癸丑	壬午	壬子	辛巳	癸丑	16日
戊子	丁巳	丁亥	丙辰	丙戌	乙卯	甲申	甲寅	癸未	癸丑	壬午	甲寅	17日
己丑	戊午	戊子	丁巳	丁亥	丙辰	乙酉	乙卯	甲申	甲寅	癸未	乙卯	18日
庚寅	己未	己丑	戊午	戊子	丁巳	丙戌	丙辰	乙酉	乙卯	甲申	丙辰	19日
辛卯	庚申	庚寅	己未	己丑	戊午	丁亥	丁巳	丙戌	丙辰	乙酉	丁巳	20日
壬辰	辛酉	辛卯	庚申	庚寅	己未	戊子	戊午	丁亥	丁巳	丙戌	戊午	21日
癸巳	壬戌	壬辰	辛酉	辛卯	庚申	己丑	己未	戊子	戊午	丁亥	己未	22日
甲午	癸亥	癸巳	壬戌	壬辰	辛酉	庚寅	庚申	己丑	己未	戊子	庚申	23日
乙未	甲子	甲午	癸亥	癸巳	壬戌	辛卯	辛酉	庚寅	庚申	己丑	辛酉	24日
丙申	乙丑	乙未	甲子	甲午	癸亥	壬辰	壬戌	辛卯	辛酉	庚寅	壬戌	25日
丁酉	丙寅	丙申	乙丑	乙未	甲子	癸巳	癸亥	壬辰	壬戌	辛卯	癸亥	26日
戊戌	丁卯	丁酉	丙寅	丙申	乙丑	甲午	甲子	癸巳	癸亥	壬辰	甲子	27日
己亥	戊辰	戊戌	丁卯	丁酉	丙寅	乙未	乙丑	甲午	甲子	癸巳	乙丑	28日
庚子	己巳	己亥	戊辰	戊戌	丁卯	丙申	丙寅	乙未	乙丑	甲午		29日
辛丑	庚午	庚子	己巳	己亥	戊辰	丁酉	丁卯	丙申	丙寅	乙未		30日
壬寅	辛未		庚午		己巳	戊戌		丁酉		丙申		31日

平成26年（西暦2014年）甲午年　四緑木星

平成27年 1月	12月	11月	10月	9月	8月	7月	6月	5月	4月	3月	2月	月
丁丑	**丙子**	**乙亥**	**甲戌**	**癸酉**	**壬申**	**辛未**	**庚午**	**己巳**	**戊辰**	**丁卯**	**丙寅**	**月の干支**
6日 1:21	7日 14:04	7日 21:07	8日 17:48	8日 2:01	7日 23:02	7日 13:15	6日 3:03	5日 22:59	5日 5:47	6日 1:02	4日 7:03	**節入**
丁丑	丙午	丙子	乙巳	乙亥	甲辰	癸酉	癸卯	壬申	壬寅	辛未	癸卯	**1日**
戊寅	丁未	丁丑	丙午	丙子	乙巳	甲戌	甲辰	癸酉	癸卯	壬申	甲辰	**2日**
己卯	戊申	戊寅	丁未	丁丑	丙午	乙亥	乙巳	甲戌	甲辰	癸酉	乙巳	**3日**
庚辰	己酉	己卯	戊申	戊寅	丁未	丙子	丙午	乙亥	乙巳	甲戌	**丙午**	**4日**
辛巳	庚戌	庚辰	己酉	己卯	戊申	丁丑	丁未	**丙子**	**丙午**	乙亥	丁未	**5日**
壬午	辛亥	辛巳	庚戌	庚辰	己酉	戊寅	**戊申**	丁丑	丁未	**丙子**	戊申	**6日**
癸未	**壬子**	**壬午**	辛亥	辛巳	**庚戌**	**己卯**	己酉	戊寅	戊申	丁丑	己酉	**7日**
甲申	癸丑	癸未	**壬子**	**壬午**	辛亥	庚辰	庚戌	己卯	己酉	戊寅	庚戌	**8日**
乙酉	甲寅	甲申	癸丑	癸未	壬子	辛巳	辛亥	庚辰	庚戌	己卯	辛亥	**9日**
丙戌	乙卯	乙酉	甲寅	甲申	癸丑	壬午	壬子	辛巳	辛亥	庚辰	壬子	**10日**
丁亥	丙辰	丙戌	乙卯	乙酉	甲寅	癸未	癸丑	壬午	壬子	辛巳	癸丑	**11日**
戊子	丁巳	丁亥	丙辰	丙戌	乙卯	甲申	甲寅	癸未	癸丑	壬午	甲寅	**12日**
己丑	戊午	戊子	丁巳	丁亥	丙辰	乙酉	乙卯	甲申	甲寅	癸未	乙卯	**13日**
庚寅	己未	己丑	戊午	戊子	丁巳	丙戌	丙辰	乙酉	乙卯	甲申	丙辰	**14日**
辛卯	庚申	庚寅	己未	己丑	戊午	丁亥	丁巳	丙戌	丙辰	乙酉	丁巳	**15日**
壬辰	辛酉	辛卯	庚申	庚寅	己未	戊子	戊午	丁亥	丁巳	丙戌	戊午	**16日**
癸巳	壬戌	壬辰	辛酉	辛卯	庚申	己丑	己未	戊子	戊午	丁亥	己未	**17日**
甲午	癸亥	癸巳	壬戌	壬辰	辛酉	庚寅	庚申	己丑	己未	戊子	庚申	**18日**
乙未	甲子	甲午	癸亥	癸巳	壬戌	辛卯	辛酉	庚寅	庚申	己丑	辛酉	**19日**
丙申	乙丑	乙未	甲子	甲午	癸亥	壬辰	壬戌	辛卯	辛酉	庚寅	壬戌	**20日**
丁酉	丙寅	丙申	乙丑	乙未	甲子	癸巳	癸亥	壬辰	壬戌	辛卯	癸亥	**21日**
戊戌	丁卯	丁酉	丙寅	丙申	乙丑	甲午	甲子	癸巳	癸亥	壬辰	甲子	**22日**
己亥	戊辰	戊戌	丁卯	丁酉	丙寅	乙未	乙丑	甲午	甲子	癸巳	乙丑	**23日**
庚子	己巳	己亥	戊辰	戊戌	丁卯	丙申	丙寅	乙未	乙丑	甲午	丙寅	**24日**
辛丑	庚午	庚子	己巳	己亥	戊辰	丁酉	丁卯	丙申	丙寅	乙未	丁卯	**25日**
壬寅	辛未	辛丑	庚午	庚子	己巳	戊戌	戊辰	丁酉	丁卯	丙申	戊辰	**26日**
癸卯	壬申	壬寅	辛未	辛丑	庚午	己亥	己巳	戊戌	戊辰	丁酉	己巳	**27日**
甲辰	癸酉	癸卯	壬申	壬寅	辛未	庚子	庚午	己亥	己巳	戊戌	庚午	**28日**
乙巳	甲戌	甲辰	癸酉	癸卯	壬申	辛丑	辛未	庚子	庚午	己亥		**29日**
丙午	乙亥	乙巳	甲戌	甲辰	癸酉	壬寅	壬申	辛丑	辛未	庚子		**30日**
丁未	丙子		乙亥		甲戌	癸卯		壬寅		辛丑		**31日**

平成27年（西暦2015年）乙未年　三碧木星

平成28年 1月	12月	11月	10月	9月	8月	7月	6月	5月	4月	3月	2月	月
己丑	**戊子**	**丁亥**	**丙戌**	**乙酉**	**甲申**	**癸未**	**壬午**	**辛巳**	**庚辰**	**己卯**	**戊寅**	**月の 干支**
6日 7:08	7日 19:53	8日 2:59	8日 23:43	8日 8:00	8日 5:01	7日 19:12	6日 8:58	6日 4:53	5日 11:39	6日 6:56	4日 12:58	**節入**
壬午	辛亥	辛巳	庚戌	庚辰	己酉	戊寅	戊申	丁丑	丁未	丙子	戊申	**1日**
癸未	壬子	壬午	辛亥	辛巳	庚戌	己卯	己酉	戊寅	戊申	丁丑	己酉	**2日**
甲申	癸丑	癸未	壬子	壬午	辛亥	庚辰	庚戌	己卯	己酉	戊寅	庚戌	**3日**
乙酉	甲寅	甲申	癸丑	癸未	壬子	辛巳	辛亥	庚辰	庚戌	己卯	**辛亥**	**4日**
丙戌	乙卯	乙酉	甲寅	甲申	癸丑	壬午	壬子	辛巳	**辛亥**	庚辰	壬子	**5日**
丁亥	丙辰	丙戌	乙卯	乙酉	甲寅	癸未	**癸丑**	**壬午**	壬子	**辛巳**	癸丑	**6日**
戊子	**丁巳**	丁亥	丙辰	丙戌	乙卯	**甲申**	甲寅	癸未	癸丑	壬午	甲寅	**7日**
己丑	戊午	**戊子**	**丁巳**	**丁亥**	**丙辰**	乙酉	乙卯	甲申	甲寅	癸未	乙卯	**8日**
庚寅	己未	己丑	戊午	戊子	丁巳	丙戌	丙辰	乙酉	乙卯	甲申	丙辰	**9日**
辛卯	庚申	庚寅	己未	己丑	戊午	丁亥	丁巳	丙戌	丙辰	乙酉	丁巳	**10日**
壬辰	辛酉	辛卯	庚申	庚寅	己未	戊子	戊午	丁亥	丁巳	丙戌	戊午	**11日**
癸巳	壬戌	壬辰	辛酉	辛卯	庚申	己丑	己未	戊子	戊午	丁亥	己未	**12日**
甲午	癸亥	癸巳	壬戌	壬辰	辛酉	庚寅	庚申	己丑	己未	戊子	庚申	**13日**
乙未	甲子	甲午	癸亥	癸巳	壬戌	辛卯	辛酉	庚寅	庚申	己丑	辛酉	**14日**
丙申	乙丑	乙未	甲子	甲午	癸亥	壬辰	壬戌	辛卯	辛酉	庚寅	壬戌	**15日**
丁酉	丙寅	丙申	乙丑	乙未	甲子	癸巳	癸亥	壬辰	壬戌	辛卯	癸亥	**16日**
戊戌	丁卯	丁酉	丙寅	丙申	乙丑	甲午	甲子	癸巳	癸亥	壬辰	甲子	**17日**
己亥	戊辰	戊戌	丁卯	丁酉	丙寅	乙未	乙丑	甲午	甲子	癸巳	乙丑	**18日**
庚子	己巳	己亥	戊辰	戊戌	丁卯	丙申	丙寅	乙未	乙丑	甲午	丙寅	**19日**
辛丑	庚午	庚子	己巳	己亥	戊辰	丁酉	丁卯	丙申	丙寅	乙未	丁卯	**20日**
壬寅	辛未	辛丑	庚午	庚子	己巳	戊戌	戊辰	丁酉	丁卯	丙申	戊辰	**21日**
癸卯	壬申	壬寅	辛未	辛丑	庚午	己亥	己巳	戊戌	戊辰	丁酉	己巳	**22日**
甲辰	癸酉	癸卯	壬申	壬寅	辛未	庚子	庚午	己亥	己巳	戊戌	庚午	**23日**
乙巳	甲戌	甲辰	癸酉	癸卯	壬申	辛丑	辛未	庚子	庚午	己亥	辛未	**24日**
丙午	乙亥	乙巳	甲戌	甲辰	癸酉	壬寅	壬申	辛丑	辛未	庚子	壬申	**25日**
丁未	丙子	丙午	乙亥	乙巳	甲戌	癸卯	癸酉	壬寅	壬申	辛丑	癸酉	**26日**
戊申	丁丑	丁未	丙子	丙午	乙亥	甲辰	甲戌	癸卯	癸酉	壬寅	甲戌	**27日**
己酉	戊寅	戊申	丁丑	丁未	丙子	乙巳	乙亥	甲辰	甲戌	癸卯	乙亥	**28日**
庚戌	己卯	己酉	戊寅	戊申	丁丑	丙午	丙子	乙巳	乙亥	甲辰		**29日**
辛亥	庚辰	庚戌	己卯	己酉	戊寅	丁未	丁丑	丙午	丙子	乙巳		**30日**
壬子	辛巳		庚辰		己卯	戊申		丁未		丙午		**31日**

平成28年（西暦2016年）丙申年　二黒土星

平成29年 1月	12月	11月	10月	9月	8月	7月	6月	5月	4月	3月	2月	月
辛丑	庚子	己亥	戊戌	丁酉	丙申	乙未	甲午	癸巳	壬辰	辛卯	庚寅	月の干支
5日 12:56	7日 1:41	7日 8:48	8日 5:33	7日 13:51	7日 10:53	7日 1:03	5日 14:49	5日 10:42	4日 17:28	5日 12:44	4日 18:46	節入
戊子	丁巳	丁亥	丙辰	丙戌	乙卯	甲申	甲寅	癸未	癸丑	壬午	癸丑	1日
己丑	戊午	戊子	丁巳	丁亥	丙辰	乙酉	乙卯	甲申	甲寅	癸未	甲寅	2日
庚寅	己未	己丑	戊午	戊子	丁巳	丙戌	丙辰	乙酉	乙卯	甲申	乙卯	3日
辛卯	庚申	庚寅	己未	己丑	戊午	丁亥	丁巳	丙戌	**丙辰**	乙酉	**丙辰**	4日
壬辰	辛酉	辛卯	庚申	庚寅	己未	戊子	**戊午**	**丁亥**	丁巳	**丙戌**	丁巳	5日
癸巳	壬戌	壬辰	辛酉	辛卯	庚申	己丑	己未	戊子	戊午	丁亥	戊午	6日
甲午	**癸亥**	**癸巳**	壬戌	**壬辰**	**辛酉**	**庚寅**	庚申	己丑	己未	戊子	己未	7日
乙未	甲子	甲午	**癸亥**	癸巳	壬戌	辛卯	辛酉	庚寅	庚申	己丑	庚申	8日
丙申	乙丑	乙未	甲子	甲午	癸亥	壬辰	壬戌	辛卯	辛酉	庚寅	辛酉	9日
丁酉	丙寅	丙申	乙丑	乙未	甲子	癸巳	癸亥	壬辰	壬戌	辛卯	壬戌	10日
戊戌	丁卯	丁酉	丙寅	丙申	乙丑	甲午	甲子	癸巳	癸亥	壬辰	癸亥	11日
己亥	戊辰	戊戌	丁卯	丁酉	丙寅	乙未	乙丑	甲午	甲子	癸巳	甲子	12日
庚子	己巳	己亥	戊辰	戊戌	丁卯	丙申	丙寅	乙未	乙丑	甲午	乙丑	13日
辛丑	庚午	庚子	己巳	己亥	戊辰	丁酉	丁卯	丙申	丙寅	乙未	丙寅	14日
壬寅	辛未	辛丑	庚午	庚子	己巳	戊戌	戊辰	丁酉	丁卯	丙申	丁卯	15日
癸卯	壬申	壬寅	辛未	辛丑	庚午	己亥	己巳	戊戌	戊辰	丁酉	戊辰	16日
甲辰	癸酉	癸卯	壬申	壬寅	辛未	庚子	庚午	己亥	己巳	戊戌	己巳	17日
乙巳	甲戌	甲辰	癸酉	癸卯	壬申	辛丑	辛未	庚子	庚午	己亥	庚午	18日
丙午	乙亥	乙巳	甲戌	甲辰	癸酉	壬寅	壬申	辛丑	辛未	庚子	辛未	19日
丁未	丙子	丙午	乙亥	乙巳	甲戌	癸卯	癸酉	壬寅	壬申	辛丑	壬申	20日
戊申	丁丑	丁未	丙子	丙午	乙亥	甲辰	甲戌	癸卯	癸酉	壬寅	癸酉	21日
己酉	戊寅	戊申	丁丑	丁未	丙子	乙巳	乙亥	甲辰	甲戌	癸卯	甲戌	22日
庚戌	己卯	己酉	戊寅	戊申	丁丑	丙午	丙子	乙巳	乙亥	甲辰	乙亥	23日
辛亥	庚辰	庚戌	己卯	己酉	戊寅	丁未	丁丑	丙午	丙子	乙巳	丙子	24日
壬子	辛巳	辛亥	庚辰	庚戌	己卯	戊申	戊寅	丁未	丁丑	丙午	丁丑	25日
癸丑	壬午	壬子	辛巳	辛亥	庚辰	己酉	己卯	戊申	戊寅	丁未	戊寅	26日
甲寅	癸未	癸丑	壬午	壬子	辛巳	庚戌	庚辰	己酉	己卯	戊申	己卯	27日
乙卯	甲申	甲寅	癸未	癸丑	壬午	辛亥	辛巳	庚戌	庚辰	己酉	庚辰	28日
丙辰	乙酉	乙卯	甲申	甲寅	癸未	壬子	壬午	辛亥	辛巳	庚戌	辛巳	29日
丁巳	丙戌	丙辰	乙酉	乙卯	甲申	癸丑	癸未	壬子	壬午	辛亥		30日
戊午	丁亥		丙戌		乙酉	甲寅		癸丑		壬子		31日

平成29年（西暦2017年）丁酉年　一白水星

平成30年 1月	12月	11月	10月	9月	8月	7月	6月	5月	4月	3月	2月	月
癸丑	壬子	辛亥	庚戌	己酉	戊申	丁未	丙午	乙巳	甲辰	癸卯	壬寅	月の干支
5日 18:49	7日 7:33	7日 14:38	8日 11:22	7日 19:39	7日 16:40	7日 6:51	5日 20:37	5日 16:31	4日 23:17	5日 18:33	4日 0:34	節入
癸巳	壬戌	壬辰	辛酉	辛卯	庚申	己丑	己未	戊子	戊午	丁亥	己未	1日
甲午	癸亥	癸巳	壬戌	壬辰	辛酉	庚寅	庚申	己丑	己未	戊子	庚申	2日
乙未	甲子	甲午	癸亥	癸巳	壬戌	辛卯	辛酉	庚寅	庚申	己丑	辛酉	3日
丙申	乙丑	乙未	甲子	甲午	癸亥	壬辰	壬戌	辛卯	**辛酉**	庚寅	**壬戌**	4日
丁酉	丙寅	丙申	乙丑	乙未	甲子	癸巳	**癸亥**	**壬辰**	壬戌	**辛卯**	癸亥	5日
戊戌	丁卯	丁酉	丙寅	丙申	乙丑	甲午	甲子	癸巳	癸亥	壬辰	甲子	6日
己亥	**戊辰**	**戊戌**	丁卯	**丁酉**	**丙寅**	**乙未**	乙丑	甲午	甲子	癸巳	乙丑	7日
庚子	己巳	己亥	**戊辰**	戊戌	丁卯	丙申	丙寅	乙未	乙丑	甲午	丙寅	8日
辛丑	庚午	庚子	己巳	己亥	戊辰	丁酉	丁卯	丙申	丙寅	乙未	丁卯	9日
壬寅	辛未	辛丑	庚午	庚子	己巳	戊戌	戊辰	丁酉	丁卯	丙申	戊辰	10日
癸卯	壬申	壬寅	辛未	辛丑	庚午	己亥	己巳	戊戌	戊辰	丁酉	己巳	11日
甲辰	癸酉	癸卯	壬申	壬寅	辛未	庚子	庚午	己亥	己巳	戊戌	庚午	12日
乙巳	甲戌	甲辰	癸酉	癸卯	壬申	辛丑	辛未	庚子	庚午	己亥	辛未	13日
丙午	乙亥	乙巳	甲戌	甲辰	癸酉	壬寅	壬申	辛丑	辛未	庚子	壬申	14日
丁未	丙子	丙午	乙亥	乙巳	甲戌	癸卯	癸酉	壬寅	壬申	辛丑	癸酉	15日
戊申	丁丑	丁未	丙子	丙午	乙亥	甲辰	甲戌	癸卯	癸酉	壬寅	甲戌	16日
己酉	戊寅	戊申	丁丑	丁未	丙子	乙巳	乙亥	甲辰	甲戌	癸卯	乙亥	17日
庚戌	己卯	己酉	戊寅	戊申	丁丑	丙午	丙子	乙巳	乙亥	甲辰	丙子	18日
辛亥	庚辰	庚戌	己卯	己酉	戊寅	丁未	丁丑	丙午	丙子	乙巳	丁丑	19日
壬子	辛巳	辛亥	庚辰	庚戌	己卯	戊申	戊寅	丁未	丁丑	丙午	戊寅	20日
癸丑	壬午	壬子	辛巳	辛亥	庚辰	己酉	己卯	戊申	戊寅	丁未	己卯	21日
甲寅	癸未	癸丑	壬午	壬子	辛巳	庚戌	庚辰	己酉	己卯	戊申	庚辰	22日
乙卯	甲申	甲寅	癸未	癸丑	壬午	辛亥	辛巳	庚戌	庚辰	己酉	辛巳	23日
丙辰	乙酉	乙卯	甲申	甲寅	癸未	壬子	壬午	辛亥	辛巳	庚戌	壬午	24日
丁巳	丙戌	丙辰	乙酉	乙卯	甲申	癸丑	癸未	壬子	壬午	辛亥	癸未	25日
戊午	丁亥	丁巳	丙戌	丙辰	乙酉	甲寅	甲申	癸丑	癸未	壬子	甲申	26日
己未	戊子	戊午	丁亥	丁巳	丙戌	乙卯	乙酉	甲寅	甲申	癸丑	乙酉	27日
庚申	己丑	己未	戊子	戊午	丁亥	丙辰	丙戌	乙卯	乙酉	甲寅	丙戌	28日
辛酉	庚寅	庚申	己丑	己未	戊子	丁巳	丁亥	丙辰	丙戌	乙卯		29日
壬戌	辛卯	辛酉	庚寅	庚申	己丑	戊午	戊子	丁巳	丁亥	丙辰		30日
癸亥	壬辰		辛卯		庚寅	己未		戊午		丁巳		31日

平成30年（西暦2018年）戊戌年　九紫火星

平成31年 1月	12月	11月	10月	9月	8月	7月	6月	5月	4月	3月	2月	月
乙丑	甲子	癸亥	壬戌	辛酉	庚申	己未	戊午	丁巳	丙辰	乙卯	甲寅	月の干支
6日 0:39	7日 13:26	7日 20:32	8日 17:15	8日 1:30	7日 22:31	7日 12:42	6日 2:29	5日 22:25	5日 5:13	6日 0:28	4日 6:28	節入
戊戌	丁卯	丁酉	丙寅	丙申	乙丑	甲午	甲子	癸巳	癸亥	壬辰	甲子	1日
己亥	戊辰	戊戌	丁卯	丁酉	丙寅	乙未	乙丑	甲午	甲子	癸巳	乙丑	2日
庚子	己巳	己亥	戊辰	戊戌	丁卯	丙申	丙寅	乙未	乙丑	甲午	丙寅	3日
辛丑	庚午	庚子	己巳	己亥	戊辰	丁酉	丁卯	丙申	丙寅	乙未	**丁卯**	4日
壬寅	辛未	辛丑	庚午	庚子	己巳	戊戌	戊辰	**丁酉**	**丁卯**	丙申	戊辰	5日
癸卯	壬申	壬寅	辛未	辛丑	庚午	己亥	**己巳**	戊戌	戊辰	**丁酉**	己巳	6日
甲辰	**癸酉**	**癸卯**	壬申	壬寅	**辛未**	**庚子**	庚午	己亥	己巳	戊戌	庚午	7日
乙巳	甲戌	甲辰	**癸酉**	**癸卯**	壬申	辛丑	辛未	庚子	庚午	己亥	辛未	8日
丙午	乙亥	乙巳	甲戌	甲辰	癸酉	壬寅	壬申	辛丑	辛未	庚子	壬申	9日
丁未	丙子	丙午	乙亥	乙巳	甲戌	癸卯	癸酉	壬寅	壬申	辛丑	癸酉	10日
戊申	丁丑	丁未	丙子	丙午	乙亥	甲辰	甲戌	癸卯	癸酉	壬寅	甲戌	11日
己酉	戊寅	戊申	丁丑	丁未	丙子	乙巳	乙亥	甲辰	甲戌	癸卯	乙亥	12日
庚戌	己卯	己酉	戊寅	戊申	丁丑	丙午	丙子	乙巳	乙亥	甲辰	丙子	13日
辛亥	庚辰	庚戌	己卯	己酉	戊寅	丁未	丁丑	丙午	丙子	乙巳	丁丑	14日
壬子	辛巳	辛亥	庚辰	庚戌	己卯	戊申	戊寅	丁未	丁丑	丙午	戊寅	15日
癸丑	壬午	壬子	辛巳	辛亥	庚辰	己酉	己卯	戊申	戊寅	丁未	己卯	16日
甲寅	癸未	癸丑	壬午	壬子	辛巳	庚戌	庚辰	己酉	己卯	戊申	庚辰	17日
乙卯	甲申	甲寅	癸未	癸丑	壬午	辛亥	辛巳	庚戌	庚辰	己酉	辛巳	18日
丙辰	乙酉	乙卯	甲申	甲寅	癸未	壬子	壬午	辛亥	辛巳	庚戌	壬午	19日
丁巳	丙戌	丙辰	乙酉	乙卯	甲申	癸丑	癸未	壬子	壬午	辛亥	癸未	20日
戊午	丁亥	丁巳	丙戌	丙辰	乙酉	甲寅	甲申	癸丑	癸未	壬子	甲申	21日
己未	戊子	戊午	丁亥	丁巳	丙戌	乙卯	乙酉	甲寅	甲申	癸丑	乙酉	22日
庚申	己丑	己未	戊子	戊午	丁亥	丙辰	丙戌	乙卯	乙酉	甲寅	丙戌	23日
辛酉	庚寅	庚申	己丑	己未	戊子	丁巳	丁亥	丙辰	丙戌	乙卯	丁亥	24日
壬戌	辛卯	辛酉	庚寅	庚申	己丑	戊午	戊子	丁巳	丁亥	丙辰	戊子	25日
癸亥	壬辰	壬戌	辛卯	辛酉	庚寅	己未	己丑	戊午	戊子	丁巳	己丑	26日
甲子	癸巳	癸亥	壬辰	壬戌	辛卯	庚申	庚寅	己未	己丑	戊午	庚寅	27日
乙丑	甲午	甲子	癸巳	癸亥	壬辰	辛酉	辛卯	庚申	庚寅	己未	辛卯	28日
丙寅	乙未	乙丑	甲午	甲子	癸巳	壬戌	壬辰	辛酉	辛卯	庚申		29日
丁卯	丙申	丙寅	乙未	乙丑	甲午	癸亥	癸巳	壬戌	壬辰	辛酉		30日
戊辰	丁酉		丙申		乙未	甲子		癸亥		壬戌		31日

平成31年 令和元年（西暦2019年）己亥年　八白土星

令和2年 1月	12月	11月	10月	9月	8月	7月	6月	5月	4月	3月	2月	月
丁丑	丙子	乙亥	甲戌	癸酉	壬申	辛未	庚午	己巳	戊辰	丁卯	丙寅	月の干支
6日 6:30	7日 19:18	8日 2:24	8日 23:06	8日 7:17	8日 4:13	7日 18:21	6日 8:06	6日 4:03	5日 10:51	6日 6:10	4日 12:14	節入
癸卯	壬申	壬寅	辛未	辛丑	庚午	己亥	己巳	戊戌	戊辰	丁酉	己巳	1日
甲辰	癸酉	癸卯	壬申	壬寅	辛未	庚子	庚午	己亥	己巳	戊戌	庚午	2日
乙巳	甲戌	甲辰	癸酉	癸卯	壬申	辛丑	辛未	庚子	庚午	己亥	辛未	3日
丙午	乙亥	乙巳	甲戌	甲辰	癸酉	壬寅	壬申	辛丑	辛未	庚子	**壬申**	4日
丁未	丙子	丙午	乙亥	乙巳	甲戌	癸卯	癸酉	壬寅	**壬申**	辛丑	癸酉	5日
戊申	丁丑	丁未	丙子	丙午	乙亥	甲辰	**甲戌**	**癸卯**	癸酉	**壬寅**	甲戌	6日
己酉	**戊寅**	戊申	丁丑	丁未	丙子	**乙巳**	乙亥	甲辰	甲戌	癸卯	乙亥	7日
庚戌	己卯	**己酉**	**戊寅**	**戊申**	**丁丑**	丙午	丙子	乙巳	乙亥	甲辰	丙子	8日
辛亥	庚辰	庚戌	己卯	己酉	戊寅	丁未	丁丑	丙午	丙子	乙巳	丁丑	9日
壬子	辛巳	辛亥	庚辰	庚戌	己卯	戊申	戊寅	丁未	丁丑	丙午	戊寅	10日
癸丑	壬午	壬子	辛巳	辛亥	庚辰	己酉	己卯	戊申	戊寅	丁未	己卯	11日
甲寅	癸未	癸丑	壬午	壬子	辛巳	庚戌	庚辰	己酉	己卯	戊申	庚辰	12日
乙卯	甲申	甲寅	癸未	癸丑	壬午	辛亥	辛巳	庚戌	庚辰	己酉	辛巳	13日
丙辰	乙酉	乙卯	甲申	甲寅	癸未	壬子	壬午	辛亥	辛巳	庚戌	壬午	14日
丁巳	丙戌	丙辰	乙酉	乙卯	甲申	癸丑	癸未	壬子	壬午	辛亥	癸未	15日
戊午	丁亥	丁巳	丙戌	丙辰	乙酉	甲寅	甲申	癸丑	癸未	壬子	甲申	16日
己未	戊子	戊午	丁亥	丁巳	丙戌	乙卯	乙酉	甲寅	甲申	癸丑	乙酉	17日
庚申	己丑	己未	戊子	戊午	丁亥	丙辰	丙戌	乙卯	乙酉	甲寅	丙戌	18日
辛酉	庚寅	庚申	己丑	己未	戊子	丁巳	丁亥	丙辰	丙戌	乙卯	丁亥	19日
壬戌	辛卯	辛酉	庚寅	庚申	己丑	戊午	戊子	丁巳	丁亥	丙辰	戊子	20日
癸亥	壬辰	壬戌	辛卯	辛酉	庚寅	己未	己丑	戊午	戊子	丁巳	己丑	21日
甲子	癸巳	癸亥	壬辰	壬戌	辛卯	庚申	庚寅	己未	己丑	戊午	庚寅	22日
乙丑	甲午	甲子	癸巳	癸亥	壬辰	辛酉	辛卯	庚申	庚寅	己未	辛卯	23日
丙寅	乙未	乙丑	甲午	甲子	癸巳	壬戌	壬辰	辛酉	辛卯	庚申	壬辰	24日
丁卯	丙申	丙寅	乙未	乙丑	甲午	癸亥	癸巳	壬戌	壬辰	辛酉	癸巳	25日
戊辰	丁酉	丁卯	丙申	丙寅	乙未	甲子	甲午	癸亥	癸巳	壬戌	甲午	26日
己巳	戊戌	戊辰	丁酉	丁卯	丙申	乙丑	乙未	甲子	甲午	癸亥	乙未	27日
庚午	己亥	己巳	戊戌	戊辰	丁酉	丙寅	丙申	乙丑	乙未	甲子	丙申	28日
辛未	庚子	庚午	己亥	己巳	戊戌	丁卯	丁酉	丙寅	丙申	乙丑		29日
壬申	辛丑	辛未	庚子	庚午	己亥	戊辰	戊戌	丁卯	丁酉	丙寅		30日
癸酉	壬寅		辛丑		庚子	己巳		戊辰		丁卯		31日

令和2年（西暦2020年）庚子年　七赤金星

令和3年 1月	12月	11月	10月	9月	8月	7月	6月	5月	4月	3月	2月	月
己丑	戊子	丁亥	丙戌	乙酉	甲申	癸未	壬午	辛巳	庚辰	己卯	戊寅	月の干支
5日 12:23	7日 1:09	7日 8:14	8日 4:55	7日 13:08	7日 10:06	7日 0:14	5日 13:58	5日 9:51	4日 16:38	5日 11:57	4日 18:03	節入
己酉	戊寅	戊申	丁丑	丁未	丙子	乙巳	乙亥	甲辰	甲戌	癸卯	甲戌	1日
庚戌	己卯	己酉	戊寅	戊申	丁丑	丙午	丙子	乙巳	乙亥	甲辰	乙亥	2日
辛亥	庚辰	庚戌	己卯	己酉	戊寅	丁未	丁丑	丙午	丙子	乙巳	丙子	3日
壬子	辛巳	辛亥	庚辰	庚戌	己卯	戊申	戊寅	丁未	**丁丑**	丙午	**丁丑**	4日
癸丑	壬午	壬子	辛巳	辛亥	庚辰	己酉	**己卯**	**戊申**	戊寅	**丁未**	戊寅	5日
甲寅	癸未	癸丑	壬午	壬子	辛巳	庚戌	庚辰	己酉	己卯	戊申	己卯	6日
乙卯	**甲申**	**甲寅**	癸未	**癸丑**	**壬午**	**辛亥**	辛巳	庚戌	庚辰	己酉	庚辰	7日
丙辰	乙酉	乙卯	**甲申**	甲寅	癸未	壬子	壬午	辛亥	辛巳	庚戌	辛巳	8日
丁巳	丙戌	丙辰	乙酉	乙卯	甲申	癸丑	癸未	壬子	壬午	辛亥	壬午	9日
戊午	丁亥	丁巳	丙戌	丙辰	乙酉	甲寅	甲申	癸丑	癸未	壬子	癸未	10日
己未	戊子	戊午	丁亥	丁巳	丙戌	乙卯	乙酉	甲寅	甲申	癸丑	甲申	11日
庚申	己丑	己未	戊子	戊午	丁亥	丙辰	丙戌	乙卯	乙酉	甲寅	乙酉	12日
辛酉	庚寅	庚申	己丑	己未	戊子	丁巳	丁亥	丙辰	丙戌	乙卯	丙戌	13日
壬戌	辛卯	辛酉	庚寅	庚申	己丑	戊午	戊子	丁巳	丁亥	丙辰	丁亥	14日
癸亥	壬辰	壬戌	辛卯	辛酉	庚寅	己未	己丑	戊午	戊子	丁巳	戊子	15日
甲子	癸巳	癸亥	壬辰	壬戌	辛卯	庚申	庚寅	己未	己丑	戊午	己丑	16日
乙丑	甲午	甲子	癸巳	癸亥	壬辰	辛酉	辛卯	庚申	庚寅	己未	庚寅	17日
丙寅	乙未	乙丑	甲午	甲子	癸巳	壬戌	壬辰	辛酉	辛卯	庚申	辛卯	18日
丁卯	丙申	丙寅	乙未	乙丑	甲午	癸亥	癸巳	壬戌	壬辰	辛酉	壬辰	19日
戊辰	丁酉	丁卯	丙申	丙寅	乙未	甲子	甲午	癸亥	癸巳	壬戌	癸巳	20日
己巳	戊戌	戊辰	丁酉	丁卯	丙申	乙丑	乙未	甲子	甲午	癸亥	甲午	21日
庚午	己亥	己巳	戊戌	戊辰	丁酉	丙寅	丙申	乙丑	乙未	甲子	乙未	22日
辛未	庚子	庚午	己亥	己巳	戊戌	丁卯	丁酉	丙寅	丙申	乙丑	丙申	23日
壬申	辛丑	辛未	庚子	庚午	己亥	戊辰	戊戌	丁卯	丁酉	丙寅	丁酉	24日
癸酉	壬寅	壬申	辛丑	辛未	庚子	己巳	己亥	戊辰	戊戌	丁卯	戊戌	25日
甲戌	癸卯	癸酉	壬寅	壬申	辛丑	庚午	庚子	己巳	己亥	戊辰	己亥	26日
乙亥	甲辰	甲戌	癸卯	癸酉	壬寅	辛未	辛丑	庚午	庚子	己巳	庚子	27日
丙子	乙巳	乙亥	甲辰	甲戌	癸卯	壬申	壬寅	辛未	辛丑	庚午	辛丑	28日
丁丑	丙午	丙子	乙巳	乙亥	甲辰	癸酉	癸卯	壬申	壬寅	辛未	壬寅	29日
戊寅	丁未	丁丑	丙午	丙子	乙巳	甲戌	甲辰	癸酉	癸卯	壬申		30日
己卯	戊申		丁未		丙午	乙亥		甲戌		癸酉		31日

令和3年（西暦2021年）辛丑年　六白金星

令和4年 1月	12月	11月	10月	9月	8月	7月	6月	5月	4月	3月	2月	月
辛丑	庚子	己亥	戊戌	丁酉	丙申	乙未	甲午	癸巳	壬辰	辛卯	庚寅	月の干支
5日 18:12	7日 6:57	7日 13:59	8日 10:39	7日 18:53	7日 15:54	7日 6:05	5日 19:52	5日 15:47	4日 22:35	5日 17:53	3日 23:59	節入
甲寅	癸未	癸丑	壬午	壬子	辛巳	庚戌	庚辰	己酉	己卯	戊申	庚辰	1日
乙卯	甲申	甲寅	癸未	癸丑	壬午	辛亥	辛巳	庚戌	庚辰	己酉	辛巳	2日
丙辰	乙酉	乙卯	甲申	甲寅	癸未	壬子	壬午	辛亥	辛巳	庚戌	**壬午**	3日
丁巳	丙戌	丙辰	乙酉	乙卯	甲申	癸丑	癸未	壬子	**壬午**	辛亥	癸未	4日
戊午	丁亥	丁巳	丙戌	丙辰	乙酉	甲寅	**甲申**	**癸丑**	癸未	**壬子**	甲申	5日
己未	戊子	戊午	丁亥	丁巳	丙戌	乙卯	乙酉	甲寅	甲申	癸丑	乙酉	6日
庚申	**己丑**	**己未**	戊子	**戊午**	**丁亥**	**丙辰**	丙戌	乙卯	乙酉	甲寅	丙戌	7日
辛酉	庚寅	庚申	**己丑**	己未	戊子	丁巳	丁亥	丙辰	丙戌	乙卯	丁亥	8日
壬戌	辛卯	辛酉	庚寅	庚申	己丑	戊午	戊子	丁巳	丁亥	丙辰	戊子	9日
癸亥	壬辰	壬戌	辛卯	辛酉	庚寅	己未	己丑	戊午	戊子	丁巳	己丑	10日
甲子	癸巳	癸亥	壬辰	壬戌	辛卯	庚申	庚寅	己未	己丑	戊午	庚寅	11日
乙丑	甲午	甲子	癸巳	癸亥	壬辰	辛酉	辛卯	庚申	庚寅	己未	辛卯	12日
丙寅	乙未	乙丑	甲午	甲子	癸巳	壬戌	壬辰	辛酉	辛卯	庚申	壬辰	13日
丁卯	丙申	丙寅	乙未	乙丑	甲午	癸亥	癸巳	壬戌	壬辰	辛酉	癸巳	14日
戊辰	丁酉	丁卯	丙申	丙寅	乙未	甲子	甲午	癸亥	癸巳	壬戌	甲午	15日
己巳	戊戌	戊辰	丁酉	丁卯	丙申	乙丑	乙未	甲子	甲午	癸亥	乙未	16日
庚午	己亥	己巳	戊戌	戊辰	丁酉	丙寅	丙申	乙丑	乙未	甲子	丙申	17日
辛未	庚子	庚午	己亥	己巳	戊戌	丁卯	丁酉	丙寅	丙申	乙丑	丁酉	18日
壬申	辛丑	辛未	庚子	庚午	己亥	戊辰	戊戌	丁卯	丁酉	丙寅	戊戌	19日
癸酉	壬寅	壬申	辛丑	辛未	庚子	己巳	己亥	戊辰	戊戌	丁卯	己亥	20日
甲戌	癸卯	癸酉	壬寅	壬申	辛丑	庚午	庚子	己巳	己亥	戊辰	庚子	21日
乙亥	甲辰	甲戌	癸卯	癸酉	壬寅	辛未	辛丑	庚午	庚子	己巳	辛丑	22日
丙子	乙巳	乙亥	甲辰	甲戌	癸卯	壬申	壬寅	辛未	辛丑	庚午	壬寅	23日
丁丑	丙午	丙子	乙巳	乙亥	甲辰	癸酉	癸卯	壬申	壬寅	辛未	癸卯	24日
戊寅	丁未	丁丑	丙午	丙子	乙巳	甲戌	甲辰	癸酉	癸卯	壬申	甲辰	25日
己卯	戊申	戊寅	丁未	丁丑	丙午	乙亥	乙巳	甲戌	甲辰	癸酉	乙巳	26日
庚辰	己酉	己卯	戊申	戊寅	丁未	丙子	丙午	乙亥	乙巳	甲戌	丙午	27日
辛巳	庚戌	庚辰	己酉	己卯	戊申	丁丑	丁未	丙子	丙午	乙亥	丁未	28日
壬午	辛亥	辛巳	庚戌	庚辰	己酉	戊寅	戊申	丁丑	丁未	丙子		29日
癸未	壬子	壬午	辛亥	辛巳	庚戌	己卯	己酉	戊寅	戊申	丁丑		30日
甲申	癸丑		壬子		辛亥	庚辰		己卯		戊寅		31日

令和４年（西暦2022年）壬寅年　五黄土星

令和5年 1月	12月	11月	10月	9月	8月	7月	6月	5月	4月	3月	2月	月
癸丑	壬子	辛亥	庚戌	己酉	戊申	丁未	丙午	乙巳	甲辰	癸卯	壬寅	月の干支
6日 0:04	7日 12:46	7日 19:47	8日 16:25	8日 0:33	7日 21:29	7日 11:35	6日 1:29	5日 21:25	5日 4:21	5日 23:44	4日 5:51	節入
己未	戊子	戊午	丁亥	丁巳	丙戌	乙卯	乙酉	甲寅	甲申	癸丑	乙酉	1日
庚申	己丑	己未	戊子	戊午	丁亥	丙辰	丙戌	乙卯	乙酉	甲寅	丙戌	2日
辛酉	庚寅	庚申	己丑	己未	戊子	丁巳	丁亥	丙辰	丙戌	乙卯	丁亥	3日
壬戌	辛卯	辛酉	庚寅	庚申	己丑	戊午	戊子	丁巳	丁亥	丙辰	**戊子**	4日
癸亥	壬辰	壬戌	辛卯	辛酉	庚寅	己未	己丑	**戊午**	**戊子**	**丁巳**	己丑	5日
甲子	癸巳	癸亥	壬辰	壬戌	辛卯	庚申	**庚寅**	己未	己丑	戊午	庚寅	6日
乙丑	**甲午**	**甲子**	癸巳	癸亥	**壬辰**	**辛酉**	辛卯	庚申	庚寅	己未	辛卯	7日
丙寅	乙未	乙丑	**甲午**	**甲子**	癸巳	壬戌	壬辰	辛酉	辛卯	庚申	壬辰	8日
丁卯	丙申	丙寅	乙未	乙丑	甲午	癸亥	癸巳	壬戌	壬辰	辛酉	癸巳	9日
戊辰	丁酉	丁卯	丙申	丙寅	乙未	甲子	甲午	癸亥	癸巳	壬戌	甲午	10日
己巳	戊戌	戊辰	丁酉	丁卯	丙申	乙丑	乙未	甲子	甲午	癸亥	乙未	11日
庚午	己亥	己巳	戊戌	戊辰	丁酉	丙寅	丙申	乙丑	乙未	甲子	丙申	12日
辛未	庚子	庚午	己亥	己巳	戊戌	丁卯	丁酉	丙寅	丙申	乙丑	丁酉	13日
壬申	辛丑	辛未	庚子	庚午	己亥	戊辰	戊戌	丁卯	丁酉	丙寅	戊戌	14日
癸酉	壬寅	壬申	辛丑	辛未	庚子	己巳	己亥	戊辰	戊戌	丁卯	己亥	15日
甲戌	癸卯	癸酉	壬寅	壬申	辛丑	庚午	庚子	己巳	己亥	戊辰	庚子	16日
乙亥	甲辰	甲戌	癸卯	癸酉	壬寅	辛未	辛丑	庚午	庚子	己巳	辛丑	17日
丙子	乙巳	乙亥	甲辰	甲戌	癸卯	壬申	壬寅	辛未	辛丑	庚午	壬寅	18日
丁丑	丙午	丙子	乙巳	乙亥	甲辰	癸酉	癸卯	壬申	壬寅	辛未	癸卯	19日
戊寅	丁未	丁丑	丙午	丙子	乙巳	甲戌	甲辰	癸酉	癸卯	壬申	甲辰	20日
己卯	戊申	戊寅	丁未	丁丑	丙午	乙亥	乙巳	甲戌	甲辰	癸酉	乙巳	21日
庚辰	己酉	己卯	戊申	戊寅	丁未	丙子	丙午	乙亥	乙巳	甲戌	丙午	22日
辛巳	庚戌	庚辰	己酉	己卯	戊申	丁丑	丁未	丙子	丙午	乙亥	丁未	23日
壬午	辛亥	辛巳	庚戌	庚辰	己酉	戊寅	戊申	丁丑	丁未	丙子	戊申	24日
癸未	壬子	壬午	辛亥	辛巳	庚戌	己卯	己酉	戊寅	戊申	丁丑	己酉	25日
甲申	癸丑	癸未	壬子	壬午	辛亥	庚辰	庚戌	己卯	己酉	戊寅	庚戌	26日
乙酉	甲寅	甲申	癸丑	癸未	壬子	辛巳	辛亥	庚辰	庚戌	己卯	辛亥	27日
丙戌	乙卯	乙酉	甲寅	甲申	癸丑	壬午	壬子	辛巳	辛亥	庚辰	壬子	28日
丁亥	丙辰	丙戌	乙卯	乙酉	甲寅	癸未	癸丑	壬午	壬子	辛巳		29日
戊子	丁巳	丁亥	丙辰	丙戌	乙卯	甲申	甲寅	癸未	癸丑	壬午		30日
己丑	戊午		丁巳		丙辰	乙酉		甲申		癸未		31日

令和5年（西暦2023年）癸卯年　四緑木星

令和6年 1月	12月	11月	10月	9月	8月	7月	6月	5月	4月	3月	2月	月
乙丑	甲子	癸亥	壬戌	辛酉	庚申	己未	戊午	丁巳	丙辰	乙卯	甲寅	月の干支
6日 5:49	7日 18:36	8日 1:37	8日 22:14	8日 6:26	8日 3:23	7日 17:30	6日 7:16	6日 3:19	5日 10:12	6日 5:36	4日 11:42	節入
甲子	癸巳	癸亥	壬辰	壬戌	辛卯	庚申	庚寅	己未	己丑	戊午	庚寅	1日
乙丑	甲午	甲子	癸巳	癸亥	壬辰	辛酉	辛卯	庚申	庚寅	己未	辛卯	2日
丙寅	乙未	乙丑	甲午	甲子	癸巳	壬戌	壬辰	辛酉	辛卯	庚申	壬辰	3日
丁卯	丙申	丙寅	乙未	乙丑	甲午	癸亥	癸巳	壬戌	壬辰	辛酉	**癸巳**	4日
戊辰	丁酉	丁卯	丙申	丙寅	乙未	甲子	甲午	癸亥	**癸巳**	壬戌	甲午	5日
己巳	戊戌	戊辰	丁酉	丁卯	丙申	乙丑	**乙未**	**甲子**	甲午	**癸亥**	乙未	6日
庚午	**己亥**	己巳	戊戌	戊辰	丁酉	**丙寅**	丙申	乙丑	乙未	甲子	丙申	7日
辛未	庚子	**庚午**	**己亥**	**己巳**	**戊戌**	丁卯	丁酉	丙寅	丙申	乙丑	丁酉	8日
壬申	辛丑	辛未	庚子	庚午	己亥	戊辰	戊戌	丁卯	丁酉	丙寅	戊戌	9日
癸酉	壬寅	壬申	辛丑	辛未	庚子	己巳	己亥	戊辰	戊戌	丁卯	己亥	10日
甲戌	癸卯	癸酉	壬寅	壬申	辛丑	庚午	庚子	己巳	己亥	戊辰	庚子	11日
乙亥	甲辰	甲戌	癸卯	癸酉	壬寅	辛未	辛丑	庚午	庚子	己巳	辛丑	12日
丙子	乙巳	乙亥	甲辰	甲戌	癸卯	壬申	壬寅	辛未	辛丑	庚午	壬寅	13日
丁丑	丙午	丙子	乙巳	乙亥	甲辰	癸酉	癸卯	壬申	壬寅	辛未	癸卯	14日
戊寅	丁未	丁丑	丙午	丙子	乙巳	甲戌	甲辰	癸酉	癸卯	壬申	甲辰	15日
己卯	戊申	戊寅	丁未	丁丑	丙午	乙亥	乙巳	甲戌	甲辰	癸酉	乙巳	16日
庚辰	己酉	己卯	戊申	戊寅	丁未	丙子	丙午	乙亥	乙巳	甲戌	丙午	17日
辛巳	庚戌	庚辰	己酉	己卯	戊申	丁丑	丁未	丙子	丙午	乙亥	丁未	18日
壬午	辛亥	辛巳	庚戌	庚辰	己酉	戊寅	戊申	丁丑	丁未	丙子	戊申	19日
癸未	壬子	壬午	辛亥	辛巳	庚戌	己卯	己酉	戊寅	戊申	丁丑	己酉	20日
甲申	癸丑	癸未	壬子	壬午	辛亥	庚辰	庚戌	己卯	己酉	戊寅	庚戌	21日
乙酉	甲寅	甲申	癸丑	癸未	壬子	辛巳	辛亥	庚辰	庚戌	己卯	辛亥	22日
丙戌	乙卯	乙酉	甲寅	甲申	癸丑	壬午	壬子	辛巳	辛亥	庚辰	壬子	23日
丁亥	丙辰	丙戌	乙卯	乙酉	甲寅	癸未	癸丑	壬午	壬子	辛巳	癸丑	24日
戊子	丁巳	丁亥	丙辰	丙戌	乙卯	甲申	甲寅	癸未	癸丑	壬午	甲寅	25日
己丑	戊午	戊子	丁巳	丁亥	丙辰	乙酉	乙卯	甲申	甲寅	癸未	乙卯	26日
庚寅	己未	己丑	戊午	戊子	丁巳	丙戌	丙辰	乙酉	乙卯	甲申	丙辰	27日
辛卯	庚申	庚寅	己未	己丑	戊午	丁亥	丁巳	丙戌	丙辰	乙酉	丁巳	28日
壬辰	辛酉	辛卯	庚申	庚寅	己未	戊子	戊午	丁亥	丁巳	丙戌		29日
癸巳	壬戌	壬辰	辛酉	辛卯	庚申	己丑	己未	戊子	戊午	丁亥		30日
甲午	癸亥		壬戌		辛酉	庚寅		己丑		戊子		31日

令和６年（西暦2024年）甲辰年　三碧木星

令和7年1月	12月	11月	10月	9月	8月	7月	6月	5月	4月	3月	2月	月
丁丑	**丙子**	**乙亥**	**甲戌**	**癸酉**	**壬申**	**辛未**	**庚午**	**己巳**	**戊辰**	**丁卯**	**丙寅**	**月の干支**
5日 11:32	7日 0:17	7日 7:20	8日 4:03	7日 12:10	7日 9:09	6日 23:20	5日 13:10	5日 9:10	4日 16:01	5日 11:23	4日 17:27	**節入**
庚午	己亥	己巳	戊戌	戊辰	丁酉	丙寅	丙申	乙丑	乙未	甲子	乙未	**1日**
辛未	庚子	庚午	己亥	己巳	戊戌	丁卯	丁酉	丙寅	丙申	乙丑	丙申	**2日**
壬申	辛丑	辛未	庚子	庚午	己亥	戊辰	戊戌	丁卯	丁酉	丙寅	丁酉	**3日**
癸酉	壬寅	壬申	辛丑	辛未	庚子	己巳	己亥	戊辰	**戊戌**	丁卯	**戊戌**	**4日**
甲戌	癸卯	癸酉	壬寅	壬申	辛丑	庚午	**庚子**	**己巳**	己亥	**戊辰**	己亥	**5日**
乙亥	甲辰	甲戌	癸卯	癸酉	壬寅	**辛未**	辛丑	庚午	庚子	己巳	庚子	**6日**
丙子	**乙巳**	**乙亥**	甲辰	**甲戌**	**癸卯**	壬申	壬寅	辛未	辛丑	庚午	辛丑	**7日**
丁丑	丙午	丙子	**乙巳**	乙亥	甲辰	癸酉	癸卯	壬申	壬寅	辛未	壬寅	**8日**
戊寅	丁未	丁丑	丙午	丙子	乙巳	甲戌	甲辰	癸酉	癸卯	壬申	癸卯	**9日**
己卯	戊申	戊寅	丁未	丁丑	丙午	乙亥	乙巳	甲戌	甲辰	癸酉	甲辰	**10日**
庚辰	己酉	己卯	戊申	戊寅	丁未	丙子	丙午	乙亥	乙巳	甲戌	乙巳	**11日**
辛巳	庚戌	庚辰	己酉	己卯	戊申	丁丑	丁未	丙子	丙午	乙亥	丙午	**12日**
壬午	辛亥	辛巳	庚戌	庚辰	己酉	戊寅	戊申	丁丑	丁未	丙子	丁未	**13日**
癸未	壬子	壬午	辛亥	辛巳	庚戌	己卯	己酉	戊寅	戊申	丁丑	戊申	**14日**
甲申	癸丑	癸未	壬子	壬午	辛亥	庚辰	庚戌	己卯	己酉	戊寅	己酉	**15日**
乙酉	甲寅	甲申	癸丑	癸未	壬子	辛巳	辛亥	庚辰	庚戌	己卯	庚戌	**16日**
丙戌	乙卯	乙酉	甲寅	甲申	癸丑	壬午	壬子	辛巳	辛亥	庚辰	辛亥	**17日**
丁亥	丙辰	丙戌	乙卯	乙酉	甲寅	癸未	癸丑	壬午	壬子	辛巳	壬子	**18日**
戊子	丁巳	丁亥	丙辰	丙戌	乙卯	甲申	甲寅	癸未	癸丑	壬午	癸丑	**19日**
己丑	戊午	戊子	丁巳	丁亥	丙辰	乙酉	乙卯	甲申	甲寅	癸未	甲寅	**20日**
庚寅	己未	己丑	戊午	戊子	丁巳	丙戌	丙辰	乙酉	乙卯	甲申	乙卯	**21日**
辛卯	庚申	庚寅	己未	己丑	戊午	丁亥	丁巳	丙戌	丙辰	乙酉	丙辰	**22日**
壬辰	辛酉	辛卯	庚申	庚寅	己未	戊子	戊午	丁亥	丁巳	丙戌	丁巳	**23日**
癸巳	壬戌	壬辰	辛酉	辛卯	庚申	己丑	己未	戊子	戊午	丁亥	戊午	**24日**
甲午	癸亥	癸巳	壬戌	壬辰	辛酉	庚寅	庚申	己丑	己未	戊子	己未	**25日**
乙未	甲子	甲午	癸亥	癸巳	壬戌	辛卯	辛酉	庚寅	庚申	己丑	庚申	**26日**
丙申	乙丑	乙未	甲子	甲午	癸亥	壬辰	壬戌	辛卯	辛酉	庚寅	辛酉	**27日**
丁酉	丙寅	丙申	乙丑	乙未	甲子	癸巳	癸亥	壬辰	壬戌	辛卯	壬戌	**28日**
戊戌	丁卯	丁酉	丙寅	丙申	乙丑	甲午	甲子	癸巳	癸亥	壬辰	癸亥	**29日**
己亥	戊辰	戊戌	丁卯	丁酉	丙寅	乙未	乙丑	甲午	甲子	癸巳		**30日**
庚子	己巳		戊辰		丁卯	丙申		乙未		甲午		**31日**

令和７年（西暦2025年）乙巳年　二黒土星

令和8年 1月	12月	11月	10月	9月	8月	7月	6月	5月	4月	3月	2月	月
己丑	戊子	丁亥	丙戌	乙酉	甲申	癸未	壬午	辛巳	庚辰	己卯	戊寅	月の干支
5日 17:23	7日 6:04	7日 13:04	8日 9:41	7日 17:52	7日 14:48	7日 5:05	5日 18:56	5日 14:57	4日 21:50	5日 17:08	3日 23:10	節入
乙亥	甲辰	甲戌	癸卯	癸酉	壬寅	辛未	辛丑	庚午	庚子	己巳	辛丑	1日
丙子	乙巳	乙亥	甲辰	甲戌	癸卯	壬申	壬寅	辛未	辛丑	庚午	壬寅	2日
丁丑	丙午	丙子	乙巳	乙亥	甲辰	癸酉	癸卯	壬申	壬寅	辛未	**癸卯**	3日
戊寅	丁未	丁丑	丙午	丙子	乙巳	甲戌	甲辰	癸酉	**癸卯**	壬申	甲辰	4日
己卯	戊申	戊寅	丁未	丁丑	丙午	乙亥	**乙巳**	**甲戌**	甲辰	**癸酉**	乙巳	5日
庚辰	己酉	己卯	戊申	戊寅	丁未	丙子	丙午	乙亥	乙巳	甲戌	丙午	6日
辛巳	**庚戌**	**庚辰**	己酉	**己卯**	**戊申**	**丁丑**	丁未	丙子	丙午	乙亥	丁未	7日
壬午	辛亥	辛巳	**庚戌**	庚辰	己酉	戊寅	戊申	丁丑	丁未	丙子	戊申	8日
癸未	壬子	壬午	辛亥	辛巳	庚戌	己卯	己酉	戊寅	戊申	丁丑	己酉	9日
甲申	癸丑	癸未	壬子	壬午	辛亥	庚辰	庚戌	己卯	己酉	戊寅	庚戌	10日
乙酉	甲寅	甲申	癸丑	癸未	壬子	辛巳	辛亥	庚辰	庚戌	己卯	辛亥	11日
丙戌	乙卯	乙酉	甲寅	甲申	癸丑	壬午	壬子	辛巳	辛亥	庚辰	壬子	12日
丁亥	丙辰	丙戌	乙卯	乙酉	甲寅	癸未	癸丑	壬午	壬子	辛巳	癸丑	13日
戊子	丁巳	丁亥	丙辰	丙戌	乙卯	甲申	甲寅	癸未	癸丑	壬午	甲寅	14日
己丑	戊午	戊子	丁巳	丁亥	丙辰	乙酉	乙卯	甲申	甲寅	癸未	乙卯	15日
庚寅	己未	己丑	戊午	戊子	丁巳	丙戌	丙辰	乙酉	乙卯	甲申	丙辰	16日
辛卯	庚申	庚寅	己未	己丑	戊午	丁亥	丁巳	丙戌	丙辰	乙酉	丁巳	17日
壬辰	辛酉	辛卯	庚申	庚寅	己未	戊子	戊午	丁亥	丁巳	丙戌	戊午	18日
癸巳	壬戌	壬辰	辛酉	辛卯	庚申	己丑	己未	戊子	戊午	丁亥	己未	19日
甲午	癸亥	癸巳	壬戌	壬辰	辛酉	庚寅	庚申	己丑	己未	戊子	庚申	20日
乙未	甲子	甲午	癸亥	癸巳	壬戌	辛卯	辛酉	庚寅	庚申	己丑	辛酉	21日
丙申	乙丑	乙未	甲子	甲午	癸亥	壬辰	壬戌	辛卯	辛酉	庚寅	壬戌	22日
丁酉	丙寅	丙申	乙丑	乙未	甲子	癸巳	癸亥	壬辰	壬戌	辛卯	癸亥	23日
戊戌	丁卯	丁酉	丙寅	丙申	乙丑	甲午	甲子	癸巳	癸亥	壬辰	甲子	24日
己亥	戊辰	戊戌	丁卯	丁酉	丙寅	乙未	乙丑	甲午	甲子	癸巳	乙丑	25日
庚子	己巳	己亥	戊辰	戊戌	丁卯	丙申	丙寅	乙未	乙丑	甲午	丙寅	26日
辛丑	庚午	庚子	己巳	己亥	戊辰	丁酉	丁卯	丙申	丙寅	乙未	丁卯	27日
壬寅	辛未	辛丑	庚午	庚子	己巳	戊戌	戊辰	丁酉	丁卯	丙申	戊辰	28日
癸卯	壬申	壬寅	辛未	辛丑	庚午	己亥	己巳	戊戌	戊辰	丁酉		29日
甲辰	癸酉	癸卯	壬申	壬寅	辛未	庚子	庚午	己亥	己巳	戊戌		30日
乙巳	甲戌		癸酉		壬申	辛丑		庚子		己亥		31日

令和８年（西暦2026年）丙午年　一白水星

令和９年 1月	12月	11月	10月	9月	8月	7月	6月	5月	4月	3月	2月	月
辛丑	庚子	己亥	戊戌	丁酉	丙申	乙未	甲午	癸巳	壬辰	辛卯	庚寅	月の干支
5日 23:10	7日 11:52	7日 18:52	8日 15:29	7日 23:41	7日 20:42	7日 10:57	6日 0:48	5日 20:48	5日 3:39	5日 22:58	4日 5:02	節入
庚辰	己酉	己卯	戊申	戊寅	丁未	丙子	丙午	乙亥	乙巳	甲戌	丙午	1日
辛巳	庚戌	庚辰	己酉	己卯	戊申	丁丑	丁未	丙子	丙午	乙亥	丁未	2日
壬午	辛亥	辛巳	庚戌	庚辰	己酉	戊寅	戊申	丁丑	丁未	丙子	戊申	3日
癸未	壬子	壬午	辛亥	辛巳	庚戌	己卯	己酉	戊寅	戊申	丁丑	**己酉**	4日
甲申	癸丑	癸未	壬子	壬午	辛亥	庚辰	庚戌	**己卯**	**己酉**	**戊寅**	庚戌	5日
乙酉	甲寅	甲申	癸丑	癸未	壬子	辛巳	**辛亥**	庚辰	庚戌	己卯	辛亥	6日
丙戌	**乙卯**	**乙酉**	甲寅	**甲申**	**癸丑**	**壬午**	壬子	辛巳	辛亥	庚辰	壬子	7日
丁亥	丙辰	丙戌	**乙卯**	乙酉	甲寅	癸未	癸丑	壬午	壬子	辛巳	癸丑	8日
戊子	丁巳	丁亥	丙辰	丙戌	乙卯	甲申	甲寅	癸未	癸丑	壬午	甲寅	9日
己丑	戊午	戊子	丁巳	丁亥	丙辰	乙酉	乙卯	甲申	甲寅	癸未	乙卯	10日
庚寅	己未	己丑	戊午	戊子	丁巳	丙戌	丙辰	乙酉	乙卯	甲申	丙辰	11日
辛卯	庚申	庚寅	己未	己丑	戊午	丁亥	丁巳	丙戌	丙辰	乙酉	丁巳	12日
壬辰	辛酉	辛卯	庚申	庚寅	己未	戊子	戊午	丁亥	丁巳	丙戌	戊午	13日
癸巳	壬戌	壬辰	辛酉	辛卯	庚申	己丑	己未	戊子	戊午	丁亥	己未	14日
甲午	癸亥	癸巳	壬戌	壬辰	辛酉	庚寅	庚申	己丑	己未	戊子	庚申	15日
乙未	甲子	甲午	癸亥	癸巳	壬戌	辛卯	辛酉	庚寅	庚申	己丑	辛酉	16日
丙申	乙丑	乙未	甲子	甲午	癸亥	壬辰	壬戌	辛卯	辛酉	庚寅	壬戌	17日
丁酉	丙寅	丙申	乙丑	乙未	甲子	癸巳	癸亥	壬辰	壬戌	辛卯	癸亥	18日
戊戌	丁卯	丁酉	丙寅	丙申	乙丑	甲午	甲子	癸巳	癸亥	壬辰	甲子	19日
己亥	戊辰	戊戌	丁卯	丁酉	丙寅	乙未	乙丑	甲午	甲子	癸巳	乙丑	20日
庚子	己巳	己亥	戊辰	戊戌	丁卯	丙申	丙寅	乙未	乙丑	甲午	丙寅	21日
辛丑	庚午	庚子	己巳	己亥	戊辰	丁酉	丁卯	丙申	丙寅	乙未	丁卯	22日
壬寅	辛未	辛丑	庚午	庚子	己巳	戊戌	戊辰	丁酉	丁卯	丙申	戊辰	23日
癸卯	壬申	壬寅	辛未	辛丑	庚午	己亥	己巳	戊戌	戊辰	丁酉	己巳	24日
甲辰	癸酉	癸卯	壬申	壬寅	辛未	庚子	庚午	己亥	己巳	戊戌	庚午	25日
乙巳	甲戌	甲辰	癸酉	癸卯	壬申	辛丑	辛未	庚子	庚午	己亥	辛未	26日
丙午	乙亥	乙巳	甲戌	甲辰	癸酉	壬寅	壬申	辛丑	辛未	庚子	壬申	27日
丁未	丙子	丙午	乙亥	乙巳	甲戌	癸卯	癸酉	壬寅	壬申	辛丑	癸酉	28日
戊申	丁丑	丁未	丙子	丙午	乙亥	甲辰	甲戌	癸卯	癸酉	壬寅		29日
己酉	戊寅	戊申	丁丑	丁未	丙子	乙巳	乙亥	甲辰	甲戌	癸卯		30日
庚戌	己卯		戊寅		丁丑	丙午		乙巳		甲辰		31日

令和９年（西暦2027年）丁未年　九紫火星

令和10年 1月	12月	11月	10月	9月	8月	7月	6月	5月	4月	3月	2月	月
癸丑	壬子	辛亥	庚戌	己酉	戊申	丁未	丙午	乙巳	甲辰	癸卯	壬寅	月の干支
6日 4:54	7日 17:38	8日 0:38	8日 21:17	8日 5:28	8日 2:27	7日 16:37	6日 6:26	6日 2:25	5日 9:17	6日 4:39	4日 10:46	節入
乙酉	甲寅	甲申	癸丑	癸未	壬子	辛巳	辛亥	庚辰	庚戌	己卯	辛亥	1日
丙戌	乙卯	乙酉	甲寅	甲申	癸丑	壬午	壬子	辛巳	辛亥	庚辰	壬子	2日
丁亥	丙辰	丙戌	乙卯	乙酉	甲寅	癸未	癸丑	壬午	壬子	辛巳	癸丑	3日
戊子	丁巳	丁亥	丙辰	丙戌	乙卯	甲申	甲寅	癸未	癸丑	壬午	**甲寅**	4日
己丑	戊午	戊子	丁巳	丁亥	丙辰	乙酉	乙卯	甲申	**甲寅**	癸未	乙卯	5日
庚寅	己未	己丑	戊午	戊子	丁巳	丙戌	**丙辰**	**乙酉**	乙卯	**甲申**	丙辰	6日
辛卯	**庚申**	庚寅	己未	己丑	戊午	**丁亥**	丁巳	丙戌	丙辰	乙酉	丁巳	7日
壬辰	辛酉	**辛卯**	**庚申**	**庚寅**	**己未**	戊子	戊午	丁亥	丁巳	丙戌	戊午	8日
癸巳	壬戌	壬辰	辛酉	辛卯	庚申	己丑	己未	戊子	戊午	丁亥	己未	9日
甲午	癸亥	癸巳	壬戌	壬辰	辛酉	庚寅	庚申	己丑	己未	戊子	庚申	10日
乙未	甲子	甲午	癸亥	癸巳	壬戌	辛卯	辛酉	庚寅	庚申	己丑	辛酉	11日
丙申	乙丑	乙未	甲子	甲午	癸亥	壬辰	壬戌	辛卯	辛酉	庚寅	壬戌	12日
丁酉	丙寅	丙申	乙丑	乙未	甲子	癸巳	癸亥	壬辰	壬戌	辛卯	癸亥	13日
戊戌	丁卯	丁酉	丙寅	丙申	乙丑	甲午	甲子	癸巳	癸亥	壬辰	甲子	14日
己亥	戊辰	戊戌	丁卯	丁酉	丙寅	乙未	乙丑	甲午	甲子	癸巳	乙丑	15日
庚子	己巳	己亥	戊辰	戊戌	丁卯	丙申	丙寅	乙未	乙丑	甲午	丙寅	16日
辛丑	庚午	庚子	己巳	己亥	戊辰	丁酉	丁卯	丙申	丙寅	乙未	丁卯	17日
壬寅	辛未	辛丑	庚午	庚子	己巳	戊戌	戊辰	丁酉	丁卯	丙申	戊辰	18日
癸卯	壬申	壬寅	辛未	辛丑	庚午	己亥	己巳	戊戌	戊辰	丁酉	己巳	19日
甲辰	癸酉	癸卯	壬申	壬寅	辛未	庚子	庚午	己亥	己巳	戊戌	庚午	20日
乙巳	甲戌	甲辰	癸酉	癸卯	壬申	辛丑	辛未	庚子	庚午	己亥	辛未	21日
丙午	乙亥	乙巳	甲戌	甲辰	癸酉	壬寅	壬申	辛丑	辛未	庚子	壬申	22日
丁未	丙子	丙午	乙亥	乙巳	甲戌	癸卯	癸酉	壬寅	壬申	辛丑	癸酉	23日
戊申	丁丑	丁未	丙子	丙午	乙亥	甲辰	甲戌	癸卯	癸酉	壬寅	甲戌	24日
己酉	戊寅	戊申	丁丑	丁未	丙子	乙巳	乙亥	甲辰	甲戌	癸卯	乙亥	25日
庚戌	己卯	己酉	戊寅	戊申	丁丑	丙午	丙子	乙巳	乙亥	甲辰	丙子	26日
辛亥	庚辰	庚戌	己卯	己酉	戊寅	丁未	丁丑	丙午	丙子	乙巳	丁丑	27日
壬子	辛巳	辛亥	庚辰	庚戌	己卯	戊申	戊寅	丁未	丁丑	丙午	戊寅	28日
癸丑	壬午	壬子	辛巳	辛亥	庚辰	己酉	己卯	戊申	戊寅	丁未		29日
甲寅	癸未	癸丑	壬午	壬子	辛巳	庚戌	庚辰	己酉	己卯	戊申		30日
乙卯	甲申		癸未		壬午	辛亥		庚戌		己酉		31日

令和10年（西暦2028年）戊申年　八白土星

令和11年 1月	12月	11月	10月	9月	8月	7月	6月	5月	4月	3月	2月	月
乙丑	甲子	癸亥	壬戌	辛酉	庚申	己未	戊午	丁巳	丙辰	乙卯	甲寅	月の干支
5日 10:42	6日 23:25	7日 6:27	8日 3:08	7日 11:22	7日 8:21	6日 22:30	5日 12:16	5日 8:12	4日 15:03	5日 10:25	4日 16:31	節入
辛卯	庚申	庚寅	己未	己丑	戊午	丁亥	丁巳	丙戌	丙辰	乙酉	丙辰	1日
壬辰	辛酉	辛卯	庚申	庚寅	己未	戊子	戊午	丁亥	丁巳	丙戌	丁巳	2日
癸巳	壬戌	壬辰	辛酉	辛卯	庚申	己丑	己未	戊子	戊午	丁亥	戊午	3日
甲午	癸亥	癸巳	壬戌	壬辰	辛酉	庚寅	庚申	己丑	**己未**	戊子	**己未**	4日
乙未	甲子	甲午	癸亥	癸巳	壬戌	辛卯	**辛酉**	**庚寅**	庚申	**己丑**	庚申	5日
丙申	**乙丑**	乙未	甲子	甲午	癸亥	**壬辰**	壬戌	辛卯	辛酉	庚寅	辛酉	6日
丁酉	丙寅	**丙申**	乙丑	**乙未**	**甲子**	癸巳	癸亥	壬辰	壬戌	辛卯	壬戌	7日
戊戌	丁卯	丁酉	**丙寅**	丙申	乙丑	甲午	甲子	癸巳	癸亥	壬辰	癸亥	8日
己亥	戊辰	戊戌	丁卯	丁酉	丙寅	乙未	乙丑	甲午	甲子	癸巳	甲子	9日
庚子	己巳	己亥	戊辰	戊戌	丁卯	丙申	丙寅	乙未	乙丑	甲午	乙丑	10日
辛丑	庚午	庚子	己巳	己亥	戊辰	丁酉	丁卯	丙申	丙寅	乙未	丙寅	11日
壬寅	辛未	辛丑	庚午	庚子	己巳	戊戌	戊辰	丁酉	丁卯	丙申	丁卯	12日
癸卯	壬申	壬寅	辛未	辛丑	庚午	己亥	己巳	戊戌	戊辰	丁酉	戊辰	13日
甲辰	癸酉	癸卯	壬申	壬寅	辛未	庚子	庚午	己亥	己巳	戊戌	己巳	14日
乙巳	甲戌	甲辰	癸酉	癸卯	壬申	辛丑	辛未	庚子	庚午	己亥	庚午	15日
丙午	乙亥	乙巳	甲戌	甲辰	癸酉	壬寅	壬申	辛丑	辛未	庚子	辛未	16日
丁未	丙子	丙午	乙亥	乙巳	甲戌	癸卯	癸酉	壬寅	壬申	辛丑	壬申	17日
戊申	丁丑	丁未	丙子	丙午	乙亥	甲辰	甲戌	癸卯	癸酉	壬寅	癸酉	18日
己酉	戊寅	戊申	丁丑	丁未	丙子	乙巳	乙亥	甲辰	甲戌	癸卯	甲戌	19日
庚戌	己卯	己酉	戊寅	戊申	丁丑	丙午	丙子	乙巳	乙亥	甲辰	乙亥	20日
辛亥	庚辰	庚戌	己卯	己酉	戊寅	丁未	丁丑	丙午	丙子	乙巳	丙子	21日
壬子	辛巳	辛亥	庚辰	庚戌	己卯	戊申	戊寅	丁未	丁丑	丙午	丁丑	22日
癸丑	壬午	壬子	辛巳	辛亥	庚辰	己酉	己卯	戊申	戊寅	丁未	戊寅	23日
甲寅	癸未	癸丑	壬午	壬子	辛巳	庚戌	庚辰	己酉	己卯	戊申	己卯	24日
乙卯	甲申	甲寅	癸未	癸丑	壬午	辛亥	辛巳	庚戌	庚辰	己酉	庚辰	25日
丙辰	乙酉	乙卯	甲申	甲寅	癸未	壬子	壬午	辛亥	辛巳	庚戌	辛巳	26日
丁巳	丙戌	丙辰	乙酉	乙卯	甲申	癸丑	癸未	壬子	壬午	辛亥	壬午	27日
戊午	丁亥	丁巳	丙戌	丙辰	乙酉	甲寅	甲申	癸丑	癸未	壬子	癸未	28日
己未	戊子	戊午	丁亥	丁巳	丙戌	乙卯	乙酉	甲寅	甲申	癸丑	甲申	29日
庚申	己丑	己未	戊子	戊午	丁亥	丙辰	丙戌	乙卯	乙酉	甲寅		30日
辛酉	庚寅		己丑		戊子	丁巳		丙辰		乙卯		31日

令和11年（西暦2029年）己酉年　七赤金星

令和12年 1月	12月	11月	10月	9月	8月	7月	6月	5月	4月	3月	2月	月
丁丑	丙子	乙亥	甲戌	癸酉	壬申	辛未	庚午	己巳	戊辰	丁卯	丙寅	月の干支
5日 16:30	7日 5:14	7日 12:17	8日 8:58	7日 17:12	7日 14:12	7日 4:22	5日 18:10	5日 14:08	4日 20:58	5日 16:17	3日 22:21	節入
丙申	乙丑	乙未	甲子	甲午	癸亥	壬辰	壬戌	辛卯	辛酉	庚寅	壬戌	1日
丁酉	丙寅	丙申	乙丑	乙未	甲子	癸巳	癸亥	壬辰	壬戌	辛卯	癸亥	2日
戊戌	丁卯	丁酉	丙寅	丙申	乙丑	甲午	甲子	癸巳	癸亥	壬辰	**甲子**	3日
己亥	戊辰	戊戌	丁卯	丁酉	丙寅	乙未	乙丑	甲午	**甲子**	癸巳	乙丑	4日
庚子	己巳	己亥	戊辰	戊戌	丁卯	丙申	**丙寅**	**乙未**	乙丑	**甲午**	丙寅	5日
辛丑	庚午	庚子	己巳	己亥	戊辰	丁酉	丁卯	丙申	丙寅	乙未	丁卯	6日
壬寅	**辛未**	**辛丑**	庚午	**庚子**	**己巳**	**戊戌**	戊辰	丁酉	丁卯	丙申	戊辰	7日
癸卯	壬申	壬寅	**辛未**	辛丑	庚午	己亥	己巳	戊戌	戊辰	丁酉	己巳	8日
甲辰	癸酉	癸卯	壬申	壬寅	辛未	庚子	庚午	己亥	己巳	戊戌	庚午	9日
乙巳	甲戌	甲辰	癸酉	癸卯	壬申	辛丑	辛未	庚子	庚午	己亥	辛未	10日
丙午	乙亥	乙巳	甲戌	甲辰	癸酉	壬寅	壬申	辛丑	辛未	庚子	壬申	11日
丁未	丙子	丙午	乙亥	乙巳	甲戌	癸卯	癸酉	壬寅	壬申	辛丑	癸酉	12日
戊申	丁丑	丁未	丙子	丙午	乙亥	甲辰	甲戌	癸卯	癸酉	壬寅	甲戌	13日
己酉	戊寅	戊申	丁丑	丁未	丙子	乙巳	乙亥	甲辰	甲戌	癸卯	乙亥	14日
庚戌	己卯	己酉	戊寅	戊申	丁丑	丙午	丙子	乙巳	乙亥	甲辰	丙子	15日
辛亥	庚辰	庚戌	己卯	己酉	戊寅	丁未	丁丑	丙午	丙子	乙巳	丁丑	16日
壬子	辛巳	辛亥	庚辰	庚戌	己卯	戊申	戊寅	丁未	丁丑	丙午	戊寅	17日
癸丑	壬午	壬子	辛巳	辛亥	庚辰	己酉	己卯	戊申	戊寅	丁未	己卯	18日
甲寅	癸未	癸丑	壬午	壬子	辛巳	庚戌	庚辰	己酉	己卯	戊申	庚辰	19日
乙卯	甲申	甲寅	癸未	癸丑	壬午	辛亥	辛巳	庚戌	庚辰	己酉	辛巳	20日
丙辰	乙酉	乙卯	甲申	甲寅	癸未	壬子	壬午	辛亥	辛巳	庚戌	壬午	21日
丁巳	丙戌	丙辰	乙酉	乙卯	甲申	癸丑	癸未	壬子	壬午	辛亥	癸未	22日
戊午	丁亥	丁巳	丙戌	丙辰	乙酉	甲寅	甲申	癸丑	癸未	壬子	甲申	23日
己未	戊子	戊午	丁亥	丁巳	丙戌	乙卯	乙酉	甲寅	甲申	癸丑	乙酉	24日
庚申	己丑	己未	戊子	戊午	丁亥	丙辰	丙戌	乙卯	乙酉	甲寅	丙戌	25日
辛酉	庚寅	庚申	己丑	己未	戊子	丁巳	丁亥	丙辰	丙戌	乙卯	丁亥	26日
壬戌	辛卯	辛酉	庚寅	庚申	己丑	戊午	戊子	丁巳	丁亥	丙辰	戊子	27日
癸亥	壬辰	壬戌	辛卯	辛酉	庚寅	己未	己丑	戊午	戊子	丁巳	己丑	28日
甲子	癸巳	癸亥	壬辰	壬戌	辛卯	庚申	庚寅	己未	己丑	戊午		29日
乙丑	甲午	甲子	癸巳	癸亥	壬辰	辛酉	辛卯	庚申	庚寅	己未		30日
丙寅	乙未		甲午		癸巳	壬戌		辛酉		庚申		31日

令和12年（西暦2030年）庚戌年　六白金星

令和13年 1月	12月	11月	10月	9月	8月	7月	6月	5月	4月	3月	2月	月
己丑	戊子	丁亥	丙戌	乙酉	甲申	癸未	壬午	辛巳	庚辰	己卯	戊寅	月の干支
5日 22:23	7日 11:07	7日 18:09	8日 14:45	7日 22:53	7日 19:47	7日 9:55	5日 23:44	5日 19:46	5日 2:41	5日 22:03	4日 4:08	節入
辛丑	庚午	庚子	己巳	己亥	戊辰	丁酉	丁卯	丙申	丙寅	乙未	丁卯	1日
壬寅	辛未	辛丑	庚午	庚子	己巳	戊戌	戊辰	丁酉	丁卯	丙申	戊辰	2日
癸卯	壬申	壬寅	辛未	辛丑	庚午	己亥	己巳	戊戌	戊辰	丁酉	己巳	3日
甲辰	癸酉	癸卯	壬申	壬寅	辛未	庚子	庚午	己亥	己巳	戊戌	**庚午**	4日
乙巳	甲戌	甲辰	癸酉	癸卯	壬申	辛丑	**辛未**	**庚子**	**庚午**	**己亥**	辛未	5日
丙午	乙亥	乙巳	甲戌	甲辰	癸酉	壬寅	壬申	辛丑	辛未	庚子	壬申	6日
丁未	**丙子**	**丙午**	乙亥	**乙巳**	**甲戌**	**癸卯**	癸酉	壬寅	壬申	辛丑	癸酉	7日
戊申	丁丑	丁未	**丙子**	丙午	乙亥	甲辰	甲戌	癸卯	癸酉	壬寅	甲戌	8日
己酉	戊寅	戊申	丁丑	丁未	丙子	乙巳	乙亥	甲辰	甲戌	癸卯	乙亥	9日
庚戌	己卯	己酉	戊寅	戊申	丁丑	丙午	丙子	乙巳	乙亥	甲辰	丙子	10日
辛亥	庚辰	庚戌	己卯	己酉	戊寅	丁未	丁丑	丙午	丙子	乙巳	丁丑	11日
壬子	辛巳	辛亥	庚辰	庚戌	己卯	戊申	戊寅	丁未	丁丑	丙午	戊寅	12日
癸丑	壬午	壬子	辛巳	辛亥	庚辰	己酉	己卯	戊申	戊寅	丁未	己卯	13日
甲寅	癸未	癸丑	壬午	壬子	辛巳	庚戌	庚辰	己酉	己卯	戊申	庚辰	14日
乙卯	甲申	甲寅	癸未	癸丑	壬午	辛亥	辛巳	庚戌	庚辰	己酉	辛巳	15日
丙辰	乙酉	乙卯	甲申	甲寅	癸未	壬子	壬午	辛亥	辛巳	庚戌	壬午	16日
丁巳	丙戌	丙辰	乙酉	乙卯	甲申	癸丑	癸未	壬子	壬午	辛亥	癸未	17日
戊午	丁亥	丁巳	丙戌	丙辰	乙酉	甲寅	甲申	癸丑	癸未	壬子	甲申	18日
己未	戊子	戊午	丁亥	丁巳	丙戌	乙卯	乙酉	甲寅	甲申	癸丑	乙酉	19日
庚申	己丑	己未	戊子	戊午	丁亥	丙辰	丙戌	乙卯	乙酉	甲寅	丙戌	20日
辛酉	庚寅	庚申	己丑	己未	戊子	丁巳	丁亥	丙辰	丙戌	乙卯	丁亥	21日
壬戌	辛卯	辛酉	庚寅	庚申	己丑	戊午	戊子	丁巳	丁亥	丙辰	戊子	22日
癸亥	壬辰	壬戌	辛卯	辛酉	庚寅	己未	己丑	戊午	戊子	丁巳	己丑	23日
甲子	癸巳	癸亥	壬辰	壬戌	辛卯	庚申	庚寅	己未	己丑	戊午	庚寅	24日
乙丑	甲午	甲子	癸巳	癸亥	壬辰	辛酉	辛卯	庚申	庚寅	己未	辛卯	25日
丙寅	乙未	乙丑	甲午	甲子	癸巳	壬戌	壬辰	辛酉	辛卯	庚申	壬辰	26日
丁卯	丙申	丙寅	乙未	乙丑	甲午	癸亥	癸巳	壬戌	壬辰	辛酉	癸巳	27日
戊辰	丁酉	丁卯	丙申	丙寅	乙未	甲子	甲午	癸亥	癸巳	壬戌	甲午	28日
己巳	戊戌	戊辰	丁酉	丁卯	丙申	乙丑	乙未	甲子	甲午	癸亥		29日
庚午	己亥	己巳	戊戌	戊辰	丁酉	丙寅	丙申	乙丑	乙未	甲子		30日
辛未	庚子		己亥		戊戌	丁卯		丙寅		乙丑		31日

令和13年（西暦2031年）辛亥年　五黄土星

令和14年 1月	12月	11月	10月	9月	8月	7月	6月	5月	4月	3月	2月	月
辛丑	庚子	己亥	戊戌	丁酉	丙申	乙未	甲午	癸巳	壬辰	辛卯	庚寅	月の干支
6日 4:16	7日 17:03	8日 0:05	8日 20:43	8日 4:50	8日 1:43	7日 15:49	6日 5:35	6日 1:35	5日 8:28	6日 3:51	4日 9:58	節入
丙午	乙亥	乙巳	甲戌	甲辰	癸酉	壬寅	壬申	辛丑	辛未	庚子	壬申	1日
丁未	丙子	丙午	乙亥	乙巳	甲戌	癸卯	癸酉	壬寅	壬申	辛丑	癸酉	2日
戊申	丁丑	丁未	丙子	丙午	乙亥	甲辰	甲戌	癸卯	癸酉	壬寅	甲戌	3日
己酉	戊寅	戊申	丁丑	丁未	丙子	乙巳	乙亥	甲辰	甲戌	癸卯	**乙亥**	4日
庚戌	己卯	己酉	戊寅	戊申	丁丑	丙午	丙子	乙巳	**乙亥**	甲辰	丙子	5日
辛亥	庚辰	庚戌	己卯	己酉	戊寅	丁未	**丁丑**	**丙午**	丙子	**乙巳**	丁丑	6日
壬子	**辛巳**	辛亥	庚辰	庚戌	己卯	**戊申**	戊寅	丁未	丁丑	丙午	戊寅	7日
癸丑	壬午	**壬子**	**辛巳**	**辛亥**	**庚辰**	己酉	己卯	戊申	戊寅	丁未	己卯	8日
甲寅	癸未	癸丑	壬午	壬子	辛巳	庚戌	庚辰	己酉	己卯	戊申	庚辰	9日
乙卯	甲申	甲寅	癸未	癸丑	壬午	辛亥	辛巳	庚戌	庚辰	己酉	辛巳	10日
丙辰	乙酉	乙卯	甲申	甲寅	癸未	壬子	壬午	辛亥	辛巳	庚戌	壬午	11日
丁巳	丙戌	丙辰	乙酉	乙卯	甲申	癸丑	癸未	壬子	壬午	辛亥	癸未	12日
戊午	丁亥	丁巳	丙戌	丙辰	乙酉	甲寅	甲申	癸丑	癸未	壬子	甲申	13日
己未	戊子	戊午	丁亥	丁巳	丙戌	乙卯	乙酉	甲寅	甲申	癸丑	乙酉	14日
庚申	己丑	己未	戊子	戊午	丁亥	丙辰	丙戌	乙卯	乙酉	甲寅	丙戌	15日
辛酉	庚寅	庚申	己丑	己未	戊子	丁巳	丁亥	丙辰	丙戌	乙卯	丁亥	16日
壬戌	辛卯	辛酉	庚寅	庚申	己丑	戊午	戊子	丁巳	丁亥	丙辰	戊子	17日
癸亥	壬辰	壬戌	辛卯	辛酉	庚寅	己未	己丑	戊午	戊子	丁巳	己丑	18日
甲子	癸巳	癸亥	壬辰	壬戌	辛卯	庚申	庚寅	己未	己丑	戊午	庚寅	19日
乙丑	甲午	甲子	癸巳	癸亥	壬辰	辛酉	辛卯	庚申	庚寅	己未	辛卯	20日
丙寅	乙未	乙丑	甲午	甲子	癸巳	壬戌	壬辰	辛酉	辛卯	庚申	壬辰	21日
丁卯	丙申	丙寅	乙未	乙丑	甲午	癸亥	癸巳	壬戌	壬辰	辛酉	癸巳	22日
戊辰	丁酉	丁卯	丙申	丙寅	乙未	甲子	甲午	癸亥	癸巳	壬戌	甲午	23日
己巳	戊戌	戊辰	丁酉	丁卯	丙申	乙丑	乙未	甲子	甲午	癸亥	乙未	24日
庚午	己亥	己巳	戊戌	戊辰	丁酉	丙寅	丙申	乙丑	乙未	甲子	丙申	25日
辛未	庚子	庚午	己亥	己巳	戊戌	丁卯	丁酉	丙寅	丙申	乙丑	丁酉	26日
壬申	辛丑	辛未	庚子	庚午	己亥	戊辰	戊戌	丁卯	丁酉	丙寅	戊戌	27日
癸酉	壬寅	壬申	辛丑	辛未	庚子	己巳	己亥	戊辰	戊戌	丁卯	己亥	28日
甲戌	癸卯	癸酉	壬寅	壬申	辛丑	庚午	庚子	己巳	己亥	戊辰		29日
乙亥	甲辰	甲戌	癸卯	癸酉	壬寅	辛未	辛丑	庚午	庚子	己巳		30日
丙子	乙巳		甲辰		癸卯	壬申		辛未		庚午		31日

令和14年（西暦2032年）壬子年　四緑木星

令和15年 1月	12月	11月	10月	9月	8月	7月	6月	5月	4月	3月	2月	月
癸丑	壬子	辛亥	庚戌	己酉	戊申	丁未	丙午	乙巳	甲辰	癸卯	壬寅	月の干支
5日 10:08	6日 22:53	7日 5:54	8日 2:30	7日 10:38	7日 7:33	6日 21:41	5日 11:28	5日 7:26	4日 14:17	5日 9:40	4日 15:49	節入
壬子	辛巳	辛亥	庚辰	庚戌	己卯	戊申	戊寅	丁未	丁丑	丙午	丁丑	1日
癸丑	壬午	壬子	辛巳	辛亥	庚辰	己酉	己卯	戊申	戊寅	丁未	戊寅	2日
甲寅	癸未	癸丑	壬午	壬子	辛巳	庚戌	庚辰	己酉	己卯	戊申	己卯	3日
乙卯	甲申	甲寅	癸未	癸丑	壬午	辛亥	辛巳	庚戌	**庚辰**	己酉	**庚辰**	4日
丙辰	乙酉	乙卯	甲申	甲寅	癸未	壬子	**壬午**	**辛亥**	辛巳	**庚戌**	辛巳	5日
丁巳	**丙戌**	丙辰	乙酉	乙卯	甲申	**癸丑**	癸未	壬子	壬午	辛亥	壬午	6日
戊午	丁亥	**丁巳**	丙戌	**丙辰**	**乙酉**	甲寅	甲申	癸丑	癸未	壬子	癸未	7日
己未	戊子	戊午	**丁亥**	丁巳	丙戌	乙卯	乙酉	甲寅	甲申	癸丑	甲申	8日
庚申	己丑	己未	戊子	戊午	丁亥	丙辰	丙戌	乙卯	乙酉	甲寅	乙酉	9日
辛酉	庚寅	庚申	己丑	己未	戊子	丁巳	丁亥	丙辰	丙戌	乙卯	丙戌	10日
壬戌	辛卯	辛酉	庚寅	庚申	己丑	戊午	戊子	丁巳	丁亥	丙辰	丁亥	11日
癸亥	壬辰	壬戌	辛卯	辛酉	庚寅	己未	己丑	戊午	戊子	丁巳	戊子	12日
甲子	癸巳	癸亥	壬辰	壬戌	辛卯	庚申	庚寅	己未	己丑	戊午	己丑	13日
乙丑	甲午	甲子	癸巳	癸亥	壬辰	辛酉	辛卯	庚申	庚寅	己未	庚寅	14日
丙寅	乙未	乙丑	甲午	甲子	癸巳	壬戌	壬辰	辛酉	辛卯	庚申	辛卯	15日
丁卯	丙申	丙寅	乙未	乙丑	甲午	癸亥	癸巳	壬戌	壬辰	辛酉	壬辰	16日
戊辰	丁酉	丁卯	丙申	丙寅	乙未	甲子	甲午	癸亥	癸巳	壬戌	癸巳	17日
己巳	戊戌	戊辰	丁酉	丁卯	丙申	乙丑	乙未	甲子	甲午	癸亥	甲午	18日
庚午	己亥	己巳	戊戌	戊辰	丁酉	丙寅	丙申	乙丑	乙未	甲子	乙未	19日
辛未	庚子	庚午	己亥	己巳	戊戌	丁卯	丁酉	丙寅	丙申	乙丑	丙申	20日
壬申	辛丑	辛未	庚子	庚午	己亥	戊辰	戊戌	丁卯	丁酉	丙寅	丁酉	21日
癸酉	壬寅	壬申	辛丑	辛未	庚子	己巳	己亥	戊辰	戊戌	丁卯	戊戌	22日
甲戌	癸卯	癸酉	壬寅	壬申	辛丑	庚午	庚子	己巳	己亥	戊辰	己亥	23日
乙亥	甲辰	甲戌	癸卯	癸酉	壬寅	辛未	辛丑	庚午	庚子	己巳	庚子	24日
丙子	乙巳	乙亥	甲辰	甲戌	癸卯	壬申	壬寅	辛未	辛丑	庚午	辛丑	25日
丁丑	丙午	丙子	乙巳	乙亥	甲辰	癸酉	癸卯	壬申	壬寅	辛未	壬寅	26日
戊寅	丁未	丁丑	丙午	丙子	乙巳	甲戌	甲辰	癸酉	癸卯	壬申	癸卯	27日
己卯	戊申	戊寅	丁未	丁丑	丙午	乙亥	乙巳	甲戌	甲辰	癸酉	甲辰	28日
庚辰	己酉	己卯	戊申	戊寅	丁未	丙子	丙午	乙亥	乙巳	甲戌	乙巳	29日
辛巳	庚戌	庚辰	己酉	己卯	戊申	丁丑	丁未	丙子	丙午	乙亥		30日
壬午	辛亥		庚戌		己酉	戊寅		丁丑		丙子		31日

令和15年（西暦2033年）癸丑年　三碧木星

令和16年 1月	12月	11月	10月	9月	8月	7月	6月	5月	4月	3月	2月	月
乙丑	甲子	癸亥	壬戌	辛酉	庚申	己未	戊午	丁巳	丙辰	乙卯	甲寅	月の干支
5日 16:04	7日 4:45	7日 11:41	8日 8:14	7日 16:20	7日 13:16	7日 3:25	5日 17:13	5日 13:14	4日 20:08	5日 15:32	3日 21:41	節入
丁巳	丙戌	丙辰	乙酉	乙卯	甲申	癸丑	癸未	壬子	壬午	辛亥	癸未	1日
戊午	丁亥	丁巳	丙戌	丙辰	乙酉	甲寅	甲申	癸丑	癸未	壬子	甲申	2日
己未	戊子	戊午	丁亥	丁巳	丙戌	乙卯	乙酉	甲寅	甲申	癸丑	**乙酉**	3日
庚申	己丑	己未	戊子	戊午	丁亥	丙辰	丙戌	乙卯	**乙酉**	甲寅	丙戌	4日
辛酉	庚寅	庚申	己丑	己未	戊子	丁巳	**丁亥**	**丙辰**	丙戌	**乙卯**	丁亥	5日
壬戌	辛卯	辛酉	庚寅	庚申	己丑	戊午	戊子	丁巳	丁亥	丙辰	戊子	6日
癸亥	**壬辰**	**壬戌**	辛卯	**辛酉**	**庚寅**	**己未**	己丑	戊午	戊子	丁巳	己丑	7日
甲子	癸巳	癸亥	**壬辰**	壬戌	辛卯	庚申	庚寅	己未	己丑	戊午	庚寅	8日
乙丑	甲午	甲子	癸巳	癸亥	壬辰	辛酉	辛卯	庚申	庚寅	己未	辛卯	9日
丙寅	乙未	乙丑	甲午	甲子	癸巳	壬戌	壬辰	辛酉	辛卯	庚申	壬辰	10日
丁卯	丙申	丙寅	乙未	乙丑	甲午	癸亥	癸巳	壬戌	壬辰	辛酉	癸巳	11日
戊辰	丁酉	丁卯	丙申	丙寅	乙未	甲子	甲午	癸亥	癸巳	壬戌	甲午	12日
己巳	戊戌	戊辰	丁酉	丁卯	丙申	乙丑	乙未	甲子	甲午	癸亥	乙未	13日
庚午	己亥	己巳	戊戌	戊辰	丁酉	丙寅	丙申	乙丑	乙未	甲子	丙申	14日
辛未	庚子	庚午	己亥	己巳	戊戌	丁卯	丁酉	丙寅	丙申	乙丑	丁酉	15日
壬申	辛丑	辛未	庚子	庚午	己亥	戊辰	戊戌	丁卯	丁酉	丙寅	戊戌	16日
癸酉	壬寅	壬申	辛丑	辛未	庚子	己巳	己亥	戊辰	戊戌	丁卯	己亥	17日
甲戌	癸卯	癸酉	壬寅	壬申	辛丑	庚午	庚子	己巳	己亥	戊辰	庚子	18日
乙亥	甲辰	甲戌	癸卯	癸酉	壬寅	辛未	辛丑	庚午	庚子	己巳	辛丑	19日
丙子	乙巳	乙亥	甲辰	甲戌	癸卯	壬申	壬寅	辛未	辛丑	庚午	壬寅	20日
丁丑	丙午	丙子	乙巳	乙亥	甲辰	癸酉	癸卯	壬申	壬寅	辛未	癸卯	21日
戊寅	丁未	丁丑	丙午	丙子	乙巳	甲戌	甲辰	癸酉	癸卯	壬申	甲辰	22日
己卯	戊申	戊寅	丁未	丁丑	丙午	乙亥	乙巳	甲戌	甲辰	癸酉	乙巳	23日
庚辰	己酉	己卯	戊申	戊寅	丁未	丙子	丙午	乙亥	乙巳	甲戌	丙午	24日
辛巳	庚戌	庚辰	己酉	己卯	戊申	丁丑	丁未	丙子	丙午	乙亥	丁未	25日
壬午	辛亥	辛巳	庚戌	庚辰	己酉	戊寅	戊申	丁丑	丁未	丙子	戊申	26日
癸未	壬子	壬午	辛亥	辛巳	庚戌	己卯	己酉	戊寅	戊申	丁丑	己酉	27日
甲申	癸丑	癸未	壬子	壬午	辛亥	庚辰	庚戌	己卯	己酉	戊寅	庚戌	28日
乙酉	甲寅	甲申	癸丑	癸未	壬子	辛巳	辛亥	庚辰	庚戌	己卯		29日
丙戌	乙卯	乙酉	甲寅	甲申	癸丑	壬午	壬子	辛巳	辛亥	庚辰		30日
丁亥	丙辰		乙卯		甲寅	癸未		壬午		辛巳		31日

令和16年（西暦2034年）甲寅年　二黒土星

令和17年 1月	12月	11月	10月	9月	8月	7月	6月	5月	4月	3月	2月	月
丁丑	丙子	乙亥	甲戌	癸酉	壬申	辛未	庚午	己巳	戊辰	丁卯	丙寅	月の干支
5日 21:55	7日 10:37	7日 17:33	8日 14:07	7日 22:14	7日 19:09	7日 9:17	5日 23:06	5日 19:09	5日 2:06	5日 21:32	4日 3:41	節入
壬戌	辛卯	辛酉	庚寅	庚申	己丑	戊午	戊子	丁巳	丁亥	丙辰	戊子	1日
癸亥	壬辰	壬戌	辛卯	辛酉	庚寅	己未	己丑	戊午	戊子	丁巳	己丑	2日
甲子	癸巳	癸亥	壬辰	壬戌	辛卯	庚申	庚寅	己未	己丑	戊午	庚寅	3日
乙丑	甲午	甲子	癸巳	癸亥	壬辰	辛酉	辛卯	庚申	庚寅	己未	**辛卯**	4日
丙寅	乙未	乙丑	甲午	甲子	癸巳	壬戌	**壬辰**	**辛酉**	**辛卯**	**庚申**	壬辰	5日
丁卯	丙申	丙寅	乙未	乙丑	甲午	癸亥	癸巳	壬戌	壬辰	辛酉	癸巳	6日
戊辰	**丁酉**	**丁卯**	丙申	**丙寅**	**乙未**	**甲子**	甲午	癸亥	癸巳	壬戌	甲午	7日
己巳	戊戌	戊辰	**丁酉**	丁卯	丙申	乙丑	乙未	甲子	甲午	癸亥	乙未	8日
庚午	己亥	己巳	戊戌	戊辰	丁酉	丙寅	丙申	乙丑	乙未	甲子	丙申	9日
辛未	庚子	庚午	己亥	己巳	戊戌	丁卯	丁酉	丙寅	丙申	乙丑	丁酉	10日
壬申	辛丑	辛未	庚子	庚午	己亥	戊辰	戊戌	丁卯	丁酉	丙寅	戊戌	11日
癸酉	壬寅	壬申	辛丑	辛未	庚子	己巳	己亥	戊辰	戊戌	丁卯	己亥	12日
甲戌	癸卯	癸酉	壬寅	壬申	辛丑	庚午	庚子	己巳	己亥	戊辰	庚子	13日
乙亥	甲辰	甲戌	癸卯	癸酉	壬寅	辛未	辛丑	庚午	庚子	己巳	辛丑	14日
丙子	乙巳	乙亥	甲辰	甲戌	癸卯	壬申	壬寅	辛未	辛丑	庚午	壬寅	15日
丁丑	丙午	丙子	乙巳	乙亥	甲辰	癸酉	癸卯	壬申	壬寅	辛未	癸卯	16日
戊寅	丁未	丁丑	丙午	丙子	乙巳	甲戌	甲辰	癸酉	癸卯	壬申	甲辰	17日
己卯	戊申	戊寅	丁未	丁丑	丙午	乙亥	乙巳	甲戌	甲辰	癸酉	乙巳	18日
庚辰	己酉	己卯	戊申	戊寅	丁未	丙子	丙午	乙亥	乙巳	甲戌	丙午	19日
辛巳	庚戌	庚辰	己酉	己卯	戊申	丁丑	丁未	丙子	丙午	乙亥	丁未	20日
壬午	辛亥	辛巳	庚戌	庚辰	己酉	戊寅	戊申	丁丑	丁未	丙子	戊申	21日
癸未	壬子	壬午	辛亥	辛巳	庚戌	己卯	己酉	戊寅	戊申	丁丑	己酉	22日
甲申	癸丑	癸未	壬子	壬午	辛亥	庚辰	庚戌	己卯	己酉	戊寅	庚戌	23日
乙酉	甲寅	甲申	癸丑	癸未	壬子	辛巳	辛亥	庚辰	庚戌	己卯	辛亥	24日
丙戌	乙卯	乙酉	甲寅	甲申	癸丑	壬午	壬子	辛巳	辛亥	庚辰	壬子	25日
丁亥	丙辰	丙戌	乙卯	乙酉	甲寅	癸未	癸丑	壬午	壬子	辛巳	癸丑	26日
戊子	丁巳	丁亥	丙辰	丙戌	乙卯	甲申	甲寅	癸未	癸丑	壬午	甲寅	27日
己丑	戊午	戊子	丁巳	丁亥	丙辰	乙酉	乙卯	甲申	甲寅	癸未	乙卯	28日
庚寅	己未	己丑	戊午	戊子	丁巳	丙戌	丙辰	乙酉	乙卯	甲申		29日
辛卯	庚申	庚寅	己未	己丑	戊午	丁亥	丁巳	丙戌	丙辰	乙酉		30日
壬辰	辛酉		庚申		己未	戊子		丁亥		丙戌		31日

令和17年（西暦2035年）乙卯年　一白水星

令和18年 1月	12月	11月	10月	9月	8月	7月	6月	5月	4月	3月	2月	月
己丑	**戊子**	**丁亥**	**丙戌**	**乙酉**	**甲申**	**癸未**	**壬午**	**辛巳**	**庚辰**	**己卯**	**戊寅**	**月の干支**
6日 3:43	7日 16:26	7日 23:24	8日 19:57	8日 4:02	8日 0:54	7日 15:01	6日 4:51	6日 0:55	5日 7:54	6日 3:21	4日 9:31	**節入**
丁卯	丙申	丙寅	乙未	乙丑	甲午	癸亥	癸巳	壬戌	壬辰	辛酉	癸巳	**1日**
戊辰	丁酉	丁卯	丙申	丙寅	乙未	甲子	甲午	癸亥	癸巳	壬戌	甲午	**2日**
己巳	戊戌	戊辰	丁酉	丁卯	丙申	乙丑	乙未	甲子	甲午	癸亥	乙未	**3日**
庚午	己亥	己巳	戊戌	戊辰	丁酉	丙寅	丙申	乙丑	乙未	甲子	**丙申**	**4日**
辛未	庚子	庚午	己亥	己巳	戊戌	丁卯	丁酉	丙寅	**丙申**	乙丑	丁酉	**5日**
壬申	辛丑	辛未	庚子	庚午	己亥	戊辰	**戊戌**	**丁卯**	丁酉	**丙寅**	戊戌	**6日**
癸酉	**壬寅**	**壬申**	辛丑	辛未	庚子	**己巳**	己亥	戊辰	戊戌	丁卯	己亥	**7日**
甲戌	癸卯	癸酉	**壬寅**	**壬申**	**辛丑**	庚午	庚子	己巳	己亥	戊辰	庚子	**8日**
乙亥	甲辰	甲戌	癸卯	癸酉	壬寅	辛未	辛丑	庚午	庚子	己巳	辛丑	**9日**
丙子	乙巳	乙亥	甲辰	甲戌	癸卯	壬申	壬寅	辛未	辛丑	庚午	壬寅	**10日**
丁丑	丙午	丙子	乙巳	乙亥	甲辰	癸酉	癸卯	壬申	壬寅	辛未	癸卯	**11日**
戊寅	丁未	丁丑	丙午	丙子	乙巳	甲戌	甲辰	癸酉	癸卯	壬申	甲辰	**12日**
己卯	戊申	戊寅	丁未	丁丑	丙午	乙亥	乙巳	甲戌	甲辰	癸酉	乙巳	**13日**
庚辰	己酉	己卯	戊申	戊寅	丁未	丙子	丙午	乙亥	乙巳	甲戌	丙午	**14日**
辛巳	庚戌	庚辰	己酉	己卯	戊申	丁丑	丁未	丙子	丙午	乙亥	丁未	**15日**
壬午	辛亥	辛巳	庚戌	庚辰	己酉	戊寅	戊申	丁丑	丁未	丙子	戊申	**16日**
癸未	壬子	壬午	辛亥	辛巳	庚戌	己卯	己酉	戊寅	戊申	丁丑	己酉	**17日**
甲申	癸丑	癸未	壬子	壬午	辛亥	庚辰	庚戌	己卯	己酉	戊寅	庚戌	**18日**
乙酉	甲寅	甲申	癸丑	癸未	壬子	辛巳	辛亥	庚辰	庚戌	己卯	辛亥	**19日**
丙戌	乙卯	乙酉	甲寅	甲申	癸丑	壬午	壬子	辛巳	辛亥	庚辰	壬子	**20日**
丁亥	丙辰	丙戌	乙卯	乙酉	甲寅	癸未	癸丑	壬午	壬子	辛巳	癸丑	**21日**
戊子	丁巳	丁亥	丙辰	丙戌	乙卯	甲申	甲寅	癸未	癸丑	壬午	甲寅	**22日**
己丑	戊午	戊子	丁巳	丁亥	丙辰	乙酉	乙卯	甲申	甲寅	癸未	乙卯	**23日**
庚寅	己未	己丑	戊午	戊子	丁巳	丙戌	丙辰	乙酉	乙卯	甲申	丙辰	**24日**
辛卯	庚申	庚寅	己未	己丑	戊午	丁亥	丁巳	丙戌	丙辰	乙酉	丁巳	**25日**
壬辰	辛酉	辛卯	庚申	庚寅	己未	戊子	戊午	丁亥	丁巳	丙戌	戊午	**26日**
癸巳	壬戌	壬辰	辛酉	辛卯	庚申	己丑	己未	戊子	戊午	丁亥	己未	**27日**
甲午	癸亥	癸巳	壬戌	壬辰	辛酉	庚寅	庚申	己丑	己未	戊子	庚申	**28日**
乙未	甲子	甲午	癸亥	癸巳	壬戌	辛卯	辛酉	庚寅	庚申	己丑		**29日**
丙申	乙丑	乙未	甲子	甲午	癸亥	壬辰	壬戌	辛卯	辛酉	庚寅		**30日**
丁酉	丙寅		乙丑		甲子	癸巳		壬辰		辛卯		**31日**

令和18年（西暦2036年）丙辰年　九紫火星

令和19年 1月	12月	11月	10月	9月	8月	7月	6月	5月	4月	3月	2月	月
辛丑	**庚子**	**己亥**	**戊戌**	**丁酉**	**丙申**	**乙未**	**甲午**	**癸巳**	**壬辰**	**辛卯**	**庚寅**	**月の干支**
5日 9:34	6日 22:16	7日 5:14	8日 1:49	7日 9:55	7日 6:49	6日 20:57	5日 10:47	5日 6:49	4日 13:46	5日 9:12	4日 15:20	**節入**
癸酉	壬寅	壬申	辛丑	辛未	庚子	己巳	己亥	戊辰	戊戌	丁卯	戊戌	**1日**
甲戌	癸卯	癸酉	壬寅	壬申	辛丑	庚午	庚子	己巳	己亥	戊辰	己亥	**2日**
乙亥	甲辰	甲戌	癸卯	癸酉	壬寅	辛未	辛丑	庚午	庚子	己巳	庚子	**3日**
丙子	乙巳	乙亥	甲辰	甲戌	癸卯	壬申	壬寅	辛未	**辛丑**	庚午	**辛丑**	**4日**
丁丑	丙午	丙子	乙巳	乙亥	甲辰	癸酉	**癸卯**	**壬申**	壬寅	**辛未**	壬寅	**5日**
戊寅	**丁未**	丁丑	丙午	丙子	乙巳	**甲戌**	甲辰	癸酉	癸卯	壬申	癸卯	**6日**
己卯	戊申	**戊寅**	丁未	**丁丑**	**丙午**	乙亥	乙巳	甲戌	甲辰	癸酉	甲辰	**7日**
庚辰	己酉	己卯	**戊申**	戊寅	丁未	丙子	丙午	乙亥	乙巳	甲戌	乙巳	**8日**
辛巳	庚戌	庚辰	己酉	己卯	戊申	丁丑	丁未	丙子	丙午	乙亥	丙午	**9日**
壬午	辛亥	辛巳	庚戌	庚辰	己酉	戊寅	戊申	丁丑	丁未	丙子	丁未	**10日**
癸未	壬子	壬午	辛亥	辛巳	庚戌	己卯	己酉	戊寅	戊申	丁丑	戊申	**11日**
甲申	癸丑	癸未	壬子	壬午	辛亥	庚辰	庚戌	己卯	己酉	戊寅	己酉	**12日**
乙酉	甲寅	甲申	癸丑	癸未	壬子	辛巳	辛亥	庚辰	庚戌	己卯	庚戌	**13日**
丙戌	乙卯	乙酉	甲寅	甲申	癸丑	壬午	壬子	辛巳	辛亥	庚辰	辛亥	**14日**
丁亥	丙辰	丙戌	乙卯	乙酉	甲寅	癸未	癸丑	壬午	壬子	辛巳	壬子	**15日**
戊子	丁巳	丁亥	丙辰	丙戌	乙卯	甲申	甲寅	癸未	癸丑	壬午	癸丑	**16日**
己丑	戊午	戊子	丁巳	丁亥	丙辰	乙酉	乙卯	甲申	甲寅	癸未	甲寅	**17日**
庚寅	己未	己丑	戊午	戊子	丁巳	丙戌	丙辰	乙酉	乙卯	甲申	乙卯	**18日**
辛卯	庚申	庚寅	己未	己丑	戊午	丁亥	丁巳	丙戌	丙辰	乙酉	丙辰	**19日**
壬辰	辛酉	辛卯	庚申	庚寅	己未	戊子	戊午	丁亥	丁巳	丙戌	丁巳	**20日**
癸巳	壬戌	壬辰	辛酉	辛卯	庚申	己丑	己未	戊子	戊午	丁亥	戊午	**21日**
甲午	癸亥	癸巳	壬戌	壬辰	辛酉	庚寅	庚申	己丑	己未	戊子	己未	**22日**
乙未	甲子	甲午	癸亥	癸巳	壬戌	辛卯	辛酉	庚寅	庚申	己丑	庚申	**23日**
丙申	乙丑	乙未	甲子	甲午	癸亥	壬辰	壬戌	辛卯	辛酉	庚寅	辛酉	**24日**
丁酉	丙寅	丙申	乙丑	乙未	甲子	癸巳	癸亥	壬辰	壬戌	辛卯	壬戌	**25日**
戊戌	丁卯	丁酉	丙寅	丙申	乙丑	甲午	甲子	癸巳	癸亥	壬辰	癸亥	**26日**
己亥	戊辰	戊戌	丁卯	丁酉	丙寅	乙未	乙丑	甲午	甲子	癸巳	甲子	**27日**
庚子	己巳	己亥	戊辰	戊戌	丁卯	丙申	丙寅	乙未	乙丑	甲午	乙丑	**28日**
辛丑	庚午	庚子	己巳	己亥	戊辰	丁酉	丁卯	丙申	丙寅	乙未	丙寅	**29日**
壬寅	辛未	辛丑	庚午	庚子	己巳	戊戌	戊辰	丁酉	丁卯	丙申		**30日**
癸卯	壬申		辛未		庚午	己亥		戊戌		丁酉		**31日**

令和19年（西暦2037年）丁巳年　八白土星

令和20年 1月	12月	11月	10月	9月	8月	7月	6月	5月	4月	3月	2月	月
癸丑	**壬子**	**辛亥**	**庚戌**	**己酉**	**戊申**	**丁未**	**丙午**	**乙巳**	**甲辰**	**癸卯**	**壬寅**	**月の干支**
5日 15:27	7日 4:07	7日 11:04	8日 7:38	7日 15:45	7日 12:43	7日 2:55	5日 16:47	5日 12:49	4日 19:44	5日 15:06	3日 21:11	**節入**
戊寅	丁未	丁丑	丙午	丙子	乙巳	甲戌	甲辰	癸酉	癸卯	壬申	甲辰	**1日**
己卯	戊申	戊寅	丁未	丁丑	丙午	乙亥	乙巳	甲戌	甲辰	癸酉	乙巳	**2日**
庚辰	己酉	己卯	戊申	戊寅	丁未	丙子	丙午	乙亥	乙巳	甲戌	**丙午**	**3日**
辛巳	庚戌	庚辰	己酉	己卯	戊申	丁丑	丁未	丙子	**丙午**	乙亥	丁未	**4日**
壬午	辛亥	辛巳	庚戌	庚辰	己酉	戊寅	**戊申**	**丁丑**	丁未	**丙子**	戊申	**5日**
癸未	壬子	壬午	辛亥	辛巳	庚戌	己卯	己酉	戊寅	戊申	丁丑	己酉	**6日**
甲申	**癸丑**	**癸未**	壬子	**壬午**	**辛亥**	**庚辰**	庚戌	己卯	己酉	戊寅	庚戌	**7日**
乙酉	甲寅	甲申	**癸丑**	癸未	壬子	辛巳	辛亥	庚辰	庚戌	己卯	辛亥	**8日**
丙戌	乙卯	乙酉	甲寅	甲申	癸丑	壬午	壬子	辛巳	辛亥	庚辰	壬子	**9日**
丁亥	丙辰	丙戌	乙卯	乙酉	甲寅	癸未	癸丑	壬午	壬子	辛巳	癸丑	**10日**
戊子	丁巳	丁亥	丙辰	丙戌	乙卯	甲申	甲寅	癸未	癸丑	壬午	甲寅	**11日**
己丑	戊午	戊子	丁巳	丁亥	丙辰	乙酉	乙卯	甲申	甲寅	癸未	乙卯	**12日**
庚寅	己未	己丑	戊午	戊子	丁巳	丙戌	丙辰	乙酉	乙卯	甲申	丙辰	**13日**
辛卯	庚申	庚寅	己未	己丑	戊午	丁亥	丁巳	丙戌	丙辰	乙酉	丁巳	**14日**
壬辰	辛酉	辛卯	庚申	庚寅	己未	戊子	戊午	丁亥	丁巳	丙戌	戊午	**15日**
癸巳	壬戌	壬辰	辛酉	辛卯	庚申	己丑	己未	戊子	戊午	丁亥	己未	**16日**
甲午	癸亥	癸巳	壬戌	壬辰	辛酉	庚寅	庚申	己丑	己未	戊子	庚申	**17日**
乙未	甲子	甲午	癸亥	癸巳	壬戌	辛卯	辛酉	庚寅	庚申	己丑	辛酉	**18日**
丙申	乙丑	乙未	甲子	甲午	癸亥	壬辰	壬戌	辛卯	辛酉	庚寅	壬戌	**19日**
丁酉	丙寅	丙申	乙丑	乙未	甲子	癸巳	癸亥	壬辰	壬戌	辛卯	癸亥	**20日**
戊戌	丁卯	丁酉	丙寅	丙申	乙丑	甲午	甲子	癸巳	癸亥	壬辰	甲子	**21日**
己亥	戊辰	戊戌	丁卯	丁酉	丙寅	乙未	乙丑	甲午	甲子	癸巳	乙丑	**22日**
庚子	己巳	己亥	戊辰	戊戌	丁卯	丙申	丙寅	乙未	乙丑	甲午	丙寅	**23日**
辛丑	庚午	庚子	己巳	己亥	戊辰	丁酉	丁卯	丙申	丙寅	乙未	丁卯	**24日**
壬寅	辛未	辛丑	庚午	庚子	己巳	戊戌	戊辰	丁酉	丁卯	丙申	戊辰	**25日**
癸卯	壬申	壬寅	辛未	辛丑	庚午	己亥	己巳	戊戌	戊辰	丁酉	己巳	**26日**
甲辰	癸酉	癸卯	壬申	壬寅	辛未	庚子	庚午	己亥	己巳	戊戌	庚午	**27日**
乙巳	甲戌	甲辰	癸酉	癸卯	壬申	辛丑	辛未	庚子	庚午	己亥	辛未	**28日**
丙午	乙亥	乙巳	甲戌	甲辰	癸酉	壬寅	壬申	辛丑	辛未	庚子		**29日**
丁未	丙子	丙午	乙亥	乙巳	甲戌	癸卯	癸酉	壬寅	壬申	辛丑		**30日**
戊申	丁丑		丙子		乙亥	甲辰		癸卯		壬寅		**31日**

令和20年（西暦2038年）戊午年　七赤金星

令和21年 1月	12月	11月	10月	9月	8月	7月	6月	5月	4月	3月	2月	月
乙丑	**甲子**	**癸亥**	**壬戌**	**辛酉**	**庚申**	**己未**	**戊午**	**丁巳**	**丙辰**	**乙卯**	**甲寅**	**月の干支**
5日 21:16	7日 9:56	7日 16:51	8日 13:21	7日 21:26	7日 18:21	7日 8:32	5日 22:25	5日 18:31	5日 1:29	5日 20:55	4日 3:04	**節入**
癸未	壬子	壬午	辛亥	辛巳	庚戌	己卯	己酉	戊寅	戊申	丁丑	己酉	**1日**
甲申	癸丑	癸未	壬子	壬午	辛亥	庚辰	庚戌	己卯	己酉	戊寅	庚戌	**2日**
乙酉	甲寅	甲申	癸丑	癸未	壬子	辛巳	辛亥	庚辰	庚戌	己卯	辛亥	**3日**
丙戌	乙卯	乙酉	甲寅	甲申	癸丑	壬午	壬子	辛巳	辛亥	庚辰	**壬子**	**4日**
丁亥	丙辰	丙戌	乙卯	乙酉	甲寅	癸未	**癸丑**	**壬午**	**壬子**	**辛巳**	癸丑	**5日**
戊子	丁巳	丁亥	丙辰	丙戌	乙卯	甲申	甲寅	癸未	癸丑	壬午	甲寅	**6日**
己丑	**戊午**	**戊子**	丁巳	**丁亥**	**丙辰**	**乙酉**	乙卯	甲申	甲寅	癸未	乙卯	**7日**
庚寅	己未	己丑	**戊午**	戊子	丁巳	丙戌	丙辰	乙酉	乙卯	甲申	丙辰	**8日**
辛卯	庚申	庚寅	己未	己丑	戊午	丁亥	丁巳	丙戌	丙辰	乙酉	丁巳	**9日**
壬辰	辛酉	辛卯	庚申	庚寅	己未	戊子	戊午	丁亥	丁巳	丙戌	戊午	**10日**
癸巳	壬戌	壬辰	辛酉	辛卯	庚申	己丑	己未	戊子	戊午	丁亥	己未	**11日**
甲午	癸亥	癸巳	壬戌	壬辰	辛酉	庚寅	庚申	己丑	己未	戊子	庚申	**12日**
乙未	甲子	甲午	癸亥	癸巳	壬戌	辛卯	辛酉	庚寅	庚申	己丑	辛酉	**13日**
丙申	乙丑	乙未	甲子	甲午	癸亥	壬辰	壬戌	辛卯	辛酉	庚寅	壬戌	**14日**
丁酉	丙寅	丙申	乙丑	乙未	甲子	癸巳	癸亥	壬辰	壬戌	辛卯	癸亥	**15日**
戊戌	丁卯	丁酉	丙寅	丙申	乙丑	甲午	甲子	癸巳	癸亥	壬辰	甲子	**16日**
己亥	戊辰	戊戌	丁卯	丁酉	丙寅	乙未	乙丑	甲午	甲子	癸巳	乙丑	**17日**
庚子	己巳	己亥	戊辰	戊戌	丁卯	丙申	丙寅	乙未	乙丑	甲午	丙寅	**18日**
辛丑	庚午	庚子	己巳	己亥	戊辰	丁酉	丁卯	丙申	丙寅	乙未	丁卯	**19日**
壬寅	辛未	辛丑	庚午	庚子	己巳	戊戌	戊辰	丁酉	丁卯	丙申	戊辰	**20日**
癸卯	壬申	壬寅	辛未	辛丑	庚午	己亥	己巳	戊戌	戊辰	丁酉	己巳	**21日**
甲辰	癸酉	癸卯	壬申	壬寅	辛未	庚子	庚午	己亥	己巳	戊戌	庚午	**22日**
乙巳	甲戌	甲辰	癸酉	癸卯	壬申	辛丑	辛未	庚子	庚午	己亥	辛未	**23日**
丙午	乙亥	乙巳	甲戌	甲辰	癸酉	壬寅	壬申	辛丑	辛未	庚子	壬申	**24日**
丁未	丙子	丙午	乙亥	乙巳	甲戌	癸卯	癸酉	壬寅	壬申	辛丑	癸酉	**25日**
戊申	丁丑	丁未	丙子	丙午	乙亥	甲辰	甲戌	癸卯	癸酉	壬寅	甲戌	**26日**
己酉	戊寅	戊申	丁丑	丁未	丙子	乙巳	乙亥	甲辰	甲戌	癸卯	乙亥	**27日**
庚戌	己卯	己酉	戊寅	戊申	丁丑	丙午	丙子	乙巳	乙亥	甲辰	丙子	**28日**
辛亥	庚辰	庚戌	己卯	己酉	戊寅	丁未	丁丑	丙午	丙子	乙巳		**29日**
壬子	辛巳	辛亥	庚辰	庚戌	己卯	戊申	戊寅	丁未	丁丑	丙午		**30日**
癸丑	壬午		辛巳		庚辰	己酉		戊申		丁未		**31日**

令和21年（西暦2039年）己未年　六白金星

令和22年 1月	12月	11月	10月	9月	8月	7月	6月	5月	4月	3月	2月	月
丁丑	丙子	乙亥	甲戌	癸酉	壬申	辛未	庚午	己巳	戊辰	丁卯	丙寅	月の干支
6日 3:03	7日 15:45	7日 22:43	8日 19:17	8日 3:24	8日 0:18	7日 14:26	6日 4:15	6日 0:18	5日 7:16	6日 2:43	4日 8:53	節入
戊子	丁巳	丁亥	丙辰	丙戌	乙卯	甲申	甲寅	癸未	癸丑	壬午	甲寅	1日
己丑	戊午	戊子	丁巳	丁亥	丙辰	乙酉	乙卯	甲申	甲寅	癸未	乙卯	2日
庚寅	己未	己丑	戊午	戊子	丁巳	丙戌	丙辰	乙酉	乙卯	甲申	丙辰	3日
辛卯	庚申	庚寅	己未	己丑	戊午	丁亥	丁巳	丙戌	丙辰	乙酉	**丁巳**	4日
壬辰	辛酉	辛卯	庚申	庚寅	己未	戊子	戊午	丁亥	**丁巳**	丙戌	戊午	5日
癸巳	壬戌	壬辰	辛酉	辛卯	庚申	己丑	**己未**	**戊子**	戊午	**丁亥**	己未	6日
甲午	**癸亥**	**癸巳**	壬戌	壬辰	辛酉	**庚寅**	庚申	己丑	己未	戊子	庚申	7日
乙未	甲子	甲午	**癸亥**	**癸巳**	**壬戌**	辛卯	辛酉	庚寅	庚申	己丑	辛酉	8日
丙申	乙丑	乙未	甲子	甲午	癸亥	壬辰	壬戌	辛卯	辛酉	庚寅	壬戌	9日
丁酉	丙寅	丙申	乙丑	乙未	甲子	癸巳	癸亥	壬辰	壬戌	辛卯	癸亥	10日
戊戌	丁卯	丁酉	丙寅	丙申	乙丑	甲午	甲子	癸巳	癸亥	壬辰	甲子	11日
己亥	戊辰	戊戌	丁卯	丁酉	丙寅	乙未	乙丑	甲午	甲子	癸巳	乙丑	12日
庚子	己巳	己亥	戊辰	戊戌	丁卯	丙申	丙寅	乙未	乙丑	甲午	丙寅	13日
辛丑	庚午	庚子	己巳	己亥	戊辰	丁酉	丁卯	丙申	丙寅	乙未	丁卯	14日
壬寅	辛未	辛丑	庚午	庚子	己巳	戊戌	戊辰	丁酉	丁卯	丙申	戊辰	15日
癸卯	壬申	壬寅	辛未	辛丑	庚午	己亥	己巳	戊戌	戊辰	丁酉	己巳	16日
甲辰	癸酉	癸卯	壬申	壬寅	辛未	庚子	庚午	己亥	己巳	戊戌	庚午	17日
乙巳	甲戌	甲辰	癸酉	癸卯	壬申	辛丑	辛未	庚子	庚午	己亥	辛未	18日
丙午	乙亥	乙巳	甲戌	甲辰	癸酉	壬寅	壬申	辛丑	辛未	庚子	壬申	19日
丁未	丙子	丙午	乙亥	乙巳	甲戌	癸卯	癸酉	壬寅	壬申	辛丑	癸酉	20日
戊申	丁丑	丁未	丙子	丙午	乙亥	甲辰	甲戌	癸卯	癸酉	壬寅	甲戌	21日
己酉	戊寅	戊申	丁丑	丁未	丙子	乙巳	乙亥	甲辰	甲戌	癸卯	乙亥	22日
庚戌	己卯	己酉	戊寅	戊申	丁丑	丙午	丙子	乙巳	乙亥	甲辰	丙子	23日
辛亥	庚辰	庚戌	己卯	己酉	戊寅	丁未	丁丑	丙午	丙子	乙巳	丁丑	24日
壬子	辛巳	辛亥	庚辰	庚戌	己卯	戊申	戊寅	丁未	丁丑	丙午	戊寅	25日
癸丑	壬午	壬子	辛巳	辛亥	庚辰	己酉	己卯	戊申	戊寅	丁未	己卯	26日
甲寅	癸未	癸丑	壬午	壬子	辛巳	庚戌	庚辰	己酉	己卯	戊申	庚辰	27日
乙卯	甲申	甲寅	癸未	癸丑	壬午	辛亥	辛巳	庚戌	庚辰	己酉	辛巳	28日
丙辰	乙酉	乙卯	甲申	甲寅	癸未	壬子	壬午	辛亥	辛巳	庚戌		29日
丁巳	丙戌	丙辰	乙酉	乙卯	甲申	癸丑	癸未	壬子	壬午	辛亥		30日
戊午	丁亥		丙戌		乙酉	甲寅		癸丑		壬子		31日

令和22年（西暦2040年）庚申年　五黄土星

令和23年 1月	12月	11月	10月	9月	8月	7月	6月	5月	4月	3月	2月	月
己丑	**戊子**	**丁亥**	**丙戌**	**乙酉**	**甲申**	**癸未**	**壬午**	**辛巳**	**庚辰**	**己卯**	**戊寅**	**月の干支**
5日 8:48	6日 21:30	7日 4:29	8日 1:05	7日 9:14	7日 6:10	6日 20:19	5日 10:08	5日 6:09	4日 13:05	5日 8:31	4日 14:40	**節入**
甲午	癸亥	癸巳	壬戌	壬辰	辛酉	庚寅	庚申	己丑	己未	戊子	己未	**1日**
乙未	甲子	甲午	癸亥	癸巳	壬戌	辛卯	辛酉	庚寅	庚申	己丑	庚申	**2日**
丙申	乙丑	乙未	甲子	甲午	癸亥	壬辰	壬戌	辛卯	辛酉	庚寅	辛酉	**3日**
丁酉	丙寅	丙申	乙丑	乙未	甲子	癸巳	癸亥	壬辰	**壬戌**	辛卯	**壬戌**	**4日**
戊戌	丁卯	丁酉	丙寅	丙申	乙丑	甲午	**甲子**	**癸巳**	癸亥	**壬辰**	癸亥	**5日**
己亥	**戊辰**	戊戌	丁卯	丁酉	丙寅	**乙未**	乙丑	甲午	甲子	癸巳	甲子	**6日**
庚子	己巳	**己亥**	戊辰	**戊戌**	**丁卯**	丙申	丙寅	乙未	乙丑	甲午	乙丑	**7日**
辛丑	庚午	庚子	**己巳**	己亥	戊辰	丁酉	丁卯	丙申	丙寅	乙未	丙寅	**8日**
壬寅	辛未	辛丑	庚午	庚子	己巳	戊戌	戊辰	丁酉	丁卯	丙申	丁卯	**9日**
癸卯	壬申	壬寅	辛未	辛丑	庚午	己亥	己巳	戊戌	戊辰	丁酉	戊辰	**10日**
甲辰	癸酉	癸卯	壬申	壬寅	辛未	庚子	庚午	己亥	己巳	戊戌	己巳	**11日**
乙巳	甲戌	甲辰	癸酉	癸卯	壬申	辛丑	辛未	庚子	庚午	己亥	庚午	**12日**
丙午	乙亥	乙巳	甲戌	甲辰	癸酉	壬寅	壬申	辛丑	辛未	庚子	辛未	**13日**
丁未	丙子	丙午	乙亥	乙巳	甲戌	癸卯	癸酉	壬寅	壬申	辛丑	壬申	**14日**
戊申	丁丑	丁未	丙子	丙午	乙亥	甲辰	甲戌	癸卯	癸酉	壬寅	癸酉	**15日**
己酉	戊寅	戊申	丁丑	丁未	丙子	乙巳	乙亥	甲辰	甲戌	癸卯	甲戌	**16日**
庚戌	己卯	己酉	戊寅	戊申	丁丑	丙午	丙子	乙巳	乙亥	甲辰	乙亥	**17日**
辛亥	庚辰	庚戌	己卯	己酉	戊寅	丁未	丁丑	丙午	丙子	乙巳	丙子	**18日**
壬子	辛巳	辛亥	庚辰	庚戌	己卯	戊申	戊寅	丁未	丁丑	丙午	丁丑	**19日**
癸丑	壬午	壬子	辛巳	辛亥	庚辰	己酉	己卯	戊申	戊寅	丁未	戊寅	**20日**
甲寅	癸未	癸丑	壬午	壬子	辛巳	庚戌	庚辰	己酉	己卯	戊申	己卯	**21日**
乙卯	甲申	甲寅	癸未	癸丑	壬午	辛亥	辛巳	庚戌	庚辰	己酉	庚辰	**22日**
丙辰	乙酉	乙卯	甲申	甲寅	癸未	壬子	壬午	辛亥	辛巳	庚戌	辛巳	**23日**
丁巳	丙戌	丙辰	乙酉	乙卯	甲申	癸丑	癸未	壬子	壬午	辛亥	壬午	**24日**
戊午	丁亥	丁巳	丙戌	丙辰	乙酉	甲寅	甲申	癸丑	癸未	壬子	癸未	**25日**
己未	戊子	戊午	丁亥	丁巳	丙戌	乙卯	乙酉	甲寅	甲申	癸丑	甲申	**26日**
庚申	己丑	己未	戊子	戊午	丁亥	丙辰	丙戌	乙卯	乙酉	甲寅	乙酉	**27日**
辛酉	庚寅	庚申	己丑	己未	戊子	丁巳	丁亥	丙辰	丙戌	乙卯	丙戌	**28日**
壬戌	辛卯	辛酉	庚寅	庚申	己丑	戊午	戊子	丁巳	丁亥	丙辰	丁亥	**29日**
癸亥	壬辰	壬戌	辛卯	辛酉	庚寅	己未	己丑	戊午	戊子	丁巳		**30日**
甲子	癸巳		壬辰		辛卯	庚申		己未		戊午		**31日**

令和23年（西暦2041年）辛酉年　四緑木星

令和24年 1月	12月	11月	10月	9月	8月	7月	6月	5月	4月	3月	2月	月
辛丑	**庚子**	**己亥**	**戊戌**	**丁酉**	**丙申**	**乙未**	**甲午**	**癸巳**	**壬辰**	**辛卯**	**庚寅**	**月の干支**
5日 14:35	7日 3:16	7日 10:13	8日 6:47	7日 14:53	7日 11:48	7日 1:58	5日 15:49	5日 11:54	4日 18:52	5日 14:18	3日 20:25	**節入**
己亥	戊辰	戊戌	丁卯	丁酉	丙寅	乙未	乙丑	甲午	甲子	癸巳	乙丑	**1日**
庚子	己巳	己亥	戊辰	戊戌	丁卯	丙申	丙寅	乙未	乙丑	甲午	丙寅	**2日**
辛丑	庚午	庚子	己巳	己亥	戊辰	丁酉	丁卯	丙申	丙寅	乙未	**丁卯**	**3日**
壬寅	辛未	辛丑	庚午	庚子	己巳	戊戌	戊辰	丁酉	**丁卯**	丙申	戊辰	**4日**
癸卯	壬申	壬寅	辛未	辛丑	庚午	己亥	**己巳**	**戊戌**	戊辰	**丁酉**	己巳	**5日**
甲辰	癸酉	癸卯	壬申	壬寅	辛未	庚子	庚午	己亥	己巳	戊戌	庚午	**6日**
乙巳	**甲戌**	**甲辰**	癸酉	**癸卯**	**壬申**	**辛丑**	辛未	庚子	庚午	己亥	辛未	**7日**
丙午	乙亥	乙巳	**甲戌**	甲辰	癸酉	壬寅	壬申	辛丑	辛未	庚子	壬申	**8日**
丁未	丙子	丙午	乙亥	乙巳	甲戌	癸卯	癸酉	壬寅	壬申	辛丑	癸酉	**9日**
戊申	丁丑	丁未	丙子	丙午	乙亥	甲辰	甲戌	癸卯	癸酉	壬寅	甲戌	**10日**
己酉	戊寅	戊申	丁丑	丁未	丙子	乙巳	乙亥	甲辰	甲戌	癸卯	乙亥	**11日**
庚戌	己卯	己酉	戊寅	戊申	丁丑	丙午	丙子	乙巳	乙亥	甲辰	丙子	**12日**
辛亥	庚辰	庚戌	己卯	己酉	戊寅	丁未	丁丑	丙午	丙子	乙巳	丁丑	**13日**
壬子	辛巳	辛亥	庚辰	庚戌	己卯	戊申	戊寅	丁未	丁丑	丙午	戊寅	**14日**
癸丑	壬午	壬子	辛巳	辛亥	庚辰	己酉	己卯	戊申	戊寅	丁未	己卯	**15日**
甲寅	癸未	癸丑	壬午	壬子	辛巳	庚戌	庚辰	己酉	己卯	戊申	庚辰	**16日**
乙卯	甲申	甲寅	癸未	癸丑	壬午	辛亥	辛巳	庚戌	庚辰	己酉	辛巳	**17日**
丙辰	乙酉	乙卯	甲申	甲寅	癸未	壬子	壬午	辛亥	辛巳	庚戌	壬午	**18日**
丁巳	丙戌	丙辰	乙酉	乙卯	甲申	癸丑	癸未	壬子	壬午	辛亥	癸未	**19日**
戊午	丁亥	丁巳	丙戌	丙辰	乙酉	甲寅	甲申	癸丑	癸未	壬子	甲申	**20日**
己未	戊子	戊午	丁亥	丁巳	丙戌	乙卯	乙酉	甲寅	甲申	癸丑	乙酉	**21日**
庚申	己丑	己未	戊子	戊午	丁亥	丙辰	丙戌	乙卯	乙酉	甲寅	丙戌	**22日**
辛酉	庚寅	庚申	己丑	己未	戊子	丁巳	丁亥	丙辰	丙戌	乙卯	丁亥	**23日**
壬戌	辛卯	辛酉	庚寅	庚申	己丑	戊午	戊子	丁巳	丁亥	丙辰	戊子	**24日**
癸亥	壬辰	壬戌	辛卯	辛酉	庚寅	己未	己丑	戊午	戊子	丁巳	己丑	**25日**
甲子	癸巳	癸亥	壬辰	壬戌	辛卯	庚申	庚寅	己未	己丑	戊午	庚寅	**26日**
乙丑	甲午	甲子	癸巳	癸亥	壬辰	辛酉	辛卯	庚申	庚寅	己未	辛卯	**27日**
丙寅	乙未	乙丑	甲午	甲子	癸巳	壬戌	壬辰	辛酉	辛卯	庚申	壬辰	**28日**
丁卯	丙申	丙寅	乙未	乙丑	甲午	癸亥	癸巳	壬戌	壬辰	辛酉		**29日**
戊辰	丁酉	丁卯	丙申	丙寅	乙未	甲子	甲午	癸亥	癸巳	壬戌		**30日**
己巳	戊戌		丁酉		丙申	乙丑		甲子		癸亥		**31日**

令和24年（西暦2042年）壬戌年　三碧木星

令和25年 1月	12月	11月	10月	9月	8月	7月	6月	5月	4月	3月	2月	月
癸丑	壬子	辛亥	庚戌	己酉	戊申	丁未	丙午	乙巳	甲辰	癸卯	壬寅	月の干支
5日 20:25	7日 9:09	7日 16:07	8日 12:40	7日 20:45	7日 17:39	7日 7:47	5日 21:38	5日 17:43	5日 0:40	5日 20:06	4日 2:13	節入
甲辰	癸酉	癸卯	壬申	壬寅	辛未	庚子	庚午	己亥	己巳	戊戌	庚午	1日
乙巳	甲戌	甲辰	癸酉	癸卯	壬申	辛丑	辛未	庚子	庚午	己亥	辛未	2日
丙午	乙亥	乙巳	甲戌	甲辰	癸酉	壬寅	壬申	辛丑	辛未	庚子	壬申	3日
丁未	丙子	丙午	乙亥	乙巳	甲戌	癸卯	癸酉	壬寅	壬申	辛丑	**癸酉**	4日
戊申	丁丑	丁未	丙子	丙午	乙亥	甲辰	**甲戌**	**癸卯**	**癸酉**	**壬寅**	甲戌	5日
己酉	戊寅	戊申	丁丑	丁未	丙子	乙巳	乙亥	甲辰	甲戌	癸卯	乙亥	6日
庚戌	**己卯**	**己酉**	戊寅	**戊申**	**丁丑**	**丙午**	丙子	乙巳	乙亥	甲辰	丙子	7日
辛亥	庚辰	庚戌	**己卯**	己酉	戊寅	丁未	丁丑	丙午	丙子	乙巳	丁丑	8日
壬子	辛巳	辛亥	庚辰	庚戌	己卯	戊申	戊寅	丁未	丁丑	丙午	戊寅	9日
癸丑	壬午	壬子	辛巳	辛亥	庚辰	己酉	己卯	戊申	戊寅	丁未	己卯	10日
甲寅	癸未	癸丑	壬午	壬子	辛巳	庚戌	庚辰	己酉	己卯	戊申	庚辰	11日
乙卯	甲申	甲寅	癸未	癸丑	壬午	辛亥	辛巳	庚戌	庚辰	己酉	辛巳	12日
丙辰	乙酉	乙卯	甲申	甲寅	癸未	壬子	壬午	辛亥	辛巳	庚戌	壬午	13日
丁巳	丙戌	丙辰	乙酉	乙卯	甲申	癸丑	癸未	壬子	壬午	辛亥	癸未	14日
戊午	丁亥	丁巳	丙戌	丙辰	乙酉	甲寅	甲申	癸丑	癸未	壬子	甲申	15日
己未	戊子	戊午	丁亥	丁巳	丙戌	乙卯	乙酉	甲寅	甲申	癸丑	乙酉	16日
庚申	己丑	己未	戊子	戊午	丁亥	丙辰	丙戌	乙卯	乙酉	甲寅	丙戌	17日
辛酉	庚寅	庚申	己丑	己未	戊子	丁巳	丁亥	丙辰	丙戌	乙卯	丁亥	18日
壬戌	辛卯	辛酉	庚寅	庚申	己丑	戊午	戊子	丁巳	丁亥	丙辰	戊子	19日
癸亥	壬辰	壬戌	辛卯	辛酉	庚寅	己未	己丑	戊午	戊子	丁巳	己丑	20日
甲子	癸巳	癸亥	壬辰	壬戌	辛卯	庚申	庚寅	己未	己丑	戊午	庚寅	21日
乙丑	甲午	甲子	癸巳	癸亥	壬辰	辛酉	辛卯	庚申	庚寅	己未	辛卯	22日
丙寅	乙未	乙丑	甲午	甲子	癸巳	壬戌	壬辰	辛酉	辛卯	庚申	壬辰	23日
丁卯	丙申	丙寅	乙未	乙丑	甲午	癸亥	癸巳	壬戌	壬辰	辛酉	癸巳	24日
戊辰	丁酉	丁卯	丙申	丙寅	乙未	甲子	甲午	癸亥	癸巳	壬戌	甲午	25日
己巳	戊戌	戊辰	丁酉	丁卯	丙申	乙丑	乙未	甲子	甲午	癸亥	乙未	26日
庚午	己亥	己巳	戊戌	戊辰	丁酉	丙寅	丙申	乙丑	乙未	甲子	丙申	27日
辛未	庚子	庚午	己亥	己巳	戊戌	丁卯	丁酉	丙寅	丙申	乙丑	丁酉	28日
壬申	辛丑	辛未	庚子	庚午	己亥	戊辰	戊戌	丁卯	丁酉	丙寅		29日
癸酉	壬寅	壬申	辛丑	辛未	庚子	己巳	己亥	戊辰	戊戌	丁卯		30日
甲戌	癸卯		壬寅		辛丑	庚午		己巳		戊辰		31日

令和25年（西暦2043年）癸亥年　二黒土星

令和26年 1月	12月	11月	10月	9月	8月	7月	6月	5月	4月	3月	2月	月
乙丑	甲子	癸亥	壬戌	辛酉	庚申	己未	戊午	丁巳	丙辰	乙卯	甲寅	月の干支
6日 2:12	7日 14:57	7日 21:56	8日 18:27	8日 2:30	7日 23:20	7日 13:28	6日 3:18	5日 23:22	5日 6:20	6日 1:47	4日 7:58	節入
己酉	戊寅	戊申	丁丑	丁未	丙子	乙巳	乙亥	甲辰	甲戌	癸卯	乙亥	1日
庚戌	己卯	己酉	戊寅	戊申	丁丑	丙午	丙子	乙巳	乙亥	甲辰	丙子	2日
辛亥	庚辰	庚戌	己卯	己酉	戊寅	丁未	丁丑	丙午	丙子	乙巳	丁丑	3日
壬子	辛巳	辛亥	庚辰	庚戌	己卯	戊申	戊寅	丁未	丁丑	丙午	**戊寅**	4日
癸丑	壬午	壬子	辛巳	辛亥	庚辰	己酉	己卯	**戊申**	**戊寅**	丁未	己卯	5日
甲寅	癸未	癸丑	壬午	壬子	辛巳	庚戌	**庚辰**	己酉	己卯	**戊申**	庚辰	6日
乙卯	**甲申**	**甲寅**	癸未	癸丑	**壬午**	**辛亥**	辛巳	庚戌	庚辰	己酉	辛巳	7日
丙辰	乙酉	乙卯	**甲申**	**甲寅**	癸未	壬子	壬午	辛亥	辛巳	庚戌	壬午	8日
丁巳	丙戌	丙辰	乙酉	乙卯	甲申	癸丑	癸未	壬子	壬午	辛亥	癸未	9日
戊午	丁亥	丁巳	丙戌	丙辰	乙酉	甲寅	甲申	癸丑	癸未	壬子	甲申	10日
己未	戊子	戊午	丁亥	丁巳	丙戌	乙卯	乙酉	甲寅	甲申	癸丑	乙酉	11日
庚申	己丑	己未	戊子	戊午	丁亥	丙辰	丙戌	乙卯	乙酉	甲寅	丙戌	12日
辛酉	庚寅	庚申	己丑	己未	戊子	丁巳	丁亥	丙辰	丙戌	乙卯	丁亥	13日
壬戌	辛卯	辛酉	庚寅	庚申	己丑	戊午	戊子	丁巳	丁亥	丙辰	戊子	14日
癸亥	壬辰	壬戌	辛卯	辛酉	庚寅	己未	己丑	戊午	戊子	丁巳	己丑	15日
甲子	癸巳	癸亥	壬辰	壬戌	辛卯	庚申	庚寅	己未	己丑	戊午	庚寅	16日
乙丑	甲午	甲子	癸巳	癸亥	壬辰	辛酉	辛卯	庚申	庚寅	己未	辛卯	17日
丙寅	乙未	乙丑	甲午	甲子	癸巳	壬戌	壬辰	辛酉	辛卯	庚申	壬辰	18日
丁卯	丙申	丙寅	乙未	乙丑	甲午	癸亥	癸巳	壬戌	壬辰	辛酉	癸巳	19日
戊辰	丁酉	丁卯	丙申	丙寅	乙未	甲子	甲午	癸亥	癸巳	壬戌	甲午	20日
己巳	戊戌	戊辰	丁酉	丁卯	丙申	乙丑	乙未	甲子	甲午	癸亥	乙未	21日
庚午	己亥	己巳	戊戌	戊辰	丁酉	丙寅	丙申	乙丑	乙未	甲子	丙申	22日
辛未	庚子	庚午	己亥	己巳	戊戌	丁卯	丁酉	丙寅	丙申	乙丑	丁酉	23日
壬申	辛丑	辛未	庚子	庚午	己亥	戊辰	戊戌	丁卯	丁酉	丙寅	戊戌	24日
癸酉	壬寅	壬申	辛丑	辛未	庚子	己巳	己亥	戊辰	戊戌	丁卯	己亥	25日
甲戌	癸卯	癸酉	壬寅	壬申	辛丑	庚午	庚子	己巳	己亥	戊辰	庚子	26日
乙亥	甲辰	甲戌	癸卯	癸酉	壬寅	辛未	辛丑	庚午	庚子	己巳	辛丑	27日
丙子	乙巳	乙亥	甲辰	甲戌	癸卯	壬申	壬寅	辛未	辛丑	庚午	壬寅	28日
丁丑	丙午	丙子	乙巳	乙亥	甲辰	癸酉	癸卯	壬申	壬寅	辛未		29日
戊寅	丁未	丁丑	丙午	丙子	乙巳	甲戌	甲辰	癸酉	癸卯	壬申		30日
己卯	戊申		丁未		丙午	乙亥		甲戌		癸酉		31日

令和26年（西暦2044年）甲子年　一白水星

令和27年 1月	12月	11月	10月	9月	8月	7月	6月	5月	4月	3月	2月	月
丁丑	**丙子**	**乙亥**	**甲戌**	**癸酉**	**壬申**	**辛未**	**庚午**	**己巳**	**戊辰**	**丁卯**	**丙寅**	**月の干支**
5日 8:02	6日 20:45	7日 3:42	8日 0:13	7日 8:16	7日 5:08	6日 19:16	5日 9:04	5日 5:05	4日 12:03	5日 7:31	4日 13:44	**節入**
乙卯	甲申	甲寅	癸未	癸丑	壬午	辛亥	辛巳	庚戌	庚辰	己酉	庚辰	**1日**
丙辰	乙酉	乙卯	甲申	甲寅	癸未	壬子	壬午	辛亥	辛巳	庚戌	辛巳	**2日**
丁巳	丙戌	丙辰	乙酉	乙卯	甲申	癸丑	癸未	壬子	壬午	辛亥	壬午	**3日**
戊午	丁亥	丁巳	丙戌	丙辰	乙酉	甲寅	甲申	癸丑	**癸未**	壬子	**癸未**	**4日**
己未	戊子	戊午	丁亥	丁巳	丙戌	乙卯	**乙酉**	**甲寅**	甲申	**癸丑**	甲申	**5日**
庚申	**己丑**	己未	戊子	戊午	丁亥	**丙辰**	丙戌	乙卯	乙酉	甲寅	乙酉	**6日**
辛酉	庚寅	**庚申**	己丑	**己未**	**戊子**	丁巳	丁亥	丙辰	丙戌	乙卯	丙戌	**7日**
壬戌	辛卯	辛酉	**庚寅**	庚申	己丑	戊午	戊子	丁巳	丁亥	丙辰	丁亥	**8日**
癸亥	壬辰	壬戌	辛卯	辛酉	庚寅	己未	己丑	戊午	戊子	丁巳	戊子	**9日**
甲子	癸巳	癸亥	壬辰	壬戌	辛卯	庚申	庚寅	己未	己丑	戊午	己丑	**10日**
乙丑	甲午	甲子	癸巳	癸亥	壬辰	辛酉	辛卯	庚申	庚寅	己未	庚寅	**11日**
丙寅	乙未	乙丑	甲午	甲子	癸巳	壬戌	壬辰	辛酉	辛卯	庚申	辛卯	**12日**
丁卯	丙申	丙寅	乙未	乙丑	甲午	癸亥	癸巳	壬戌	壬辰	辛酉	壬辰	**13日**
戊辰	丁酉	丁卯	丙申	丙寅	乙未	甲子	甲午	癸亥	癸巳	壬戌	癸巳	**14日**
己巳	戊戌	戊辰	丁酉	丁卯	丙申	乙丑	乙未	甲子	甲午	癸亥	甲午	**15日**
庚午	己亥	己巳	戊戌	戊辰	丁酉	丙寅	丙申	乙丑	乙未	甲子	乙未	**16日**
辛未	庚子	庚午	己亥	己巳	戊戌	丁卯	丁酉	丙寅	丙申	乙丑	丙申	**17日**
壬申	辛丑	辛未	庚子	庚午	己亥	戊辰	戊戌	丁卯	丁酉	丙寅	丁酉	**18日**
癸酉	壬寅	壬申	辛丑	辛未	庚子	己巳	己亥	戊辰	戊戌	丁卯	戊戌	**19日**
甲戌	癸卯	癸酉	壬寅	壬申	辛丑	庚午	庚子	己巳	己亥	戊辰	己亥	**20日**
乙亥	甲辰	甲戌	癸卯	癸酉	壬寅	辛未	辛丑	庚午	庚子	己巳	庚子	**21日**
丙子	乙巳	乙亥	甲辰	甲戌	癸卯	壬申	壬寅	辛未	辛丑	庚午	辛丑	**22日**
丁丑	丙午	丙子	乙巳	乙亥	甲辰	癸酉	癸卯	壬申	壬寅	辛未	壬寅	**23日**
戊寅	丁未	丁丑	丙午	丙子	乙巳	甲戌	甲辰	癸酉	癸卯	壬申	癸卯	**24日**
己卯	戊申	戊寅	丁未	丁丑	丙午	乙亥	乙巳	甲戌	甲辰	癸酉	甲辰	**25日**
庚辰	己酉	己卯	戊申	戊寅	丁未	丙子	丙午	乙亥	乙巳	甲戌	乙巳	**26日**
辛巳	庚戌	庚辰	己酉	己卯	戊申	丁丑	丁未	丙子	丙午	乙亥	丙午	**27日**
壬午	辛亥	辛巳	庚戌	庚辰	己酉	戊寅	戊申	丁丑	丁未	丙子	丁未	**28日**
癸未	壬子	壬午	辛亥	辛巳	庚戌	己卯	己酉	戊寅	戊申	丁丑	戊申	**29日**
甲申	癸丑	癸未	壬子	壬午	辛亥	庚辰	庚戌	己卯	己酉	戊寅		**30日**
乙酉	甲寅		癸丑		壬子	辛巳		庚辰		己卯		**31日**

令和27年（西暦2045年）乙丑年　九紫火星

令和28年 1月	12月	11月	10月	9月	8月	7月	6月	5月	4月	3月	2月	月
己丑	**戊子**	**丁亥**	**丙戌**	**乙酉**	**甲申**	**癸未**	**壬午**	**辛巳**	**庚辰**	**己卯**	**戊寅**	**月の干支**
5日 13:56	7日 2:35	7日 9:30	8日 6:00	7日 14:05	7日 10:59	7日 1:08	5日 14:57	5日 10:59	4日 17:57	5日 13:25	3日 19:36	**節入**
庚申	己丑	己未	戊子	戊午	丁亥	丙辰	丙戌	乙卯	乙酉	甲寅	丙戌	**1日**
辛酉	庚寅	庚申	己丑	己未	戊子	丁巳	丁亥	丙辰	丙戌	乙卯	丁亥	**2日**
壬戌	辛卯	辛酉	庚寅	庚申	己丑	戊午	戊子	丁巳	丁亥	丙辰	**戊子**	**3日**
癸亥	壬辰	壬戌	辛卯	辛酉	庚寅	己未	己丑	戊午	**戊子**	丁巳	己丑	**4日**
甲子	癸巳	癸亥	壬辰	壬戌	辛卯	庚申	**庚寅**	**己未**	己丑	**戊午**	庚寅	**5日**
乙丑	甲午	甲子	癸巳	癸亥	壬辰	辛酉	辛卯	庚申	庚寅	己未	辛卯	**6日**
丙寅	**乙未**	**乙丑**	甲午	**甲子**	**癸巳**	**壬戌**	壬辰	辛酉	辛卯	庚申	壬辰	**7日**
丁卯	丙申	丙寅	**乙未**	乙丑	甲午	癸亥	癸巳	壬戌	壬辰	辛酉	癸巳	**8日**
戊辰	丁酉	丁卯	丙申	丙寅	乙未	甲子	甲午	癸亥	癸巳	壬戌	甲午	**9日**
己巳	戊戌	戊辰	丁酉	丁卯	丙申	乙丑	乙未	甲子	甲午	癸亥	乙未	**10日**
庚午	己亥	己巳	戊戌	戊辰	丁酉	丙寅	丙申	乙丑	乙未	甲子	丙申	**11日**
辛未	庚子	庚午	己亥	己巳	戊戌	丁卯	丁酉	丙寅	丙申	乙丑	丁酉	**12日**
壬申	辛丑	辛未	庚子	庚午	己亥	戊辰	戊戌	丁卯	丁酉	丙寅	戊戌	**13日**
癸酉	壬寅	壬申	辛丑	辛未	庚子	己巳	己亥	戊辰	戊戌	丁卯	己亥	**14日**
甲戌	癸卯	癸酉	壬寅	壬申	辛丑	庚午	庚子	己巳	己亥	戊辰	庚子	**15日**
乙亥	甲辰	甲戌	癸卯	癸酉	壬寅	辛未	辛丑	庚午	庚子	己巳	辛丑	**16日**
丙子	乙巳	乙亥	甲辰	甲戌	癸卯	壬申	壬寅	辛未	辛丑	庚午	壬寅	**17日**
丁丑	丙午	丙子	乙巳	乙亥	甲辰	癸酉	癸卯	壬申	壬寅	辛未	癸卯	**18日**
戊寅	丁未	丁丑	丙午	丙子	乙巳	甲戌	甲辰	癸酉	癸卯	壬申	甲辰	**19日**
己卯	戊申	戊寅	丁未	丁丑	丙午	乙亥	乙巳	甲戌	甲辰	癸酉	乙巳	**20日**
庚辰	己酉	己卯	戊申	戊寅	丁未	丙子	丙午	乙亥	乙巳	甲戌	丙午	**21日**
辛巳	庚戌	庚辰	己酉	己卯	戊申	丁丑	丁未	丙子	丙午	乙亥	丁未	**22日**
壬午	辛亥	辛巳	庚戌	庚辰	己酉	戊寅	戊申	丁丑	丁未	丙子	戊申	**23日**
癸未	壬子	壬午	辛亥	辛巳	庚戌	己卯	己酉	戊寅	戊申	丁丑	己酉	**24日**
甲申	癸丑	癸未	壬子	壬午	辛亥	庚辰	庚戌	己卯	己酉	戊寅	庚戌	**25日**
乙酉	甲寅	甲申	癸丑	癸未	壬子	辛巳	辛亥	庚辰	庚戌	己卯	辛亥	**26日**
丙戌	乙卯	乙酉	甲寅	甲申	癸丑	壬午	壬子	辛巳	辛亥	庚辰	壬子	**27日**
丁亥	丙辰	丙戌	乙卯	乙酉	甲寅	癸未	癸丑	壬午	壬子	辛巳	癸丑	**28日**
戊子	丁巳	丁亥	丙辰	丙戌	乙卯	甲申	甲寅	癸未	癸丑	壬午		**29日**
己丑	戊午	戊子	丁巳	丁亥	丙辰	乙酉	乙卯	甲申	甲寅	癸未		**30日**
庚寅	己未		戊午		丁巳	丙戌		乙酉		甲申		**31日**

令和28年（西暦2046年）丙寅年　八白土星

令和29年 1月	12月	11月	10月	9月	8月	7月	6月	5月	4月	3月	2月	月
辛丑	庚子	己亥	戊戌	丁酉	丙申	乙未	甲午	癸巳	壬辰	辛卯	庚寅	月の干支
5日 19:42	7日 8:20	7日 15:14	8日 11:41	7日 19:42	7日 16:32	7日 6:39	5日 20:31	5日 16:39	4日 23:43	5日 19:16	4日 1:31	節入
乙丑	甲午	甲子	癸巳	癸亥	壬辰	辛酉	辛卯	庚申	庚寅	己未	辛卯	1日
丙寅	乙未	乙丑	甲午	甲子	癸巳	壬戌	壬辰	辛酉	辛卯	庚申	壬辰	2日
丁卯	丙申	丙寅	乙未	乙丑	甲午	癸亥	癸巳	壬戌	壬辰	辛酉	癸巳	3日
戊辰	丁酉	丁卯	丙申	丙寅	乙未	甲子	甲午	癸亥	**癸巳**	壬戌	**甲午**	4日
己巳	戊戌	戊辰	丁酉	丁卯	丙申	乙丑	**乙未**	**甲子**	甲午	**癸亥**	乙未	5日
庚午	己亥	己巳	戊戌	戊辰	丁酉	丙寅	丙申	乙丑	乙未	甲子	丙申	6日
辛未	**庚子**	**庚午**	己亥	**己巳**	**戊戌**	**丁卯**	丁酉	丙寅	丙申	乙丑	丁酉	7日
壬申	辛丑	辛未	**庚子**	庚午	己亥	戊辰	戊戌	丁卯	丁酉	丙寅	戊戌	8日
癸酉	壬寅	壬申	辛丑	辛未	庚子	己巳	己亥	戊辰	戊戌	丁卯	己亥	9日
甲戌	癸卯	癸酉	壬寅	壬申	辛丑	庚午	庚子	己巳	己亥	戊辰	庚子	10日
乙亥	甲辰	甲戌	癸卯	癸酉	壬寅	辛未	辛丑	庚午	庚子	己巳	辛丑	11日
丙子	乙巳	乙亥	甲辰	甲戌	癸卯	壬申	壬寅	辛未	辛丑	庚午	壬寅	12日
丁丑	丙午	丙子	乙巳	乙亥	甲辰	癸酉	癸卯	壬申	壬寅	辛未	癸卯	13日
戊寅	丁未	丁丑	丙午	丙子	乙巳	甲戌	甲辰	癸酉	癸卯	壬申	甲辰	14日
己卯	戊申	戊寅	丁未	丁丑	丙午	乙亥	乙巳	甲戌	甲辰	癸酉	乙巳	15日
庚辰	己酉	己卯	戊申	戊寅	丁未	丙子	丙午	乙亥	乙巳	甲戌	丙午	16日
辛巳	庚戌	庚辰	己酉	己卯	戊申	丁丑	丁未	丙子	丙午	乙亥	丁未	17日
壬午	辛亥	辛巳	庚戌	庚辰	己酉	戊寅	戊申	丁丑	丁未	丙子	戊申	18日
癸未	壬子	壬午	辛亥	辛巳	庚戌	己卯	己酉	戊寅	戊申	丁丑	己酉	19日
甲申	癸丑	癸未	壬子	壬午	辛亥	庚辰	庚戌	己卯	己酉	戊寅	庚戌	20日
乙酉	甲寅	甲申	癸丑	癸未	壬子	辛巳	辛亥	庚辰	庚戌	己卯	辛亥	21日
丙戌	乙卯	乙酉	甲寅	甲申	癸丑	壬午	壬子	辛巳	辛亥	庚辰	壬子	22日
丁亥	丙辰	丙戌	乙卯	乙酉	甲寅	癸未	癸丑	壬午	壬子	辛巳	癸丑	23日
戊子	丁巳	丁亥	丙辰	丙戌	乙卯	甲申	甲寅	癸未	癸丑	壬午	甲寅	24日
己丑	戊午	戊子	丁巳	丁亥	丙辰	乙酉	乙卯	甲申	甲寅	癸未	乙卯	25日
庚寅	己未	己丑	戊午	戊子	丁巳	丙戌	丙辰	乙酉	乙卯	甲申	丙辰	26日
辛卯	庚申	庚寅	己未	己丑	戊午	丁亥	丁巳	丙戌	丙辰	乙酉	丁巳	27日
壬辰	辛酉	辛卯	庚申	庚寅	己未	戊子	戊午	丁亥	丁巳	丙戌	戊午	28日
癸巳	壬戌	壬辰	辛酉	辛卯	庚申	己丑	己未	戊子	戊午	丁亥		29日
甲午	癸亥	癸巳	壬戌	壬辰	辛酉	庚寅	庚申	己丑	己未	戊子		30日
乙未	甲子		癸亥		壬戌	辛卯		庚寅		己丑		31日

令和29年（西暦2047年）丁卯年　七赤金星

令和30年 1月	12月	11月	10月	9月	8月	7月	6月	5月	4月	3月	2月	月
癸丑	壬子	辛亥	庚戌	己酉	戊申	丁未	丙午	乙巳	甲辰	癸卯	壬寅	月の干支
6日 1:29	7日 14:11	7日 21:06	8日 17:37	8日 1:38	7日 22:25	7日 12:30	6日 2:20	5日 22:28	5日 5:31	6日 1:03	4日 7:18	節入
庚午	己亥	己巳	戊戌	戊辰	丁酉	丙寅	丙申	乙丑	乙未	甲子	丙申	1日
辛未	庚子	庚午	己亥	己巳	戊戌	丁卯	丁酉	丙寅	丙申	乙丑	丁酉	2日
壬申	辛丑	辛未	庚子	庚午	己亥	戊辰	戊戌	丁卯	丁酉	丙寅	戊戌	3日
癸酉	壬寅	壬申	辛丑	辛未	庚子	己巳	己亥	戊辰	戊戌	丁卯	**己亥**	4日
甲戌	癸卯	癸酉	壬寅	壬申	辛丑	庚午	庚子	**己巳**	**己亥**	戊辰	庚子	5日
乙亥	甲辰	甲戌	癸卯	癸酉	壬寅	辛未	**辛丑**	庚午	庚子	**己巳**	辛丑	6日
丙子	**乙巳**	**乙亥**	甲辰	甲戌	**癸卯**	**壬申**	壬寅	辛未	辛丑	庚午	壬寅	7日
丁丑	丙午	丙子	**乙巳**	**乙亥**	甲辰	癸酉	癸卯	壬申	壬寅	辛未	癸卯	8日
戊寅	丁未	丁丑	丙午	丙子	乙巳	甲戌	甲辰	癸酉	癸卯	壬申	甲辰	9日
己卯	戊申	戊寅	丁未	丁丑	丙午	乙亥	乙巳	甲戌	甲辰	癸酉	乙巳	10日
庚辰	己酉	己卯	戊申	戊寅	丁未	丙子	丙午	乙亥	乙巳	甲戌	丙午	11日
辛巳	庚戌	庚辰	己酉	己卯	戊申	丁丑	丁未	丙子	丙午	乙亥	丁未	12日
壬午	辛亥	辛巳	庚戌	庚辰	己酉	戊寅	戊申	丁丑	丁未	丙子	戊申	13日
癸未	壬子	壬午	辛亥	辛巳	庚戌	己卯	己酉	戊寅	戊申	丁丑	己酉	14日
甲申	癸丑	癸未	壬子	壬午	辛亥	庚辰	庚戌	己卯	己酉	戊寅	庚戌	15日
乙酉	甲寅	甲申	癸丑	癸未	壬子	辛巳	辛亥	庚辰	庚戌	己卯	辛亥	16日
丙戌	乙卯	乙酉	甲寅	甲申	癸丑	壬午	壬子	辛巳	辛亥	庚辰	壬子	17日
丁亥	丙辰	丙戌	乙卯	乙酉	甲寅	癸未	癸丑	壬午	壬子	辛巳	癸丑	18日
戊子	丁巳	丁亥	丙辰	丙戌	乙卯	甲申	甲寅	癸未	癸丑	壬午	甲寅	19日
己丑	戊午	戊子	丁巳	丁亥	丙辰	乙酉	乙卯	甲申	甲寅	癸未	乙卯	20日
庚寅	己未	己丑	戊午	戊子	丁巳	丙戌	丙辰	乙酉	乙卯	甲申	丙辰	21日
辛卯	庚申	庚寅	己未	己丑	戊午	丁亥	丁巳	丙戌	丙辰	乙酉	丁巳	22日
壬辰	辛酉	辛卯	庚申	庚寅	己未	戊子	戊午	丁亥	丁巳	丙戌	戊午	23日
癸巳	壬戌	壬辰	辛酉	辛卯	庚申	己丑	己未	戊子	戊午	丁亥	己未	24日
甲午	癸亥	癸巳	壬戌	壬辰	辛酉	庚寅	庚申	己丑	己未	戊子	庚申	25日
乙未	甲子	甲午	癸亥	癸巳	壬戌	辛卯	辛酉	庚寅	庚申	己丑	辛酉	26日
丙申	乙丑	乙未	甲子	甲午	癸亥	壬辰	壬戌	辛卯	辛酉	庚寅	壬戌	27日
丁酉	丙寅	丙申	乙丑	乙未	甲子	癸巳	癸亥	壬辰	壬戌	辛卯	癸亥	28日
戊戌	丁卯	丁酉	丙寅	丙申	乙丑	甲午	甲子	癸巳	癸亥	壬辰		29日
己亥	戊辰	戊戌	丁卯	丁酉	丙寅	乙未	乙丑	甲午	甲子	癸巳		30日
庚子	己巳		戊辰		丁卯	丙申		乙未		甲午		31日

令和30年（西暦2048年）戊辰年　六白金星

令和31年 1月	12月	11月	10月	9月	8月	7月	6月	5月	4月	3月	2月	月
乙丑	甲子	癸亥	壬戌	辛酉	庚申	己未	戊午	丁巳	丙辰	乙卯	甲寅	月の干支
5日 7:18	6日 19:58	7日 2:54	7日 23:25	7日 7:28	7日 4:18	6日 18:26	5日 8:17	5日 4:22	4日 11:24	5日 6:53	4日 13:05	節入
丙子	乙巳	乙亥	甲辰	甲戌	癸卯	壬申	壬寅	辛未	辛丑	庚午	辛丑	1日
丁丑	丙午	丙子	乙巳	乙亥	甲辰	癸酉	癸卯	壬申	壬寅	辛未	壬寅	2日
戊寅	丁未	丁丑	丙午	丙子	乙巳	甲戌	甲辰	癸酉	癸卯	壬申	癸卯	3日
己卯	戊申	戊寅	丁未	丁丑	丙午	乙亥	乙巳	甲戌	**甲辰**	癸酉	**甲辰**	4日
庚辰	己酉	己卯	戊申	戊寅	丁未	丙子	**丙午**	**乙亥**	乙巳	**甲戌**	乙巳	5日
辛巳	**庚戌**	庚辰	己酉	己卯	戊申	**丁丑**	丁未	丙子	丙午	乙亥	丙午	6日
壬午	辛亥	**辛巳**	**庚戌**	**庚辰**	**己酉**	戊寅	戊申	丁丑	丁未	丙子	丁未	7日
癸未	壬子	壬午	辛亥	辛巳	庚戌	己卯	己酉	戊寅	戊申	丁丑	戊申	8日
甲申	癸丑	癸未	壬子	壬午	辛亥	庚辰	庚戌	己卯	己酉	戊寅	己酉	9日
乙酉	甲寅	甲申	癸丑	癸未	壬子	辛巳	辛亥	庚辰	庚戌	己卯	庚戌	10日
丙戌	乙卯	乙酉	甲寅	甲申	癸丑	壬午	壬子	辛巳	辛亥	庚辰	辛亥	11日
丁亥	丙辰	丙戌	乙卯	乙酉	甲寅	癸未	癸丑	壬午	壬子	辛巳	壬子	12日
戊子	丁巳	丁亥	丙辰	丙戌	乙卯	甲申	甲寅	癸未	癸丑	壬午	癸丑	13日
己丑	戊午	戊子	丁巳	丁亥	丙辰	乙酉	乙卯	甲申	甲寅	癸未	甲寅	14日
庚寅	己未	己丑	戊午	戊子	丁巳	丙戌	丙辰	乙酉	乙卯	甲申	乙卯	15日
辛卯	庚申	庚寅	己未	己丑	戊午	丁亥	丁巳	丙戌	丙辰	乙酉	丙辰	16日
壬辰	辛酉	辛卯	庚申	庚寅	己未	戊子	戊午	丁亥	丁巳	丙戌	丁巳	17日
癸巳	壬戌	壬辰	辛酉	辛卯	庚申	己丑	己未	戊子	戊午	丁亥	戊午	18日
甲午	癸亥	癸巳	壬戌	壬辰	辛酉	庚寅	庚申	己丑	己未	戊子	己未	19日
乙未	甲子	甲午	癸亥	癸巳	壬戌	辛卯	辛酉	庚寅	庚申	己丑	庚申	20日
丙申	乙丑	乙未	甲子	甲午	癸亥	壬辰	壬戌	辛卯	辛酉	庚寅	辛酉	21日
丁酉	丙寅	丙申	乙丑	乙未	甲子	癸巳	癸亥	壬辰	壬戌	辛卯	壬戌	22日
戊戌	丁卯	丁酉	丙寅	丙申	乙丑	甲午	甲子	癸巳	癸亥	壬辰	癸亥	23日
己亥	戊辰	戊戌	丁卯	丁酉	丙寅	乙未	乙丑	甲午	甲子	癸巳	甲子	24日
庚子	己巳	己亥	戊辰	戊戌	丁卯	丙申	丙寅	乙未	乙丑	甲午	乙丑	25日
辛丑	庚午	庚子	己巳	己亥	戊辰	丁酉	丁卯	丙申	丙寅	乙未	丙寅	26日
壬寅	辛未	辛丑	庚午	庚子	己巳	戊戌	戊辰	丁酉	丁卯	丙申	丁卯	27日
癸卯	壬申	壬寅	辛未	辛丑	庚午	己亥	己巳	戊戌	戊辰	丁酉	戊辰	28日
甲辰	癸酉	癸卯	壬申	壬寅	辛未	庚子	庚午	己亥	己巳	戊戌	己巳	29日
乙巳	甲戌	甲辰	癸酉	癸卯	壬申	辛丑	辛未	庚子	庚午	己亥		30日
丙午	乙亥		甲戌		癸酉	壬寅		辛丑		庚子		31日

令和31年（西暦2049年）己巳年　五黄土星

令和32年1月	12月	11月	10月	9月	8月	7月	6月	5月	4月	3月	2月	月
丁丑	丙子	乙亥	甲戌	癸酉	壬申	辛未	庚午	己巳	戊辰	丁卯	丙寅	月の干支
5日 13:08	7日 1:46	7日 8:38	8日 5:06	7日 13:06	7日 9:58	7日 0:08	5日 14:04	5日 10:12	4日 17:14	5日 12:43	3日 18:54	節入
辛巳	庚戌	庚辰	己酉	己卯	戊申	丁丑	丁未	丙子	丙午	乙亥	丁未	1日
壬午	辛亥	辛巳	庚戌	庚辰	己酉	戊寅	戊申	丁丑	丁未	丙子	戊申	2日
癸未	壬子	壬午	辛亥	辛巳	庚戌	己卯	己酉	戊寅	戊申	丁丑	**己酉**	3日
甲申	癸丑	癸未	壬子	壬午	辛亥	庚辰	庚戌	己卯	**己酉**	戊寅	庚戌	4日
乙酉	甲寅	甲申	癸丑	癸未	壬子	辛巳	**辛亥**	**庚辰**	庚戌	**己卯**	辛亥	5日
丙戌	乙卯	乙酉	甲寅	甲申	癸丑	壬午	壬子	辛巳	辛亥	庚辰	壬子	6日
丁亥	**丙辰**	**丙戌**	乙卯	**乙酉**	**甲寅**	**癸未**	癸丑	壬午	壬子	辛巳	癸丑	7日
戊子	丁巳	丁亥	**丙辰**	丙戌	乙卯	甲申	甲寅	癸未	癸丑	壬午	甲寅	8日
己丑	戊午	戊子	丁巳	丁亥	丙辰	乙酉	乙卯	甲申	甲寅	癸未	乙卯	9日
庚寅	己未	己丑	戊午	戊子	丁巳	丙戌	丙辰	乙酉	乙卯	甲申	丙辰	10日
辛卯	庚申	庚寅	己未	己丑	戊午	丁亥	丁巳	丙戌	丙辰	乙酉	丁巳	11日
壬辰	辛酉	辛卯	庚申	庚寅	己未	戊子	戊午	丁亥	丁巳	丙戌	戊午	12日
癸巳	壬戌	壬辰	辛酉	辛卯	庚申	己丑	己未	戊子	戊午	丁亥	己未	13日
甲午	癸亥	癸巳	壬戌	壬辰	辛酉	庚寅	庚申	己丑	己未	戊子	庚申	14日
乙未	甲子	甲午	癸亥	癸巳	壬戌	辛卯	辛酉	庚寅	庚申	己丑	辛酉	15日
丙申	乙丑	乙未	甲子	甲午	癸亥	壬辰	壬戌	辛卯	辛酉	庚寅	壬戌	16日
丁酉	丙寅	丙申	乙丑	乙未	甲子	癸巳	癸亥	壬辰	壬戌	辛卯	癸亥	17日
戊戌	丁卯	丁酉	丙寅	丙申	乙丑	甲午	甲子	癸巳	癸亥	壬辰	甲子	18日
己亥	戊辰	戊戌	丁卯	丁酉	丙寅	乙未	乙丑	甲午	甲子	癸巳	乙丑	19日
庚子	己巳	己亥	戊辰	戊戌	丁卯	丙申	丙寅	乙未	乙丑	甲午	丙寅	20日
辛丑	庚午	庚子	己巳	己亥	戊辰	丁酉	丁卯	丙申	丙寅	乙未	丁卯	21日
壬寅	辛未	辛丑	庚午	庚子	己巳	戊戌	戊辰	丁酉	丁卯	丙申	戊辰	22日
癸卯	壬申	壬寅	辛未	辛丑	庚午	己亥	己巳	戊戌	戊辰	丁酉	己巳	23日
甲辰	癸酉	癸卯	壬申	壬寅	辛未	庚子	庚午	己亥	己巳	戊戌	庚午	24日
乙巳	甲戌	甲辰	癸酉	癸卯	壬申	辛丑	辛未	庚子	庚午	己亥	辛未	25日
丙午	乙亥	乙巳	甲戌	甲辰	癸酉	壬寅	壬申	辛丑	辛未	庚子	壬申	26日
丁未	丙子	丙午	乙亥	乙巳	甲戌	癸卯	癸酉	壬寅	壬申	辛丑	癸酉	27日
戊申	丁丑	丁未	丙子	丙午	乙亥	甲辰	甲戌	癸卯	癸酉	壬寅	甲戌	28日
己酉	戊寅	戊申	丁丑	丁未	丙子	乙巳	乙亥	甲辰	甲戌	癸卯		29日
庚戌	己卯	己酉	戊寅	戊申	丁丑	丙午	丙子	乙巳	乙亥	甲辰		30日
辛亥	庚辰		己卯		戊寅	丁未		丙午		乙巳		31日

あとがき

本書は「四柱推命万年暦」として、皆様が四柱命式を出す上での参考書となるよう執筆したものです。さらに四柱推命の他に、易占いや名付けの参考となるページも要所を加えさせて頂きました。

令和に至り、元号が変わったことを機に、内容を刷新・充実させ従来より大判とし、さらに令和三十一年まで年号を追加し再発行する運びとなりました。

本書中の姓名判断に関し、筆者が若年期昭和の時代、運命学の先賢である熊崎先生の後継者、三須啓仙先生より姓名学のご指導を賜わったことに感謝致します。

各自の観命上の参考にして頂けたら幸いです。

本書発行にあたり、修学社様の御協力を賜ったことに御礼を申し上げます。

令和二年九月

梅岡大圓

梅岡大圓　うめおか・だいえん
愛知県新城市に生まれる。

幼少期に太平洋戦争の戦禍を潜り抜け、20代は会社員の傍ら日本と西洋の古典文学・哲学に傾倒。

30代で脱サラし、本格的に占術家として鑑定を始める。

平成元年、占術家として同志の高井紅鳳氏と共に太極運命術学会を創立、現会長をつとめる。

同年、毎日文化センターにて占い教室を開校。現在に至るまで四柱推命・易占いの講師として斯道の普及を行っている。

東洋占術学会会長。

〒442-0029 愛知県豊川市末広通1丁目38番地
Tel 0533(86)7227　Fax 0533(86)7527

四柱推命万年暦

令和2年10月1日発行

著　者　梅岡大圓

発行者　株式会社 修学社
〒700-0945 岡山市南区新保1125-5
Tel 086(222)7346　Fax 086(226)4515
Mail info@shugakusha.jp

印　刷　富士印刷株式会社

Editor　*Yuko Fukamachi*
C.T.S.　*Satori Matsumoto*

ISBN 978-4-87959-240-8　C0011